人人都能成为优秀班主任

——基于工作坊的优秀班主任核心能力培养的群体案例研究

主　　编：张　微
研究指导：王钰城

文匯出版社

本书编委会

主　　编　张　微

编　　委　唐慧莉　解　莹　韩雯珏

　　　　　王红英　吴琰俊

目　录

第一章　课题研究概述……………………………………………………1
第一节　课题研究的背景与趋势 ……………………………………3
一、班主任工作的重要价值 ……………………………………3
二、班主任工作专业化的必然 …………………………………4
第二节　课题研究的目标与内容 ……………………………………5
一、课题研究的目标………………………………………………5
二、研究的主要内容………………………………………………6
第三节　课题研究的方法与过程 ……………………………………7
一、课题研究的思路………………………………………………7
二、课题研究的方法………………………………………………8
三、课题研究的过程………………………………………………9
第四节　课题研究的成果与创新 ……………………………………12
一、课题的创新之处………………………………………………12
二、课题的实践意义………………………………………………12

第二章　聚焦：优秀班主任核心能力 …………………………………15
第一节　“人人都能成为优秀班主任”…………………………………17
一、我们的理念：“人人都能成为优秀班主任” ……………………17
二、优秀班主任的基本标准 ………………………………………19
第二节　“优秀班主任核心能力”的概念厘清 ……………………21
一、优秀班主任核心能力的认识误区……………………………21

二、班主任能力与班主任核心能力 …… 23
第三节 “优秀班主任核心能力”的界定 …… 26
一、优秀班主任核心能力的概念与内涵 …… 26
二、优秀班主任核心能力的特征与结构 …… 30
第四节 “优秀班主任核心能力”的测评 …… 32
一、优秀班主任核心能力测评的意义 …… 32
二、优秀班主任核心能力测评的基本框架 …… 34

第三章 基于:孵化优秀班主任核心能力的工作坊 …… 43
第一节 教师工作坊的溯源 …… 45
一、教师工作坊的起源及其发展 …… 45
二、班主任工作坊的模式梳理 …… 47
第二节 “班主任工作坊”的基本认识 …… 51
一、班主任工作坊的特征与概念 …… 51
二、班主任工作坊的内涵 …… 52
三、班主任工作坊的孵化功能 …… 54
第三节 班主任工作坊对优秀班主任核心能力发展的价值 …… 57
一、班主任工作坊:提升优秀班主任核心能力的途径 …… 57
二、班主任工作坊:培养优秀班主任群体的有效方式 …… 58

第四章 校本班主任工作坊的建构 …… 61
第一节 班主任工作坊的实践理路 …… 63
第二节 校本班主任工作坊的组织建设 …… 65
一、校本班主任工作坊的系统 …… 65
二、学校班主任工作坊层面的建设 …… 66
三、学校班主任工作坊组层面的建设 …… 69
四、班主任工作坊的管理实施 …… 73
实践与思考:整合多元资源,促进班主任工作坊有序发展 …… 78

第三节 班主任工作坊的基本运作方式……82
一、工作坊组研习计划的制订……82
实例1:锦瑟华年班主任工作坊组研习计划……84
实例2:"萌芽"工作坊组研习计划……86
实例3:晨曦班主任工作坊组研习计划……88
实例4:"慧育三元色"班主任工作坊组研习计划……91
二、工作坊组的主要活动方式(案例)……93
实践与思考:加强学习,内外结合,注重研修……97
三、工作坊组的坊员研习流程(案例)……102
案例1:晨曦伴朝阳,朝阳耀晨曦……104
案例2:且行且研且成长……110
案例3:我和丁丁的成长……116
案例4:换一种沟通方式……119
实例5:长江路小学班主任工作坊坊员研习计划……124
实例6:长江路小学班主任工作坊坊员研习计划……126
实例7:长江路小学班主任工作坊坊员研习计划……127
实例8:长江路小学班主任工作坊坊员研习计划……129
实例9:长江路小学班主任工作坊坊员研习计划……131
实例10:长江路小学班主任工作坊坊员研习计划……132
第四节 双向建构:班主任工作坊的实践形态……134
一、工作坊中班主任成长的双向建构……134
二、班主任工作坊"双向建构"的机制……136
三、班主任工作坊"双向建构"的路径……137
四、基于策略思想的"双向结构"的策略……138
五、"双向结构"的三大策略……139
(一)统分结合差异研习策略……139
案例5:调皮生变乖了……140
案例6:"闯祸大王"的转变……142

案例7：重在关注差异……146
（二）预设生成深度研习策略……149
案例8：研习中的前思后行……150
案例9：研习让我的教育不随意……152
（三）围绕流程自主研习策略……156
案例10：重启学习内驱力……157
案例11：我在四次研讨中深度获益……162
案例12：明确研习方向学以致用……165
案例13：优势互补，共同提高……168

第五章 工作坊孵化班主任个体的发展……171
第一节 班主任在工作坊孵化中的要点……173
一、工作坊孵化的“三个关注”……173
二、优秀班主任核心能力发展的两个维度……176
第二节 “班级工作发展能力”维度的工作坊研习……179
一、“班级工作领导能力”的研习……179
案例14：让学生成为决策的主人……182
案例15：积极决策，助力成长……186
案例16：学困生转化中的班主任决策力……190
案例17：群体性不良习惯改正的施策……193
案例18：在其位，谋其事，尽其责……195
案例19：让孩子们品尝成功的快乐……200
二、“班级生态营造能力”的研习……202
案例20：弥补缺失的那一份爱……205
案例21：学做一个会“偷懒”的班主任……209
案例22：“小拖拉”变了……210
案例23：对症下药，点击“特殊学生”心灵……215
案例24：放下偏见，不弃不离……217

案例25：如何帮助学困生走出困境……222
案例26：特别的关注给特别的你……225
案例27：沟通与倾听……227
案例28：小事件，大问题……231
案例29：家校携手，助力成长……234
案例30：丁丁变了……237
三、“班级文化建构能力”的研习……240
案例31：“声”不在高，有“法”则灵……245
案例32：放手……247
案例33：让花儿自主开放……250
案例34：翅伤的小雁，也能够积极飞翔……253
第三节 “班主任自主发展能力”维度的工作坊研习……256
一、“班主任主体内驱力”的研习……256
案例35：脚踏实地才能仰望天空……260
案例36：教育是一种修行……264
案例37：为了每一颗闪亮的星……267
案例38：事无巨细，悉究本末……270
案例39：我能行……273
案例40：变观念，与家长构建同一生态……275
案例41：你的关爱是孩子进步的阶梯……279
案例42：爱心诚信耐心：班主任的责任……282
二、“班主任自主发展力”的研习……285
案例43：百变看学生，千方寻亮点……291
案例44：改进的积累，班级更好地发展……297
案例45：遇见“工作坊”……300

第六章 基于工作坊的班主任个体发展与群体发展……303
第一节 坊员对工作坊的反哺……305

一、坊员对工作坊发展的促进影响 …… 305
二、优秀班主任在工作坊中的领导力 …… 309
案例46：让我们在工作坊中共同成长 …… 313
第二节 基于工作坊的班主任发展的群体案例 …… 316
一、调动参与：赋予坊员必要的权力 …… 317
二、目标展望：坊员参与课程愿景的设置 …… 317
三、组织保证：坊员成为研习的团队成员 …… 318
四、环境支持：营造结构性组织支持系统 …… 318
案例47："工作坊"共成长 …… 319
案例48：同学习，促发展，共成长 …… 330
案例49：心心相印，有效沟通 …… 336
实践与思考："风雨同舟"我们一起在成长 …… 343
第三节 基于工作坊的学生优秀班集体建设的案例
（优秀班集体、中队的案例） …… 346
案例50：研习中与学生优秀班集体同成长 …… 346
案例51：一起来理"财" …… 349
案例52：工作坊助我为班级建设出计谋 …… 353
案例53：班干部培养 …… 358

后 记 …… 363

第一章 课题研究概述

○ 第一节　课题研究的背景与趋势
○ 第二节　课题研究的目标与内容
○ 第三节　课题研究的方法与过程
○ 第四节　课题研究的成果与创新

第一节　课题研究的背景与趋势

一、班主任工作的重要价值

班级是学校进行学生教育的基层单元。班主任工作是培养学生良好思想品德和指导学生健康成长的重要途径。班主任是班集体的组织者，是学校领导者实施教育、教学工作计划的得力助手。班主任在学生全面健康成长过程中，起着导师的作用，并负有协调班级各科教育工作和沟通学校与家庭、社会之间教育的作用。

班主任是近、现代学校教育中随着班级授课制的出现而产生和设置的一种工作岗位的称谓。1904年清政府公布《奏定学堂章程》。其中规定："小学各年级置本科正教员一人"，"通教科目"，"任教授学生之功课，且掌所属之职务"。这是我国班主任工作的开始。到了1932年（民国时期），中学规定设立级任制。1938年又把这种级任制改为导师制，把负责班级教育工作的教师称为级任导师。1949年后在全国中小学一律设置了班主任。1952年《中学暂行规程》的颁布，标志着我国班主任制的确立。全国有中小学班主任450多万，组织、领导、教育着占全国人口近1/7的中小学生。

中小学班主任作为班级的核心管理者，不只是中小学教师队伍的重要组成部分，更是基础教育的核心力量，还担负着对中小学生进行德育教育和心理健康教育的重要引导者角色。中小学班主任的专业发展是基础教育师资队伍建设的关键所在。一个人一生中从小学到初中，或者到高中，与班主任的接触有9—12年之久，按平均寿命77岁计，那么10余年占了一般人生命的1/7。这是人生身心成长最快的10年，是人生喜怒哀乐感情最丰富的10年，是人生意志品质形成的10年，是人生智力才能发展最快的10年，是人生变化万千的10年，是决定一个人今后命运的10年。班级，人们长于斯，发展于斯。班级和人生维系得这么紧密，班主任工作的价值无与伦比。

随着新旧交替和新旧消长的历史变革，新知识、新观念、新思想向传统教育发起了挑战，班主任工作正面临着前所未有的考验。班主任在学校教育教学中所担当的角色也越来越丰富，已从过去传统的单一型向多元型转变。班主任工作由权威型向对话型转变；由限制型向发展型转变；由高耗型向高效型转变；由经验型向科研型转变；从被动适应型向主动创造型转变；从封闭型向开放型转变；由传统型向未来型转变。这些转变适应了时代的需求，体现了班主任工作的与时俱进性，也从另一个侧面反映出学校班主任工作的重要价值，体现了班主任工作的艰巨性。

二、班主任工作专业化的必然

班主任是学生教育的主要实施者，不仅表现在班主任自己承担学生的教育责任，而且表现在组织有关教师开展学生教育工作。班主任工作以“立德树人”为主要任务，把社会的基本要求贯穿于育人的全过程，通过课堂教学、专题教育、班级活动等，做好学生的思想道德教育工作；努力营造互助友爱、民主和谐、健康向上的集体氛围，凝聚充满活力的班级；关注学生的全面发展，了解学生的品德、学习、身体、心理等发展状况，遵循学生身心发展的规律，有针对性地进行教育和引导，促进学生勤奋学习、快乐成长、全面发展。

如何有效培养班主任，使更多的班主任具备优秀班主任核心能力，让一些班主任脱颖而出，成为优秀班主任，从而从整体上提高班主任队伍的专业水平，这是班主任队伍建设与专业发展的重要问题。北京教育科学研究院班主任研究中心刘京翠等人借鉴了国内外优秀教师成长轨迹的研究，将优秀班主任的成长阶段划分为适应期、探索成长期、成熟创造期、持续发展期。当一名班主任度过了适应期以后，就进入了成长的关键时期，这个时期采取科学有效的培养方法，班主任可以突破发展的瓶颈，逐步增强优秀班主任能力。我们认为：优秀班主任成长的关键是班主任核心能力的发展。

目前，对于班主任的培训模式，国内主要有基于区域协作、基于校本培训、基于个体化研修以及基于网络交流等，虽各有优势，但都存在着不同程度的局限或不足，比如忽视班主任的实际需要、以讲授式理论为主、忽视班主任在实际工作中遇到的问题、不能调动班主任专业学习的积极性等等。这些班主任培训无论在内容上还是形式上都比较传统。随着当代科学发展，特别是当代儿童的身心发展，使班主任工作实践更显得缺乏现代班主任工作理论来指导，班主任工作的经验性越来越不适应现代教育的发展。

成人学习理论表明，成人学习是“自我导向”型的学习，以经验为基础，以解决现实问题为中心，学习目的有着很强的实用性。作为职后教育，他们的培养应体现自主性、重视其原有的经验，以解决其工作中遇到的实际问题为基础，激发他们参与培训的积极性，以解决问题带动班主任核心能力的提升。

工作坊是一个多人共同参与的场域与过程，基于工作坊的优秀班主任培养模式可以将班主任聚集起来，针对其工作中的实际问题，发表自己的意见想法，在参与的过程中能够相互对话沟通、共同思考、进行调查与分析、提出方案或规划，并一起讨论这个方案如何推动，如何付诸实践，以及在行动后如何反思改进，以工作中的热点话题或疑难问题带动班主任的体验感、参与感和互动感。

正是在这样的背景下，本课题基于当前班主任的培养现状，尝试将工作坊的模式应用到面向全体班主任的培养上，构建优秀班主任核心能力的培养模式，赋予其更科学的内涵和操作性，并且为优秀班主任核心能力的提升提供群体实践案例。

第二节　课题研究的目标与内容

一、课题研究的目标

本课题是一项实践研究，主要目的在于提高班主任的优秀班主任核心能力。

通过本项目的实施，确立“基于工作坊的优秀班主任核心能力培养的群体案例研究”的理论框架与实践路线，明确优秀班主任核心能力的概念、结构与特征，明确培养优秀班主任核心能力工作坊的定位与运行方式，构建两者间双向建构的实践形态，促进班主任的优秀班主任核心能力发展，涌现一些优秀班主任；明确“培养优秀班主任核心能力工作坊”发展生态营造的路径。同时以理论与实践相结合的专著形式表达“基于工作坊的优秀班主任核心能力培养”的研究成果，反映本项研究的基本认识与经验。

具体的研究目标：

1. 提炼优秀班主任核心能力的构成要素及其基本要求。

2. 明确班主任工作坊的基本内涵与运作方式。丰富“工作坊”模式的内涵,构建班主任的培养模式,提升优秀班主任培养的实效性。

3. 构建基于工作坊的优秀班主任核心能力培养的双向建构模式,并开展实践。采用“工作坊”的模式,基于情境的问题解决,解决问题过程中得到核心能力的培养,为促进班主任的发展提供新的研修路径。

4. 形成基于工作坊的优秀班主任核心能力培养的群体成长案例,为优秀班主任的群体发展提供有效的实践案例。

5. 形成优秀班主任群体培养的保障机制。

二、研究的主要内容

本项目主要研究内容:优秀班主任核心能力的研究、基于优秀班主任核心能力培养的工作坊的研究、基于优秀班主任核心能力培养的工作坊的运行研究、基于工作坊的优秀班主任核心能力培养的群体案例研究、“培养优秀班主任核心能力工作坊”的发展的保障机制研究五个方面。

(一)优秀班主任核心能力研究

1. 优秀班主任核心能力概念、内涵的研究

(1)一般班主任能力、优秀班主任能力与优秀班主任核心能力的区别和联系研究

(2)优秀班主任核心能力的界定

(3)优秀班主任核心能力的内涵

2. 优秀班主任核心能力基本结构的研究

(1)优秀班主任核心能力结构

(2)优秀班主任核心能力表现的基本框架

3. 优秀班主任核心能力的主要特征

4. 优秀班主任的基本标准的研究

(二)基于优秀班主任核心能力培养的工作坊的研究

1. 本课题“工作坊”的定位研究

2. “工作坊”作为班主任的孵化器的创建研究

(三)基于优秀班主任核心能力培养的工作坊的运行研究

1. “基于优秀班主任核心能力培养的工作坊”的实践形态的研究

以双向建构作为实践形态展开研究:

(1)班主任个体与班主任群体间的双向建构

（2）优秀班主任核心能力与一般班主任核心能力间的双向建构
（3）优秀班主任与一般班主任间的双向建构
（4）“工作坊”与优秀班主任核心能力间的双向建构
2. “工作坊”的运作方式研究
（1）建立双师制研究
（2）工作坊运作流程研究
（3）工作坊研习方式
（4）工作坊的运作形式
（四）基于工作坊的优秀班主任核心能力培养的群体案例研究
1. 工作坊的群体案例研究
（1）工作坊同质组群体的优秀班主任核心能力发展的案例研究
（2）工作坊异质组群体的优秀班主任核心能力发展的案例研究
2. 优秀班主任核心能力高成长案例研究
（1）优秀班主任的成长与班主任核心能力同步发展的案例研究
（2）一般班主任的优秀班主任核心能力发展案例研究
（五）优秀班主任核心能力培养的保障机制研究
1. 建立班主任培养的培训机制研究
2. 建立班主任评价制度研究
3. 班主任激励机制研究

第三节　课题研究的方法与过程

一、课题研究的思路

（一）研究内容上的思路

1. 本项目围绕优秀班主任核心能力的基本要求（标准）展开，强调优秀班主任核心能力是一个体系，是教师教育能力、班主任核心能力中最高层次能力——优秀班主任核心能力。这个能力有其特定的结构与特征。这是本课题研究的基础。

2. 以“遵循专业规律的自觉，高成长性的差异发展”为目标。优秀班主任核心能力发展从两个范畴出发：所有班主任的优秀班主任能力发展，优秀班主任的涌现。一般班主任都可以向优秀班主任转化，关键在于优秀班主任核心能力发展的水平。这是本课题研究的关键。

3. 本项目通过特定的工作坊发展优秀班主任核心能力，本质上是班主任高成长发展的生态营造，因此不仅要关注第一层次工作坊的运行，而且要进一步关注深层次工作坊发展的生态营造。这是本课题研究的保障。

（二）研究方法上的思路

1. 本课题必须理论研究与实践结合，注重实践效果和研究效果，形成综合成果，提升学校班主任队伍建设的整体效益。

2. 在实践研究中观察基于工作坊发展优秀班主任核心能力的现象，并注意归纳提炼形成相关的案例，使实践经验上升到理性认识。

3. 本项目要体现“基于工作坊的优秀班主任核心能力培养”的校本特点，立意要高，不能停留在白描的研究水平上，同时在研究过程中探索其实践形态，强调实在性，突出操作性。

二、课题研究的方法

1. *经验总结法*

本课题研究中的经验总结，是依据实践所提供的事实，分析概括优秀班主任核心能力发展与培养这一教育现象，使之上升到理论高度，成为一种行之有效的方法。对学校开展“基于工作坊的优秀班主任核心能力培养”实践进行科学审视，提炼有效的经验。

2. *个案研究法*

通过“基于工作坊的优秀班主任核心能力培养”中的班主任个案、活动案例研究，找出其差异，分析其变化原因，探索“基于工作坊的优秀班主任核心能力培养”的方法及策略，以获得规律性的认识。

本课题重在探索班主任个体与班主任工作坊之间的双向建构的群体案例。本课题的群体指的是优秀班主任所组成的班主任队伍群体，群体案例指的是优秀班主任队伍在整体发展过程中所产生的富有典型性的案例。

3. *行动研究法*

依据本课题组的假设，在教师管理中进行实践研究，检验假设。在研究过程中，注意信息的收集和分析整理，重视研究结果的形成。在整个研究过程中把握班主任工作坊和优秀班主任核心能力发展，不断调整研究。同时，对原始的素材以质的研究方法，从理论认识和实践操作两个层面上展开分析和研究，提炼和概括出“基于工作坊的优秀班主任核心能力培养”的操作系统。

4. 文献资料法

收集整理国内外关于“工作坊”“优秀班主任核心能力”的相关资料，掌握最新的研究动态与实践案例，明确研究方向与内容，拓展研究思路，并使我们的研究具有原创性，不重复别人的话。

三、课题研究的过程

（一）启动阶段：2017年9月—2018年8月

重点：建构本课题的理论框架、优秀班主任核心能力培养课题方案细化

1. 开展本项目的学校调研：收集学校有关资料研究，通过座谈等了解学校有关本课题情况。

2. 开展本课题情报研究，申报本课题。

3. 召开本课题开题会，组建课题组。

4. 在文献研究与经验总结的基础上，提出“基于工作坊的优秀班主任核心能力培养”的理论与实践框架。

5. 在进一步开展本课题核心概念的研究基础上，细化本课题实施方案。

6. 开展全校“基于工作坊的优秀班主任核心能力培养的群体案例研究”的培训。

（二）实施阶段一：2018年9月—2019年1月

重点：优秀班主任核心能力研究

优秀班主任核心能力表现研究

工作坊组织工作启动

7. 组织全校班主任开始优秀班主任核心能力培训。

8. 各年级组结合自己工作，学习讨论优秀班主任核心能力。

9. 优秀班主任核心能力表现基本框架研究。

10. 校本优秀班主任核心能力培训（当代班主任工作前沿理论）启动。

11. 组织全校教师对优秀班主任核心能力进行交流。

12. 启动关于“工作坊”工作，学校关于工作坊开始组织，明确工作坊的定位。

13. 工作坊按照同质、异质进行群体(项目)组织。

14. 工作坊双师制组织工作。

15. 工作坊各群体(组)制订研习计划,专家指导修改。

16. 组织工作坊各群体(组)研习计划交流。

(三)实施阶段二:2018年12月—2019年8月

重点:基于优秀班主任核心能力培养的工作坊的运行研究

17. 组织各班主任结合工作坊各群体(组)研习计划,制订个人工作坊"一年研习计划",明确优秀班主任核心能力发展目标与路径。

18. 双师对各位班主任研习计划进行指导,并要求进行修改,各位坊员明确研习主题。

19. 工作坊各群体(组)编制各自组按月研习活动安排。

20. 全校班主任交流个人"一年研习计划"。

21. 各组与各坊员按照计划开展工作实践。组内每两周进行全组研习,以案例分析优秀班主任核心能力上的发展。

22. 双师在这期间进行项目指导。

23. 全体坊员撰写优秀班主任核心能力发展案例。按照自己的发展主题撰写初稿。

24. 修改案例,专家指导,全体坊员完成案例。

25. 组织评选与结集交流,召开"优秀班主任核心能力发展"交流会(2019年5月)。

26. 各组与各坊员按照计划开展工作实践的第二阶段,并以核心能力发展评价基本要求来撰写第二次案例,即写出从核心能力形成提升到高发展。

2019年6月课题组编撰了《基于工作坊的优秀班主任核心能力培养的群体案例研究》项目工作资料,包括下列内容:

一、"工作坊的优秀班主任核心能力培养的群体案例研究"项目书

二、优秀班主任核心能力框架

三、优秀班主任核心能力测评框架

四、关于优秀班主任核心能力的问卷

五、关于优秀班主任核心能力培养的工作坊组织方案

六、班主任工作坊组研习计划

七、班主任工作坊成员研习计划

八、"优秀班主任核心能力"&现代工作坊的运作(培训)

九、科研方法辅导(培训)

十、新教育观念下教师的育德能力(培训)

(四)实施阶段三:2019年9月—2020年5月

重点:基于工作坊的优秀班主任核心能力培养的群体案例研究

27. 组织学习"双向建构"实践形态的培训。

28. 依据"双向建构"的第一、第二方面,回顾工作坊研习的经历,反思与总结后写出交流提纲,明确"双向建构"总结的主题。

29. 各坊员写出优秀班主任核心能力发展"双向建构"的叙事故事。

30. 叙事故事文稿修改辅导,坊员完成文稿。

31. 组织"双向建构"的叙事故事交流研讨会。

32. 依据"双向建构"的第三方面,回顾工作坊研习的经历,反思与总结后写出交流提纲,明确"双向建构"总结的主题。

33. 工作坊组写出优秀班主任核心能力发展"双向建构"大叙事。

34. 专家指导,各组修改完成文稿。

35. 全面总结工作坊的运作方式,比照本课题理论框架系统梳理经验,召开不同类型与层次座谈会、专家论证会,为课题进入总结阶段作准备。

36. 基于工作坊的优秀班主任核心能力培养的群体案例交流研讨会。

37. "培养优秀班主任核心能力的工作坊"发展生态营造研究的培训。

(五)课题总结阶段:2020年6月—2020年10月

38. 依据本课题的研究目标和内容,对已经积累的研究资料进行梳理,形成课题总结纲要。

39. 依据课题总结纲要,对研究资料进行总结性提炼,形成研究成果,并完成课题研究总报告。

40. 2020年10月完成本课题结题工作以及专著。

最终成果:

○"人人都能成为优秀班主任"的专著。

○"基于工作坊的优秀班主任核心能力培养的群体案例研究"课题结题报告。

第四节　课题研究的成果与创新

一、课题的创新之处

本课题依据教师教育能力、班主任核心能力、优秀班主任核心能力之间的联系与区别，做出了本课题组对优秀班主任核心能力的界定与内涵的确定，提炼总结出优秀班主任核心能力的培养要素结构。

本课题提出了关于优秀班主任核心能力培养的新观念。

观念一：人人都能成为优秀班主任。班主任都有优秀班主任核心能力的潜质与一定的现实能力。对于每一位班主任来说，只是优秀班主任核心能力强弱的问题。

观念二：成为优秀班主任的过程，也就是增强优秀班主任核心能力的过程。一位班主任，当其优秀班主任核心能力增强到一定程度时，就成了优秀班主任。

观念三：班主任的优秀班主任核心能力不强时，就是一般班主任，但并不是说其一点都不具备优秀班主任核心能力。

观念四：转化潜质，优化结构，增强全体班主任的优秀班主任核心能力。

上述这些观念否定了优秀班主任核心能力只是优秀班主任才具有，使得班主任都有信心争取成为优秀班主任，抛弃了精英主义路线。

本课题提出了“基于工作坊的优秀班主任群体培养模式”的“双向建构”实践形态，丰富了班主任工作坊的基本认识，形成了操作性强的系统操作，并阐述了上述“双向建构”的基本含义与理路。

同时，本课题提出了优秀班主任核心能力评估方式，建立了优秀班主任核心能力测试的工具以及分析方法；经过实践验证，对班主任认识自己优秀班主任核心能力的现状具有指导意义。

二、课题的实践意义

本课题通过对工作坊的资料研究，结合教育特质、教师职业与班主任工作特点，对班主任工作坊的实践做了概括，从白描式与一般化的师训中走出来，在哲学的内容与形式关系中，把握班主任工作的研习与孵化，从经验到学术蜕变，成为一种教育专题的研究性学习模式，而不是实践教学模式。本课题的班主任工作坊不仅是经验之谈，主要目的是从一般的经验走向班主任工作的科学化，提高班主任工作的学术水平；提高班主任工作的“探究的学术”水平，从班主任工作的研习中获得班主任工作的规律性认识；提高“整合的学术”水平，在孤立的班主任工作现象与事实之间建立起广泛的关联，将其放置在一个更广阔的教育领域背景中，以生成新的意义，对应着教育认知的整合；提高“应用的学术”水平，通过对班主任工作研习与应用，以建立理论与实践的连接；提高班主任工作的“育人的学术”，从专业性角度来看待班主任育人，能够将自身的理解转化为学生的发展，而不是将此作为一项简单的人人都可以掌握的技艺。

本课题在工作坊的班主任工作学术语境下，班主任工作不能只停留在解决实际问题的层面，而是要对这些出现的问题进行系统探究分析。这意味着教师要从研究者的角度来看待班主任工作实践中的一些现象，从中抽取出值得思考的问题进行反思与系统研究，并通过阅读相关的文献以获得理论指导。我们通过实践丰富了“工作坊”模式的内涵，构建了班主任的培养模式，提升优秀班主任培养的实效性。我们采用“工作坊”的模式，基于情境的问题解决，解决问题过程中得到核心能力的培养，为促进班主任的发展提供了新的研修路径，也为优秀班主任的群体发展提供了有效的实践案例。

第二章 聚焦：优秀班主任核心能力

○ 第一节 “人人都能成为优秀班主任”

○ 第二节 “优秀班主任核心能力”的概念厘清

○ 第三节 “优秀班主任核心能力”的界定

○ 第四节 “优秀班主任核心能力”的测评

第一节 “人人都能成为优秀班主任”

一、我们的理念:“人人都能成为优秀班主任”

优秀班主任不是天生的,而是班主任在工作学习、研究与实践中,不断积累关于班主任工作的认知、经验,发展班主任工作能力,反思并逐渐提高对班主任工作的规律性认识,取得学生发展实效,进而成为优秀的班主任。也就是,有志者事竟成,只要班主任有发展自己的愿望,在工作中努力,把自己的潜能转化为现实的班主任工作能力,就会带出优秀的班级。

研究班主任核心能力不仅是为了优秀班主任的培养,更重要的是不断提升全体班主任的优秀班主任核心能力。我们认为,优秀班主任的核心能力是指优秀班主任所具有的最关键、必要的能力,也是成为优秀班主任的关键能力。班主任核心能力是通过系统学习而习得的,是关键的、共同的能力,具有连续性与阶段性。“关键”是指个体在21世纪从事班主任工作最关键的能力。“共同”是指班主任教育学生所需要的共同能力。这种能力对每一位班主任而言或多或少都具备,只是多与少、质量高与低的问题。当班主任的优秀班主任核心能力不断增强时,他离成为优秀班主任就越来越近。因此,我们坚信:“人人都能成为优秀班主任。”

只要班主任愿意,每一个班主任都可以取得惊人的成就。正如卡内基所说的:“所有的成就在开始时都只是一个想法罢了!”为了使自己准备好成为优秀班主任,就得清楚成功其实离我们并不遥远,那些成功的班主任很多都是从默默无闻,甚至灰心丧气、困惑迷茫中走过来的。即便是现在成功的班主任,身上也都还有着这样那样的缺点。成功不是完美之人的专利,只要你想成功,只要有发展的愿望,不断提高优秀班主任核心能力,认真做好育人工作,那么,大家就都能成功!

什么是优秀?优秀就是能成功达到正当目的。成功是人的本能、愿望和职责。人生来就有成功的本能,以后逐渐产生了成功的愿望,做任何工作时都肩负成功的职责。班主任都希望把自己的班级管理做好。因此，不论意识到与否，成为优秀班主任都是每个班主任所具有的意识。但是，因为环境不同，有些班主任的成功意识强烈些，有些成功意识薄弱些；所以，人们就有优秀和一般的差别。我们必须自觉地加强优秀的意识。

一位班主任能否优秀，与其非智力因素有很大关系，这些因素包括自信心、意志、兴趣、挫折以及人际沟通等等，尤其是自信心，至关重要。信心是行动的发条，基于信心而来的那种无比强大的驱策力量，就是缔造人世间一切伟业殊功的源头，人有信心，就有希望。信心能使软弱的人变得刚强，毅然承担一切苦难与折磨，接受任何考验和试探。只要有着成为优秀班主任的信念，就能把握发展的机会，牢牢抓住一切可能，达到优秀。人的潜能是巨大的，它一旦被激发出来，班主任会不惧怕困难与自己的不足，以极大的热情和意志力朝着成为优秀班主任的目标勇往直前。

美国成功学家柯美雅也提出过“人人都能成功”这一论断。这个论断是对的。话虽可以这么说，可是事实上成功者只占少数，这是因为人们的条件、机遇都不相同，有些条件差、机遇少的人都成功了，而有些条件好、机遇多的人却反而失败了。这两种人比比皆是。这就说明：能否优秀主要取决班主任个人的发展意愿。成为优秀者的意愿强的人可以创造条件，寻找机遇；而意愿薄弱的人虽有良好的条件、不少的机遇，却不能加以利用，故而不能成为优秀者。人的非智力因素诸如意志、决心、信心、勤奋、行动是决定成败的关键。只有行动才能把理想变成现实，只有行动才能缩短你与目标之间的距离。因此，成功者坚定地相信人人都能成功。

“人人都能成为优秀班主任”并不等于人人都是优秀班主任，成为优秀班主任是一个转变的过程，即从一般班主任转变为优秀班主任，这需要不断增强优秀班主任核心能力，需要踏踏实实地行进，需要战战兢兢，如履薄冰，一步一个脚印脚踏实地积蓄自己的力量，改正自己的错误，并随着时间与空间的改变而逐渐增强优秀班主任核心能力，达到成为优秀班主任的理想状态。在优秀的背后，我们可以看到各种坚守与隐忍，以及各种各样的思虑之周详，不会像一些浮夸的人所想的那样简单容易地成功。世界上没有什么人能随随便便成功，成功是需要付出的。不劳而获的成功，就像那无根的浮萍一样，会迅速被湮没。我们坚信没有当过班主任，难以成为完整意义上的教师；没有经历班主任的苦与乐，难以享受教师职业真谛；没有班主任工作的成功，难以获得班主任高峰体验。

二、优秀班主任的基本标准

确定优秀班主任的基本标准，意在树立班主任发展目标，并揭示优秀班主任成功发展的内在机制。优秀班主任有两个基本能力：一是班主任自主的发展能力，二是班主任工作的发展能力。正是这两方面的发展能力，促使了班主任有可能成为优秀班主任，或者说从一般班主任向优秀班主任发展。优秀班主任成长的动力是主体的发展愿望（自主发展能力）以及班主任工作的发展能力。依靠班主任主体发展愿望与自身的能力条件，才能使班主任的品格提升，工作专业水平提升。因此，研究班主任核心能力不能主要从班主任专业能力上考量，必须从为什么“班主任专业能力”会发展这个根本问题上考量。

正是这个“发展”问题区分了一般班主任与优秀班主任的关键之处——“发展能力”，也意味着“班主任核心能力”与“优秀班主任核心能力”的最重要的区别在于“发展能力”。“优秀班主任核心能力”优秀的本质在于“发展”的能力，具有核心能力的基本意义，即最关键性、最基本性的特征，也具有普适性。因此我们认为，班主任工作的发展愿望与发展能力是班主任从一般到优秀的基本要素，同时这两个发展能力也是班主任都可以提高的，也成为班主任进一步努力的方向。

我们提出了优秀班主任的基本标准：

1. 致力于学生的发展与学生的学习

这是对班主任工作的价值认同，只有热爱班主任工作才会有提高班主任工作水平的发展愿望。这要求班主任具有热爱班主任工作的职业态度、有明确的班主任工作专业发展方向与目标，不断研究自己的学生，研究学生的发展。

班主任工作是面对学生的工作，其一切工作都必须致力于学生的发展与学生的学习。班主任应该关心学生的全面发展，关心学生的健康成长，致力于学生的学习，也就是班主任教育工作的本义，教育就是为了让学生通过各种学习，知识的学习、社会生活的学习、道德品质的学习等，成长为在社会中生存、生活与发展的人。

2. 有过硬的班主任工作水平，有显著实绩

优秀班主任必须具有真才实学，具有班主任工作专业理论素养与能力，有显著的业绩。优秀的班主任能科学运用教育理论进行班主任工作实践，具有先进的班级教育观念、具有正确的领导班级的能力和方法。因此，以学识、能力与实绩为标志的班主任工作水平不是“被封”出来的，应该是可视的、公

认的，也就是应该通过育人的实绩，带出了社会、同事、学生公认的好班级，培养出了一批优秀学生，应该由学生的进步与发展来表征，而不是“展示”“总结”出来的，或者应时需要推出来的。

3. 以民主平等精神、高尚的人格熏陶学生，成为学生精神的引领者（品格）

这是区别传统班主任与现代班主任的重要标志。传统的育人主要用“管卡压”的方法，把班级看作自己私人的，无视学生的主体地位，这样的班主任不可能培养出现代人。现代的优秀班主任把学生作为班级的主体，以民主平等精神培育良好的班风，以自身高尚的人格熏陶学生，成为学生精神的引领者。

4. 具有终身学习的健康工作与生活方式，以及教育理论与文化修养（学习）

我们常可发现为数不少的教育工作者一边声嘶力竭地驱赶学生努力学习，但是自己除了课本与教参外不看书不看报。这映射出了这类班主任缺乏终身学习的健康工作与生活方式。有学者指出，有部分教师与家长在校外的场所谈论孩子的教育问题时，家长与教师难以区别。这样的教师其语言看不出是具有教育专业背景的，说白了，这些教师无论从气质上、言行上都缺乏教师应有的特质。这类教师谈教育工作无非谈论学生“好与坏”，缺乏现代教育科学的依据，随性而言。现代社会与高尚的教育事业需要的是热爱学习的、有孜孜不倦学习精神的、有着很强学习能力的教师。只有这样的班主任才可能透出高贵的风骨与气质，影响学生的人格发展，以此达到教书育人的目的。

5. 善于系统反思自己的班主任工作，从经验中学习，不断改进工作（反思）

班主任工作是复杂的教育工作，是教育艺术，需要不断积累经验。这个过程并不完全取决于担任班主任工作的时间，有的教师担任较长时间的班主任，但工作还是一般般，或者说还是十分传统的班主任工作方式。例如主题班会就是一个人侃侃而谈，灌输式训话；或者所谓活动型，朗诵唱歌似乎很热闹，却脱离学生的道德现实、脱离学生生活。这类主题班会空对空，教育实效很差。相反，优秀班主任就会在观察发现学生中出现的良好的或者不当的道德表现，形成教育素材，运用教育情境，让学生体验、感悟，并以正确行为践行。这些优秀班主任运用德育心理学的基本原理于班主任工作的实际中，在专业理论指导下实践，对照教育科学原理反思，而不是率性而为，毫无章法。优秀班主任的反思是系统的反思、是学术性的反思，而不是信口开河式的反思。正是不断实践获得经验，并从经验中感悟上升到规律性的认识，才能脱颖而出成为优秀班主任。

6. 独立思考，有较强的班主任工作研究能力，工作富有创新性

优秀班主任的表征应该是看他培养出怎样的学生，如果培养出来的学生唯唯诺诺，是一群“绵羊加满分”的学生，那么他不应该是优秀班主任。优秀班主任应该是培养出一批充满真善美的、富有创新精神的、热爱学习的、富有社会责任感的学生的老师。面对教育每一天都是新的，面对每天在变化成长的学生、面对每天都在学习新事物的学生，班主任不可能以“不变应万变”，必须适应变化着的学生及其教育。优秀班主任不仅对此适应意识强，而且适应能力会不断提升。这就要求优秀班主任独立思考，有较强的班主任工作研究能力，工作富有创新性。墨守成规不可能成为优秀班主任，班主任没有自主的发展能力与工作的发展能力，也成不了优秀班主任。

第二节　“优秀班主任核心能力”的概念厘清

一、优秀班主任核心能力的认识误区

本课题研究表明，对于班主任的核心能力是什么，在以往的研究文献中并没有明确的定义。本课题研究中，针对一线班主任教师的实际问题展开研究，首先从确定优秀班主任关键能力上着手。

核心能力是普拉哈拉德（Prahalad）和加里·哈默尔（Gary Hamel）1990年在《哈佛商业评论》发表的“企业核心能力”一文中提出的，核心能力和企业能力理论在企业发展和企业战略研究方面迅速占据了主导地位，其代表一种企业发展观点：企业的发展由自身所拥有的与众不同的资源决定，企业需要围绕这些资源建构自己的能力体系，以实现自己的竞争优势。一般认为，核心能力是指公司的主要能力，即公司在竞争中处于优势地位的强项，是其他对手很难达到或者无法具备的一种能力。聚焦核心能力，企业核心能力主要关乎各种技术和对应组织之间的协调和配合，从而可以给企业带来长期竞争优势（competitive advantage in long-run）和超额利润（superior profit）。由此可见，核心能力是指组织的一种能力体系，特指核心能力给组织带来利益的竞争优势，这具有普遍意义，但是企业核心能力的“对手很难达到或者无法

具备的一种能力”的说法，从企业追求利润最大化来理解核心能力是可以理解的，但是对于教育而言，为人类培养下一代是不能垄断的，因此教育中的核心竞争力应该是具有普惠性、教育者都能掌握的。

21世纪初，国内学者在班主任“核心能力”方面的真正有价值的研究几乎空白。2010年5月张怀明的《班主任沟通协调能力研究评述》一文中，论述了“沟通与协调能力是班主任的核心能力”。2016年10月王小倩的《沟通能力：班主任的核心能力》一文认为，沟通能力是班主任的核心能力，这是由班主任的工作职责决定的。2015年8月刘永存发表了《小学优秀班主任核心能力的实证研究》一文，提到了优秀班主任核心能力。其主要理据之一是借鉴20世纪90年代美国学者普拉哈拉德和英国学者哈默尔提出的“公司核心能力”一词，从企业角度界定了“核心”能力的概念。后来美国、加拿大的教育研究学者艾尔贝兹、康纳利、科兰蒂宁、肖恩、芒比、拉塞将这一概念引入教育研究领域，对不同学科优秀教师的核心能力进行了相关探索。理据之二是通过设计问卷进行调查，认为“小学优秀班主任的核心能力包括忍耐能力、协调能力、儿童立场、预见能力、研究能力和基于研究基础上的创新能力”。这项研究只是依据自身个体的假设制定问卷进行的一次调研，与国际公认的、国内对核心素养的理解不同，并且，上述提出的优秀班主任核心能力不可适用于教师的任何专业范围，缺乏班主任工作特定适用性，例如“忍耐能力”，任何人、任何教师都应该具备，但不是核心能力。该文把“忍耐能力”等列入核心能力缺乏基本逻辑性，不利于对优秀班主任核心能力培养指向的正确把握。中国教育学会班主任专业委员会第二次学术年会班主任发展的关键能力论坛上，有人提出了包括积极心理幸福力、沟通力、活动创造力、自我发展力、研究力和支撑保障力在内的班主任核心能力。2016年3月陈萍的《预立相生　研学不止：班主任的核心能力建设》提出了规划设计能力（自身职业生涯规划能力、班级发展规划能力和学生生涯规划能力）、沟通能力、活动创新能力、实务研究能力、心理辅导能力、自我读悟能力。2015年10月姚瑜德的《研究从细节开始——班主任核心能力之研究力浅谈》一文，提到班主任研究能力是核心能力。王俊山2016年5月的《情感素质：班主任核心素养的“核心”》一文提出了情感的功能与价值；班主任岗位的情感属性；班主任情感素质的内涵结构及探讨班主任情感素质的意义。

上述这些文章提出了“班主任核心能力”这个词，各抒已见。由此可见，对“班主任核心能力”这个概念没有界定，对班主任核心能力的内涵、结构以及与其相关的概念，例如班主任能力等的区别等还缺乏研究。有人认为，学生管理、辅导与指导、学生训练，班主任要想成为一名合格的班主任，需要具备处理好这三大方面核心工作的所有能力。然而，要想成为一名优秀班主任，则需要提升其核心能力。把班主任的核心工作界定为“管理、指导、训练”是传统班主任工作观念的反映，抹杀了学生是成长与发展的主体，成为班主任工作训练的对象，由此认定的班主任核心能力是缺乏科学依据的。有的文章认为，“班主任能够胜任工作所具备的能力即为班主任专业能力，而优秀班主任的关键能力则是普通班主任不具备的”。也有人认为优秀班主任核心能力是班主任能够胜任工作所具备的能力，即班主任工作的专业能力，也可称为“通用能力”；优秀班主任“核心能力”是在班主任专业能力之上的，集聚优秀班主任工作智慧的隐性能力，是不同班级管理中的综合运用能力。上述有的陈述对优秀班主任核心能力的界定是同义反复，或者不合理，例如把优秀班主任核心能力界定为“在班主任专业能力之上”，“之上”是什么范畴？“隐性能力”“综合能力”又是什么？上述这些研究缺乏对班主任核心概念的科学把握，随意表述。本课题组认为，概念应该具有确定性、清晰性。“班主任核心能力”是需要深入研究的。

二、班主任能力与班主任核心能力

（一）班主任核心能力

把握班主任核心能力，我们首先要对优秀班主任核心能力进行界定并厘清其要素。

一些研究中，对于班主任的核心能力是什么并没有明确定义，对于班主任的“核心能力”提法不同。但对班主任核心能力的内涵特征认识上存在共同点，研究中都提到核心能力是一个综合体，并非各种单一能力的简单相加。

我们认为要确定优秀班主任核心能力必须区分：

1. 任课教师专业能力与班主任专业能力的区别。

2. 班主任能力与班主任核心能力的区别。

3. 班主任核心能力与优秀班主任核心能力的区别。

明晰这三者的区别，才能真正把握优秀班主任的核心能力，才是关于优秀班主任核心能力的科学研究，否则很容易概念移位，导致研究走入歧路。

班主任能力与任课教师能力也有所区别。班主任核心能力不同于企业（包括企业成员）的核心能力。不能用企业的核心能力套用为班主任核心能力。适用于企业的核心能力，而失去班主任工作专业性的核心能力，不能定义为班主任核心能力。班主任作为一个岗位，或者说工种，需要具有特定的基本专业能力，这是有别于其他职业与一般任课教师的能力。教师的专业能力主要表现在教书育人，即教学能力与教育能力。班主任的专业能力主要是表现在对于班级的管理上，在对班级进行组织与管理中实施育人。而任课教师主要是教书育人，一般而言，对班级组织与管理主要在教学之中，而班主任必须全方位地对班级学生管理与教育。也就是说，由于岗位职责不同所承担的责任不同，由此需要不同的专业能力，例如班级活动组织能力。

事实上，优秀班主任的核心能力不仅表现在优秀班主任身上，也可以在一般班主任身上表现出来，表现在两者平时工作的方方面面。我们需要思考的是如何让优秀班主任核心能力在班主任身上凸显出来，并作用于班级领导与管理之中，促进优秀班主任核心能力整体发展，最终成为优秀班主任。

班主任能力体系如下图所示：

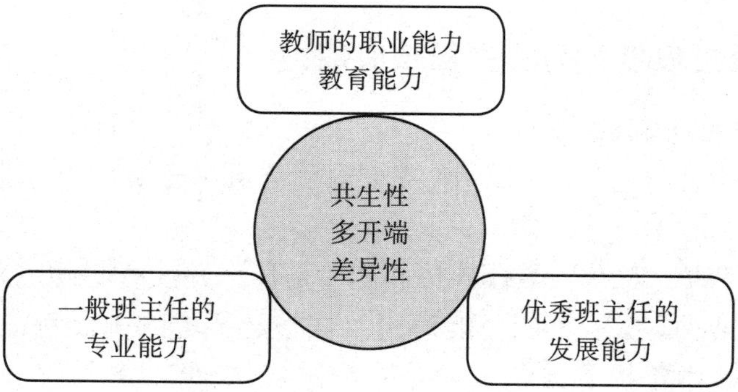

班主任能力不是一种单一的能力，而是班主任能力体系，包括班级行政管理能力、班级组织能力、班级教育能力、学生个别教育能力、学生干部培养能力、学生道德教育能力、学生活动组织能力、学生成长评价能力、家庭教育指导能力、社区教育组织能力等，但是其中有着基础性、共同性的关键能力，这就是班主任核心能力。作为班主任工作岗位而言，班主任的核心能力与任课教师的核心能力的主要区别，应该是班级教育能力。没有班级教育能力也就不能胜任班主任工作，而且这个能力也直接影响班主任其他相关工作，因此班级教育能力是符合基础性、共同性的关键能力。

（二）班主任核心能力的内涵与结构

班主任核心能力是一个复杂结构，有着丰富的下位能力组成，并以其能力表现呈现。班主任核心能力是班主任能力大体系中的重要组成部分，而优秀班主任核心能力是班主任核心能力体系中的内核。

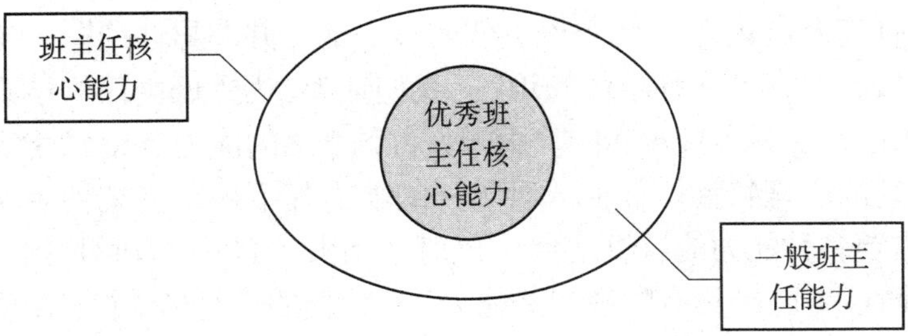

班主任核心能力是指班主任工作最基本、最关键的能力。其自身有着一个基本结构：

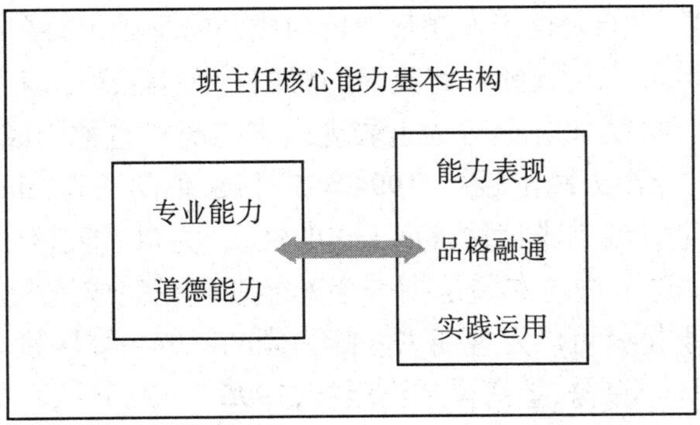

班主任核心能力是一个能力系统，是班主任能力中的一个子系统，不是单一的能力，其任何一个专业能力都涉及能力表现、品格融通与实践运用。

班主任核心能力包括班级教育能力（包括教育活动设计与实施能力、主题班会指导与组织能力、个别教育能力等）、班级领导能力、班主任观念能力、班主任感染能力（精神引领能力、人格影响能力等）等。

第三节 “优秀班主任核心能力”的界定

一、优秀班主任核心能力的概念与内涵

（一）优秀班主任核心能力的认识基础

有的研究人员认为，“优秀班主任的核心能力并非显性的”，还认为“优秀班主任核心能力是一种隐性知识”。我们认为，优秀班主任的核心能力是具体的、可以通过其表现观察的。中国大百科全书的能力定义，“指人顺利完成某种活动的心理特性。任何一种单一的能力都不足以使某种活动顺利地进行，都需要多种能力的有机结合”，同时还指出，“能力，有时是指一个人在当前发展阶段上已经具有的现实的能力；有时指的则是，一个人在现有发展条件下，经过进一步的学习和训练而达到更高水平的可能性”。

学者张春兴在《现代心理学》中指出：“心理学上所指的能力，含有两种意义：其一是个人现在实际‘所能为者’；其二是指个人‘可能为者’。”“心理能力中所指的个人‘所能为者’，也就是个人在行为上所表现的实际能力（actual ability）。”“能力指个人在其遗传与成熟的基础上，经由环境中的训练或教育而获得的知识与技能。此类能力可由行为上表现出来，作为与别人比较高低的依据。此类实际在行为上表现出来的能力也称为成就。”（张春兴：《现代心理学》，上海人民出版社，1994年5月）S. 伯雷认为，ability，能力，是个体能在某个规定时刻完成某种特定工作的性质、力量、能胜任、才能、精通度、聪明、天资等。这个词的本质是指一个人能在现在完成这个任务，并不需要进一步训练。于是就可以发现能力和能力倾向间的主要区别。（[美] 阿瑟·S. 雷伯：《心理学词典》，上海译文出版社，1996年12月）

基于能力的基本含义，能力可以分为实际能力与潜在能力，又可以分为普通能力与特殊能力，因此把能力看作是隐性的提法是没有学术上的支持的，而且在实践上导致班主任能力的发展成为看不见的结果，是会产生严重后果的。我们认为，了解现实能力和认识能力发展的可能性，并给予适当的培养，使之转化为现实能力，是发展班主任能力以及优秀班主任核心能力的重要目标任务。正确认识什么是能力，才能把握什么是优秀班主任核心能力。能力是人们灵活运用知识、技能和智力因素，顺利完成某项实践活动的

行为和个性心理特征，其外在表现就是完成此实践活动的行为和个性心理特征，其外在表现就是完成此实践活动的效率和质量。一个人从事的活动越多样，能力发展就越全面；从事的活动越复杂，能力发展水平就越高。优秀班主任核心能力绝对不是知识，而是能力范畴的问题。

（二）优秀班主任核心能力的界定

优秀班主任核心能力的界定，其基本逻辑应该是教育中班主任特定岗位上的工作能力，与一般任课教师、校长等岗位能力不同。同时，优秀班主任核心能力与班主任核心能力也应该有所不同。

首先，我们要正确理解什么是关键能力。

"关键能力"的概念于20世纪70年代在德国职业教育界提出并得到很大发展。关键能力的提出有着时代的背景，由于技术进步和市场竞争愈加激烈，企业生产方式和劳动组织发生革命性转变。传统的"少品种大批量"生产方式及相应的"泰勒式分工"劳动组织，受到了以"精益生产（Lean Production）"为代表的"多品种小批量"生产方式和扁平化劳动组织的强烈挑战。因此，职业教育对劳动力培养的针对性也变得更加困难，相对来说，企业对不易淘汰的能力产生了需求。现代企业劳动组织也发生了根本性转变，并引发了对劳动者素质要求的极大变化。现代企业对技术工人的基础性职业能力要求愈来愈高，但这种能力的培养仅仅通过专业知识和技能的传授是很难实现的。传统的职业教育只注重培养单一职业领域的专门知识和技能，这种职业教育是和传统的生产高度分工和以大批量生产为特征的社会经济形态相适应的。然而这种形式的职业教育因不能满足对现代劳动者素质的要求以及脱离生产过程，造成了教学与生产实际相脱离等负面结果。由此可见，"多品种小批量"（个性化）所需要的"不易淘汰的能力"对教育提出了新的基本要求，即让学生掌握不易淘汰的能力。这些是对人们生存与发展具有基本意义的可促进其他能力发展的迁移作用的能力，也就是关键能力。

一般来说，关键能力可以理解为跨专业的知识技能和能力，由于其普遍适用性，不易因科学技术进步而过时或被淘汰。1974年身为德国联邦劳动局研究所所长的梅腾斯在《为在现代化社会中生存所进行的培训》（Mertens, D..Schlüsselqualifikation, Thesen zur Schulung füreine moderne Gesellschaft[J]. Mitteilungen aus der Arbeitsmarkt-und Berufsforschung, 1974, (7): 36–43.）提出，作为教育目标的关键能力有以下一些要素：

1. 基础能力（Basis qualifikationen）。这不仅局限在职业活动中，还涉及一般的社会活动和与人交往中。

2. 职业拓展性要素(Breiten elemente)。这是在许多具体的应用领域中不可或缺的基本知识和技能,如劳动保护、机器维护、技术测量以及阅读书写等知识。

3. 信息获取和加工能力(Horizontal qualifikationen)。即根据面对的问题或任务有目的地获取、理解和加工信息的能力。

4. 时代关联性要素(Vintage faktoren)。这是指与某一时代相关的能力要素,如全球化时代的外语能力、计算机时代的计算机应用能力等。

梅腾斯认为,职业培训不仅是为受训者的职业生存构建基础,还要发展他们的人格,培养他们的社会行为规范。

梅腾斯的关键能力理论也在实践中得到深入发展。阿诺德(Arnold)认为,关键能力理论的关键是"迁移和认知问题"。关键能力理论认为,重要的是掌握有更高价值的"代表性"专业知识,这种专业知识可以理解和加工其他现行的具体专业知识。它具有基础性、开发性和结构性特征而不易被淘汰。当今的教育不再将知识的传授放在首位,而是将"尝试去做"和"能力的发展"放在首位。通过教学活动可以发展认知结构,但不能产生或者制造认知结构。

雷茨认为,关键能力理论的中心是人的行动能力,人的行动能力由三方面内容组成,并对应了三个能力范围:(1)事项意义上的行动能力,即做事能力和智力成熟度,对应于面对任务和工作的能力,例如解决问题、作出决定、开发方案等,可归纳为针对事项的方法能力。(2)社会意义上的行动能力,即社会能力和社会成熟度,对应于面对社会的能力,例如合作能力、解决冲突、协商能力等,可归纳为社会能力。(3)价值意义上的行动能力,即个性能力和道德成熟度。它对应于个人特征基本能力,例如道德观和价值取向、积极进取精神、创新精神、学习自觉性等,可归纳为个性能力。(Reetz, L.. Wissen und handeln-Zur Bedeutung konstruk tivistischer Lernbedingungen in der kaufmannischen Berufsbildung[A]. Beck, K.. Berufserziehung im Umbruch. Didaktische Herausforderungen und Ansatze zu ihrer Bewaltigung[C]. Weinheim, 1996. 173-188.)

因此,从"关键能力理论的中心是人的行动能力"视角考量,作为特定的优秀班主任的核心能力,应该是从一般班主任发展为优秀班主任最基本的、最具价值的关键能力,而不是随意提出的碎片化的班主任能力。

我们认为,优秀班主任核心能力是指促使班主任脱颖而出的自觉发展能力与工作发展创新能力。优秀班主任核心能力是优秀班主任专业发展的基石。

其不是一般班主任能力，而应该是促使班主任成为优秀班主任的特定能力，也就是一般班主任缺少的关键能力。当一位班主任所具备的优秀班主任核心能力很强时，这样的班主任就成为优秀班主任，而优秀班主任能力较弱或者正处在发展成熟中，那么这样的班主任还没有成为优秀班主任，但是具有一定程度的优秀班主任核心能力。因此，本课题的主题是培养优秀班主任的核心能力，对所有班主任适用，具有普适性。正是这样的思路，本课题具有深刻的价值。

（三）优秀班主任核心能力的内涵

优秀班主任核心能力的内涵是丰富的，主要有以下几点：

1. 优秀班主任核心能力是教师专业能力中的高层次能力。

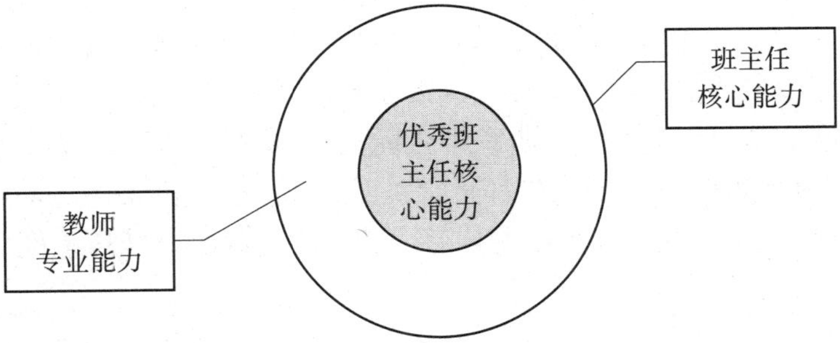

一般教师也应该具有育人能力，但是任课教师的育人主要通过教书育人，即课程教学育人，或者与学生接触中的育人，但是班主任负有管理班级，通过班级群体育人的责任。这是班主任这个特定的岗位所决定的职责，以及承担此责任所需要的能力。并不是每一位教师都能胜任班主任工作，班主任的育人难度所要求的育人能力高于任课教师的育人能力是必然的。班主任工作能力中有着关键能力与一般能力之分，班主任的关键能力也就是班主任核心能力。

任何一位班主任都需要具有班主任专业能力，客观上不同的班主任在班主任工作能力上存在着差异。这种差异不仅表现在班主任能力的全面性上，而且也表现在能力强弱上，不少班主任只具有班主任一般工作能力，而缺少班主任不断成长、不断发展、促使班级工作出色的能力，以及适应带教不同班级的工作创新能力。这种促使班主任成为优秀班主任的能力，是优秀班主任核心能力。

2. 优秀班主任能力中最关键的是发展能力。优秀班主任核心能力在于班主任工作的发展能力，而不是班主任的工作能力，因为班主任都应该具有班主任的专业能力，当班主任具有很强的班主任专业能力时，可能会成为优秀班主任，但不一定，因为当其班主任工作观念或者意愿发生偏差时，能力发挥的指向也会随之出现问题。班主任工作能力的强弱差异，很重要的原因在于他们发展能力的差异，也就是说，一般班主任能力与优秀班主任能力之间最大的差异来自班主任的发展能力。

3. 优秀班主任的优秀班主任核心能力应该是很强的，与优秀班主任呈正相关。优秀班主任核心能力是动态发展的：优秀班主任核心能力从弱到强，从不全面到完善，不断发展、提升，逐渐成长为一名优秀班主任。

4. 优秀班主任核心能力是能力体系，核心能力体系应该全面完整，核心能力的表现水平高。而一般班主任的优秀班主任核心能力体系不完整，或核心能力发展水平不高。

5. 每位班主任都具有优秀班主任核心能力，但是强度不同。这是基于班主任核心能力本身包含着两大部分，一是现实的优秀班主任核心能力，二是潜在的优秀班主任核心能力。每一位班主任都具有优秀班主任核心能力，例如班主任自主发展能力中的“研究学生能力”，或者班级工作发展能力中的“班级工作领导能力”，或多或少都具有。但是当这些能力相当薄弱或者相对薄弱时，这些班主任还处在发展与成熟之中。但是我们不能抹杀他们具有这些能力的潜能。

6. 优秀班主任核心能力是可以发展的，意味着优秀班主任是通过不断发展班主任核心能力使自己成为优秀班主任，同时，优秀班主任核心能力不是专属优秀班主任的，一般班主任也可以具有优秀班主任核心能力。

二、优秀班主任核心能力的特征与结构

（一）“优秀班主任核心能力”的主要特征

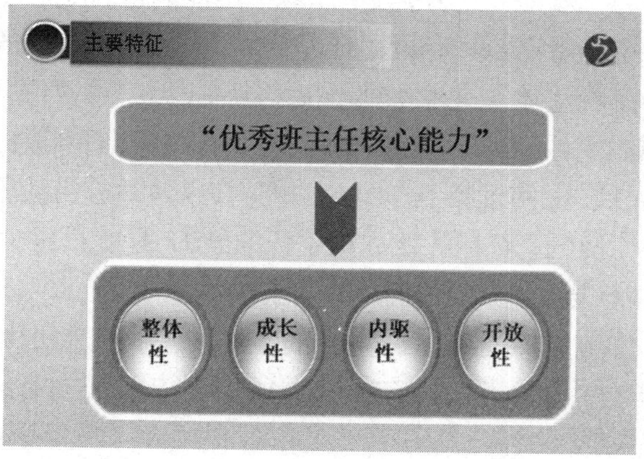

○ 特征一：整体性

优秀班主任核心能力是一个能力体系，是整体功能。缺少其中任意一种能力都会影响其优秀班主任核心能力的养成。

○ 特征二：成长性

优秀班主任核心能力是形成、发展的过程，从“自在”走向“自为”。“自为”是“自在”的发展新阶段，掌握班主任工作规律，按规律办事。

○ 特征三：内驱性

优秀班主任核心能力系统具有内生性，即主体内部的驱动力。只有当专业自觉成为优秀班主任的内在需要时，才可能产生优秀班主任个体对专业自觉的追求，实现班主任工作上的自我实现。

○ 特征四：开放性

优秀班主任核心能力转化为现实能力是在个体与开放的环境互动中形成与发展的，因此其核心能力必然具有与环境进行能量和信息交换的自组织能力。

（二）优秀班主任核心能力的两维结构

维度一：班主任强烈发展动机——稳定的专业认同、积极的发展意愿、高尚的品格能力。

维度二：班主任自觉发展能力——不倦的教育创新、深刻的专业反思、不倦的多元学习。

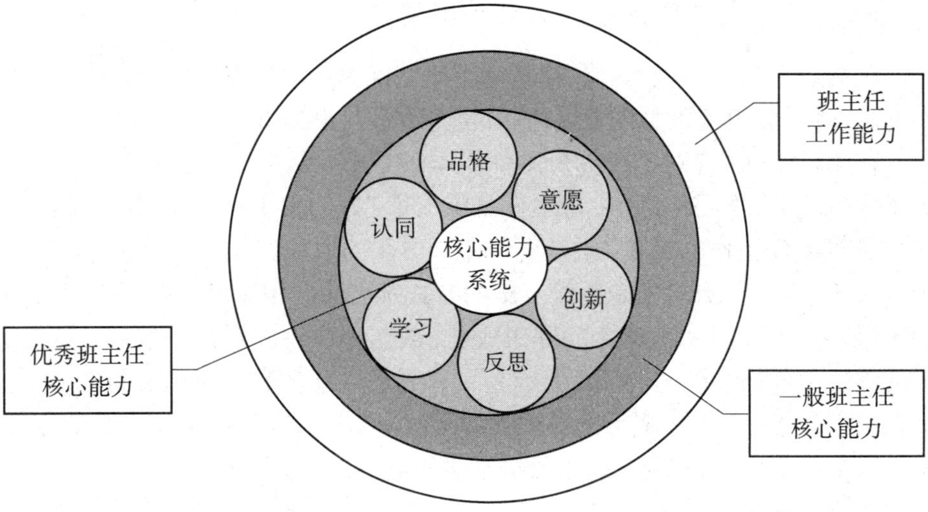

（三）一般班主任与优秀班主任的区别和联系研究

优秀班主任是从一般班主任中间脱颖而出的，因此两者具有职业（专业）上的共性。

优秀班主任核心能力不是指优秀班主任也不是一般班主任的教育能力，而是优秀班主任发展的核心能力。优秀班主任核心能力的完整性、差异性、发展水平、发展速度，决定了班主任个体的班主任核心能力的面貌。

优秀班主任具有很强的班主任发展核心能力，以此取得班主任工作突出成绩。正是这种能力使一般班主任成为优秀班主任。

优秀班主任核心能力是优秀班主任的标志，但是并不等于优秀班主任核心能力只有优秀班主任才具有。在优秀班主任与一般班主任之间，优秀班主任核心能力只是强弱之分。班主任人人都具有优秀班主任核心能力，具有普适性。优秀班主任只能是在实践中涌现，而且只能以学生的发展来表征。班主任个人的主题教育活动设计得再好，学生受益不大，如有时“精彩”的表演性活动并没有教育实效与效能。

第四节 “优秀班主任核心能力”的测评

一、优秀班主任核心能力测评的意义

优秀班主任核心能力的测评是为了确立优秀班主任发展方向，明确其基本要求，并以此引领班主任发展，同时也为班级建设提供有力的保障。

在学校工作中，对于优秀班主任的理解是不一致的，有的人认为只要班级学生守纪律、学习成绩好，班主任就应该是“好的班主任”。其实上述两条标准是班主任工作的结果，不是全面考量学生的成长，更没有关注达到这两个结果的手段，很有可能是用管卡压的方式实现的。用专制的教育手段实现的班级“摆平”，或伤害学生的健康成长，或伤害学生的可持续发展。因此，对优秀班主任核心能力的测评具有鉴别优秀班主任核心能力性质的作用，对优秀班主任核心能力的价值取向做出明确的规定性，可以引导班主任确立正确的班主任工作观，有利于促进班级学生的健康发展。

优秀班主任核心能力的测评通过建立优秀班主任核心能力（素质）模型，

明确其结构，更清晰了优秀班主任核心能力的具体要求，有利于班主任沿着健康发展路线前行。优秀班主任核心能力模型指向独特的能力，即优秀班主任核心能力。这种独特的能力是优秀班主任特定角色和工作所需要的特殊能力，也就是说，这种独特的能力大多是针对优秀班主任来设定的。当前，缺少班主任能力的专业评价，大多情况下对班主任评价是凭印象，缺乏确实可靠的依据，表现出随意性，导致班主任能力评价上的不公正，班主任工作的积极性、科学性存在问题。

1973年，麦克利兰博士在《美国心理学家》杂志上发表一篇名为“Testing for Competency Rather Than Intelligence”文章。他强调，要离开被实践证明无法成立的理论假设和主观判断，回归现实，从第一手材料入手，直接发掘那些能真正影响工作业绩的个人条件和行为特征，为提高组织效率和促进个人事业成功作出实质性的贡献。他把这种发现的、直接影响工作业绩的个人条件和行为特征称为能力素质。这篇文章的发表，标志着能力素质运动的开端。以麦克利兰博士为首的研究小组，经过大量深入研究发现，传统的学术能力和知识技能测评并不能预示工作绩效的高低和个人生涯的成功。而且，上述测评方法通常对少数民族、妇女和社会较低阶层人士不公平。同时，他们发现从根本上影响个人绩效的是诸如“成就动机”“人际理解”“团队领导”“影响能力”等一些可称为能力素质的东西。小组又进一步将其明确定义为：“能区分在特定的工作岗位和组织环境中杰出绩效水平和一般绩效水平的个人特征。”为此，基于“人人都能成为优秀班主任”的理念，以及优秀班主任核心能力是动态发展的观念，基于优秀班主任核心能力的现实能力与潜在能力的结构关系，我们认为区分把握“特定的工作岗位”上的“杰出绩效水平和一般绩效水平的个人特征”是关键，优秀班主任核心能力是个体的一种特质，它与班主任在工作中或具体情境中所表现出的与班级工作实效关联的有效的或高绩效的行为有着明显的因果关联。优秀班主任核心能力可以预测班主任在一般的、常见的情境下和在一个持续的、特定的时期内的行为方式和思维方式。因此，我们认为优秀班主任核心能力模型是通过担任班主任这一特定的任务角色，并取得出色成效所需要具备的能力素质的总和的框架来确定的。

班主任培养发展保障的重要形式是班主任工作及其能力的评估，具有对教育管理评估的基本属性。优秀班主任核心能力的评估是班主任工作评估的一种，也是教育人力资源的评估方式。20世纪80年代末，美国著名评价专家古巴和林肯（E. G Guba & Y. S. Lincoln）对教育评价发展史进行了归纳和梳理，将评价发展史划分为“测验—描述—判断—建构”四个时期。教育评估从第一代“测量”发展到第四代“建构”，其范式发生了很大变化，如从量化测评到质性描述、从情境无涉到情境关联、从独白控制到对话协商、从预设判断到动态生成等。[田莉：《教育评价范式变革的“史”与“思”》，载《教育理论与实践》，2008（4）]古巴和林肯针对前三代评估缺陷，提出的第四代评估包含有多个关键词，如“价值多元”“回应”“协商”“共同建构”等，凸显了社会价值多元背景下评估范式的重新构建。我们的优秀班主任核心能力评估，正是建立在后现代评估范式的建构上，有着明显的价值多元、情境生态、平等协商、共同建构等特征。

“教育评估是对教育活动、教育过程及教育效果进行价值判断的过程，是通过围绕既定的教育目标建立科学的指标体系，系统地收集信息并采取定性、定量分析方法，对教育活动的功效及工作状态进行判定和判断。”（陈效民：《简明基础教育评价常用词语汇释》，高等教育出版社，2012年3月）优秀班主任核心能力评估是对班主任发展进行的价值判断，对班主任工作质量进行监督和检查，也是用来保障和提升班主任工作质量的有效手段。优秀班主任核心能力评估具有三个特征：必须依据一定的标准；是一个系统分析的过程，具有事实基础；其本质是作出价值判断。

班主任工作要走向科学化，必须从经验感受层面走向科学实证，不能停留在对行动的描述、无依据的判断上。我们在开展优秀班主任核心能力评估上主要采用评估与建构相结合，注重发现班主任核心能力的现状，以班主任工作价值取向、方法技术、功能导向等引导班主任对照自己的工作，理性地认识自己班主任核心能力的水平，从而明晰自己发展的方向。

二、优秀班主任核心能力测评的基本框架

（一）优秀班主任核心能力表现的基本框架

本课题旨在培养优秀班主任的核心能力，能力是抽象概念，需要具体化，才能予以培养发展与检测评价。优秀班主任核心能力的具体化就是班主任核心能力表现，即其能力的外显与机能活动。优秀班主任核心能力是其能力表现的抽象，即在众多具体行为表现基础上概括的一个概念。我们认为，提出优秀班主任核心能力表现，是为了真正落实优秀班主任核心能力的培养，避免陷入能力培养的口号化。我们立足于班主任的发展，因此在厘清优秀班主任核心能力的基础上，必须建构优秀班主任核心能力的评价体系。

“优秀班主任核心能力表现”是我们提出的重要概念。在本课题研究中我们着重研究了优秀班主任核心能力表现。“优秀班主任核心能力表现”是优秀班主任核心能力的具体化。能力是抽象的，即在众多具体行为表现基础上概括的概念。关注优秀班主任核心能力的能力表现，才能真正落实优秀班主任核心能力的培育。优秀班主任核心能力的能力表现的关键是“表现”，这是实践意义上的操作，可从其能力的行为外显与机能活动中得以观察，可获得改进。

优秀班主任核心能力无论是其培养，还是其评估，都必须十分关注“能力表现”。不关注其能力表现只能是空话，这是当前教育中很突出的认识与实践误区。

为了更好地把握我们学校“优秀班主任核心能力”的现状，以及为他们制订班主任工作坊中的研习计划时，为自己优秀班主任核心能力发展的方向提供依据，我们设计了“优秀班主任核心能力测评的基本框架”。这是对优秀班主任核心能力的水平进行测量评估的基本框架。

（二）优秀班主任核心能力评价的测评

为了更好地把握我们学校“优秀班主任核心能力”的现状，以及为他们制订在班主任工作坊中的研习计划，明确自己优秀班主任核心能力发展的方向，我们设计了“优秀班主任核心能力测评量表”（第一版）。

本量表从两个方面建构：一是优秀班主任核心能力内容维度，二是优秀班主任核心能力水平维度。

<table>
<tr><th></th><th>能力维度</th><th>能力方面/板块</th><th>能 力 表 现</th></tr>
<tr><td rowspan="9">优秀班主任核心能力</td><td rowspan="6">班主任自主发展能力</td><td rowspan="3">主体内驱能力</td><td>价值认同能力</td></tr>
<tr><td>人格垂范能力</td></tr>
<tr><td>意愿激发能力</td></tr>
<tr><td rowspan="3">自主发展能力</td><td>学习反思能力</td></tr>
<tr><td>研究学生能力</td></tr>
<tr><td>教育创新能力</td></tr>
<tr><td rowspan="3">班级工作发展能力</td><td rowspan="3">班级工作领导能力</td><td>班级工作决策能力</td></tr>
<tr><td>班级发展引领能力</td></tr>
<tr><td>教育资源开发能力</td></tr>
</table>

（续表）

	能力维度	能力方面/板块	能 力 表 现
优秀班主任核心能力	班级工作发展能力	班级生态营造能力	群体发展能力
			生态位异学生教育能力
			环境优化能力
		班级文化建构能力	班级主流文化培育能力
			班级精神文化丰富能力
			班级文化冲突消解能力

1. 优秀班主任核心能力测量内容维度

关于优秀班主任核心能力的实体内容，可以从五个层次上考量。

第一层次：优秀班主任核心能力系统。

第二层次：优秀班主任核心能力系统的子系统。

班主任自主发展能力（指向主体）。

班级工作发展能力（指向客体）。

第三层次：优秀班主任核心能力系统的维度。

主体内驱能力、自主发展能力以及班级工作领导能力、班级生态营造能力、班级文化建构能力五个维度。

第四层次：优秀班主任核心能力的能力表现方面。

本表共归纳了“价值认同”“生态位异（不同）学生教育”等15个方面。

第五层次：优秀班主任核心能力的“能力行为表现”。

本研究共罗列了“高度认同班主任工作的价值”“班级从管理走向领导，学生知道应该为班级做什么”“学生自主建立民主的有利于成长的班级制度，协调不同学生发展的权利与利益”等30个表现。优秀班主任核心能力的“能力行为表现”是一个为了可观测、可操作而建立的指标观察体系。

2. 优秀班主任核心能力测量水平维度

优秀班主任核心能力测量量表是依据优秀班主任核心能力基本框架设计的，我们主要采用BEI技术、问卷测量技术、现场观察与专家小组讨论形成了优秀班主任核心能力表现的体系。

我们的评价量表分别从以下四个方面设计：

○ 核心能力强度：这是指班主任核心能力表现出来的作用强度。

○ 核心能力高度：这是指班主任核心能力在教师个体身上结构的价值，即其能力结构与关键能力表现的价值的高低。

○ 核心能力整体度：系统论认为整体大于部分之和。班主任核心能力整体度是指班主任核心能力各要素的整体结构与整体功能的状态。

○ 核心能力发展速度：不同的班主任由于主体因素与外部环境因素不同，其班主任核心能力发展速度不同。

优秀班主任核心能力测评表

	能力子系统	能力维度	能力表现	能力行为表现	分值	维度分
优秀班主任核心能力	班主任自主发展能力	主体内驱力	价值认同	1. 高度认同班主任工作的价值		
				2. 要读懂学生这本书就得做班主任		
			人格垂范	3. 班主任的道德要求应高于社会其他人员		
				4. 责任与关爱是做好班主任的关键		
			意愿激发	5. 做班主任要有当优秀班主任的愿望		
				6. 班主任是为了孩子的明天而工作		
		自主发展力	学习反思	7. 坚持每月经常阅读班主任工作文献与专著		
				8. 养成班主任工作全程反思习惯		
			研究学生	9. 从心理学、社会学、生态学等研究学生		
				10. 坚持记录学生观察分析材料		
			教育创新	11. 对不同班级、学生，有适宜的班主任工作内容、方式		
				12. 有班主任工作研究的主题，教育活动有创新		
	班级工作发展能力	班级工作领导力	班级工作决策	13. 班主任首先要提高班级领导力		
				14. 班主任工作要想好再做		
			班级发展引领	15. 班级从管理走向领导，学生知道应该为班级做什么		
				16. 不断提高班主任领导力		

（续表）

	能力子系统	能力维度	能力表现	能力行为表现	分值	维度分
优秀班主任核心能力	班级工作发展能力	班级工作领导力	教育资源开发	17. 班主任善于利用教育资源，开展班级活动		
				18. 班主任要善于利用社区、家庭教育资源		
		班级生态营造力	和谐群体关系	19. 班级工作中尊重不同的学生小群体		
				20 班主任角色端正，建立民主、平等的关系		
			生态位异学生教育	21. 喜欢与制造麻烦的学生在一起，并善意引导进步		
				22. 为班级里不同处境的学生创设适宜的环境		
			环境优化	23. 积极营造安全、归属、自由与乐趣的班级		
				24. 善于消解不利于学生成长的环境，对消极家庭给予必要的帮助		
		班级文化建构力	班级主流文化培育	25. 班级有明确的班风表述，并聚焦于践行		
				26. 发扬民主精神，培育正气、是非分明的班级舆论		
			班级精神文化丰富	27. 以高尚的班级文化活动滋养学生精神世界		
				28. 开展班级自行组织的文学、艺术、体育等活动		
			班级文化冲突消解	29. 学生自主建立民主的有利于成长的班级制度，协调不同学生发展的权利与利益		
				30. 班主任要尊重班级学生的不同意见，正确处理班级中发生的事件		

3. 班主任核心能力的测评实践

班主任核心能力的评估应该是综合测评，即依据“五个层次、四个方面”进行优秀班主任核心能力表现的综合评价。

我们于2018年4月组织了一次全校班主任的“优秀班主任核心能力表现测评”。这是将我们的关于优秀班主任核心能力理论研究转化为实践形态的一次实证研究。我们以上述“优秀班主任核心能力表现基本框架”为依据制作了调查问卷。

调 查 问 卷

班主任老师，您好：

本问卷是我们根据学校教育科学研究的需要设计的一项调查研究。

对下列问题会有不同回答，这是自然的。因此请你按实际情况回答，不必有顾虑，以便我们正确、全面、科学地了解情况。

填写答案时，要仔细看清题目，理解题目意思，根据实际情况选择。把您认为符合的，在题目的□里打上√，如不符合的则打上×。每道题目只能作出一个选项。

谢谢您的合作！

□1. 班主任工作吃力不讨好

□2. 读懂学生这本书就得做班主任

□3. 严厉是做好班主任的关键

□4. 班主任的道德要求应高于社会其他人员

□5. 按照领导的布置做好班主任工作

□6. 做班主任要有当优秀班主任的愿望

□7. 班主任工作多做，抓实

□8. 我能坚持每月看3篇班主任工作文献，一学期两本专著

□9. 热爱学生是班主任工作唯一的前提

□10. 每周至少写一篇学生观察分析材料

□11. 班主任工作内容、方式应该是常态

□12. 每学期有班主任工作研究的主题，教育活动有创新

□13. 班主任首先要提高执行力

□14. 班主任工作要想好再做

□15. 学生必须听教师的话

□16. 学生知道应该为班级做什么
□17. 班主任重在利用好学校教育资源
□18. 班主任要积极利用社区资源
□19. 班级中不能有学生小团体
□20. 我喜欢与制造麻烦的学生在一起
□21. 对问题学生要做规矩
□22. 我能对班级里不同处境的学生不同对待
□23. 有的家长很难沟通,要当心
□24. 班主任可以改变环境对学生的影响
□25. 班主任要尽力消除班级里的不同意见
□26. 你的班级有明确的班风表述
□27. 班级活动多了学生学习容易分心
□28. 每学期开展两次以上班级自行组织的文学、艺术、体育等活动
□29. 班级中学生的冲突主要是学生不愿吃亏
□30. 班风不佳与班级活动少有关

●本项评测标准:
选择符号:作肯定答案"√",作否定答案"×"
1. 单号题:打"×",得1分。
双号题:打"√",得1分。
2. 板块得分:根据测评表,累加。每一板块得分区间为0—6分。
3. 以下列雷达图表示:

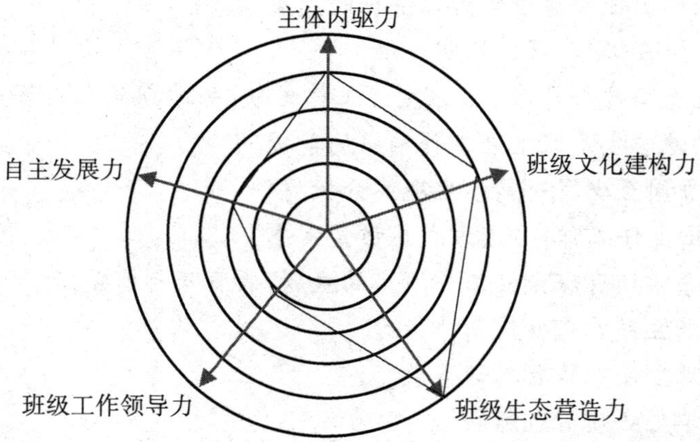

以下显示了三个关于优秀班主任核心能力的雷达图。这些雷达图表明了在优秀班主任核心能力上，班主任个体发展是不平衡的。例如，实例一显示的是发展较为均衡，发展态势良好。实例二显示班主任自主发展能力薄弱，班级工作发展能力中班级工作领导力较强。该图提示该班主任的优秀班主任核心能力的结构不均衡。实例三显示该班主任的优秀班主任核心能力整体薄弱。

实例一：

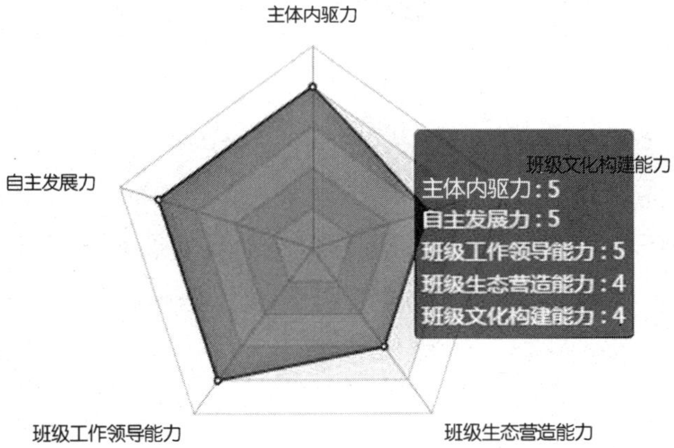

实例二：

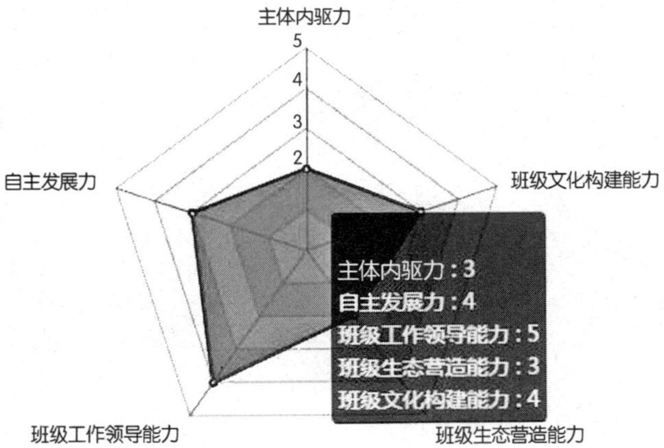

实例三：

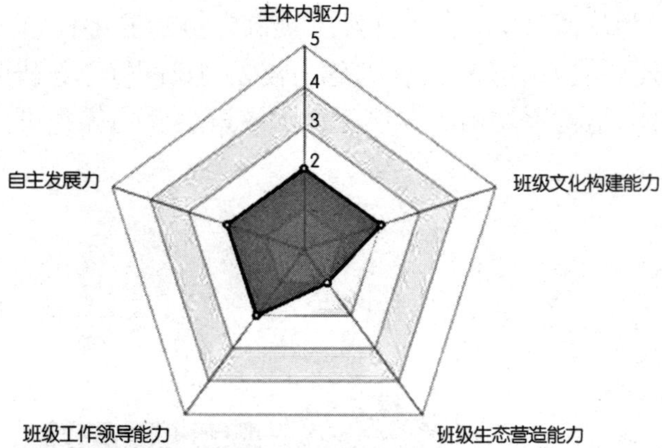

优秀班主任核心能力测量为班主任确定自我发展方向提供了事实依据，也为他们确定工作坊中的研习内容提供了可靠的信息。

第三章　基于：孵化优秀班主任核心能力的工作坊

○ 第一节　教师工作坊的溯源

○ 第二节　“班主任工作坊”的基本认识

○ 第三节　班主任工作坊对优秀班主任核心能力发展的价值

第一节　教师工作坊的溯源

一、教师工作坊的起源及其发展

（一）工作坊的起源与发展

有观点认为，“工作坊”方式起源于欧美国家，并最早出现在教育与心理学研究领域，现在，工作坊由最初的一种基于专题的研究性学习方式，逐渐演变为一种实践教学模式。至20世纪80年代，该方式经中国港台地区传入，并逐渐被各领域广泛运用。把“工作坊”看作是西方引进，还与英文“workshop”相对应，是不妥当的。就像“教育”这个词，英语为education，当然为外来词，但并不能据此说“教育”是西方引进的。“Workshop”原意是“room or building in which things (esp. machines) are made or repaired”(Oxford advanced learning's dictionary of current English, 1974)。工作坊并不是最初基于专题的研究性学习方式而发展为教学实践形式的，而是基于行业人才或者接班人培养的传授形式，用当代教育术语解释这个古老的生产与生活现象有点牵强附会。

其实工作坊在我国历史悠久，在经济生产领域中出现的师傅带徒弟的工作坊早就存在。“手工作坊与工场、店铺既是古代社会的工商业组织，也是近现代社会工商业组织的一部分，同新式工商业组织并行不悖。”“传统手工业包括官府手工业和民间手工业两种基本类型，大致经历了作坊、工场两个阶段。”（刘少和：《我国传统作坊与店铺文化类型》，华夏文化，2003年12月）早在我国公元前五百多年的春秋战国时期，在教育中就出现了类似今天工作坊式研习的士人开馆招收生徒，传授与讨论学问，著名的如孔子。同时期，希腊的苏格拉底也是门下学生无数，运用苏格拉底反诘法与门徒讨论哲学与道德，即现今著名的“产婆术”，通常由一个人带领整个讨论，其他人因为同意或否定而提出一些想法。古代的师徒传授不仅在经济领域，也在教育领域中出现与发展，逐渐演变成现代的工作坊。

（二）教师工作坊的起源与发展

现代名气较大的艺术院校可数“包豪斯”了，其教学方式也是具有革命性的，特别是“包豪斯”创立者格罗皮乌斯的作坊式教学方法。包豪斯工作坊在1923年提出来的教育理念核心就是“艺术与技术的统一”，正是在这一观念的基础之上，“包豪斯”创造出独特的教育模式，即通过“工场实习”把技术引入设计艺术教育。包豪斯工作坊在当时与传统的学院派教育完全不同，可以把学生的艺术想象力和实际操作能力有机地结合起来，最大程度地发挥学生的综合能力，这已经是现代教育的通识。格罗皮乌斯认为，车间是能够实现技术与艺术结合的最理想方式，甚至认为在工艺学校中没有老师和学生之分，只有师傅（德文Meeister）、技工（德文Geselle）、徒工（Lehrling）。形式导师负责艺术设计与理论教学，工艺老师负责手工艺制作实践，两者相辅相成。包豪斯的“工作坊”在当时的历史条件下是一种教育方式的创举，其有效地解决了理论与实践的结合问题，极大地提高了学生的动手实践能力，对现代职业教育产生了巨大影响和启迪。当代的教师教育要建立良好的实践教学环境和具体的实践教学体系，“工作室”或是称“工作坊”是这个体系的重要组成部分。通过这个平台使教学、研究、实践、应用一体化，创造一个培养适应能力、实际动手能力、创新能力的实践环境。

教师工作坊的师资培训模式，是一个开放性和时间性极强的培训模式，追溯其源头，应该是产生于包豪斯的“工作坊”制度。现代工作坊制度是传统“工作坊”形式的延伸与深化，其赋予了现代实践教学新的意义。格罗皮乌斯认为，技能可以传授而艺术无法传授。朱光潜在《谈美书简》中也认为“艺术既离不开人，也离不开物，它和美感一样，也是主客观的统一体”，他从审美的角度阐述了“艺术是无法传授”的观点。虽然艺术是不可以传授的，但艺术的法则和表现艺术的手段与技能却是可以传授和学会的。因此，设计艺术的教与学显然是应该通过形式与技能的有机结合而实现的。教育不仅是科学，也是艺术，因此要培养教师的教育科学艺术，教师工作坊作为一种教师培训方式是一个有价值的选择。

教师职后培训的重要形式之一是校本研修，但由于传统的教师校本研修主要依托校内各学科教研组开展活动，其内容多重复、形式少创新，难以唤起教师研修的主动性和积极性，使得校本研修在促进教师专业发展中的作用受到限制。为了创新培训方式，突出教师在培训中的主体地位，改善培训效果，教师工作坊这样一种新的研修模式当前正在各地不断涌现和发展，并充分地展现出其旺盛的生命力。

有观点认为，工作坊的发展虽经历了几个不同的阶段，但是其通过成员主动参与、相互交流讨论、实践总结经验、分享经验是通常的做法。工作坊的类型，从网络信息技术层面可以分成网络研修工作坊、线下工作坊及线上线下相结合的工作坊；从教师培养层面可以分成职初教师成长工作坊、成熟型教师胜任力工作坊及骨干教师自我发展工作坊；从研修形式的不同划分，可以分为支架式工作坊、抛锚式工作坊及随机进入式工作坊。其运行环节基本包括创设工作坊——分组实践训练——成果交流——总结评价四个环节。但是这些看法都是描述性的，这些描述出来的工作坊也与一般教研组活动形式区别不大，还没有进行理论概括。“目前教师工作坊研究主要有以下几个特点：一是教师工作坊研究呈现稳步增长的趋势，说明教师专业发展的途径不再局限于面对面的讲座形式；二是教师工作坊研究的主体过于单一，除了各大高校的专家外，缺少教师主体对于该学习模式的效果验证，以及工作坊坊主的引领策略；三是教师工作坊研究的热点主要集中在模式创新、实证研究等，理论研究相对较少。在工作坊研修活动中，关键而有意义的研修主题、可行的研修模式、良好的交互设计，可以帮助坊主、学员、专家更积极地参与研修，能激发教师的学习动力，进而推动教师专业发展进程。”（杨雪楠：《教师工作坊研究的文献分析》，学周刊，2019年6月第16期）因此，对教师工作坊需要从本质意义上进行研究。

二、班主任工作坊的模式梳理

（一）班主任工作坊的运行模式

班主任工作坊主要由教师工作坊扩展而来，迁移到班主任的队伍建设上。这种培训模式实施的时间不长，目前还是在探索阶段。在对班主任讲授式、开会式、听报告式培训模式的实效质疑中，逐渐开展了班主任培训的新探索。

班主任研修共同体就是一种班主任培养与发展的新模式。陈雯2016年的《工作坊：一种有效的班主任专业学习共同体》等文章作为当时的一种观点：工作坊是班主任专业学习的共同体，这是一种把场域理论运用到中小学班主任研修共同体的建设中，通过班主任研修共同体的模式构建和运行机制建构开展班主任培训。南宁师范大学周书雅在《中小学班主任研修共同体构建研究与实践——基于场域理论视角》一文中，阐述了“研修共同体是促进中小学班主任专业发展的一种有效的方式，研修共同体构建需要科学理论的指导”，并以柳江区“名班主任工程”为例，以场域理论为基础，从场域的视角分析该工程中研修共同体“四习一体”的运行模式、运行机制、实施办法与策略，更直观、更深刻地理解研修共同体场域的构建，为中小学班主任研修共同体提供可行、有效的场域构建策略：建设“情境场”“对话场”“文化场”“支持场”，从而增强其科学性、有效性、推广价值。文章还提出在其联结中再生成新的实践知识：以研修为纽带，唤醒潜伏在中小学教师内心深处的专业发展的初心，提供一个能让他们之间的知识、经验和资源聚合与协商的平台。

班主任工作坊是一种班主任专业发展的新路径。华中科技大学鲁帅的《工作坊：班主任专业发展的新路径——基于“七色彩虹”“漫步者”班主任工作坊的案例研究》中，通过班主任工作坊“轻松、丰富、快乐、有意义”的发展宗旨，“灵动生命、成就思想、Hold住现场、发展宗旨、掌握理论、体味生活”的价值排序，“活泼性、体验性、艺术性、平等性、综合性、开放性”的独特特点以及探讨班主任工作坊的组织特性和直接性目标这几个方面，来阐述班主任工作坊的基本内涵。该文通过“七色彩虹”“漫步者”班主任工作坊的案例，介绍了“七色彩虹”“漫步者”班主任工作坊的具体实践，描述了两个班主任工作坊的成立背景、运行机制以及已取得的成效。该文介绍的成效主要以访谈中获取的资料为基础，结合班主任工作坊成员的论帖与日志，从班主任专业发展的专业知识、专业能力、专业情意、人格等方面进行了展示。该文从硕士生第三者立场对班主任工作坊做了阐述，探讨了工作坊作为班主任专业发展路径的独特价值，挖掘出班主任工作坊路径中“对班主任情感的关怀、文化建设以及生命自觉的价值取向”这三个方面对成员们形成发展动力具有的积极影响（鲁帅：《工作坊：班主任专业发展的新路径——基于“七色彩虹”“漫步者”班主任工作坊的案例研究》，华中科技大学，硕士论文，2013年1月）。

班主任工作坊是班主任专业成长平台。“班主任工作坊”，在教育学视野下，它是由教育研究者与中小学一线教育者组成的班主任学习共同体组织和专业成长平台。由于参与者可以通过该模式获得很多讲授式学习无法获得的成长体验，以及其需求针对性强、活动形式丰富、问题主题鲜明、灵活多样、效果明显等特点，其成为促进农村班主任专业成长的有效辅导方式（李红：《工作坊式的农村中小学班主任学习共同体的构建》）。在班主任工作坊教研过程中，可以有计划地由专家、同行或同事按一定的工作模式，针对班主任工作中存在的诸多现象或问题进行调查、分析或研究，努力寻找问题的症结，尽力采取有效的措施，并善于总结成功的规律，极力提高班主任德育工作的效能，有效提升班主任的育人水平，大力促进德育工作的有效开展和班主任的共同成长。班主任工作坊是一种班主任团队的学习型组织和班主任专业成长的实效性平台。在工作坊中，班主任自愿、积极参加互助式教研，共同学习、分享育人理论与经验，努力拓宽德育途径，通过集体活动互相影响、互相促进，共同成长（赵莹：《班主任工作坊——班主任学习成长的共同体》，中华少年，2018年9月）。

2015年，北京朝阳区开展了优秀班主任工作坊的项目。北京教育学院肖艳丽、权福苗发表了《基于“问题解决”的班主任工作坊研训模式的构建与践行——以北京市朝阳区优秀青年班主任工作坊为例》一文，认为专业化的班主任不仅需要系统培养与定向培训，更需要班主任群体中优秀分子的示范和引领。北京市朝阳区2015年评选出了180名区级优秀青年班主任，针对这一优秀青年班主任群体，朝阳区教委与北京市教育科学研究院班主任研究中心联合设计与实施了“朝阳区优秀青年班主任工作坊”项目，适应朝阳区教育发展的政策导向，满足朝阳区教育发展的现实需要与优秀青年班主任的专业成长需求。他们指出，“工作坊是源于西方的一种工作组织形式和工作机制，其优势在于专家引领、同伴互助、资源共享、权责清晰”。工作坊以“事的科学高效完成”为核心要素，强调在“成就事的同时成就人”。优秀青年班主任工作坊是基于工作坊的原理和形式，以教师培训机构为平台，意在培养高素养的优秀青年班主任，并使其成为种子，提高学校、学区班主任工作的一种优秀班主任培养模式。该文总结了优秀青年班主任工作坊的建设原则。优秀青年班主任工作坊是借助当前班级管理理念、原理、技巧等引领班主任团队，依据团体动力学原理开展基于沙龙式的活动，促使成员在交流中观察、学习、体验，认识自我、探索自我，调整、改善与他人的关系，学习新的态度与行为方式，有效地提高青年班主任对各种问题的认知水准，完善其个性，也提出了优秀青年班主任工作坊的研修形式。课程采用主题沙龙和微论坛相结合的方式进行，实现主题沙龙课程化与微论坛活动日常化。

华中师范大学李牧川在《让班主任工作坊焕发出生命的活力》一文中指出：“发挥工作坊教育效果和专业发展价值的关键在于：从根本上尊重、滋养与发挥班主任作为真切而完整之人的生命活力！第一，从宗旨定位上，工作坊要突破‘工具论’的层面定位，回归班主任的生命本体价值。第二，工作坊要激活与滋养班主任的情感生命。第三，工作坊要唤醒与提升班主任的理论生命。第四，工作坊要体验与创造产生班主任的场境生命。”

（二）班主任工作坊的应用现状

教师工作坊的应用已经发展到班主任工作坊的应用，成为探索班主任专业化发展的一种尝试，拓展了班主任队伍建设的途径。

● 从班主任工作的主体角度看，主要表现在工作坊针对不同的班主任群体而应用。

1. 为学校全体班主任建立的班主任工作坊，主要是提高本校全体班主任的班级教育专业能力，这种类型较多。

2. 以部分班主任群体建立的班主任工作坊，这主要是一部分有共同倾向的班主任，例如学校骨干班主任建立的，或者是以某一课题为纽带建立的。

● 从学校所处的地域角度来看，主要表现在城市的、农村的学校相应实施的班主任工作坊。例如，自2010年起，广西师范学院与广西柳江县教育局合作开展了以工作坊为载体的农村班主任研修学习共同体建设项目。李红以项目中的“德行天下”农村班主任工作坊建设个案为例，探寻基于工作坊模式的农村班主任研修学习共同体建设的有效路径（李红:《工作坊式的农村中小学班主任学习共同体的构建》）。广西柳州市柳江县拉堡小学的以农村班主任为主体成员、以农村班主任专业成长为宗旨的“德行天下”班主任工作坊在两年的运行中，从设计科学方案、提供研修平台与办法、三方面协同推进、凸显两个亮点等方面开展建设与管理工作，有效助推农村班主任专业成长（韦琴丽:《农村班主任专业研修工作坊有效运行途径探析——以“德行天下”工作坊建设为例》,《广西教育》,2017年05期）。

也有城区开展的班主任工作坊，例如辽宁省抚顺市第十五中学开展的班主任工作坊。这所学校为有效促进班主任的共同成长，班主任工作坊以本校班主任工作的实际为出发点，立足“小、近、实”的研训原则，有计划、有组织、有目的、有针对性地开展系列研讨互助，并采用“发现问题—体验分析—互动解决—总结提炼”这一工作坊研训模式。这是一种既满足了班主任的工作需求，便于解决班主任工作中的具体、实际问题，又发挥了集体智慧和互助合作精神的研训模式。这种研训模式，调动了班主任的工作热情，增强了班主任的工作积极性和创造性，真正实现了班主任的个体发展和群体共进，有力保障了班主任学习成长共同体的研训实效性（赵莹:《班主任工作坊——班主任学习成长的共同体》,中华少年,2018年9月）。

还有区域性的班主任工作坊。这是为推动一定教育行政区域内班主任队伍建设所采取的举措，也是培养骨干班主任的一条有价值的路径。例如北京市朝阳区优秀青年班主任工作坊。

总的来讲，班主任工作坊的应用有利于拓展班主任队伍的专业化建设。当前教师的教学有行政性的教研组与非行政性的各类教研共同体，而在班主任工作方面，学校还缺少相应的教（育）研体制，往往以组织班主任活动、班主任例会、班主任讲座等形式开展一些活动。同时，从班主任工作坊的应用角度看，当前还需要关注一些问题：班主任工作坊的名实问题。班主任工作坊的本质是什么，从较多的文献中可以看到：对班主任工作只是白描，缺少概括。班主任要研究其与教研组、工作室有没有区别，区别又表现在什么地方。不能以教研方式替代工作坊根本工作方式及其本质特征。

第二节 “班主任工作坊”的基本认识

一、班主任工作坊的特征与概念

（一）班主任工作坊的本质特征

我们的班主任工作坊是现代工作坊，既具有工作坊这个概念本身的特征，又以现代性丰富其内涵。班主任工作坊是教师工作坊中的一个子类型，即具有一定的主体限定性，主要成员是班主任以及与此相关的成员，其主要的指向是班主任工作与班主任自身的专业素养。

班主任工作坊除了班主任工作的限定外，还具有工作坊的三个本质特征：

○ 经验性：注重班主任实践。工作坊的出现就是以生产产品为目的，班主任以教育学生成才为自己的教育目的，因此，班主任工作坊是指向提高班主任实务能力的。工作坊要帮助其班主任成员丰富班主任工作经历，从而在感悟的基础上获得丰富的班主任工作经验。这个班主任工作的经历转化经验分为三个层次：一是获得班主任工作知识与能力的经历转化经验；二是运用班主任工作知识与能力的经历转化经验；三是班主任工作经验自身形成的经历转化经验。

○ 个性化：注重师傅带徒弟。工作坊本身的历史发展说明了师傅带徒弟是工作坊的主要特点。《增广贤文》劝学篇中有一句名句“师傅领进门，修行在个人”。这句话可以说明工作坊中的师徒关系。传统工作坊与其成员注重建立个人关系，即师傅带徒弟，现代工作坊在个人关系上更趋于民主，聚焦职业生涯，而逐渐淡出职业外（生活上）的关联。这个特点也是与年级组的区别，年级组或教研组与其成员是行政关系，不具有特定的师傅带教徒弟的关系，例如职称低的班主任可以担任年级组长。因此，班主任工作坊具有个体经验传授与个体化学习的重要特征。

○ 学理性：注重应用性理论。这是班主任工作坊的现代性重要特征。传统工作坊的坊主或称师傅大多是经验型的，因为当时科学还不发达，具有经验的工匠师傅已经了不起了，师傅主要向徒弟传授经验，特别是劳作、营商的经验。当今的班主任工作坊师傅带教徒弟，不能只是“知其然，而不知其所以然”。通过工作坊的研习与孵化，让班主任坊员明晰在具体情境下的学生教育的机理，犹如医生要明白病人的病理一样。

（二）班主任工作坊的概念界定

基于上述一个限定与三个本质特征，我们认为，班主任工作坊是由班主任与班主任专业引领者共同参与，在引领者的专业带教下，以孵化形式促进坊员对一定班主任工作的研习与实践的一种教师工作坊。班主任工作坊是特定的工作坊，不是仅多人共同参与的场域与过程，而是可以有一群班主任参与，而且要有引领者，即具有班主任专长师傅的一个共同体，同时是一个班主任专业能力提升的孵化器。因此，班主任工作坊是班主任专业发展的共同体，也是高成长性班主任的孵化器。

班主任工作坊具体描述为由专家、学校管理者及多个班主任共同参与的场域，通过相互对话沟通、共同思考、进行调查与分析、提出方案或规划，并一起讨论让这个方案如何推动，如何付诸实践，以及在行动后如何反思改进的循环过程，以工作中的热点话题或疑难问题带动班主任的体验感、参与感和互动感。这个描述只能提供班主任工作坊可以做些什么，但是还不能确定班主任工作坊与其他形式的教师工作坊、班主任工作室、班主任工作课题组的区别。

二、班主任工作坊的内涵

要合理把握班主任工作坊，还需要把握班主任工作坊的内涵。学校班主任工作坊的主要内涵：

1. 班主任工作坊应该是现代工作坊，具有经验性、学理性、个体性。班主任工作坊的组织形式是群体性的，但是其运作的重要特征性方式是个体性的，注重师傅带徒弟，即个体经验传授，形成特定的学生教育“产品”——学生的发展。如果以一般内容，而不以引领者自身特有的班主任工作经验传授的群体性培训方式，就应该是其他类型的让班主任发展模式，而非工作坊。

2. 班主任工作坊是非行政性的，是一个共同体。班主任工作坊是非行政性组织的专业发展的共同体。班主任工作坊不是学校正式编制的组织，不具有行政性，它是班主任队伍建设中产生的一种培训模式，具有班主任这个群体发展共同体性质。班主任工作坊作为一种发展共同体，应该以“合作”作为目标之一，希望班主任能够借此增强合作意识、加强协作能力，在合作中成长，在成长中学会合作。这既是对目前班主任学习、提高发展能力的要求，也是对班主任工作管理者提出的要求。合作的重要性不是让各成员力量总和或大或小或相等，而是类似于滚雪球，往积极或消极方向越滚越大，或动态发展，或恶性循环。因此，避免“被合作”“假合作”，不仅需要创设合作文化、增强合作意识、端正合作态度，还要以合作作为班主任工作坊管理的导向，鼓励工作坊坊员出谋划策，群策群力，并根据班主任工作需要灵活调整，权责共担，荣辱与共。

3. 班主任工作坊是以专业为构建依托的。这里的专业主要是指以拥有班主任专业知识和丰富经验的引领者为主要组织者，以适应不同发展层级班主任的专业发展需要为主。班主任合作组织必须以专业作为依托。很多调查研究表明，一般班主任明知自身存在理论和教学方面的缺陷，但苦于无法得到专业指点和引领，再加上长期摸索效果甚微，积极性和热情逐渐消耗，从而趋于满足现状。另一方面，处于不同发展层级的班主任，对于自身的专业诉求都不一样，如果只是单纯地开展单个培训或组织“大杂烩”，不仅是时间、培训资源的浪费，也是在消磨部分班主任的时间和精力。因此，首先在工作坊的组织架构上，应当配备知识和经验丰富的引领者，对班主任工作进行专业指导。其次，在工作坊的成员安排上，根据需要进行不同形式的组建，按班主任工作、班主任工作课题、班主任发展层级进行同质或者异质组建，既根据班主任的自身条件和需要作出安排，也关注班主任的发展方向与工作兴趣倾向。

4. 班主任工作坊以班主任发展为前提，具有专业发展成长性。要想使班主任全身心投入工作坊中，必须以班主任的发展为前提，尽量摒弃以课题研究为出发点附带较多功利性目的。在很多有关教师合作组织的构建和研究中，教师的发展只是作为出发点的一个方面。对班主任来说，切身实际的才是他们最需要的，也是他们最关心的。在组织班主任参与工作坊时，应以班主任发展为前提，充分了解教师需要哪些发展，明确教师在其中能得到什么发展，提供教师自主自评发展程度的参考方法，并对工作坊运作的过程和结果进行有效的民主评估，以期促进教师的反思及主动发展意识。

三、班主任工作坊的孵化功能

班主任工作坊的孵化功能不能等同于班主任教研活动，目前班主任教研一般有班主任例会、班主任讲座等，不是专注于班主任的培育，其功能碎片化，是工作性质的活动。我们的班主任工作坊功能主要是促进班主任个体的优秀班主任核心能力的形成与发展，并能涌现优秀班主任，促进班主任群体在班主任专业上的发展（尤其是班主任工作某领域），并为班主任个体发展提供健康的发展生态。简而言之，我们的班主任工作坊的主要功能是孵化。

孵化（hatching，eclosion）一词，原意是发生于卵膜中的动物胚胎，破膜到外界开始其自由生活的过程。引入教育中，我们赋予孵化以“真爱”而抚育、培育、教育的内涵，我们把教育孵化的核心价值观界定为“因成就他人而成就自我”。孵化的目的是“化”，过程和手段是“孵”。靠什么去孵？靠奉献，靠投入，靠各种要素和资源。教育孵化是一个应时应势而生的基于教育学、管理学、生态学角度的全新的实用复合功能型形态。

班主任工作坊作为一个班主任的孵化器，它是加速班主任发展能力的共同体形态，是一种促进班主任发展的资源能力的集合。班主任的孵化器起到加速班主任发展的作用，促进班主任的教育能力转化为现实的教育功能。班主任工作坊的孵化重要的是专业孵化，要求工作坊的引领者具有较为全面的班主任工作素养，既有专业知识也有丰富的经验。专业孵化器必须给工作坊内部增大力度。没有专业化的引领者，班主任的专业孵化器就没有办法干。

班主任工作坊的孵化功能主要表现为：孵化项目、孵化管理、孵化团队、团队思维、孵化品牌五个方面。

1. 孵化项目

班主任工作坊的孵化项目有两种：一为孵化核心项目，二为孵化衍生项目。核心项目是班主任工作坊生存与发展的根本，衍生项目是工作坊整体发展的辅助因素。为什么要成立工作坊？成立工作坊的内驱力究竟是什么？是热情，是理想，是战略，是利益，还是其他什么东西？其实，答案很简单，皆源于对两个字的把握和实践：项目。一个工作坊从成立之初，就必须有自己的基本项目或核心项目。“项目立坊”是铁的准则。没有项目，工作坊必然无所事事，停滞不前；没有好项目，工作坊缺乏竞争优势，不进则退。没有项目或没有好项目是一个工作坊致命和短命的主要内因。理性的坊员认的是“好项目”，哪怕要实践投入；聪明的领导重用的人是能够孵化“好项目”的人才或团队，哪怕投入资源多。实践证明，一个优秀的工作坊首先是一个不断引进或主动孵化新项目的团队，因为项目是一个工作坊生存和发展的重要条件。

2. 孵化管理

孵化管理是工作坊永恒的主题，孵化管理的好与坏决定工作坊的成败。好的工作坊管理模式的重要标志是其对环境的适应性。只要某一模式对工作坊发展有利，它就是一种有效的工作坊管理形式。管理模式的选择，要根据每一工作坊的具体情况。没有必要要求工作坊一律采取所谓先进的管理模式以及相应的组织结构。这意味着在工作坊管理模式中不存在一种普遍适用的标准模式。孵化管理是在工作坊理念的基础上设计出的一整套具体的孵化管理观念、孵化管理内容、孵化管理程序、孵化管理制度和孵化管理体系，并将其反复运用于工作坊之中，使工作坊在运行过程中自觉加以遵守的孵化管理规则，并在特定的孵化过程中固化下来的一套操作系统。

3. 孵化团队

孵化团队是工作坊最基本的要素，一般有两项内容，一为孵化骨干领导者，二为孵化组织（工作坊）思维。

班主任工作坊的孵化骨干领导者，必须具备五个条件：在团队中起主要支柱作用，在团队中是最实质性的成分，在团队中具备独立孵化运作项目的基本能力，在团队中有一定的影响力和一定数量的追随者。“思路决定出路。”在工作坊的外部环境和条件相差无几的前提下，对于一个工作坊来说，最稀缺的资源不是别的什么东西，而是工作坊的思想或精神。在孵化管理学中，我们把这种工作坊的思想或精神的发生源称为“工作坊思维”。一个优秀的工作坊，不但生产“产品”，也生产思想，没有思想理念支撑的工作坊是不可能长成“参天大树”的。思想的贫穷或精神的贫穷，是一个工作坊没法发展或者走向衰落的必然表征。思想的来源是实践。但是思想不可能从实践这片“田野”中自发而生，它必须依赖一个中介物——思维才能形成。工作坊思维不等同于坊主思维和坊员的个体思维。

4. 团队思维

这里的团队思维是指工作坊思维，即工作坊全体（或多数）成员认可的思考问题的方式或思路，是坊员对工作坊活动共同的或者是比较一致的认识和反映。一般说来，工作坊思维的质量水平和活跃程度，往往同一个工作坊的思想、精神的成熟水平和丰富程度成正比。然而，在当今工作坊建设中，人们常常有意无意中将工作坊思维忽略了。事实上，工作坊思维对于工作坊运作与发展的重要意义决定了它是工作坊建设不可缺失的一环。工作坊思维对于工作坊生产运作活动起着“行为向导”作用，是工作坊思维价值的重要体现。创新是一个工作坊的活力所在。工作坊创新行为不可能自发形成，而必须受到具有创新特质的工作坊思维的启迪和指引。工作坊思维作为一种精神因素和精神力量，对于工作坊的活动和工作坊发展的能动作用是显而易见的。工作坊思维对工作坊活动的正确反映不是消极的、被动的、机械的反映，而是积极的、主动的、创造性的反映，可以推动工作坊将观念的更新变成现实的创造。工作坊思维发生的最重要的一个前提条件就是工作坊成员的“主体觉醒”。工作坊思维是工作坊的主体性反映。缺少甚至是缺失主体意识、主体精神的工作坊是不可能产生工作坊思维的。工作坊思维发生的另一个重要前提条件就是“现实需要”。

工作坊思维所指向的“问题”就是“现实需要”。工作坊思维发生还有一个重要前提条件就是“历史积淀”。工作坊思维是对工作坊成员教育活动的现实关照，但这种关照总是建立在一定的历史经验和知识的基础上的，并不是“无中生有”。一般说来，工作坊的历史渊源越久远，工作坊的教育经验积淀就越深厚。团队无“团”，团队不“团”，因为一无规矩，二无人才，最重要的是没有工作坊思维。工作坊思维是工作坊内部的一种极为重要而又没被人们高度重视的隐性资源。我们探索工作坊思维的目的，在于开发工作坊思维，发挥工作坊思维对工作坊活动的能动作用。我们要开发工作坊思维，就必须把握工作坊思维发生发展的特殊性，不断增强开发过程中的主动性、针对性和有效性。开发工作坊思维要关注教学相长、实践催生、环境诱导。

5. 孵化品牌

近代工作坊的一个明显特点就是以培养出良好或者优秀的产品作为生存与发展之道，每一个工作坊都有自己的代表性产品。通常认为，品牌在一定程度上是物质的，由产品、场所和人来代表。但今天我们已清楚地认识到，在知识经济时代，整个世界从“有形世界”转变为“无形世界”，如今那些无形的、无重量的理念，如知识产权、创意和服务对财富的驱动力等，要远远重于有形物质，对于品牌而言更是如此。品牌的全面定义应该是：品牌具有最基础的本质，这一本质不是外在的，也不是完全用产品或服务来定义的。就像柏拉图认为的那样：我们在日常生活中所体验的任何具体事物的各个侧面，都存在着该事物的“理念”，是“理念”使事物更长久，甚至拥有永久的意义。品牌最终的体现是具体的事物，但是这个具体的事物本身并不代表品牌，品牌是人们内心对这个具体事物认知的外化表现而已。产品有产品的价值，品牌有品牌的价值。品牌不是自己造出来的，其本质上是产品概念对接的人群情感，简单的利益认同不是品牌价值。

班主任工作坊也应该以培养优良的班主任以及发展班主任的优秀班主任核心能力作为其品牌或者专长，充实其生存之意义，增强其发展之能力。班主任工作坊孵化品牌要关注孵化品牌内核，这样品牌才真正具有张力。我们的工作坊孵化品牌是培养优秀班主任核心能力。

品牌是给拥有者带来溢价、产生增值的一种无形资产，它的载体是和工作坊的“产品”或者特点相区分的名称、术语、象征、记号或者设计及其组合，增值的源泉来自教师，特别是班主任心智中形成的关于其载体的印象。不少工作坊“软”在缺乏品牌或者品牌内核，这样就导致缺乏影响力，缺乏生命力。并非人人都真正理解品牌的内涵，如果不能真正理解品牌的确切含义，品牌本身的魅力就会变成商业的包装，从而失去力量。

工作坊的孵化是教育孵化之旅，因为工作坊的成员是生命主体，在工作坊中，他们的教育生命历程正在蜕变，破蛹而出，化蝶飞舞，自然美好多姿。

第二节 班主任工作坊对优秀班主任核心能力发展的价值

一、班主任工作坊：提升优秀班主任核心能力的途径

我们在研究过程中发现，在班主任工作研究方面，对于培养优秀班主任的策略方面的阐述比较少，大多是一些理论研究及概念叙述，对于有效途径、模式构建的研究更是少之又少，几乎没有可供参考的案例。文献中大部分的资料都是针对全体班主任的培养方法及策略，班主任培养主要采用聆听讲

座、撰写反思等，相对比较枯燥，缺乏系统性，缺乏理论指导下实践中的培育。

我们着重研究了基于优秀班主任核心能力发展的班主任工作坊的建构与实施，构建了基于工作坊的优秀班主任的培养模式。已有的资料表明，对于优秀班主任方面，主要是他们的经验介绍，优秀班主任是怎样开展班主任工作的，描述性内容较多，缺乏对优秀班主任工作的本质经验提炼，揭示优秀班主任发展的规律性认识。即使有些文章提及优秀班主任的成长，还是停留在教师成长的认识上，也就是说需要进一步深入探讨优秀班主任成长的特质性问题。我们把班主任工作坊作为提升优秀班主任核心能力的途径。

我们的基于优秀班主任核心能力的班主任工作坊的核心理念，是人人都能成为优秀班主任，这样的工作坊是面向全体班主任的，旨在提高全体班主任的专业能力，依靠工作坊的特质所形成的班主任培育途径，提高班主任的素养。

工作坊的研究中，班主任自身就是研究者及最重要的参与者，工作坊让班主任能够在平时的工作及实践中得到培养和提升，一方面不占用班主任更多的时间，另一方面从班主任自身问题展开研究，更符合班主任的成长与发展。我们结合学校自身特点，组建不同形式的工作坊，让班主任结合自身的成长过程，把自己的实践转化为理论，再回归实践，从而为优秀班主任的培养提供一个更好的借鉴模式。

班主任工作坊作为一个孵化器，通过团队思维的孵化，成为促进班主任工作坊成员理论学习与实践相互结合的培养方式，从而有利于优秀班主任核心能力的提升。班主任工作坊的特定孵化机制，发挥工作坊的培养模式基本特点“自然性”，贴近班主任的工作，促进对班主任工作的切实与及时的研习，有利于将关于优秀班主任的一种隐性知识转化为现实的优秀班主任核心能力。

二、班主任工作坊：培养优秀班主任群体的有效方式

我们的基于优秀班主任核心能力的工作坊，不是只为了培养少数的精英班主任，不是走精英路线，而是走“普罗大众”路线，是为发展班主任群体，形成有质量的班主任团队，优秀班主任培养的工作坊成为班主任群体培养的有效模式。

从国内外的研究资料中发现，现代学校对于班主任的培养没有统一的模式，没有聚焦班主任核心能力进行培养，针对性不强。

任何一所学校的教育工作都应该顺应时代的要求，充分发挥班主任的群体效应，改变过去的一个人管理一个班的传统模式，改变缺乏班主任团队思维的封闭式的班主任工作方式，集班主任群体智慧开展班主任工作，这样有利于班主任工作智慧的生成与发展，促进班主任群体进步。工作坊人员组成不可能是单一的个体，需要集体的参与与智慧的碰撞，从而形成经验，这样的培养模式更有利于优秀班主任群体的培养。优秀班主任培养的工作坊强调团队性，追求团队氛围，在群体共同进步的同时，也尊重每一位班主任的差异和特长。团队既要有共同的发展方向，又要有个性化的成员个人提升计划。

优秀班主任培养的工作坊可以有系统地发挥专家及骨干班主任的作用。在培养优秀班主任的工作坊中，需要有团队领军人物，具有能够解决班主任工作过程中疑难问题的能力，具有带出优秀班级的教育智慧，具有研究学生的教育研究能力，具有班主任工作的理论素养。通过这样的优秀班主任带动班主任工作坊孵化，并增强工作坊的孵化功能。在工作坊中，通过优秀班主任与其他班主任的互动，促进优秀班主任核心能力的群体发展。班主任工作坊提供班主任坊员与工作坊共同体之间的双向建构，工作坊为班主任个体成长提供支持，同时班主任个体对共同体发展作出贡献，形成了双向互动，形成了共生的局面。

第四章 校本班主任工作坊的建构

○ 第一节　班主任工作坊的实践理路

○ 第二节　校本班主任工作坊的组织建设

○ 第三节　班主任工作坊的基本运作方式

○ 第四节　双向建构：班主任工作坊的实践形态

第一节　班主任工作坊的实践理路

班主任工作坊的价值指向是培育优秀班主任核心能力。我们以班主任工作坊的坊组为载体，以班主任工作的实践研究为依托，建构班主任的优秀班主任核心能力发展研习平台。

我们在研究了基于工作坊功能的组织形式基础上，聚焦工作坊的研习活动，使工作坊成为优秀班主任核心能力成长的孵化器。班主任工作坊帮助并指导班主任透彻理解“优秀班主任核心能力”的重要内涵，成为具有学校特色、遵循班主任成长规律、坚持专业化发展的发展平台，为每一位班主任成长为专业型、综合素质高的新时代班主任服务。

运用工作坊培育优秀班主任核心能力实践形态的理路是：

每个班主任都能成为优秀班主任，班主任都具有优秀班主任核心能力的潜质，转化潜质，优化结构，增强全体班主任的优秀班主任核心能力。

潜质，一般指个人潜质，主要是讲个人的可开发但还未进行发掘的优秀素质。个人潜质可分为生物学潜质、智力型潜质、意识性潜质、发掘性潜质。生物学潜质：指人身体条件的未来发展走向，一般不会因环境而出现发展方向性的过大改变。这种潜质一般都具有针对性，例如，相对于篮球来讲，有条件成长很高的孩子，其在篮球界中富有很高潜质，但是在足球界中则不一定会被定为富有很高潜质。智力型潜质：指人天生的智力发展走向。智力型潜质很难在人的生理中表现出来，并且会受到外界因素干扰，其发展不决定于外在培养，主要还是个人天赋极高，一般这种人都有很高的智商，在一定领域可以很快发展并迅速取得领先。意识性潜质：是不受智商及身体条件影响的另一种特有潜质，一般表现为灵感、创造性思维。意识性潜质可以培养，但是相对于潜质本身较低的人来说，培养意识性潜质的难易程度主要取决于此人的智商。发掘性潜质：缺乏潜质，但是可以进行不断的教育培养，使其获得个别方面的长足发展。这种潜质一般决定于个人的意志力和拼搏、进取之心。

转化优秀班主任潜质是指优秀班主任潜质是客观存在的，也就是说成为优秀班主任或者在班主任工作优秀方面具有潜在的、还没有被发掘显现出来的能力，通过开发，使这种或这些方面的素质得以大幅度提升。转化优秀班主任潜质，就是说还没有成才，需要磨炼一下，只要肯挖掘自己的能力，就可以成才的那种班主任，或者说是可以进步的空间大，有提升的空间，只要你愿意努力，有可能成为优秀班主任。优秀班主任的潜力就是班主任工作方面潜在的能力和力量，内在的没有发挥出来的力量或能力，也就是原本具备却忘了使用的能力。因此，每一位班主任要积极挖掘自己优秀班主任的潜力，并最大程度发挥自己优秀班主任的潜力。

优化结构是指优化专业结构，包括班主任专业知识结构、班主任工作能力结构、班主任工作情意结构以及这些方面的整体结构。

我们基于这样的理路，以“双向建构”的方式，探索工作坊培育优秀班主任核心能力的实践形态。图式如下：

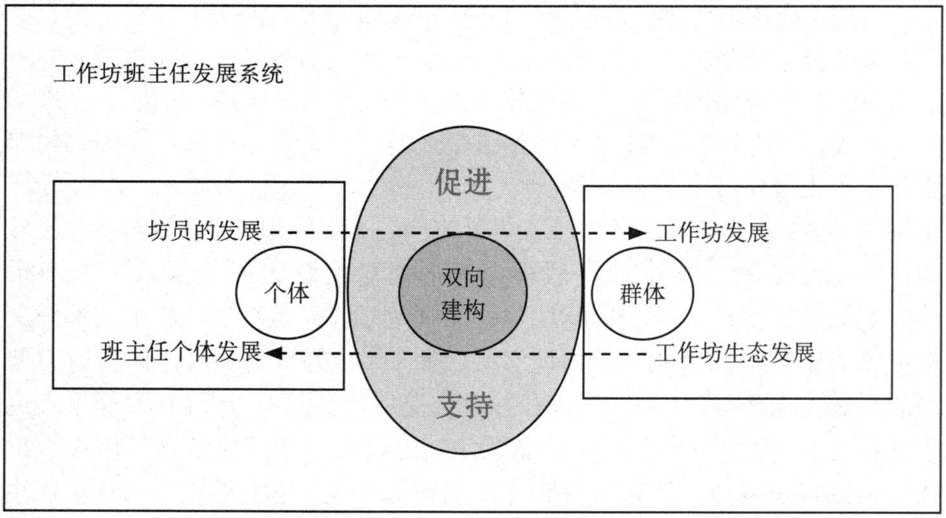

运用工作坊培育优秀班主任核心能力的双向建构，是坊员在工作坊的支持下，获取群体滋养，促进了坊员的优秀班主任核心能力的增强；同时坊员的个体资源与成长，也反哺工作坊，形成良好的班主任发展生态，促进班主任群体的优秀班主任核心能力提升。

第二节 校本班主任工作坊的组织建设

一、校本班主任工作坊的系统

基于优秀班主任核心能力培养的基本理念“人人都能成为优秀班主任”，关注每位班主任的培养与发展，我们的班主任工作坊不走精英路线，而是大众路线，即每位班主任都应该参与工作坊。这样必然在班主任工作坊的组织形式上要与之适应，形成校本班主任工作坊体系。

本校的班主任工作坊体系由两个层次组成：校工作坊、工作坊组。以二级制形成学校班主任工作坊系统，形成整体与部分的关系。

第一层次：学校工作坊

1. 建立学校工作坊领导小组，由校长任组长，成员为：党支部书记、德育主任、科研主任等，专家担任顾问。

2. 工作坊主任由德育主任担任，负责工作坊活动。科研室主任担任工作坊秘书长，负责研究（交流）部。

3. 学校“工作坊”作为班主任孵化器（incubator）从四个方面建设：一是有孵化场地，二是有公共设施，三是能提供孵化服务，四是面向特定的服务对象。

第二层次：工作坊组

工作坊组是指校班主任工作坊之下的分组形式，称为“工作坊组”，简称“坊组”。

工作坊组是校工作坊的下属组成部分，以适应班主任人数多必须小型化，同时也需要为班主任根据其现状作出选择性研习提供条件，有利于班主任工作坊研习方向的聚焦。

我们学校的班主任工作坊分成6个工作坊组。一般每组4位以上班主任，基本上适应学校年级组的规模。班主任工作坊一般来说人数没有定数，而是以适宜为好。这里的适宜主要指适宜于坊员的研习，人数过多或者过少都不利于坊组活动展开，影响坊组运作。

每一个工作坊组推举坊主（坊组长），主持坊组工作。一般来说，对坊主有较高的要求，在班主任工作方面有显著成效，例如带出过区、市级优秀班集体等，有良好的班主任工作理论素养，例如主持过有关班主任工作方面的课题，发表过班主任工作的研究文章，也就是具有明显的优秀班主任核心能力。对坊主的这些要求是基于工作坊之所以是班主任工作坊的内涵所决定。没有这样的坊主，工作坊就变成了培训班、系列讲座，完全背离了工作坊的内涵。

二、学校班主任工作坊层面的建设

基于工作坊的特质，对于工作坊的运行，即工作坊的研习内容与形式，特别是孵化机制，必须有一个明确的规定性。我们从五个方面加强了学校班主任工作坊的建设：

1. 明确工作坊的目标

班主任工作坊应该有一个既定的目标，为坊员导航明确目标，没有目标这个工作坊就没有存在的价值。工作坊的目标必须跟组织的目标一致，此外，还可以把大目标分成小目标，具体分到各个工作坊成员身上，大家合力实现这个共同的目标。同时，目标还应该有效地让全体教师知晓，有时甚至可以把目标贴在工作坊成员的办公桌上、会议室里，以此激励所有的人为这个目标去工作。

2. 确定工作坊的坊员

坊员是构成工作坊核心的力量，目标是通过人员具体实现的，所以坊员的选择与确定是工作坊中非常重要的一个部分。在一个工作坊中有不同倾向性角色，有的可能擅长工作实践，有的可能擅长总结经验，有的可能擅长组织活动等。不同的坊员通过分工来共同完成工作坊的目标，在坊员的选择方面要考虑到人员的能力如何，技能是否互补，人员的经验如何。

3. 清晰工作坊的定位

班主任工作坊的定位包含两个方面，一是班主任工作坊在学校中处于什么位置，由谁组织班主任工作坊，工作坊的成员如何参与和确定，工作坊最终应对谁负责。二是班主任个体的定位，作为工作坊成员在工作坊中扮演什么角色，其发展目标是什么。

4. 界定工作坊的权限

工作坊当中领导人的权力大小跟工作坊的发展阶段相关，一般来说，工作坊越成熟，领导者所拥有的权力相应越小，在工作坊发展的初期阶段，领导权相对比较集中。工作坊权限关系到两个方面：一是学校对于工作坊的授权有多大，整个工作坊在学校班主任工作中拥有什么样的决定权。二是工作坊的决策权，例如工作坊的规模多大、工作坊组的数量、工作坊的任务是什么等的决定权。

5. 制订工作坊的计划

要做好工作坊顶层方案的科学设计。工作坊工作方案是工作坊工作开展和目标达成的导航系统，也是工作坊工作有效管理的基础，它具有统领、指导的功能。工作坊要实现其目标与功能，必须系统地展开工作坊的活动。因此，制订切实可靠的、具体可实行的工作坊计划是必要的规定性任务。制订工作坊计划要关注工作坊目标最终的实现，通过一系列具体的行动方案，把预设目标转化为具体工作的步骤或者程序。同时，工作坊的计划要关注可实现性，按计划进行可以保证工作坊的工作顺利开展。在计划的约束下，工作坊一步一步贴近目标，从而最终实现目标。

我们在充分研讨后，制订了“关于优秀班主任核心能力培养的工作坊组织方案”，对工作坊的组织与建设提出了初步指导意见。学校工作坊起步组建的“方案”介绍如下。

关于优秀班主任核心能力培养的工作坊组织方案

一、本校班主任工作坊的定位

1. 本课题“工作坊”是非行政性组织的专业发展的共同体。

2. 本课题“工作坊”应该是现代工作坊，具有经验性、学理性，注重师傅带徒弟。

3. 本课题工作坊功能：

○ 促进班主任个体的优秀班主任核心能力的形成与发展，并能涌现优秀班主任；

○ 促进班主任群体在班主任专业上的发展（尤其是班主任工作某领域），并为班主任个体发展提供健康的发展生态。

4. “工作坊”作为班主任的孵化器，为班主任提供班主任发展资源，提供一系列服务支持，进而优化班主任专业发展环境，发展班主任核心能力，并转化为教育成效，提高班主任工作成功率，培养优秀班主任核心能力与优秀班主任。

二、班主任工作坊的组织

（一）工作坊的组织

共建立6—7个坊组。坊组是指全校班主任工作坊之下的分组形式，称为“坊组”。以两级形式形成学校班主任工作坊系统。

1. 异质坊组：

年级工作坊组：以低中高学段班主任组成，分为五个年级工作坊组。

（原本打算分五个年级，但考虑到班主任总人数不多，其他组又不宜减少，故初拟成立三个坊组。）

2. 同质坊组：

（1）初任班主任工作坊组：由全校班主任中初任职三年之内班主任参加。

（2）经验型班主任工作坊组：全校6年以上班主任可以自愿参加。

3. 项目坊组：

初拟建立2个项目坊组，由全校班主任中对确定的项目感兴趣者参加。

（二）坊组主题

1. 项目坊组的主题，先由课题组初拟，以便班主任选择参加。

项目坊组（1）关于“班级文化打造”

（2）关于“班级生态营造”

2. 其他各坊组在其成员确定后，基本上由各坊组自行确定，专家指导。

以上各坊组除现任班主任以外，其他有志于班主任工作的也可以参加。

三、班主任工作坊体系

（一）学校工作坊

1. 建立学校工作坊领导小组，由校长任组长，成员为：党支部书记、德育主任、科研主任等，专家担任顾问。

2. 工作坊主任由德育主任担任，负责工作坊活动。科研室主任担任工作坊秘书长，负责研究（交流）部。

3. 学校“工作坊”作为班主任孵化器（incubator）从四个方面建设：一是有孵化场地，二是有公共设施，三是能提供孵化服务，四是面向特定的服务对象。

（二）工作坊组

全校共组成6—7个工作坊组。一般每组约4位班主任。

每一个工作坊组推举坊组长，支持坊组工作。

一段时间后，归纳坊组长的职责条例。

四、工作坊的组建工作安排

1. 全校班主任分别选择报名参与某工作坊组

（由德育主任负责）

2. 工作坊领导小组确定工作坊组以及成员

（由领导小组负责）

3. 各工作坊组确定工作坊组研习方向（主题）

（中心专家对全体班主任进行研习方向确定培训）

（会后，各工作坊组商议研习主题，专家指导）

4. 举行长江路小学班主任工作坊成立大会

（充分筹备，组织坊员发言）

5. 各工作坊组制订“工作坊组研习计划”

（培训、制订、修改、定稿）

6. “个人制订工作坊研习规划”，并同时开展入坊初评

安排个人研习规划与入坊初评培训，如何组织班主任实施

（以上第5、6项是为实践形态——班主任群体与个人双向建构作铺垫）

7. 举行长江路小学班主任工作坊第一次工作交流会，交流工作坊组计划与班主任个人研习规划。

三、学校班主任工作坊组层面的建设

（一）班主任工作坊坊组建设的基本原则

1. 自愿参加原则

自愿参加原则是班主任工作坊的基本原则，充分体现班主任在工作坊中的主体地位，也体现了班主任工作坊的生命价值性。工作坊要突破“工具工作坊论”的层面定位，回归班主任的生命本体价值。“班主任”是工作最烦琐、最辛苦、消耗最大，也最容易倦怠的教师岗位或角色。因此，传统刻板的“以累打累”的专业发展方式并不适合班主任的实际生存状态，也不符合班主任作为人之发展的基本人性规律。自愿参与体现的是超越干瘪的“单向度人”的“丰富性”人格发展原理，也体现了班主任是“存在人与过程人”的人性假设。让每一个参与工作坊的班主任真切地感受到，在工作坊中“我是作为一个富有生命活力的人而存在的”。

因此，工作坊的组建要充分关注班主任的需求，达成共识。为使工作坊研修能聚焦优秀班主任核心能力发展，贴合班主任日常工作实际，首先必须改变传统班主任研修自上而下的“任务下达式”集中学习做法，倡导工作坊自下而上的“基于班主任工作专业发展”。在工作坊中有着不同研习方向的坊组，班主任可以根据自己的发展需要，选择参加相应的坊组。

2. 自主选择原则

使班主任队伍得到整体提升，这是工作坊的基本出发点。工作坊的主要任务在于班主任的发展。促进班主任专业发展是班主任工作坊研修活动在设计、组织和实施上需要始终保持的教育追求。同时，班主任工作坊的坊组要关注班主任的不同研习方向，凸显专业意向，让坊员自主选择研习课题。

班主任工作坊组以班主任发展为宗旨，构建工作坊整体到坊组、到个体，及其各工作坊全体成员所在班级的目标系统。坊组应该以目标引领，分层聚焦，确立坊组成员的个人发展目标与研习课题。

通过自主选择“学、研、做”的主攻方向帮助班主任锤炼优秀班主任核心能力，提高工作坊成员的班主任工作理论修养和教育实践积累，有效促进学员的“知行结合”，把学到的先进班级管理理念有效运用到班主任工作实践之中。在个人研习计划实施过程中，工作坊也积极为成员搭建实践平台，提供积极具体的指导与帮助。通过工作坊“学、研、做”的研修模式，锤炼坊员的班主任工作能力，提升专业素养。

3. 孵化适宜原则

孵化是班主任工作坊的主要功能，工作坊的坊组一定要坚持孵化适宜原则。这首先表现为把“要我学”变成“我要学”，只有实现这样一个转变，才能使工作坊的坊组活动提高适宜性。

我们坚持工作坊的孵化功能，创设条件，建立“文化场”。以“人人都能成为优秀班主任”的理念鼓舞班主任，激发他们的优秀班主任核心能力。工作坊的“文化场”创设不仅体现在基本理念、工作坊愿景、口号、目标、坊歌、坊徽及规则等要素的创设上，更体现在坊组活动中形成的共同具有的思想观念和工作坊行为模式上。如，友善合作“双赢”的人际关系，“异中求同，同中寻异”的研修方式，能发挥个人所长以及工作坊组优势互补的分工合作的组织结构。只有这样，才能让工作坊在研修共同体构建中真正发挥孵化功能，发挥导向、凝聚、激励、约束、协调作用，为班主任提供专业成长平台。

孵化要明确方向，突出主线。坊组成员可选择其中的一个板块作为自己的主要研究方向，再把选择相同研究方向的坊员组成主题研究行动小组，然后制订个人工作坊研习计划，开展实践研究活动。行动研究通过相关资源的阅读、同伴探讨、工作实践、案例撰写、活动展示、经验分享等形式开展。这种灵活有效的工作坊组管理方法，不仅推动了工作坊管理体系的有效运转，也使成员对班主任工作坊的认识由模糊到清晰，对工作坊参与的方式由茫然到明确。

4. 资源支持原则

班主任工作坊的建立中，很重要的一点是通过其资源集聚的功能为班主任的发展提供成长平台。长期以来，学校班主任专业发展学习资源不足、质量不高及其指导力量缺失，导致班主任工作培训基本是一种低效反复，班主任工作基本上处在传统的管理水平上。通过班主任工作坊，提供重在班级工作改进的行动指导的资源显得十分重要。

搭建交流平台，研讨中有同伴充分利用网络资源，项目管理团队在校园网中建立了栏目，推出各工作坊组的工作简报、优秀班主任班级工作的策略和方法、工作坊成员自我修炼的成长故事的文章。工作坊成员在学习上、工作坊工作中遇到什么问题、有什么心得，都可以在栏目里留言，成员如果有好的班级管理办法、经验案例或想法，工作坊也可在网上分享。

工作坊的资源主要表现为专家资源，作为一个共同体比班主任个体更容易获得与专家合作的机会，导师也可以定期、定主题到工作坊开展引导和指导性的对话活动，指导班主任工作坊的研习。我们的工作坊曾邀请全国优秀班主任来给全体坊员作工作辅导报告，也聘请班主任工作著名专家指导工作坊的研习。这样的交流平台为坊员提供了丰富的学习资源，使班主任学习有样板、研讨有同伴、解惑有导师，极大地调动了班主任参与研修的积极性。

班主任工作坊的建设是一项复杂系统工程，也是一项有效促进班主任专业发展的充满挑战性的工作。工作坊实践证明，班主任工作坊的有效建设，需要以工作坊的顶层设计作为行动基础，更需要“要我学”变工作坊成员“我要学”的内驱力的构建，同时还要为参与者提供专业成长“孵化”机制。只有这样，班主任工作坊才能在班主任专业发展中发挥其实效与长效作用，真正成为班主任研习共同体和专业成长平台。

（二）班主任工作坊组建的三种类型

班主任工作坊的组建形式直接关系到班主任工作坊的功能及其功能发挥。班主任工作坊由于人数较多、主体需求不同、研究主题不同，不应该采取坊员直接组成工作坊的单一形式或者简单的均分式分组形式。我们采取了不同类型的分组形式组建坊组,大致分为两种类型的坊组。

（1）异质坊组:

这种坊组以年级组为基础组建,可以直接按照五个年级组建坊组,也可以因年级班主任人数不多,按照低、中、高学段成立坊组。坊员尽管工作岗位相同,但是工作发展阶段与发展水平不同,因此属于异质分组。这种分组有利于不同工作发展阶段的班主任之间的互动,特别是对于年轻的班主任或者班主任任职期短的,提高很有益,可以吸取高年资班主任的工作经验,这样便于选择与涌现坊主,带领坊组开展孵化工作。

（2）同质坊组:

同质分类组建班主任工作坊组,有利于形成坊员共同关心的班主任工作中的问题,并展开研习。我们将全校初任职三年之内的班主任组成了初任班主任工作坊组(同质A组)。同时我们也将具有一定年资的班主任组建成一个坊组,6年以上班主任可以自愿参加,属于经验型工作坊组(同质B组)。同质坊组的坊员由于班主任年资接近,心气相投,比较容易平等讨论,也容易畅所欲言,研习气氛较容易形成。

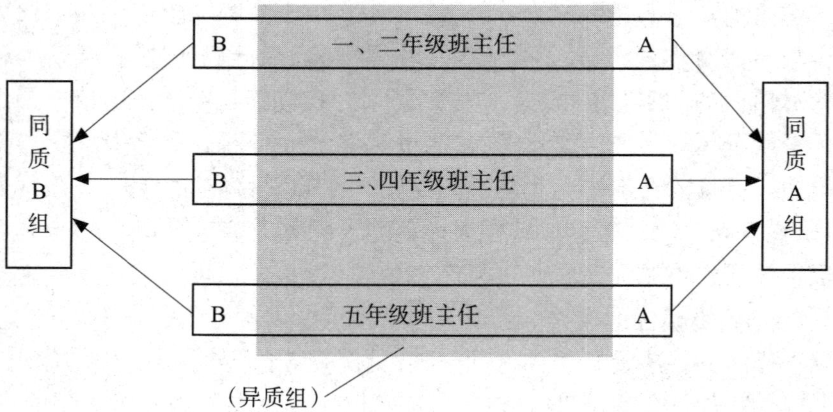

班主任工作坊组的同质坊组与异质坊组各有其优势,也同样各有其短处,例如,同质组容易在研习同一水平上反复,因此适时地开展坊组间的交流与专家的指导显得尤为重要。同样,异质坊组可能由于班主任工作发展水平不一致,导致对班主任在工作的理解与实践的程度上有深浅,在代沟上、专业上、心理上容易发生冲突,因此异质坊组的民主平等的氛围营造显得十分

必要。

在班主任工作坊组的组织建设上，同质坊组与异质坊组之间的人员交流是重要的组建方式，经过一定时期，即每隔一到两年，这两类坊组的坊员要流动，不是重组，而是流动，既保持各坊组的基本结构，维护各组的组织文化，又保持坊组的开放性，不断使坊组有班主任入坊与出坊，在具有不同研习方向的坊组间获得多方面的研习课题，便于促进优秀班主任核心能力的整体发展。

四、班主任工作坊的管理实施

（一）加强坊组的领导力建设

工作坊的坊组领导力属于组织领导力，这是坊组建设的基本保障。学校的班主任工作坊坊组是班主任发展的基层培训组织，具有班主任工作专业、研究、培训的职能，是班主任群体最基础的纽带，因此，应该通过坊组的领导力建设凝聚班主任，调动并发挥班主任个体领导力在工作坊组建设中的积极作用。

在加强工作坊的领导力时要重视坊组制度建设。坊组的制度建设有着价值取向，是促进坊组建设的抓手。因此这些制度要有利于创设民主氛围，发挥班主任专长，能激励班主任在坊组中的作用，逐步创建坊组的活动制度、交流制度、评价制度和资源共享制度，从而促进班主任专业发展的长期性和有效性。

重视坊组长的选择与培养是加强坊组领导力的重要任务。坊组长是学校加强班主任工作坊建设、开展校本研修的班主任领导者。坊组长是学校重要的班主任领导者，不仅对班主任工作专业素养，而且对领导力素养要求很高。坊组长作为班主任领导者需要具有班主任专业的影响力、研习活动的组织能力、班主任工作的领导能力等。坊组长领导力属于个体领导力，班主任工作坊的校本化发展中，坊组和坊组长的地位与作用日益凸显，但是容易忽视坊组长培养。坊组长的工作坊领导能力不是与“生”俱来的，而是需要精心培育的。学校应该举办坊组长的校本培训和其他形式的研讨活动，明确坊组长的基本领导职责与任务，帮助坊组长在班主任工作坊建设中提升工作坊组的领导力。

坊组长是坊组工作的直接领导者和组织者，是学校班主任工作管理的重要力量。学校班主任工作坊要明确授权于坊组长，落实坊组长的工作职责，积极吸收坊组长参与学校班主任工作的决策、实施与评估，充分调动坊组长的工作主动性与创造性。同时，在班主任工作中应充分发挥他们作为班主任工作领导者的领导力，让他们有明确的角色意识、角色素养和领导能力。

（二）加强班主任工作坊的目标管理

班主任工作坊要实施目标管理，明确工作坊的目标以便对照目标对工作坊进行绩效评估。著名管理学家彼得·德鲁克指出，并不是有了工作才有目标，而是相反，有了目标才能确定每一个人的工作（彼得·德鲁克：《管理实践》，上海译文出版社，1999），所以把班主任工作坊的使命、任务和表现转化为目标。一个工作坊如果没有管理目标的话，那一定是一个没有基本质量的工作坊。然而，如果一个工作坊没有价值追求，只有基本管理，则这种质量又是没有内涵的质量。对班主任工作坊的管理基于愿景，领导就是“做正确的事”，围绕着改变和发展使组织更有效，引领成员以一种主动态度面对目标，把工作视为目标引领的过程，为实现远期目标制定进行变革的策略，使整个团队朝着正确方向前进，并且投入进去，实现所确定的目标。目标管理强调“把事情做正确”，而不是侧重于抑制、控制。把工作视为控制的过程，维持秩序，这是一种机械的管理行为。班主任工作坊要成功，首先要制定统一和具有指导性的目标，这样可以协调所有的活动，并保证最后的实施效果。

（三）注重坊组研习活动的过程管理

为有效增强班主任工作坊的功能，促进班主任坊员的共同成长，必须对工作坊进行过程管理。班主任工作坊需以本校班主任工作的实际为出发点，立足“小、近、实”的研训原则，有计划、有组织、有目的、有针对性地开展系列研讨互助，并可采用“发现问题—情境分析—互动解决—总结提炼”这一工作坊研习方式。这是一种既满足了班主任的工作需求，便于解决班主任工作中具体的实际问题，又发挥了集体智慧和探讨精神的研训形式。这种研训形式，调动了班主任的研习热情，增强班主任的工作积极性和创造性，促进班主任的个体发展和群体共进，有力保障了班主任学习成长共同体的研训实效性。

工作坊研习活动的管理要注重研习内容的生成性。通过对工作坊成员实践知识的挖掘，在研修过程中把工作坊成员作为研修内容的生成主体，满足工作坊成员的短缺性学习需求。我们要注重工作坊研修过程的互动参与性。工作坊成员是基于经验的学习者，集中研修以对话形式开展。参与工作坊的领导、专家、坊主，要尊重坊员的个人经验，引导其发现问题、分析问题并寻求解决方法。工作坊成员不只是被动的聆听者，而是知识与经验创造的参与者，专家是学员经验反思的分享者和引导者。只有处理好这些关系，工作坊组的活动才能健康开展。

工作坊的研习形式应该是适用为好，要通过对工作坊研习活动的管理促进工作坊活动形式的丰富性与适宜性，而不应该是以培训课程为主的传授式。工作坊更应该通过班主任工作的临床式带教，结合培训、自学以及问题(课题)研究，切实提高班主任的专业素养，不仅具有带教班级的专业能力，也具有班主任工作的理论素养。通过工作坊的研习活动，针对坊员班主任工作实践的难点与热点展开讨论，就其所关心的班主任工作问题组织理论学习，学以致用。通过研习中的对话发现问题的实质以及问题背后的理论解释，发掘教育事件背后的个人观念和行为本质，实现对班主任工作上的一些问题的意义建构，内化为自己对班主任工作的一些认知，获得自身的专业理解。班主任工作坊的活动管理重在整合工作坊的学习、研究、实践。

(四)注重工作坊组的评价管理

我们认为，评价的管理是对评价本身实施的管理，评价具有管理功能。管理功能是指通过评价使评价对象顺利完成预定任务、达到预期目的的约束功效和能力。教育评价指标体系可以内在规范以及影响评价对象活动计划的制定和组织实施。评价活动按评价目的设定评价的任务。教育评价管理功能显示的效度和力度，一般取决于教育评价管理系统及其评价权威性的大小。

班主任工作坊的组织与实施需要进行绩效评估。工作坊的评价直接影响到有关联的工作坊组的可持续发展。因此，对工作坊的评价需要进行管理，需要建立公平、公正的评价制度，更要建立激励研习、激励发展的机制。评价管理不同于评价活动，是对评价活动进行管理。工作坊的评价管理是指对班主任工作坊(组)的评价活动的合理性、科学性、价值性的管理，是对班主任工作坊发展起到导向作用的一种管理。这种评价管理具有能引起工作坊评价变化的作用和能力。

工作坊评价管理具有以下三个功能：

1. 导向功能

通过对班主任工作坊评价的管理，促进这项评价活动起到导向作用，例如，工作坊的评价不能对工作坊的绩效作出公平、公正的评价，不仅说明这项评价本身存在问题，也说明对这项评价疏于管理。通过评价管理的导向功能使工作坊的评价发挥促进工作坊朝着理想目标前进的功效和能力。因此，把握工作坊的性质、任务非常重要，由此确定的评价标准，将决定评价的方向性。在教育评价中，对任何被评对象所作的价值判断，都是根据一定的评价目标、评价标准进行的。班主任工作坊的评价管理导向功能是由评价目标、指标体系、控制反馈体系以及以形成性评价为主的技术方法体系所决定的。这是班主任工作坊评价管理的首要任务。

2. 激励功能

班主任工作坊的评价管理的激励功能是指通过对其评价的管理使评价沿着正确的方向进行，能采用正确的评价方式，得出合理的评价结果，从而对工作坊的评价产生激励功能。有效运用评价管理能够激发和维持评价对象的内在动力，调动被评价者的内部潜力，提高工作坊的研习积极性和创造性，从而达到评价管理的目的。通过评价管理的交流功能对工作坊组与坊员起到激励作用。在一般情况下，无论是被评价的工作坊组还是班主任坊员，都有获得较高评价和实现自身价值的愿望，这是人类普遍存在的一种心理趋向。恰如其分的评价结果能给人以心理上的满足感，从而激励人们不断进取。因此，工作坊评价管理必须关注评价是否起到了激励作用。

3. 监控功能

工作坊的评价管理的监控作用主要表现在两个方面：一是监察作用，二是调节作用。工作坊的评价监督作用是指对评价的规范性、公正性等的监察。当对工作坊的评价出现偏差时应该及时进行了解，作出判断，或予以叫停，或予以纠正。评价管理的监察作用主要表现在与预设评价目的相比较，以确定评价是否达到目标，以及达到目标的程度。

工作坊的评价管理调节功能是指通过评价管理对评价本身的不合理活动进行调整，或者调整评价活动以发挥其评价功效。通过评价管理使评价实施者调节评价目标、评价方式及评价进程，明确改进评价方案的方向，以实现自我调节。

（五）关注工作坊的绩效管理

任何一个组织与个人的活动都存在着绩效的问题。培养班主任需要成本。在培养过程中必然消耗物质、经费和人力资源等。培养的成本，是在活动实践中，为实现既定的目标所耗费的人力、物力、财力，也就是从事活动所需要的全部“费用”。班主任工作坊也存在着一个绩效，即为了实现培养班主任专业能力所付出的与实现目的效益之比。如果获得小于付出，或者效果很小，那么这个工作坊存在的价值就存疑。

工作坊的绩效是指工作坊取得的班主任培养成效与所有成员和工作坊环境所付出的有效性的价效。在工作坊培养价效上有三个基本问题：

1. 工作坊活动付出的有效度

高效率是以一定量的输入求得最大的输出，或是以较小的输入求得一定量的输出。工作坊活动效益公式为：

$$\text{工作坊活动效益}=\frac{\text{工作坊活动成果（数量和质量）}}{\text{工作坊活动资源占用量和消耗量}}$$

在工作坊活动付出总量一定的情况下，工作坊活动绩效越好，其成本就越低；工作坊活动绩效越低，其成本就越高。因此，努力提高班主任工作坊的活动实效是其绩效的关键。

2. 工作坊活动的机会成本

机会成本是指从事某一种业务而损失别的业务的代价。"机会成本不是指实际的货币开支，而是指本来可以得到，但实际没有得到的损失。机会成本也可以说是由于经营某项业务而放弃了除此项业务之外的最好（从收益角度看）的业务的损失。"（杨君昌：《新编西方经济学——微观宏观经济学》，上海社会科学院出版社，1995年6月）我们工作坊的领导在决策时必须掌握机会成本的概念，这样才能真正评估哪些事是最为有利的，到底是最大程度地获得效益，还是丧失了机遇。

3. 工作坊活动的无形付出

工作坊的无形付出是指在其活动中为实现目标，成员所付出的时间和精力。工作坊的活动更是一种脑力活动，这决定了领导者需要更多地无形付出。无形付出具有本质意义上的不可补偿性，即时间与精力的消耗不可能用时间或者精力本身来进行补偿。这是由它们的一维性决定的。无形成本还有一个特点是隐蔽性，它常常不被人们所察觉，所以常被成员忽视。在思维方式正确情况下的无形付出投入，会使有形成本趋于合理；在思维方式不正确情况下的无形付出投入，会使有形付出增大。无形付出决定着有形付出投入的多少是否合理。在工作坊活动中，我们既要重视有形付出，也要重视无形付出，忽视其中任何一种，都会对工作坊的付出造成浪费，都不利于获得工作坊活动的绩效。

○ 实践与思考：

整合多元资源，促进班主任工作坊有序发展

吴琰俊

一、基于工作坊资源整合的需要

（一）本校班主任现状分析

根据现代社会发展和学生发展的需要，班主任工作量大，工作内容繁杂，既要管理早读、早操、课间两操、班级卫生，处理学生间的纠纷等一切班集体管理任务，还要承担学科教学任务，其工作量远远超出一般教师。有时候，个别班主任不仅被个性强或叛逆性强的学生弄得心力交瘁，还要承担社会、家长的不理解带来的压力，班主任工作显得责任重大，压力倍增，长期下去难以坚持。因此，班主任工作的生态管理能力亟需培养，工作技巧亟待提高。

基于学校现状我们进行了问卷调查，发现目前班主任工作中确实存在不少误区，主要表现在：① 经验式——固守自己的老做法，不关注不同班级、不同学生的特点，凭经验和热情管理班级，工作效率不高；② 警察式——班级管理中拥有绝对权威，不善于根据学生的生理、心理、思想特点教育学生，缺少人文关怀；③ 通讯员式——学校布置什么就做什么，缺少自主性和创造性；④保姆式——班务事无大小，全部包办，教师身心俱疲，学生能力缺乏。但从问卷中我们也清晰地看到，许多班主任渴望改变目前的窘境。

（二）班主任工作教研基础

在以往的班主任研讨活动中，我们曾经采取了各种形式来进行交流，但活动中我们发现教研气氛淡薄，活动时一般由德育教导、外请专家或指定班主任发言，其他班主任则旁听，讲完了教研活动也随之结束，班主任相互间的思维碰撞不多，参与探讨积极性不高；研讨活动中的学习内容不够集中，教研主题没有形成系列化，反思实践环节得不到有效实施；研训活动时断时续，效果不明显，再加上班主任兼任不同学科的课程，学习时间比较难集中，种种不足，降低了大家对班主任教研活动的期望值，影响了学校、班主任和学生的发展。

成立班主任工作坊，整合区级德育资源，通过提出、讨论、实践、解决等形式进行团队学习。通过工作坊主题活动，实现班主任之间的“教学相长”“互

促共赢”,使得班主任从中不断突破自己的能力上限,最大化地得到发展。

二、工作坊多元资源的整合

1. 经典赏读,为班主任铺垫教育的思想基石

每个学期学校图书室为班主任推荐各类书目,如有关班主任工作的李镇西的《爱心与教育》、万玮的《班主任兵法》、郑立平的《把班级还给学生》,有关家庭教育的《佩蓉的妈妈经》《坐在路边鼓掌的人》,文学类的毕淑敏的《恰到好处的幸福》,等等。

(1) 期初,阅读宣传

开学时,为能有效地激发班主任老师们的阅读热情,由工作坊牵头,结合各班主任工作坊的学习安排,在学校的“班主任论坛”上举办读书交流宣传会,认真布置阅读任务,要求每一位班主任制订学期读书规划,每周写读书摘记,广泛涉猎,每一学期的阅读量不少于100万字,为更新教育理念、推进教育教学做好理论准备。

(2) 期中,阅读分享

读书活动在系统的阅读计划中有序进行,每一位班主任通过阅读补充和丰富必要的理论知识,促进了内在和谐与成长。在分工作坊进行阅读交流活动中,大家视野开阔、见识增广、意志砥砺、情操升华,切实提高了综合素质。

(附:工作坊内成员读书感悟部分截取)

阅读书目	读 后 感 悟
《班主任兵法》	通过读书,不断领悟生活的真谛,不断了解教育的意义。像我们这样年轻的班主任更应该不断探索,不断积累,在实践与反思中提高自己的班级管理水平,真正做到教学相长。教育不是一种大面积播种,而是个别栽培。
《给教师的建议》	读着此书,就好像有一位智者站在你面前,又犹如一位和蔼可亲而又博学的老人,使之重新审视自我,规划自我。 要想做一个好老师,不但是知识上的给予,更是要付出更多的热情来感化每一个学生,挖掘他们的巨大潜能。
《做一个幸福的教师》	幸福是一种心态,是自我的一种体验,幸福是需要用心去营造的。那么,作为一个教师,要懂得享受教育,要善于营造富有情趣的课堂。
《孩子,你慢慢来》	每次捧起这本书,不免觉得教育就是相信每个孩子都会有美丽蜕变的温柔眼神;教育就是在孩子需要的时候给予支持的深厚底蕴。

(续表)

阅读书目	读后感悟
《有效教学十讲》	余教授的“生成性”，鼓励师生互动中的即兴创造，超越目标预定的要求。让“生成”也成为一门课程，师生乐于体验的一门课程。
《第56号教室的奇迹》	奇迹本就不是一蹴而就的，如果每天都带着阅读——参考——实践——反思，每天向着奇迹走近一点点，总有一天会出现奇迹的。

(3) 期末，心得撰写

在有计划有步骤地阅读后，期末时，每个工作坊结合自己的特质和平时的工作实践，理论联系实际，认真撰写读后感，作经验交流分享，多形式多渠道多元地锻炼与磨砺，大家且读且思，且思且行，汲取他人的经验，提高并不断完善自我，成就自我。

2. 专家引领，为工作坊保驾护航

为了满足工作坊班主任的需要和兴趣，发挥班主任学习的主动性、自主性，请专家前学校进行了征询：班主任面临的主要问题，迫切需要学习的内容，从而使请来的专家接“地气”，使班主任们有“灵气”。工作坊先后邀请了多名德育专家来坊进行引领，如《有爱·有智·有幸福》《班级管理策略》等多次专题讲座为班主任成长解疑答难。讲座、观点报告丰富了工作坊成员的教育理论，班主任们认真学习，认真思考，不断交流，在思想和工作中更有底气。

(附：两年内班主任工作坊的部分活动主题与形式一览表)

序号	活动主题	主题形式
1	如何有效班级管理	论坛交流
2	主题班会的设计	专家讲座、课例说课
3	班级特色的创建	论坛交流
4	主题班会的实践	课例展示
5	主题班会课的设计与实践	专家讲座、课例展示、观点碰撞
6	论文写作与课题申报	专家讲座
7	如何做一名有智慧的班主任	经验分享
8	提高班级管理工作的艺术水平和工作实效性	专题讲座、班级现场诊断

（续表）

序号	活 动 主 题	主 题 形 式
9	班主任基本功大赛的解读	专家讲座
10	从教室到学堂——谈教学方式的改变	专家讲座、班级现场诊断

3. 同伴互助

（1）论坛交流

班主任的成长同样需要陪伴，在陪伴的过程中平等交流、沟通互动，互为专家、互相指引，以达到工作坊成员之间的信息共享、互助合作与智慧分享。同时，同伴也是一面明镜，互相发现自身的不足，还可从对方身上取长补短，从而提升班主任能力，提高班级管理艺术。

2018年1月，班主任论坛在德育室的安排下，进行了工作坊班主任工作论坛活动，6位班主任分别代表自己的工作坊从亲历的班主任工作中总结与提炼。以《沐浴阳光，快乐成长》为主题，从班风创设、小干部培养、活动锻炼入手，让中队的每一个孩子快乐地茁壮成长；《静待花开》用“心”演绎了个人精彩工作生涯；《借争章，促成长》将激励的手段“争章”巧妙地与一年级的班级管理融会贯通，有效促进了学生的成长……一个个案例的陈述，一个个观点的分享，激发了一次又一次思维碰撞，彼此之间收获了双倍效益。

（2）主题班会课

主题班会课作为班主任参与班级管理和实施教育活动的重要载体、实现育人目标的重要途径，体现着班主任的专业化发展水平。一节成功的班会课必须具备“导知、明理、践行”三环节，主题新颖贴近学生生活，过程既要引领又要融入，活动精彩又心灵受益。

为使主阵地正常发挥其重要作用，工作坊成员在导师的引领下，根据教育目标，针对学生常见现象问题，从校情和班情出发精心确定适合学生身心发展的班会课。2018年，萌芽工作坊徐佳佳老师上了《乐于助人有爱心》的公开课，风雨同舟坊的尤祎老师上了《画画乐》的班级心理建设市级公开课。两节班会从个人的教学预案开始设计，到说课，再到成员选定一节课分组研讨利与弊。工作坊成员们针对两节班会课从目标制定、素材使用的针对性、课堂预设与生成、课堂合作的有效性等方面，以点带面，各抒已见。大家互动交流、比较研究、整合资源，不断优化教学设计，这样既加深了工作坊成员对主题班会的理解与认识，又不断提高大家对现实问题的洞察与分析能力。有了前面的基础，试教班主任执教后，工作坊成员集体评课，这个过程是互动沙龙式的集体反思过程，班主任将新理念融入自己的意识中，使潜意识中的观念凸显出来。通过循环上、评，再上、再评，工作坊成员强化合作研究、充分运用集体智慧，主题班会的精品课便应运而生了。

（附：主题班会从设计到磨课历程一览表）

时　间	活 动 内 容	成果以及修改建议
2018年9月	主题班会教学设计	参评
2018年9月	主题班会教学设计说课	交流并探讨整合资源，以优化教学设计
2018年10月	主题班会磨课	探讨教育活动应切合学生的认知水平 探讨教育活动应从学生情感感悟出发 探讨素材使用的针对性，课堂预设与生成、课堂合作应有效性
2018年10月	主题班会市级培训活动	公开展示

在两年的实践中，全体班主任群策群力，开展深入的理论与实际研究，在借鉴前人研究的基础上，结合自身反思，不断提炼班主任工作坊的学习模式。“班主任工作坊”集理念引领、技能培训、成果分享于一体，既是一个培训平台，也是一个实践平台，具有系统性、参与性、实践性、操作性。学校班主任是工作坊中的基本元素，是主动参与者，也是工作坊的最大受益者，在工作坊多形式的系统学习过程中形成合力，最大程度地激活工作坊成员的实践智慧，从而达到“研究促成长，活动促发展”。

第三节　班主任工作坊的基本运作方式

一、工作坊组研习计划的制订

（一）工作坊组研习计划制订要求

工作坊发展的重要条件是顶层设计，也就是对工作坊的发展要有明确的目标与路线图。工作坊组织建立完成后，就需要制订工作坊的工作方案。工作坊的工作方案是整个工作坊的工作蓝图。班主任工作坊的工作方案包括了一定时期内工作坊的目标、主要任务、主要举措以及研习方向。在班主任工作坊工作方案的基础上，各工作坊组在完成坊组的组织建设后，坊组建设的第一步是制订本坊组的研习计划。我们按照先学习培训——再尝试实践——专家进一步指导——反复修改形成结果这样的路线图开展坊组计划制订。

工作坊组计划的制订必须注意方案的科学性，要在坊组具体情况的基础上，规划坊组发展目标，确定坊组研习的重点课题。计划制订要突出重点，有落实的措施，要有主要研习活动的进度安排。这样，各个坊的活动与建设在工作坊的整体规划下能自主发展，以提高坊组适应班主任核心能力发展的需要。

我们学校工作坊对各坊组提出指导性意见，引导坊组制订“坊组研习计划”。以下是本校“班主任工作坊组计划”的基本格式：

班主任工作坊组计划的基本格式

一、工作坊组现状分析

（一）坊组成员（班主任）及其工作分析

（二）坊组群体主要倾向分析（包含对坊组研习的态度）

二、工作坊组研习目标

聚焦优秀班主任核心能力发展。目标表达要具体，具有成果呈现性。

三、工作坊组研习项目

（一）题目名称：简要阐述主题，以及针对什么而确定

（二）研习内容、形式与步骤（分几个方面）

（三）研习成果呈现（研习项目的分阶段标志性成果）

四、工作坊组的组织与运作

（一）工作坊组的组织（形式、分工）

（二）工作坊组的活动形式

（三）工作坊组的管理

五、工作坊组工作进度

按月（时间）写出主要活动、负责人、活动形式等。

（二）工作坊组研习计划的案例

○ 实例1：

锦瑟华年班主任工作坊组研习计划

一、工作坊组现状分析

（一）坊组成员及其工作分析：

姓名	教龄	学科	工作分析
沈晓青	13	英语	具有一定教学经验的中青年教师，对学生有一定深度了解，并具备对一般班级管理的方法，但缺乏对棘手学生问题的深度挖掘和分析。
顾圣君	12	英语	一直作为英语任课教师，缺乏班主任管理经验，对问题学生的行为规范和事件背后的原因，缺乏深度分析能力和解决能力。
顾思佳	6	英语	比较年轻的教师，能在课堂上掌控班级纪律，但在班级管理和小干部培养方面，缺乏方法和经验。
张素	4	英语	青年教师，能较好完成平时教学任务，但对于班中突发事件，如学生间打架和吵架问题，缺少解决的理论和方法。
孟丽珺	3	数学	青年教师，爱学生，和学生能打成一片，对低年级学生的学习习惯培养掌握了一定方法，但缺少对学习困难学生的教育办法。
陆佳玲	1	数学	青年教师，刚工作一年，对班级掌控、学生学业辅导等问题，比较欠缺方法。
陈玥	实习期	数学	见习期教师，作为班主任和任课老师，在教学工作上还有许多需要学习的内容。

（二）坊组群体主要倾向

本组主要是青年教师为主，共同特点是没有做过班主任，对班主任工作的内容、特点、要求等都不清楚，个别教师还处于实习期，对教师职业还比较陌生，在工作中有很多困惑。

本组教师的教学理念和教学方法主要停留在任课老师的教学工作方面，部分有经验的老师可能从平时的教学活动中，掌握了一些班级管理的方法，对班中问题学生有一定了解。但本组老师共同缺乏的是班主任班级管理的经验和知识、对问题学生的转化方法、群体教育和个体教育的方法、对个别学生的个别教育方法。目前,我们作为任课老师,这些班主任核心素养可以通过课堂中突发事件了解学生,并解决问题的方式习得。

二、工作坊组研习目标

通过工作坊组的共同学习和相互学习、小组研讨观摩等形式,从三个方面提高核心素养:

1. 学习困难学生的教育
2. 行为偏差学生的教育
3. 个性特长学生的培养

研究成果形式:案例集

三、工作坊组研习项目

(一)题目名称:基于学习反思生态位异学生教育能力的发展,提升班主任生态营造能力

(二)研习内容:1. 学习困难学生的教育
2. 行为偏差学生的教育
3. 个性特长学生的培养

研习形式:1. 集体读书学习
2. 定期研讨
3. 现场观摩讨论等

(三)研习成果呈现:1. 初级阶段:案例收集
2. 中期阶段:案例研讨
3. 后期阶段:案例撰写

四、工作坊组的组织与运作

(一)工作坊组的组织:组长负责各项任务的分配和计划,组员共同研习、实施和实践。

(二)工作坊组的活动形式:1. 集体读书学习
2. 定期研讨
3. 现场观摩讨论等

（三）工作坊组的管理：制订研习内容和计划，根据研习内容和计划制订每月活动内容。

五、工作坊组工作进度

月份	主要活动	活动形式	负责人
11月	确定本学期研究主题	集体讨论	顾圣君
12月	阅读相关书籍	分工合作、网上讨论	顾圣君
1月	现场观摩讨论	以一次师生谈话作为研究内容	顾圣君

○ 实例2：

“萌芽”工作坊组研习计划

一、工作坊组现状分析

（一）坊组成员（班主任）及其工作分析

我们工作坊由五位成员组成：韩雯珏（组长）、沈晓琳、张微、赵凌燕和徐佳佳。其中4位成员班主任工作达8年及以上，经验比较丰富，也有一定的管理班级和培养学生的好方法。徐佳佳担任班主任工作一年，还比较缺乏工作经验。组员整体较为年轻，充满活力，富有学习激情。我们希望通过学习、分享与交流，来提高各成员的研究能力，提升班主任班级工作发展能力。

（二）坊组群体主要倾向分析（包含对坊组研习态度）

大家对于如何管理好班级、提升班级工作的决策能力有兴趣，有需求，各位老师希望通过工作坊的形式提高各自的班主任工作能力，愿意分享自己的经验，互相学习，共同进步，成为一名优秀的班主任。

二、工作坊组研习目标

提高分析能力、判断能力、组织能力、决断能力，在实践中提高决策的应变能力，整体提高班主任的决策能力。

三、工作坊组研习项目

（一）题目名称：基于研究学生能力，提升班主任班级工作决策能力

（二）研习内容、形式与步骤（分几个方面）

1. 研读学习

通过专业阅读，研究学习，提升学习能力，把相关理论知识与工作实际相互联系起来。对于如何进行决策、提高决策有效性进行思考。

2. 案例分析

对班主任工作中遇到的问题、决策的方式、决策的结果等形成案例，并在工作坊中进行讨论和分析，达成共识。

3. 主题研讨

从工作实践中挖掘问题，确立一个研讨主题，共同分析、讨论、提出建议、进行优势劣势比较，最后进行决策实施。

4. 经验分享

分享班主任工作中成功的班级管理案例，从案例中找出值得借鉴的经验，归纳总结。

（三）研习成果呈现

积累相关案例

四、工作坊组的组织与运作

（一）工作坊组的组织（形式、分工）

组长：韩雯珏

组员：沈晓琳、张微、赵凌燕、徐佳佳

记录员：轮流担任

（二）工作坊组的活动形式

1. 研读学习

理论分享—讨论研习—综合评述

2. 案例讨论

案例展示与陈述—集体会诊—达成共识

3. 主题研讨

主题阐述—分析讨论—实际演练—分享感受

4. 经验分享

分享智慧—评论分析—归纳总结

（三）工作坊组的管理

1. 制订个人工作坊研习计划，做好工作坊活动笔记。

2. 自主学习，提升专业素养，学习理论书籍，做好读书笔记，完成3篇学习随笔，至少完成1篇案例撰写。

3. 积极参与工作坊活动，积极发言，讨论分享，能提出自己的见解。

4. 每位工作坊成员要积极投入工作坊的建设，提供丰富资源，实现优质资源共享和交流。

五、工作坊组工作进度

时　间	主　要　活　动	活动形式
11月	理论学习（如何有效提高决策能力）	研读学习
12月	根据案例进行思考分析	案例讨论
12月	理论学习、想法交流	研读学习
1月	根据实际案例进行讨论分析	案例讨论
1月	遇到班级突发事件如何进行有效决策	主题研讨
2月	学习资料分享	研读学习
2月	分享高效决策的方法和经验	经验分享

○ 实例3：

晨曦班主任工作坊组研习计划

一、工作坊组现状分析

（一）坊组成员及其工作分析

本工作坊组共有5名班主任。分别是一年级班主任朱帆老师、施瑜老师、夏佳梦老师，二年级班主任杨丹蕾老师以及五年级班主任徐闪闪老师。成员们都是职初班主任，担任班主任的工作年限并不长。5位成员都非常乐于奉献、敢于创新、勤学善问。虽然年轻，但是工作能力很强，也因为年轻，在班主任工作的很多方面需要加强理论知识,不断摸索和前进。

(二)坊组群体主要倾向分析

本工作坊组对于优秀班主任核心能力发展的很多方面都很感兴趣,经过成员们的讨论研究,大家一致认为聚焦班级生态营造能力、关注干部群体的培养非常重要,也是我们最感兴趣的研究。小干部群体的培养,离不开班级整体的培养,也能促进更有效的班级建设和管理。我们工作坊将致力于这方面的研究,并且做出一些创新和成果。

二、工作坊组研习目标

1. 通过小干部群体的培养,增强班级同学的民主意识,改善班级的生态圈。

2. 通过实践分布式领导,人人有岗位,增强班级同学的责任意识、服务意识,增强学生之间的互相影响和制约力。

3. 通过小干部群体的培养,真正养成学生的自主管理能力。

4. 通过实践、讨论,总结小干部群体培养中好的方法、不足与问题,形成案例集。

三、工作坊组研习项目

(一)题目名称:基于教育创新力促进班级学生发展能力,提升班主任班级发展引领力——小干部群体培养

聚焦于优秀班主任核心能力发展,着眼于群体发展能力,我们认识到小干部群体的培养在班级生态营造中尤为重要。小干部群体培养的土壤是班级,小干部群体的发展又直接影响整个班级。小干部群体培养的现状是很多班主任扶得太多,放手太少,还有小干部只占班级人数很小的比例,一些小干部只有领导意识,没有服务意识。我们的研究旨在让每一位学生都能参与班级管理,让每一位学生都能体验小干部的角色,使每个学生都有成功的机会和成就感。培养学生的服务意识、责任意识,慢慢形成良好的自主管理能力、相互制约力,促进班级的整体发展。

(二)研究内容、形式与步骤

1. 小干部群体培养的现状研究

通过观察、访谈、交流,总结目前小干部群体培养的问题和不足。

2. 研究分布式领导与小干部群体培养的创新做法,促进班级整体发展

通过实践、对比、分析、记录,以改进、再实践的方法来进行。

3. 小干部群体培养的案例分析

通过前期实践,形成案例,分析问题,进行总结。

(三)研习成果呈现

1. 小干部群体培养的现状分析观察汇总
2. 小干部岗位创新设计及说明
3. 小干部群体培养案例分析集

四、工作坊组的组织与运作

(一)工作坊组的组织

我们的工作坊由5位老师组成,组长:杨丹蕾,组员:朱帆、施瑜、夏佳梦、徐闪闪。通过同主题的共同研习、讨论,培养学习型、创新型、研究型的班主任。

(二)工作坊的活动形式

以专题研究为抓手,定期开展专题研讨、专家指导、经验交流、案例研究等互动活动,为班主任搭建学习、交流和展示平台。倡导锐于发现、善于反思、勇于创新、精于积累、勤于写作、自主发展的专业化成长道路。通过工作坊为班主任提供育人艺术切磋、智慧交流分享的互动平台,引领成员们提升教育智慧,形成育人特色,促进其专业化发展。

(三)工作坊组的管理

1. 建立每月例会制度,每月最后一周召开全体成员会议,总结本月工作情况,解决实施过程中的难点和疑点问题,商讨布置下月工作。

2. 每个学期初召开一次工作坊计划会议,讨论本学期工作坊计划,确定工作阶段工作目标、工作坊的教育科研课题及专题讲座内容。

3. 每学期的期终召开一次工作坊总结会议,展示学期工作成果及形成的经验,探讨存在的问题。

4. 工作坊成员根据研究主题,选择性地学习教育教学理论,每学期阅读一至两本理论专著,参加工作坊组织的集体交流研讨。

5. 工作坊常规会议的地点:学校二楼会议室。

五、工作坊组工作进度

1. 2018.11—2019.01　小干部群体培养的现状研究

负责人:杨丹蕾、夏佳梦、徐闪闪

活动形式:观察、访谈、交流

2. 2019.02—2020.02 研究分布式领导与小干部群体培养的创新做法
负责人：全体成员
活动形式：实践、对比、分析、会议讨论、专家指导、收集案例资源
3. 2020.02—2020.05 整理小干部群体培养案例并分析
负责人：全体成员
活动形式：撰写案例、整理案例、会议讨论

○ 实例4：

“慧育三元色”班主任工作坊组研习计划

一、工作坊组现状分析

（一）坊组成员及其工作分析

本工作坊组共有7名班主任。分别是一年级班主任钱春烨老师、吴琰俊老师，二年级班主任高英老师、朱萍老师，三年级班主任叶缨老师，四年级班主任吴茵老师、黄雪冰老师。成员们都是有着丰富经验的老师。几位成员都非常乐于奉献、敢于创新、勤学善问。钱春烨、高英老师在培养小干部、学生自主管理方面有着丰富的经验。叶缨老师在调动家长积极性、参与家校合作方面有着丰富的经验。吴茵老师在处置班级特殊事件、通过家长来传递正能量方面有着非常好的做法。朱萍、黄雪冰、吴琰俊老师在班级文化建设方面有着丰富的经验。

（二）坊组群体主要倾向分析

本工作坊组对于优秀班主任核心能力发展的很多方面都很感兴趣，经过成员们的讨论研究，大家一致认为聚焦班级文化的建构，关注班级主流文化的营造，班级榜样的塑造、班级精神文化的建设也是我们感兴趣的研究。班级文化建设，离不开班级整体培养，也离不开家校合作，家校合作是一个共同体，也是一个共赢的平台，同时能促进班级文化建设和班级管理。我们工作坊将致力于这方面的研究，并且做出一些创新和成果。

二、工作坊组研习目标

1. 通过班风建设，提升班级的凝聚力，培育班级积极向上的主流文化，通过各类榜样，营造优秀的班级文化。

2. 通过丰富多彩的活动,来丰富学生的精神世界,塑造班级优秀的精神文化。
3. 通过家校合作,共同丰富班级文化生活,不断提升班级文化。

三、工作坊组研习项目

(一)题目名称:基于价值认同班级文化的建构能力,提升班主任文化建构能力

聚焦于优秀班主任核心能力发展,着眼于班级文化构建能力,我们认识到班级文化建设在班级生态营造中尤为重要。班级优秀文化的建构能丰富学生的精神世界,优秀的班级文化能够凝聚班级的力量,能够塑造一个积极向上、与众不同的优秀集体。

(二)研究内容、形式与步骤

1. 班级文化建设现状研究

通过观察、访谈、交流,总结目前小干部群体培养的问题和不足。

2. 分享班级文化建设中的好做法

通过实践、对比、分析、记录,以改进、再实践的方法来进行。

3. 班级文化构建的案例分析

通过前期实践,形成案例,分析问题,进行总结。

(三)研习成果呈现

1. 班级文化建设分析观察汇总
2. 班级文化建设中的好做法与思考
3. 班级文化构建案例分析集

四、工作坊组的组织与运作

(一)工作坊组的组织

我们的工作坊由7位老师组成,组长:吴琰俊、黄雪冰,组员:钱春烨、高英、朱萍、叶缨、吴茵。通过同主题的共同研习、讨论,培养学习型、创新型、研究型的班主任。

(二)工作坊的活动形式

以专题研究为抓手,定期开展专题研讨、专家指导、经验交流、案例研究等互动活动,为班主任搭建学习、交流和展示的平台。倡导锐于发现、善于反思、勇于创新、精于积累、勤于写作、自主发展的专业化成长道路。通过工作坊为班主任提供育人艺术切磋、智慧交流分享的互动平台,引领成员们提升教育智慧，形成育人特色，促进其专业化发展。

（三）工作坊组的管理

1. 建立每月例会制度，每月最后一周召开全体成员会议，总结本月工作情况，解决实施过程中的难点和疑点问题，商讨布置下月工作。

2. 每个学期的期初召开一次工作坊计划会议，讨论本学期工作坊计划，确定工作阶段工作目标、工作坊的教育科研课题及专题讲座内容。

3. 每学期的期终召开一次工作坊总结会议，展示学期工作成果及形成的经验、探讨存在的问题。

4. 工作坊成员根据研究主题，选择性地学习教育教学理论，每学期阅读一至两本理论专著，参加工作坊组织的集体交流研讨。

5. 工作坊常规会议的地点：妇女之家。

五、工作坊组工作进度

1. 2018.11—2019.01　班级文化的现状调查

负责人：吴琰俊、黄雪冰、吴茵

活动形式：观察、访谈、交流

2. 2019.02—2020.02　班级文化建设中的好做法与思考

负责人：全体成员

活动形式：实践、对比、分析、会议讨论、专家指导、收集案例资源

3. 2020.02—2020.05　整理班级文化建设的案例并分析

负责人：全体成员

活动形式：撰写案例、整理案例、会议讨论

二、工作坊组的主要活动方式（案例）

（一）工作坊组的基本运作方式

工作坊的运作形式是工作坊运行过程的计划、组织、实施和控制，是与其功能密切相关的各项管理工作的总称，其特征是可以反复运行和操作，呈现出进行中的工作状态。从运行功能来看，价值来源和提供的价值将决定工作坊的运作，工作坊存在的目的就是发现并满足成员与工作的某种需求，而工作坊所提供的价值即产品（可能是有形产品，也可能是无形产品），应该能满足这个需求。工作坊的运作形式主要从工作坊管理形式角度建构，即工作坊的工作实施形式。

我们的班主任工作坊是以“工作坊组的专题研习”为主要运行形式。这个运行形式主要表明了三个问题：一是我们的班主任工作坊是以坊组为主要的组织形式展开的，便于实现工作坊孵化功能，避免传统的做法。二是以主题研习方式为主要运行载体，克服班主任培训的碎片化，有利于在一定时期内让坊员聚焦班主任工作中的特定问题，可以是坊员班主任工作的难点、迫切需要解决的问题，也可以是班主任工作发展方面的问题、从提升班主任素养的可持续角度考虑的问题。

以下是各工作坊组的运作形式：

序	班主任工作坊组名称	成员对象	性质	人数	坊　主
1	萌芽工作坊组	一、二年级班主任	异质组	4	韩雯珏
2	风雨同舟工作坊组	三、四年级班主任	异质组	6	尤祎
3	悠然工作坊组	五年级班主任	异质组	5	韩文君
4	晨曦班主任工作坊组	职初班主任	同质组	5	杨丹蕾
5	慧育三元色工作坊组	高年资班主任	同质组	7	吴琰俊、黄雪冰
6	锦瑟华年工作坊组	预备班主任	同质组	7	顾圣君

工作坊运作形式要与研习方式匹配，因此工作坊采用同质与异质两类研习。

同质组（A）以相同班主任经历组成，主要指初任班主任、经验型班主任。主要解决处在不同发展阶段的优秀班主任核心能力问题。一般以跨年级组运作。同质组（B）还可以项目为中心组建，由全校班主任中对某一问题有共同志向的班主任自主参与。

异质组主要由不同发展阶段的班主任组成，以年级组运作。主要借助共同的研习主题，提高优秀班主任核心能力。

由此，全校班主任会形成众多的工作坊群体，无论同质还是异质，他们研究的方向都是优秀班主任核心能力的发展。研习的主题可以自己确定，确定为更具体的优秀班主任核心能力。这样才能有“群体案例研究”。

我们对坊组的运行也提出了明确的要求，工作坊组要求坊员围绕工作坊的研修目标，两年中完成“六个一”的任务：

1. 制订工作坊一项研修学习计划；

2. 工作坊组管理凸显一个亮点；
3. 利用工作坊提供的平台，每个学期在本学校进行一次交流活动；
4. 每个学期工作坊完成一个总结；
5. 工作坊成员一人完成一次工作坊展示分享活动；
6. 项目活动结束提交一项研究成果，可以是案例、叙事故事等。

这些任务不仅成为评价其坊员任务完成度的重要指标，而且具体、明确的要求有效地促进了工作坊成员研修的深入进行。

（二）工作坊组的研习聚焦方式

坊组是工作坊的基本单元，也是工作坊活动的基础。环绕研习主题展开工作坊组活动，坊组研习主题是坊组有效展开的关键。通过研习主题使坊组的研习，即有效班主任核心能力培育有明确方向，也有明确的载体。

各坊组在确定成员并组建了坊组后，首先就是明确本坊组的研习方向，只有坊组实体部分明确后，其他方面的事宜才能统整。

依托工作坊基本要求，结合本坊组具体情况与成员的发展需求，坊组各自确定研习主题。我们的做法是，第一步：我们要求各坊组研习主题确定时要突出优秀班主任核心能力这个问题。这需要工作坊在整体上予以引导，组织专家讲座，坊组学习"优秀班主任核心能力的框架"，并进行讨论。各坊组通过反复酝酿，提出初步的研习主题。第二步：工作坊主要成员与专家对每个坊组共同讨论研习主题的合理性与可行性、对坊组的研习主题提出修改意见，要求紧扣"优秀班主任核心能力"，进一步思考聚焦某一方面，提高研习的实效。

我们六个坊组确定的研习主题如下：

工作坊组	研 习 载 体
悠然工作坊组	基于研究学生能力，提升班主任班级发展的引领力
锦瑟华年工作坊组	基于学习反思生态位异学生教育能力的发展，提升班主任生态营造能力
萌芽工作坊组	基于研究学生能力，提升班主任班级工作决策能力
风雨同舟工作坊组	家校共育，培养学生良好的道德行为习惯
晨曦班主任工作坊组	提升班主任班级发展引领力——小干部群体培养
慧育三元色工作坊组	基于价值认同班级文化的建构能力，提升班主任文化建构能力

（三）工作坊组的主要研习方式

“研习”不是指一般的专家灌输、工作上的模仿、停留在行为层次上的对与错，而是研究班主任工作，把工作实践从理论上讲清楚，用理论解释自己的班主任工作，同时在理论指导下实践，使工作趋向更符合规律。

优秀班主任核心能力是教育科学理性与教育艺术灵性的结晶，有着不少默会知识、感悟与灵性，因此工作坊的研习需要探索一条有效的新路。

工作坊研习方式分为两大板块：

○ 班主任工作理论研习。引导坊员深入学习与把握前沿班主任工作理论，侧重班主任工作观念与方法论的交流与碰撞，以适应班主任工作核心能力培养与优秀班主任的涌现，打破以做法解释做法的低层次培训，打破套话当作理论的庸俗化指导。建立工作坊的对话机制，坊员是主体，人人是主讲者、促进者、学习者。在班主任工作坊的理论研习时要关注坊员对班主任工作认识的有意义建构，而不是说套话、对教育概念的望文生义式解读。坊主要通过理论研习使班主任对班主任工作理论融会贯通，融于实践之中，并指导实践。

○ 组织工作实践与临床带教。研习目标直指坊员在坊孵化目标，即基于优秀班主任核心能力的工作“产品”。注重班主任工作的实践锤炼，不仅要关注班主任常规工作研究，提高班级管理水平，还要研究班主任工作的新发展，学习班主任工作新理论，探索如何提高班级领导力。同时，要关注运用班主任工作的临床带教，而不是会议室里的“带教”，只有面对学生、面对学生呈现的现象展开研习带教，对班主任进行在工作情境下的意义建构，才能提升班主任对自己工作的理解与阐述能力。

班主任工作坊集理论引领、技能研习、临床带教于一体，既是一个研修的平台，也是一个实践的平台，既关注了坊员的最近发展区，又建构了专业知识体系，具有系统性、参与性、实践性、操作性的特点。注重实践转换能力培养，打通了研训最后一公里，拓宽了坊员视野，融通了培训资源，坊员既是自觉学习者，更是思想贡献者；既是问题发现者，也是问题解决者。在坊组中学员自觉进行自我经验的梳理和反思、学与用的结合，使理论走向实践，在实践中得到检验与提高，与教育发展和社会发展同步，班主任把专业成长的主动权抓在了自己的手里。

○ 实践与思考：

加强学习，内外结合，注重研修

张　微

为促进我校班主任工作提升质量和水平，促进全体班主任提高整体素质，我校于2018年成立了班主任工作坊，开始了市级一般课题的研究，我有幸成为学校班主任工作坊主持人之一。我所带的工作坊从2018年挂牌运行至今，已进行了两年。我们的班主任工作坊组是如何开展研习活动的？下面根据我们的实践，谈谈工作坊的活动开展及班主任的专业成长。

一、活动之一是读书

先进的理论是班主任工作和德育科研的先导，没有先进的理论指导，班主任工作犹如盲人摸象。读书学习，不断提高理论修养，从而占领德育工作的"制高点"。我们采取集中学习和分散自学相结合的形式，以理论熏陶的方式提升班主任的专业素养，并进行读书心得交流，指导教学实践。

尤老师遇到了一个问题，她的班级中有个孩子叫小浩，自我管理能力比较弱。复学后，和同学们的差距更加明显了，几乎天天都有哭闹的现象。起初，她觉得一年级的孩子上了一个学期后，又经历了三个多月的居家学习，一下子又不能适应学校的生活，原谅了他好几次。但是，原谅他的后果就是一次比一次厉害地无休止无理由地哭闹……面对这样的孩子，她第一时间跟家长联系，希望家长配合一起教育孩子。她用电话沟通的方式跟他奶奶告了状，把孩子最近在学校的表现一股脑地全部告诉了他奶奶，临了，还跟他奶奶说："好好在家教育教育孩子，这个样子，像什么小学生！"没想到他奶奶一味地袒护自己的孙子，为他找借口，对于尤老师说的事情一点都听不进去。尤老师感觉对这个孩子的教育工作无法开展，也担心他的行为会影响到其他孩子，影响班风。

尤老师以与小浩家长沟通作为一个突破口，试图探寻与家长沟通的有效方式，提高自己与家长有效沟通的能力。而班主任如何与家长进行有效沟通是学生教育和班级管理中的关键问题，这种能力也是成为一名优秀班主任的核心。

但是在平时的工作中，我们与家长的沟通存在这样一些现象：沟通意识不强，缺少主动交流；沟通话题单一，以反映学生问题居多，缺少为家长提供专业帮助；沟通艺术缺乏，不善于倾听，以居高临下、教育、命令、责备的谈话方式为多；班主任工作不够周全，对班级特殊学生的表现、个别家庭的需求关注和了解不到位。其中，班主任在沟通中缺乏对家长的理解和尊重，对于家长来说是最难以接受的，甚至引起反感。这样不仅影响了教育孩子，也无疑阻碍了家校沟通和协作。尤其是“后疫情时代”，我们迫切需要加强班主任交流沟通能力，家校协同，帮助我们的学生适应校园生活，健康快乐地成长。于是，在我的组织下，我们开展了工作坊研训活动。

坊组成员们都认为，只有把握了学生的心理状况，才能真正明白学生之所以这样做或是那样做的原因。只有全面掌握了学生，我们的沟通才能有的放矢，我们的教育方法才能得心应手。当然，全面了解学生是需要方法的。大家阅读了德育教导吴老师推荐的一些相关书目，如《教育科学与儿童心理学》《99个班主任的教育机智》《班主任工作漫谈》《赏识你的学生》《给教师的建议》等，我们分散自学研读，做好读书笔记，树立正确的学生观，提升理论素养；又集中学习，交流阅读心得，为尤老师谋划计策。

大家在一番理论学习之后发现，尤老师在处理小浩事件中，前期遇到了一定的挫折，虽然调整了沟通的方式，但是并没有达到预期的效果，那是因为她的举措并未触及小浩坏脾气的根本原因。很多家长忙于工作，会把孩子交给爷爷奶奶照顾。父母虽觉得爷爷奶奶辈的教育跟不上形势，但是又不好过多指责。小浩其实就是在这样的家庭环境中长大的，爸爸妈妈管孩子，奶奶站出来袒护。由于家里人的让步，满足他的要求，甚至是无理的要求，他变得骄横，谁也管不了他。他在集体中没有纪律性，不懂得让步，不懂得宽容，更受不了委屈。需求得不到满足，他就开始不顺心地哭闹，影响了他的学习和其他行为习惯活动。工作坊的韩老师更是认为，家庭中的“保护伞”和“避难所”不仅导致孩子性格扭曲，有时还会造成家庭不睦。建议尤老师可以对小浩的爸爸妈妈进行家庭教育指导。比如，指导爸爸妈妈应该首先和老人沟通好，遇到孩子做错事时，老人可以到别的房间去或者借故出去，让父母单独来解决。刚开始，可能孩子会继续哭闹、扔东西，当发现无人理他时，孩子就会有些恐慌，哭闹就会减弱，最后可能会主动找父母承认错误。

情况再一次发生时，尤老师特地提前和小浩妈妈商量好，找了一个小浩跟爷爷奶奶一起外出的时间到小浩家里家访。经过近两个小时的交流，她了解到小浩从小就是奶奶带大的，奶奶在家“最大”，对于小浩父母教育小浩也要插手。一遇到事情，小浩就习惯找奶奶当庇护伞，免去批评和责罚。时间一长，孩子被惯出了坏脾气，妈妈也很为难发愁。那天，她当场就支招给妈妈，在教育孩子的时候把门关上，单独跟孩子交流，并约定奖罚措施：如果在校一天没发脾气就给自己添上一面红旗，如果有同学或老师告状就扣去一面红旗，当红旗集到30面的时候就满足他的一个小愿望。她们达成共识，今后互相多沟通，保持联系，找准教育小浩的时机。

这个办法还是有效果的，当小浩想任性的时候，老师提醒他会扣除一面红旗，想想后果，他立刻就控制住了自己的情绪。看着小浩在学校中与同学相处融洽，愿意接受老师的批评和教育，孩子妈妈看到了教育的希望，我们工作坊也体会到基于理论学习的研习实效。

二、活动之二是对话交流，共同成长

工作坊采取同质或异质组成坊组，同质工作坊组由若干年轻班主任或若干有一定教龄的班主任组成，当某位成员在班主任工作中遇到了即时性问题，大家团结帮助，尝试取长补短，帮助他解决，同时给其他组员带来一些借鉴。异质工作坊组以老带新，老班主任指导帮助年轻班主任，新老班主任互相对话交流，取长补短。对话是一种建立在平等、合作关系上的交流。建立班主任工作坊沙龙交流平台和微信群、QQ群等网络平台，让工作坊成员畅所欲言，说想法、谈建议，说身边事、赞身边人。这些活动促进了彼此之间的沟通交流，增进了理解。积极、和谐的氛围更有一种磁石般的吸引力、凝聚力，一种你追我赶、相互信任的内驱力，有效促进了班主任的专业成长。

从“小浩”事件中，尤老师在工作坊成员的帮助下，对家校沟通有了新的觉悟：作为班主任，与家长的沟通要平等，对学生的情况了如指掌，这样才能在家长面前把问题分析得确切有据、合情合理；要想家校合作成功，必须跟家长进行有效沟通，而且沟通的方式不能单一，沟通的策略要多样。尤其是小浩这种三代同住、长辈说了算的家庭。可以通过家访的方式，更全面地了解他们的家庭情况；对孩子教育抱有不同态度的家长需要采取不同的说话方式：夸奖式、谈话式、答疑解惑式等。还要经常对祖孙三代给予朋友式的谈心、支招，这样才能在教育孩子上取得成效。关于小浩的教育，她也表示在下阶段会每天关注小浩的点滴变化，及时表扬，时不时地询问下他家里的情况，让他自己说说妈妈严厉教育他的原因，教他一些做人的道理；隔三岔五地跟他妈妈通通电话教一些教育的好方法，利用放学时间和奶奶聊几句，用赞美的语言去安慰奶奶,也让奶奶为了孙子的健康成长多包容孩子的妈妈。

针对尤老师的教育反思,工作坊成员沈老师分享她的想法。像小浩奶奶这一类溺爱型家长,可以先肯定学生的长处,对学生好的一面给予肯定。溺爱型家长更希望听到班主任对自己孩子的肯定。要充分尊重学生家长的感情,肯定家长热爱子女的正确性。这样,家长才会从心理上接受班主任。同时,要用恳切的语言向家长反映情况,指出学生存在的问题。对于这样的家长,班主任要在肯定中提出要求,提要求时应婉转。

她还把班主任与家长交流时要注意的事项归纳为四个“要”,要坦诚相待,不要盛气凌人;要实话实说,不要“添油加醋”;要反省自己,不要推卸责任;要一分为二,不要以点概全。关注“三多”,就是在与家长交流过程中,多一句关心的话语,多一些商量的语气,多一点理解的情感。把握“三个契机”,即沟通的时间契机,沟通的方式契机,沟通的情境契机,以沟通智慧架起家校互动桥梁。

单老师说:根据家长的不同类型,我们需要使用不同的策略。对于脾气暴躁的家长,要特别讲究方式方法,谨慎行事。以柔风细雨式的交谈让家长知道:教师请家长到学校来,并不希望给自己的学生招来一顿皮肉之苦,而是为了帮助学生尽快认识和改正自己的缺点错误,希望得到家长的配合,家校齐抓共管,共同教育学生。如果是气势汹汹的家长,我们就要以理服人,交流的时候一定要沉住气。碰到此类家长,最有效的做法就是面带微笑。在人际交往中,微笑的魅力是无穷的,就像巨大的磁铁吸引铁片一样让人无法拒绝。班主任面对家长的指责时,要克制自己的怨气,不要和家长争执,更不要挖苦讽刺学生而伤及家长,要面带微笑,无论多么尴尬的场合,都能赢得家长的好感,体现自己的宽容大度,从而消除误解和矛盾。而遇到知识型家长,可以如实向他们反映情况,主动请他们提出教育措施和处理意见,并认真倾听。这类家长一般比较注重对孩子的教育,他们观察自己孩子的表现经常比教师还要深入、细致、具体。班主任应虚心听取他们的建议。当然,班主任在听取家长意见的同时,应具有自己的判断力,要冷静分析。

工作坊成员钱老师补充说:我们可能还会遇到放任不管的家长,我们可以多报一点喜,少报一点忧,决不夸大问题,使家长认识到孩子教育的重要性,激发家长对孩子的爱心和期望心理,主动参与孩子的教育活动。要使家长明白,与子女间的感情应加强,要为孩子的发展创造一个良好的家庭环境。当与学困生的家长沟通时,就要让家长对自己的孩子充满信心。对于学困生，班主任不能用成绩这一个标准来衡量，要尽量发掘其闪光点，要让家长看到孩子的长处、看到孩子的进步、看到希望。对孩子的缺点不能不说，不要一次说得太多，不能言过其实，更不能讲“这孩子很笨”这样的话。说到学生的优点时要热情、有力度，而说学生缺点时语气要舒缓婉转，这样才能让家长对孩子充满信心。只有家长对自己的孩子有信心，他才会主动与班主任交流，配合班主任的工作。

大家在工作坊中创造性地工作，营造实践氛围，享受这样的交流平台。在工作坊的研习活动中，成员之间围绕有效沟通这一主题互相学习，认真开展分析、讨论。班主任工作知识和经验较少的成员在有经验的或优秀班主任的指导下，通过真实情境的实践获得与家长沟通的知识与技能，不断提升我们班主任沟通方面的能力。

三、活动之三是外出参观交流，把学习收获带回工作坊

班主任要想开阔视野，一定要走出去。工作坊工作开展两年来，我们的部分成员先后参加了上海市郊区小学班主任研修班、宝山区新班主任培训、宝山区家庭教育指导骨干教师培训班等，到各基地学校学习观摩、轮岗实践。这些学习活动，使工作坊成员能与专家、名师面对面交流碰撞，拓宽视野、开阔胸怀、增长见识，明确自己将来努力的方向，同时把学习收获与坊内成员交流分享，促进共同进步。

工作坊中的姚老师是一位新班主任，很喜欢参加工作坊的研训活动，她认为在“小浩”事件的处理上，对于如何与家长有效沟通这一问题，坊内各位成员围绕案例交流，集体研讨解决，由于问题是我们自主提出的，这期间每位成员都是参与者，这决定了解决问题的积极性、自主性。大家总结了与不同类型的家长沟通的方法，这些方法都很实用。其实，我们在同家长接触、沟通的过程中，遇到的实际问题往往是较为复杂、多变的，这就需要我们根据情况的变化而不断改进家校有效沟通的策略。以她参加新班主任培训的想法，她建议下次我们研训时可以将不同类型的家长沟通问题细化、分解，形成不同的解决问题的策略；每位成员选择不同的、适合自己的策略深入研究；最后通过集体研讨，不断完善有效沟通的解决方案。

在领衔工作坊期间，我参加了普陀区教育学院主办的上海市郊区小学骨干班主任研训班，通过一学年的专业学习，我对我们的工作坊以及优秀班主任核心能力有了进一步认识。班主任工作坊是一种基于研训主题的研究性学习方式，主题来源于大家工作中的真实问题、班主任专业发展的核心问题、班主任群体的共性问题与个性问题相结合。作为工作坊的领衔人之一，我在提升自己班主任工作能力的同时，还有责任促进学校工作坊群体发展。我可以从学校班主任老师的日常核心工作中遇到的一些沟通问题或工作中的热点话题出发，组织一次主题论坛活动，发挥工作坊领衔人的引领、榜样、示范、辐射作用，促进班主任群体共同进步。优秀班主任核心能力涉及很多方面，在工作坊活动内容的安排上，我可以：1. 通过班主任座谈及交流，收集整理全校班主任在日常核心工作中遇到的问题，将问题汇总。2. 将收集到的班主任工作问题根据日常核心工作进行问题细化归类。3. 根据班主任提出的问题，整理出班主任工作中的高频问题及所占比例，这是确定研训主题的主要依据。根据以上班主任工作中的高频问题，确定工作坊的研训主题，制订计划。4. 由于班主任工作是一项持续性的工作，在工作中常常会有新的问题产生，我需要及时记录问题，形成新的主题，并进行后续活动。力争考虑全面，组织大家通过工作坊的研训学习，提升个人班主任胜任力，带动班主任群体发展，使我们问题解决的方法更加多元化，班主任之间合作更加紧密。

两年的工作坊研讨，我们坊组内的陈老师的工作理念逐渐改变，优化了她在教育和沟通中的行为，一定程度上促进了她的班主任胜任力。在校级、区级推优中，她脱颖而出，即将代表宝山区参加上海市郊区小学骨干班主任研训班，像陈老师这样年轻的班主任，通过研训和学习，朝着优秀班主任努力，而有经验的班主任也可以进一步提升，把自己的经验梳理、提炼，向研究型班主任发展。

我校的工作坊研训活动加强学习，内外结合，注重研修，促使工作坊成员们对优秀班主任核心能力的提升有了一个更加明晰的改进方向，每一位成员也不同程度地得到了提升。这必定有助于我校班主任工作能力的提升，促进班主任群体的发展，也有助于今后家校协同、家班共育活动更加顺利，进而激发我们更多的思考与实践。

三、工作坊组的坊员研习流程（案例）

（一）工作坊组研习流程的特点

班主任工作坊的研习需要有一个过程，这个过程不是随性而为，而必须按照一定的时间规定展开活动的流程，形成一个相对稳定的合理的研习过程，从而使坊员获得发展。工作坊坊组的研习流程是基于组织赋能、优化运行，确立坊组研习标准，规范研习制度，从而提高工作坊的孵化功能。

我们提出了班主任工作坊坊员研习的“四阶梯”流程，具有如下六个特点：

1. 简单易用：内置研习流程架构体系的向导和统一流程标准。

2. 标准规范：端到端的流程架构，理清职责边界。

3. 协作高效：灵活组建与衔接流程，高效率开展流程工作。

4. 流程报告：从入坊、在坊到出坊都有流程报告依据。

5. 流程管控：将工作坊的坊组研习要素纳入流程中加以管控。

6. 一体化管理：各坊组同步系统执行研习流程，让工作坊与坊组研习同频共振。

我们的工作坊运作流程是规范工作坊成员在坊研习的基本方式，分为四个阶段：入坊初评是否明确，在坊目标是否合理，在坊孵化是否有效，出坊评估是否科学，对工作坊运行成果起着决定性的作用。

（二）工作坊组的“四阶梯”流程

我们班主任工作坊的“四阶梯”流程如下：

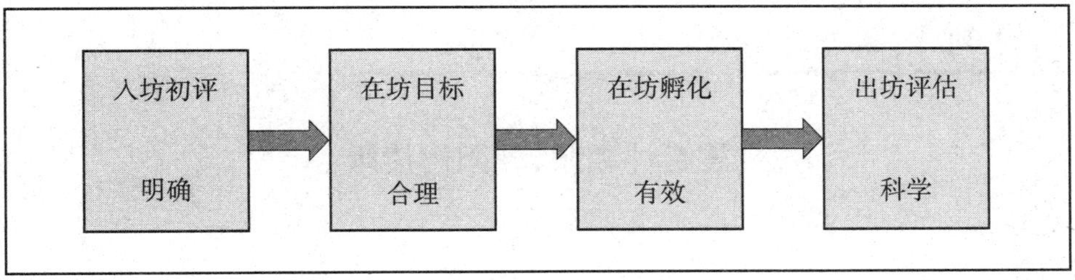

第一流程：入坊初评

这个流程是对坊员的入坊进行班主任工作初评，尤其是班主任核心能力的现状进行初评。这主要通过坊员自我评估以及“优秀班主任核心能力”评估表的测定，作为入坊的初态评估。这个流程的重点是入坊初评要明确。这对坊员确定在坊研习目标、研习内容与方式具有前提意义。

第二流程：在坊目标

这个流程具有关键意义，为坊员在坊期间确定优秀班主任核心能力发展目标。在坊目标主要是坊员根据入坊初态，结合自身班主任工作发展愿望，提出通过工作坊研习期望达到的目标。坊员在坊发展目标包括发展的具体目标、目标的发展水平以及发展的条件。坊员的发展目标一定要具体、可实现。在坊目标切忌空泛,难以考查是否达成。

第三流程: 在坊孵化

这是重点流程。坊员参加工作坊的根本目的就是通过工作坊的研习,发展自己的优秀班主任核心能力。这需要通过坊员在工作坊的孵化而实现,孵化也成为工作坊的主要任务。因此,在坊孵化是一个实质性阶段,需要坊组认真地组织各项活动,并增强坊组孵化的功能。

第四流程: 出坊评估

这个流程是对上述三个流程实效的体现与总结。在坊研习任务基本完成之际,需要对坊员的优秀班主任核心能力进行再次评估,与入坊初评进行对照,以为坊员在坊期间哪些优秀班主任核心能力获得了实质性进步提供证据,以评估其在坊研习的发展。同时,出坊评估也对坊员今后需要进一步提高作出评估,明确发展方向与具体任务,起着承上启下的作用。因此,出坊评估也是一种发展性评估。

这两项工作集中反映在坊员制订的"长江路小学班主任工作坊成员研习计划"中。我们设计了简单明了的"研习计划表",突出要点,避免套话。

○ 案例1:

晨曦伴朝阳,朝阳耀晨曦

朱　帆

我是晨曦班主任工作坊的一员,我们工作坊的研习方向是基于教育创新力,促进班级学生发展能力,提升班主任班级发展引领力。通常认为小干部的培养对应的是班主任核心素养中的班级工作领导能力,而我们的研究方向还囊括了班级生态构建能力。我们希望通过研习实践,在班级不仅能培养出一批得力的小干部,更能让每一位同学参与到班级管理中,实现人人有岗位,事事有人管,培养每一位孩子的责任心和集体观念,为学生的终身发展奠基。

一、入坊初评与目标确定

入坊之初,每一位组员都进行了班主任核心能力评价,我的五维图显示了我的优势和劣势，我的班级工作领导能力为5，而主体内驱力和班级生态营造能力仅为3，优劣势差别比较明显，清晰地展现了我需要“取长”和“补短”的地方。

作为一个新手班主任，班级工作领导能力的水平高低还有待证明，而我刚接手一年级新生，需要尽快帮助学生适应融入新集体，使每一位同学都有班级归属感，从而自觉地团结在一起，构建良好的班风和环境。基于测评显而易见的优劣势和班级现状与目标，我首先制定了个人研习目标：通过工作坊的各项研习活动和班干部培养实践，增强班主任的生态构建能力和自身内驱力。

工作坊的老师们进行了各自在坊目标的讨论，对于我的在坊目标，施老师提出了疑问：增强班主任的生态构建能力和自身内驱力可以通过什么形式展现出来？杨老师也提出建议：将想达到的效果更详细地在目标中列出来，这也是建立自身班主任核心能力成长的评价标准。整合坊组老师们的建议，我重新优化了自己的目标。将在坊目标具体为：通过工作坊的各项研习活动和班干部培养实践，增强班主任的生态构建能力和自身内驱力。营造师生关系和谐、学生自主管理的班级生态，体验身为班主任的幸福，激发自身班主任专业化发展的动力。

二、在坊孵化有效——案例阐述

（一）值日班长制度遇挫，班主任工作坊成员提出建议

一年级开学一个月左右，我在班级中风风火火地开展非常流行的值日班长制度，而结果是没坚持一个学期就草草收场了。细数其中故事，那真是千奇百怪，有胆小管不住班级的，有泼辣仗势欺人的，有动歪脑筋受贿的……我应对着孩子们暴露出的各种问题，通过单独教育和集体教育规范值日班长行为，勉强维持着值日班长制度的延续，本就对班主任工作惴惴不安的我心中更加苦闷。追本溯源，我不认为这些理论教育使孩子们真正了解了班干部的服务内涵，以及责任意识和集体荣誉感。他们中的不少人期盼当上值日班长的那天，是因为他们认为可以高高在上，发布命令。值日班长逐渐流于形式，无法提炼出强有力的班干部团队，又无法营造良好的班级生态，成为我暂停此制度的原因，我需要重新设定这一制度，修正之前实施中的错误，使班风明朗起来、同学凝聚起来。但是对于具体怎么操作能够达到理想效果，由于缺少经验，我是比较困惑的，于是我求助于工作坊的成员们，希望坊内成员能给

我出出主意。

在坊组会议上，我向大家提出了我的疑惑，几位前辈基于她们的经验，分析了我们班中的干部现状和问题，联合几位和我一样的新班主任一起出主意，给了我如下意见：（一）挑选一位能力强的小朋友统管班级，重点培养。（二）细化班级职务，如管理开关灯、开关窗、卫生用具摆放等，让孩子们参与到班级管理中来。

（二）结合坊组成员建议，制订实施方案

我做了如下两件事情：

首先，通过自由竞选，民意选举，同学们选出了他们心目中的值日班长做得最好的同学。别看孩子们年龄小，平常也是调皮到不行，投票还是挺靠谱的，前三名都是学习好、有特长、正直善良、经常受到表扬的孩子，小谢获得了最高票数。小谢是一个文体两开花、全面发展的孩子，此外为人谦逊友善，公平公正，是同学们信服的对象，也是我心中的首选，我很欣慰和孩子们的想法契合。

随后明确了他们的第一个任务，收集班级同学的意见制定班规。具体操作是他们在“课堂”“文明礼仪”“卫生”“两操”“课间休息”“热爱集体”“午餐”方面广征民意，他们三人初步筛选切实可行的方案后由小谢交于我审核，每一条再在班级中全班表决通过。小谢的工作还有在老师不在时，组织好班级同学学习休息，防止出现意外事件，有权给班级同学的违背班规情况提出整改意见并记录。此外，小谢也是班级同学的代言人，同学们可以将对班级的意见告诉小谢，由他转达给我。

其次，在班级中我根据每个学生的能力大小、性格脾气，尽可能地让每个同学都有适合自己的小岗位。大到帮老师收作业发作业，小到根据天气情况开窗通风。声音响亮的小刘做了课前领读员；爱读书的小王做了班级图书管理员，负责每日书的收发；调皮捣蛋但吃饭很快的小陈成了光盘监督员；乐于助人的小张成了饭后纸巾派送员……每一天，每一个小朋友都有自己需要完成的事情。

（三）实施过程中出现的问题及调整

小谢刚上任时，有些特别调皮的孩子不服从他的管理，新的班规制定出台后，小谢凭借良好的表达能力、一丝不苟的作风和极好的群众基础逐渐顺利地开展工作。坊组的老师们十分关心我，提醒我在确定核心班干部时，要不断帮他树立威信。于是我在班规出台时就明确表示：“小谢是你们自己选出来的，说明你们相信他，班规是大家共同制定的，说明大家都认可，所以我们应当遵守，如果违反，就要按照规定接受处罚。”在我的监督下，在班委的认真管理下，班级管理有了很大起色。

上岗伊始，孩子们不太适应，负责开关灯的小朋友会经常忘记，擦黑板的小朋友会擦得不够干净……当我把遇到的这些情况在坊内诉说时，坊组的老师们建议我采取幽默但有指向性的评价，这样既不会打击学生的自尊心和积极性，又是在教他们怎么更好地承担起责任。我尝试多用这样的评论：“我们的掌灯使者今天在哪呀？”“今天我们的黑板专家要提高一下技术。”在非批评性的语言下，小朋友们一下子就知道谁做得有欠缺，被“点名”的小朋友也非常积极地使自己负责的事情趋于完美。

责任细化后，他们不再每日茫然无措无所事事，每个人在心中多了份对班级职务的牵挂，他们非常重视自己的工作。

（四）组织班会，坊组成员参会评估

临近学期末，我组织了一场班会，让同学们谈谈自己的小岗位，我请了坊组的所有老师参加了这次班会课，希望能得到他们对这一阶段的评价和进一步的指导。在班会课上每个小朋友都有很多话说——“我在冬天上课关窗、下课开窗通风，从来没忘记过。”“我每节课下课检查小组地面，我们小组可干净了，朱老师，随便你什么时候来检查！”“我每天午自修给同学们发书、收书、整理书，你们看，图书角是不是特别整齐漂亮？”……坊组徐老师也对班级同学给出了评价：“小朋友们通过这一段时间在自己岗位上的锻炼，都成长了很多、能干了很多，班级秩序变好了，班级同学间也团结了，整个班级更像一个家了。坚持一两天不难，难的是一直坚持下去，希望小朋友们都能坚守好自己的小岗位，不松懈、不偷懒，你们能做到吗？”“能！”看着小朋友们自豪的表情，我微笑着总结道：“是啊，每一个小朋友对待自己的小岗位都非常认真努力，你们真了不起！也正是因为你们每个人的努力，大家看现在的班级是不是比以前更好，你们更喜欢了？”小朋友们都不假思索地狠狠点头。“谢谢你们，让我们为自己鼓掌，让我们继续加油！”同学们由衷的掌声让我的心里很甜，在这样积极和谐的班级氛围中，我感受到了身为班主任的幸福感。

三、出坊评估科学

班会课后，坊组成员进行交流，夏老师作为我们班级的老师，她感受到了班级同学的变化，她说道:“小朋友年龄尚小，对他们的要求要尽量具体，这样他们才能够理解、能够去做，才能够参与到班级工作中来，把班级工作细化是很好的举措，做到‘人人有岗位、事事有人负责’，这既提高了小朋友的自主性，又对班级生态的打造起了积极作用。”接着，坊组老师们根据班级情况，一起评估我个人的班主任核心能力，一致认为在班级生态能力方面达到了预期目标，我也切身感受到了自己班主任内驱力的增强。

看到我班的转变，我和坊组的老师们都很有成就感。在她们的悉心指点和倾力相助下，我少了迷茫，对于班干部的培养有了更明确的方向和方法，也少走了很多弯路，避免了过多让学生和老师都心力交瘁的试错成本，我感觉到面对班主任工作更加有信心和动力了。

四、在坊研习的体悟

小学班主任以自身的言传身教，在学生成长中施加潜移默化的影响，对学生核心素养的养成起至关重要的作用。作为小学教育中的纽带、教育者、管理者，小学优秀班主任核心能力有五个：主体内驱力、自主发展能力、班级工作领导能力、班级生态营造能力、班级文化创建能力。研习计划实施以来，受到学校、小组成员的帮助，我感觉自己成长很快，在实践反思过程中，对小干部培养有了自己的思考。

（一）班主任工作坊助力班主任核心能力整体发展

刚当上班主任时，我认为班主任的领导能力是最重要的，而在真实的工作中、在面对活生生的孩子时，我发现只有领导能力的强势是远远不够的。加入班主任工作坊之初的五维图评估，让我清楚地看到了自己的劣势，结合自己在工作中遇到的难题，我更加确信要成为一名优秀的班主任，其班主任核心能力必定需要整体全面地发展。领导能力固然重要，班级生态营造能力和主体内驱力同样不可抛却。

在自然生态系统中，一棵树之所以能够成就美丽，是因为其生长的天性不被压抑。在小学班级生态系统中，应当以学生为中心，遵循教育生态的原理和规律，尊重学生生命个体的主体性或参与性。在案例中，值日班长制度虽然让学生参与到了班级管理中，是选拔培养班干部的好方法，但不是每一个学生都做得好值日班长的工作，也不是每个学生都能理解好班干部的服务性质。而且岗位少，管得多，学生很久才轮到一次，平时缺少参与服务班级的机会，还是以老师的领导指令为主，这样的班级生态是不完善的。教师要抓住一切和学生近距离接触的机会，建立和谐平等的师生关系，多开展班级活动，营造团结友爱的同学关系，要将班级管理和班主任自身素质发展结合在一起。此外，良好的班级秩序是班级生态系统的土壤，教师要着眼于调动每个学生参与班级管理的积极性。

（二）班主任工作坊合理评估班主任核心能力发展情况

班主任的核心能力发展可以体现在班会课的设计上。通过有效的班会课，适应学生发展。好的班会课一定是针对班级学生的特点，以学生为教育的主体，有目的、有计划、有组织地实施的，是适合班级发展的。班会主题能够反映学生发展中的普遍问题，通过正确引导，有利于塑造学生的行为习惯和人格品质，增强班级的凝聚力，营造积极向上的班风。案例中通过对值日班长和岗位制度的总结班会，学生们在班会课上以参与者的身份畅所欲言，坊组老师的评价增强了他们对自身岗位的认可。班主任鼓励引导，强化了对学生的责任教育，班级建立了良好的生态环境。在日常的学习生活中，班主任应加强对班级学生的关注与了解，加强对班集体的建设与发展，针对班情，开展有针对性的班级教育活动，把对学生的教育引导落到实处。

（三）班主任工作坊激发班主任内驱力发展

“学高为师，身正为范。”这是为人师表的要求。班主任的内驱力既来自责任和对自身的要求，更来自对学生的爱和身为班主任的幸福感。班主任的工作是琐碎的，对学生的教育是复杂的，班主任工作坊是一个很好的交流、取经渠道，能给新手班主任很多理论上、实践中的支持，帮助新手班主任适应岗位。因为班主任工作坊的存在，新手班主任不再手忙脚乱，团队的力量让我们不是一个人在战斗，能够逐步感受到身为班主任的幸福感，进而有继续提高自己的内驱力。而班主任只有拥有了渊博的知识，树立起终身学习的观念，不断丰富自己的知识，拓展自己的视野，才能在学生面对新情况、探究新问题时提供有效指导。班主任以身作则，通过言传身教，将学习成就与自尊感联系在一起，鼓励学生多阅读思考，影响着他们的兴趣爱好、理想追求、意志品质、人格魅力，为学生的成长奠基。

每一个孩子就像一棵小树苗，他们在一起就成了一片树林，班级是学生成长的生态家园，尽管高矮不一，但通过悉心栽培，每一棵树都能成就各自的美丽。而在这个过程中，身为新手班主任的我也体会到了班主任工作坊在班主任核心能力发展中的重要性：入坊初评让我能对自己的班主任核心能力有一个大致评估，以初评作为依据，在坊组成员的打磨下，我能够制定出合理的在坊目标，在坊实践中离不开坊组成员的帮助建议和调整反思，出坊后我觉得真的收获了生态构建能力的成长和内心身为班主任的幸福。

在晨曦工作坊内，我们每一位新手班主任就像那新生的太阳，而我们携手就成了一片金灿灿的晨曦。晨曦伴朝阳，朝阳耀晨曦，我们每一位班主任都从工作坊中获得了支持，而我们每个人的成长又让我们的工作坊更加闪耀！

○ 案例2：

且行且研且成长

钱文英

2018年，学校设立班主任工作坊，很荣幸，我成为其中的一员。在此之前，我们在专家的带领下先对自己进行了一些分析。

一、入坊初态

本人自2002年工作以来，一直担任班主任，已经有18年了，从最初的青涩成长为今日的成熟。如今，我已经能够应对不同班级不同学生的各种状况，并能针对不同状况采取不同措施，使得班级状况向健康、积极要求上进方面发展。在工作中，我注重观察，善于引导，并能不断进行反思，从而能更好地开展工作，不仅如此，我还愿意长时间关注不同情况学生的进一步发展状况，并进行创新引导，实现最优解决方案。但是对如何成为优秀班主任缺乏系统性学习，尤其是在生态营造方面。整个班级学习氛围不浓，许多孩子只是被动学习，班干部自管自，榜样的辐射力不够，带动性不足，孩子们整体对学习的积极性不够。

二、在坊目标

通过和组员进行多次头脑风暴后，逐渐有了归属感，也开始尝试改变。于是，我的脑海中形成了研习目标：

1. 优化家校共育环境；

2. 提升班级生态营造力。

本班现有33人，其中男生17人、女生16人，经过四个星期的相处，对这些孩子有了一定了解，整个班级学生是比较活跃的，上课能积极举手发言，课堂氛围不错，但行规不够好，部分男孩自控能力不足，如汪同学、孙同学等，对于及时完成作业，没有养成好习惯，班级一大部分孩子刚开始需不断督促才能完成，但现在已有好转，只有毛同学、袁同学、陈同学等孩子还需不断敲响警钟。在学习态度上，以王同学、沈同学为代表的七八个同学比较积极，但只限于自己进步，榜样的辐射作用不足，没有积极主动帮助后进生的意识，剩下20个左右的孩子没有学习主动性，只是被动接受。余下的七八个孩子就是要时刻盯在后面，学习存在困难，张同学、袁同学问题比较严重，特别是袁同学，孩子本身没有理解力，也比较懒惰，家长也不愿配合。

三、在坊孵化

任何目标的实现首先都必须通过学习，为此，我利用空余时间学习了林秀芳《统放有度，协同教育——家校共育的实践探索》、金小均和邹云跃《搭建共育平台，优化班级管理》、田江《“2+3”家校共育模式，深度推进家校建设》等期刊文章。通过学习，我对生态营造有了更深的了解。心理学研究表明：影响人成长的因素除遗传素质和后天的教育外，环境的影响也十分重要，“近朱者赤，近墨者黑”的古训，“孟母三迁”“狼孩”的故事足以明证。班集体是学生在校生活的重要环境，它是由几十个具有鲜明个性特征的不同个体共同组成的“家”，是学生成长的生态场。大量实践证明，这个“家”对学生成长的影响是终身的，良好的班级生态场能够促进学生思想上进、学习进步、个性健康发展。因此，重视优良班集体建设，努力营造学生健康成长的生态场，是育人工作的核心。理想中的“生态型班级”，第一应该有一个和谐的氛围，每个成员都有很强的集体荣誉感。第二，优秀同学应该懂得患难与共，不自私自利；成绩较不理想的同学在班中不觉得孤立无援。第三，整个班级在一定时间内，不管是学习还是生活都应该处于相对稳定的状态。第四，在外界因素（如游戏、追星等对青少年极具诱惑力的东西）和成员自身由于年龄等特定时期的心理因素（如自我、叛逆）的干扰下能自我调节（或人为控制），恢复到原初的稳定状态。第五，整个集体的平衡应该是动态发展的过程，各成员的特长资源能被最合理、最有效地利用并发展，并且在学习上形成良性竞争的氛围。

我们班里有位王同学，他性格较内向，为人纯朴，但对学习兴趣不高，课堂上能遵守纪律，但注意力不集中，经常上课睡觉。一次课上，我像往常一样正在侃侃而谈，咦？怎么有呼噜声？定睛一看，王同学又睡着啦。我的火瞬间冲上脑门，昨天刚谈过话，怎么又睡上了？走近些，竟还流着哈喇子。同桌倒也机灵，连忙推醒他。细细询问，昨晚作业做得慢，做完已经晚上10点了，他趁父母早睡，竟还偷玩了手机游戏，很晚才睡。

面对班中这样一位学生，我该如何进行班级生态环境的营造呢？我和组内成员在坊主尤老师的带领下，进行了一次又一次思维碰撞，逐渐理清思路，进行了学习和尝试。

俗话说："环境造就人。"一个班级的文化环境对于学生的熏陶是潜移默化的，它对学生的成长起到举足轻重的作用。坊组成员们交谈后，也一致认为在师生的各种交往中，在同伴的各种交往中，一种意见、一个神态、一种行为方式，尤其是班级里由群体创造出来的一种气氛等，它们不仅构成了班级与班级之间的差别，而且也构成了一个班级成员和另一个班级成员之间的差别。这种差别，当然是不同班级文化的差别。我们分头针对自己制定的个人在坊目标，阅读了相关文献资料。通过学习我们总结出，班级文化建设应通过各种有效的形式来表现班级文化内容，主要可以通过以下方式来体现：

1. 树立良好的学习风气

班级学习风气的形成，不是只由班主任不厌其烦地强调得来的。同学之间互相竞争、互相帮助，班主任正确舆论引导至关重要。为了营造良好的学习氛围，我把班内的学生根据座位分成了四个学习小组，组与组之间也进行比赛，每组成员的作业完成及上交情况、自习及课堂纪律情况、学习成绩及进步情况等都在量化评比之列。组员之间一荣俱荣，一损俱损。这样同学之间就形成了相互促进学习而不是相互干扰学习的风气。

2. 选好、用好班干部

班主任是班级的灵魂，班干部应是班主任的得力助手，是学生行为的榜样示范，是管理建设班级的核心力量。因此，建立一个团结向上、务实垂范、多能高效的班干部队伍，对于优良班集体的建设无疑是坚强后盾。但是现实生活中，许多班主任在班干部的培养上不力，班主任喜欢做"母鸡"似的班主任，其结果，班干部的能力得不到培养，教育缺乏应有的缓冲，致使班级师生关系不够和谐。我认为，在班干部的选拔上要采用竞选制，班干部岗位除常规的外，可创设一些新岗位，要让大多数同学都能参与班级管理，力争做到“事事有人做，人人有事做”。使用干部时，要针对其个性特长，扬长避短，争取最大程度地发挥他们的管理合力；班主任要悉心指导他们的工作，采取“一带领、二指导、三放手、四监督”的步骤和方法，以尽快提高班干部的工作能力。

3. 营造家校共育氛围

我知道，要改变王同学，最关键的还是改变这个家庭。于是，我在工作坊内把我的设想告诉了成员们。大家在肯定了我的想法后，也提出了可行的改进意见，我进行了尝试。1. 先和家长沟通，让家长意识到家庭教育的重要性。王同学的父亲很配合，及时与同学母亲赶到了学校。通过面谈，我让家长多方面了解王同学在校的情况，这也有助于我更好地开展对他的教育工作。看得出孩子父亲在教育上也很头疼，不知道该怎么办，我当即表示了理解，同时表示我对孩子并不会放弃，还是很喜欢这个学生的。他父亲听了以后表示对老师的感谢。2. 在约见了王同学的家长后，我也通过其他的方式进行追踪，继续关注他的情况，常与家长电访或在记事本上以书信形式与家长交流，反馈王同学在校情况。组员龚老师以她的班主任工作经验告诉我，对学生进行家访、电访、约见、书信、家长会、座谈会等不同的家校联系方式是有必要的，丰富家校沟通的形式。3. 满足家长的合理需要，取得家长的信任。心理学原理表明，家长合作的态度取决于合作是否满足他们在教育孩子方面的需要。当学校满足了家长的合理需求时，家长合作的愿望和热情也会更积极。因此，我要了解家长对孩子教育的需要，尽可能地满足他们的需求，取得家长的信任，从而激发他们参与学校教育的兴趣和热情。刚开始，王同学大概由于长时间养成的不良习惯，还时不时打瞌睡，我也告诉他瞌睡时可以选择主动站一会，或者自己悄悄从后门去厕所洗把脸再回来。慢慢地，我们组的成员们观察到这孩子上课坐得端正起来，也有了越来越积极的态度。他们也肯定了我的做法：经常在他身边督促他养成快速完成作业的习惯，并在记事本上留言剩余作业大约需要完成的时间，避免他回家又以作业过多磨蹭，避开父母的管束偷偷玩游戏。渐渐地，家长也主动打电话与我联系，了解孩子近期情况，还能抽出时间亲自来校接送学生。看到这孩子和他的家庭发生这样的变化，我们都非常欣慰。

坊内组员们再一次碰头，让我谈谈关于这件事情解决的体会。我表态，虽然现在王同学的问题有时会出现反复，上课偶尔还会趴在桌上，但确实，他在努力，他在改变，需要我与家长继续共同地帮助与督促。王同学在成长，但在成长的过程中还是会犯错误，我认为那是成长过程中的必然，他才起步，前面的道路还很长很长。我会继续与家长关注他的成长，尽我所能给予他帮助与温暖。此外，更多的是感慨：家校共育是班主任工作中非常重要的一部分，做好家长工作不仅能使学校的各项工作顺利开展，更能使家校一致，促进学生全面发展。学校的教育与班级和家庭教育紧密结合，我们对孩子实施的教育措施才能取得更好的效果，而这同样是促进班级生态营造力的保障。

四、出坊评估

捷克教育家夸美纽斯认为："人的本身里外都是一种和谐。"尽管我们希望每一个学生都优秀，希望每一个学生都能按照我们的意愿来发展，但事实上总是有学生不符合我们的要求，跟不上班级的发展。我们做了大量工作，当然会有不少成效，但也会有一些学生就是没有变化，让我们很失落，很痛苦。"每一个学生都是独特的，每一朵花都会开放！"所以每一次遇到调皮的学生，我也会生气，但我还是会相信："他们会好的，只不过是等待的时间长短不同罢了！"为什么不能期待一下？

可可是个羞涩的孩子，我接班以前，她上课从来不回答问题，以前的老师叫她，她都没回答过。我内心盘算着，可可是不是不会？一次课上，我请可可回答，她沉默不语。"那我请其他同学回答，你仔细听，等会重复一遍可好？"依旧不作声。我叫了另外一位孩子，这孩子回答得很好，我很满意。我将目光继续投向可可，可这孩子不为所动，我知道，今天如果我不能让她开口，以后就不会有机会了。我放低音量，对孩子说："可可，老师将这个答案说一遍，你仔细听，等会逐字跟我说可以吗？不管怎样，你今天一定要开口回答问题，我会坚持到听到你说话的那一刻啊。"孩子从我的眼神中明白了我的坚定。后来，虽然重复的声音像蚊子哼，但我不吝表扬："可可的声音真好听，而且今天超越了自己，我们掌声鼓励一下。"全班掌声雷动，孩子的面容明显有所触动。课后，工作坊的成员周老师见我若有所思的样子，询问我的情况。我把刚才发生的小插曲告诉了她，并和她谈了反思：虽说课上我凭着以往积累的经验似乎将问题解决了，但我知道，这还不够，但到底如何解决，我依然束手无策。

我们俩遂将此情况向同组的其他成员诉说,她们热情地给我支招,有的说这孩子其实是胆小,不愿主动靠近人,所以建议我多创设机会和她接触,从心理上拉近距离;有的说应与家长联系,寻求突破口;还有的说可以从她愿意接触的小朋友着手,进行迁移突破……在经过激烈的头脑风暴后,我收获匪浅,整装再出发。接下来的日子里,我经常将孩子拉到身边,和她说说话,听她读读书,适时地进行鼓励,慢慢地,孩子开朗多了。

"孩子的内向、不善言辞,一定不仅仅是学校里的羞怯和胆小。"坊主尤老师提醒我。对,就像王同学,我还得得到可可家长的配合,才能彻底改变这个孩子!和家长一番沟通后,果然有新发现,因这孩子先天不足,故家长比较宝贝,在上学过程中,孩子曾经和老师有过冲突,所以对老师有些抵触,家长没有适当引导,并且也和老师之间有了隔阂,久而久之,孩子就越来越沉默。我将其中的利害关系与家长进行交流,家长很快意识到问题的严重性,当即表示会好好配合。后来,这个孩子越来越好,习惯好了,愿意和老师交流了,自然也就愿意学习了,她的成绩也从原来的一直不及格开始及格,上学期期末还达到良好。这学期,我发现孩子的积极性更高了,有时在抓紧时间完成学校功课的同时,还会将回家的作业做完一些,以便让我提前批阅。看着她那可爱的样子,我经常会投去欣赏的目光,看到了她绽放的笑容。我及时将孩子的转变与家长进行分享,感谢他们配合我的工作,并对接下来如何指导孩子进行了引导,家长很是感动,积极性也提高了,更加认真地帮助孩子进行习惯培养。前段时间接到了家长的电话,言语中满是感激。此时,一种成就感油然而生,这无关金钱和地位,只为那个家庭焕发出的新活力。

"当时,如果你一味地发脾气,只会让这孩子的心更封闭。""如果没有你平时对家校共育环境的优化,你可能失去教育的契机,孩子也不会有所改变。"听着工作坊的成员们对我的评价,我不禁面露喜色。在教育这条路上,我愿意潜心琢磨,砥砺前行。

通过工作坊的学习和实践,我更深地体会到家校共育对于学生成长和发展的重要性,努力营造良好的班级生态场是学生发展的需要,也是教育发展的需要!工作坊的研习促使我开拓了班主任工作领域的发展路径,且行且研且成长!

○ 案例3：

我和丁丁的成长

孟丽珺

笔者所在的锦瑟华年工作坊，是一个以青年教师为主、班主任工作经验较少的坊组。虽在入坊时，我们是作为一名非班主任教师，但我们每个人都深知一个优秀的班主任对一个班集体的影响、对一个人的影响都是非常大的。因此，我们平时努力学习理论知识，认真参加每一次坊组活动、每一次案例研讨等，为了今后能成为一名优秀的班主任而准备着。

经过一段时间的学习，我们从生态位理论出发，针对学困生、行为偏差生和个性特长生这三类学生进行观察、研究、实践和反思，发现生态位中的个体差异离不开环境因素的影响。特别是对于行为偏差生来讲，环境因素的转变将在潜移默化中推进他们的转变。本案例将围绕一名行为偏差生——丁丁，和坊组成员展开活动，阐述我和丁丁成长的故事。

令人担忧的丁丁

丁丁，小学二年级男生，今年9岁，是个“人见人嫌，让人头痛”的孩子。而每次出现问题后，他的家长只是一味地斥责和打骂。丁丁却是越打越调皮，越骂脸皮越厚，最后变成了“刀枪不入”。

他在学校里则违反学校纪律，时常受到老师批评，但屡教不改。次数多了，他对老师产生了厌烦的心理，致使丁丁觉得被嫌弃，产生了抵触心理。上课就更加不专心了，作业不做，成绩哪能上去？

由于学习成绩差，同学们都不愿意和他一起玩，加上经常讲粗言滥语，好招惹同学，喜欢捉弄同学，常搞恶作剧，有时还打人，同学们对他是既恨又怕，慢慢地对他形成了歧视。而他呢，因为受批评斥责，被人瞧不起，也就形成一种怪思维：“你歧视我，认为我不如你们，那我就用拳头打到你们怕我。”

怎么会这样？

“是什么让丁丁变成了现在这样？”我在一次组内研讨活动中说起了丁丁的这些情况，并提出了我的疑惑。组内成员随即展开了热烈研讨，我们梳理了丁丁在各方面行为偏差的情况，试图从不同的方面分析他这些行为产生的原因。我们发现丁丁所在的班集体是一个积极向上、和谐友爱的大家庭，没有小朋友会说粗话脏话之类的，也没有小朋友会喜欢用拳头“说话”的现象；他们的班主任及任课教师也都比较认真负责，在日常教学中都没有违背师德的表现……分析了以上种种之后，我们决定从他的家庭环境入手。

通过家访，我了解到丁丁的家庭经济较差，父母长年在外工作，丁丁与奶奶相依为命。年事已高的奶奶精力有限，再加上不太懂如何教育孩子，基本上只注意给孙子吃饱、穿暖、不让他生毛病。奶奶对孙子学校功课的进展、人际交往的现状、行为表现的好坏不闻不问，甚少关心。一旦孙子出现差错，如老师告状、同学诉苦等，才出面进行“教育”。但奶奶经常不了解事情的来龙去脉，不问青红皂白，或是打骂或是包庇。丁丁的父母则完全放手，疏于与儿子的沟通，缺乏对儿子必要的管教。

随后，我将家访的情况和坊组成员进行了交流分享。大家在了解了丁丁的家庭情况之后，都叹息孩子的可怜之处。一个年仅9岁的孩子，其自我认识、自我判断能力尚不完善，其言行举止更多受到生活中关系密切的人的影响（如丁丁喜欢打骂同学与其受到奶奶长期打骂不无关系等）。丁丁不良的家庭教育环境直接或间接导致了他的许多不良言行与举止，如奶奶对儿子媳妇的不满导致其孙子的粗鲁，奶奶的粗鲁则让丁丁耳濡目染，粗暴待人。

我们是怎么做的？

鉴于以上分析，找到了问题本身和问题发生的根源，下一步我们该如何改变丁丁呢？通过又一次组内研讨，成员们给出了不同方面的意见。组内成员有的认为找到了丁丁这些行为发生的原因，我们就应该从根源入手，从他的家庭入手，从他的奶奶入手；但也有人认为，奶奶教育孙子的问题固然需要去沟通解决，但是教育孩子本来应该就是父母的责任，现在社会上出现的很多“生而不养、养而不教、教而不当”现象就是这么来的，所以还是应该让丁丁的父母也参与到丁丁的教育中来，而不能只管挣钱；还有的成员认为既然问题已经产生了，我们还是要从问题本身去入手。

那该怎么从丁丁身上入手呢？组内成员又一次各抒己见，有的认为作为教师的我们，自己本身就应该放下成见，把丁丁实实在在地当成一个二年级的孩子去和他沟通交流；有的认为也要帮助丁丁树立一些正确的价值观，教会他在集体中如何与人相处，并且要引导集体中的孩子去发现丁丁的闪光点,试着给丁丁制造交朋友的机会;还有的成员提出了行为教育的理论,认为可以通过奖励或者借鉴代币制的方法,去改善丁丁的一些不良行为习惯。

根据坊组成员们的集思广益,我整理了他们给出的意见和建议,并初步确定了辅导策略,即以行为训练方法为主,和丁丁平等沟通,和他一起制定目标,通过代币制形成行为约束和奖励机制,引导丁丁逐渐消除不良行为习惯,并引导班上的学生发现丁丁的改变,改变他们对丁丁的一些想法,为丁丁创建良好的集体环境;以家庭教育指导为辅,通过坚持不懈有效沟通引导丁丁的奶奶改善一些教育行为,并提醒丁丁的父母在工作之余也不要忘记对儿子的陪伴和教育。每当丁丁有一些改变时我也会及时地和他们进行沟通,引导鼓励他们参与到对丁丁的教育中来,家校合力帮助孩子改正不良的行为习惯。

在坊孵化的收获

在工作坊的研习推动下,我不断努力实践,试图改变丁丁和他的家庭教育环境。让人欣喜的是,丁丁的父母有了改变,他们意识到:作为家长,不管在什么情况下,也不能忘记自己的职责,忽视对孩子的教育。每次打电话给他们交流孩子近期的表现,他们都态度良好,表示一定积极配合教师对丁丁的行为培养。同时,我们对丁丁的辅导也取得了一定成效。他与同学争吵、打架的情况逐渐减少;人际关系也有所改变,有时能主动帮助同学,如主动借文具给有需要的同学,同学们渐渐接受了他,他还交了几位好朋友;学习上也有了一定进步。虽然有时仍会"旧病"复发,但他的进步是明显的,令人欣慰的。

在感慨丁丁取得进步的同时,我自己在工作坊的孵化中也收获着。首先,我发现,其实像丁丁这一类学生并不少见,他们或多或少地受到家庭环境的影响。所以,调解家庭和孩子之间的关系可以帮助我们得到家长的支持与配合,为孩子们固化良好行为得到环境支持。其次,我们不能戴着有色眼镜去看待这些孩子,而应当关注他们身心发展的具体特点,增强学生主体的进取心,采取合适的教育措施使得教育能取得事半功倍的效果。老师们如果能给予学生更多的关心和支持,争取创设更多有利于学生改变与成长的教育环境,那么久而久之,他们会慢慢有所改变的。事实上,我们在孩子的发展过程中也得到了各任课老师的支持和配合。当孩子出现不良行为时,大家都能给予真诚的爱和关心,帮助孩子纠正不良行为,塑造良好的行为。

当然,像丁丁这一类的行为偏差生,他们的偏差行为会反复,这仍旧是困扰我的一个重要问题。我该如何创设良好的校园、班级环境，来弥补他们在家庭教育上的不足？想要在班主任发展道路上前进，我绝不应该“孤军奋战”，而应当及时寻找学生家庭环境中的主要问题，和他们的父母进行有效沟通，力求形成家校合力的状态；应当将制定的目标及时和各任课老师进行沟通和商讨，有新问题时及时反馈，寻找根源制定策略；“旧病复发”时也要保持耐心和信心，允许他们反复，毕竟不良行为习惯是长期累积的结果。

愿我们能携手为孩子们创建良好的成长环境，让每一个“丁丁”都变得积极向上！

○ 案例4：

换一种沟通方式

姚 静

每一位班级管理者所追求的最终目标，都是营造一个健康、和谐的班级环境，从而增进学生的学习效果，协助学生人格成长。三年级的孩子，心智都尚未成熟，也不太懂得如何与他人相处，学生们在一起学习、生活，难免会出现摩擦和冲突，造成关系紧张，心情不愉快。我们工作坊的目标即提高优秀班主任核心能力，小学优秀班主任核心能力的五项能力中就有一项班级生态营造能力，是关于班级生态管理的。这一学年，我就在重点研习如何提高班级的生态管理，做了一定的记录和分析。

“成功”破解泥塑案

小范是我班的中队委，学习优良、能歌善舞，在班里有着极好的人缘。

小颢是一个能说会道的孩子，他的嘴上功夫向我们展现得淋漓尽致，往往总是未见其人，先听其声。小颢从小就是老师和家长的“重点关注对象”，在同学们眼里他更是一个屡屡破坏纪律的淘气包。

小范和小颢这两个截然不同的孩子都是我班的学生，不仅如此，两人从小同住一个小区，早在幼儿园里就是同班同学。

某一个工作日的夜晚，我接到了小颢爸爸的告状电话：“孩子回家也没和我说起这件事，只是我刚好试探他，和他说‘老师打我电话说，你在学校里闯了祸’，小颗信以为真，才和我说起其实今天自己在学校里被同学欺负了，小范在美术课上不仅把他捏好的泥塑捏碎送人，还把剩下的泥块放在了他的书包里。”小颗爸爸愤慨地说道。

挂了电话之后，虽然我的心里产生了很多疑惑，但我深知无论两个孩子平时的表现是怎样的，这件事的处理必须公平合理。

第二天一早，我就询问小颗情况，从小颗口中得知小范将泥块送给了哪些同学，再找到相关同学询问情况，得到的结果是他们确实都收到了小范送的泥块。小范起初不肯承认自己的错误，但在我的耐心教育和人证面前还是承认了自己的错误，也承诺今后不会再犯这样的错误并会写下保证书。小颗也很大度地原谅了小范，这件事在我的调解下公平合理且十分顺利地解决了。

保证书后暗藏玄机

当晚，我接到了小范妈妈的电话，小范妈妈透露自己不小心看到了孩子的保证书，孩子这样的做法确实不对，但这也不能全怪小范，两个孩子之间的矛盾可以说是积怨已久。小范和小颗从小就一直在一个班读书，小范从小到大作为小干部，经常会帮助老师管理班级纪律，而这个小颗总是违反纪律，耿直的小范总是会向老师打小报告。幼儿园老师听完之后就会直接扣除小颗本就不多的小红花。小颗回去和他的爷爷奶奶一说，爱孙心切的小颗爷爷奶奶就一直对小范有偏见，虽然同住一个小区，但两家人互相见面也都不打招呼，有时小颗一家也会对小范一家恶言相向，甚至会对小范一家做出不文明的行为。两个孩子受大人的影响，关系也就一直不融洽。

小范妈妈的解释让我对之前小范行为的疑惑有了些许理解，但我也与小范妈妈进行了沟通，就事论事，这件事小范确实犯下了错误，老师和家长都需要对她加强这方面的教育。小范妈妈对此也表示赞同，今后会教育好小范如何与同学和睦相处。

又经过一周的学习，我越发关注这两个孩子之间的相处，发现了不少蛛丝马迹，如课堂上当小范回答错问题之后，小颗总是过分积极地举手想要表现自己，并且此时他总是会转头看向小范。再仔细观察，我发现小颗转头看向小范时的表情明显是嘚瑟的，并且充满了挑衅。课后，我找到小颗谈心，发现他其实也是一个懂事的孩子，他知道同学之间应该互相帮助，团结友爱，并保证自己以后再也不会这样。

可小颢的保证并不起作用，没过多久，同样的情况又出现了。这让我意识到之前自己的“泥塑案”似乎并没有真正地成功解决，与孩子的谈心也都是无效的，这两个孩子之间的矛盾到底应该如何解决？这让我很是头疼。

寻求锦囊找突破口

我在一次坊组研习中提出了这一困惑，伙伴们也不断地为我出谋划策，以下是坊组内探讨学习的部分实录内容。

1. 分析问题

“各位老师们，我现在很苦恼，两个孩子之间的矛盾看似解决了，但我感觉还只是停留在形式上的一方认错，另一方原谅，两个孩子并不能做到真心实意地友好相处。”我如实地说出自己的困惑，希望能够得到更多的经验和意见帮助。

高老师紧接着问道：“你也和双方家长沟通过了，并且家长和孩子的态度也是一样的，是吗？”我点点头表示肯定。

“那这个问题应该并不像表面这么简单，孩子屡次在同一个问题上犯错，应该和家庭教育脱不了关系，需要去深挖问题背后的深层次原因。”沈老师提议道。

我赞同地说道：“我也觉得两方家长的教育都存在一些问题，但他们态度都挺好的，都很坦然地承认自己的孩子犯了错，也会解释孩子为什么会这么做。”

张老师追问道：“家长是怎么解释的？”

我如数将两个孩子从小到大的恩怨告诉了各位伙伴，说完后我突然意识到有问题：“各位老师，你们有没有觉得家长有一点偏袒自己的孩子？”

各位老师点头表示有可能是这个原因，可以从这个方面着手试着解决问题。

2. 探讨方法

张老师提问道：“那你准备怎么解决呢？是直接与家长沟通告诉他们，他们存在偏袒孩子的情况吗？”

我思考了片刻，苦恼地摇摇头说：“这样做的话，家长们应该不会接受。我应该怎么办呢？”

张老师耐心地说道：“不妨等两个孩子再次发生矛盾，换一种沟通方式，反过来问问家长，看他们会怎么进行处理？在等待的过程中，你也可以准备一些应对策略，待家长说出他们的解决策略时，你也能够适时地找出家长的问题，不直接提出而是询问家长‘你觉得这样的处理怎么样’，一步步让家长受启发，意识到自己在教育过程中存在偏袒，也正是因为偏袒才会让孩子间的矛盾越来越大，并且频率越来越高，这对孩子的成长是不利的。”

听完了张老师关于“换一种沟通方式”的建议，我深受启发，开始认真细致地观察孩子的表现，找寻相应的理论和思考指导策略，并着手准备一定的预设以及应对家长的策略。

3. 具体实施

果不其然，没过几天，小颢再次“落网”，还是同样的错误。下班后，我前往小颢家，与小颢家长进行了单独沟通。

不出所料，小颢妈妈这样解释道：“姚老师，两个孩子本来关系就不好，总是闹矛盾，我也会继续加强教育的。”

一切都在我的预设之中，我一改以往直接叙述的方式，换了一种沟通方式追问道：“小颢妈妈，那你会怎么教育孩子呢？”

小颢妈妈没想到我会这么问，却也直接说道：“我会告诉他，虽然两人有矛盾，但毕竟在一个班里，还是要和睦相处的。”

我继续用刚才的方式追问小颢妈妈：“家长这样表达，孩子会怎么理解呢？”

小颢妈妈思考良久，一直沉默，似乎没有思考出什么结果来。我这才慢慢地提示道：“孩子会不会理解为，我与小范本身就有矛盾，所以我任性一点，就算不做出实际改变，爸妈和老师也都不会说我什么的。”

小颢妈妈突然意识到自己的教育方法也同刚才的表达一样，存在着漏洞，在教育上存在着可能偏袒孩子的问题，并做出承诺今后一定改正！

筑牢友谊的小船

家访后小颢再也没有因此针对过小范，小范作为小干部的管理方法也在我的指导下有所改进。

学期结束，小范由于家里原因要转学，出人意料的是，小颢亲手为小范制作了一张卡片，当小颢把卡片递给小范时说道：“我和你之前有点不愉快，但那都是过去的一些小事了，眼看你就要转学了，我想你到别的学校去也一定会是一个受班级同学欢迎的小干部。”就这样两个孩子四目相对，露出了属于孩子间最天真、最灿烂的笑容，笑容里包含了孩子间最纯粹的友谊。

案例分析

（一）多种沟通方式离不开多种形式的长线联系

电话交流已经成为班主任和家长沟通的重要方式。在与家长电话交流时，还是要注意以下几点：语气温和，简明扼要，在电话中提出自己的建议和处理方法。在案例中，两位家长都与班主任在电话中进行了沟通，尤其是小范妈妈能够将自己的心里话告诉班主任，说明家长对班主任很信任，而这信任与班主任过去长期电话联系是分不开的，并且家长对班主任的电话沟通极度认可。

家访是传统而有效的沟通手段。教师上门显得有诚意，有利于交流。教师家访前首先要想好，通过家访要达到什么目的；预计对学生会产生什么影响；对不同的学生准备采用什么方法；预计家长对于教师所反映的情况会是怎样的态度，有针对性地制定出应对的策略。其次要了解被访问家庭的基本情况，选择采取何种谈话形式。最后，针对学生的不同情况，选择采用学生、家长、教师三方谈话式，还是采用家长、教师两方谈话式等。家访要避免随意性，更要避免向家长告状。

案例中的班主任亲自上门解决问题，这一行为就显得很有诚意。此外，班主任在上门前做足了功课，家长的反应也都在其预设范围内，这便于其达到从根源解决问题的目的。最后要注意的是，班主任的家访形式采取的是家长与教师两方谈话式，主动避免了孩子在场，一是不破坏家长在孩子心中的威信度，也便于家长坦然地发现自己教育过程的不足；二是孩子的教育过程是一个引导的过程，还是要保留孩子单纯的天性，老师与家长的谈话不适合告知孩子。

（二）多种沟通方式要坚持多元化原则

常言说“人过一百，各色各样”，交流要因人而异，因时而异，因情而异。换言之，与不同的家长，在不同的情况下交流，需要有不同的方法策略。

案例中，两位家长还是比较有教养的，但存在着一个问题，那就是言语表达中透露着对孩子的偏袒，导致孩子受其熏陶，一直无法正确地意识到自己的问题，也不能采取实际行动改正自己的不足。对于这样的家长，案例中整个工作坊的老师都具备作为优秀班主任的专业能力与素养，所以她们很自信，她们相信一定能够解决这个问题。该班主任在交流前做足了准备，认真细致地观察孩子的表现，找寻相应的理论并思考指导策略，做到了胸有成竹。这些准备工作帮助她在面对家长的理论时，能够有自己的独立判断，阐述的观点也是在家长的言论上步步引导而得出的，有理有据，以自己的专业素养赢得了家长的认同。

* * * *

我作为一名新手班主任，摸着石头过河已一年有余，这期间经历的事情让我不得不感叹这哪是小河啊，这明显是大海啊，尤其是班级生态管理方面，时而风平浪静，时而巨浪滔天。经过这次工作坊的共同探讨学习，我发现这两者之间的差距，可能就存在于班主任与家长或者是学生之间沟通方式的不同，沟通方式不同所带来的结果是截然不同的，班主任需要根据具体情况做出沟通方式的改变，尝试用不同的沟通方式去处理不同的问题。

我很幸运在这一年多的时间里，班主任工作坊不停地给予我支持。经过一次次学习，我收获了不少经验和启发；当我遇到困难时，我也可以提出自己的困惑，与同伴们共同探讨分析问题，谋划最佳解决方法，真正实现智慧共享，在这个过程中，我的班级生态管理能力也在不断地提升。

（三）工作坊成员研习计划的案例

○ 实例5：

长江路小学班主任工作坊坊员研习计划

<table>
<tr><td>工作坊</td><td>晨曦工作坊</td><td>坊员</td><td>朱　帆</td><td>时期</td><td>2019.03</td></tr>
<tr><td colspan="6">入坊初态
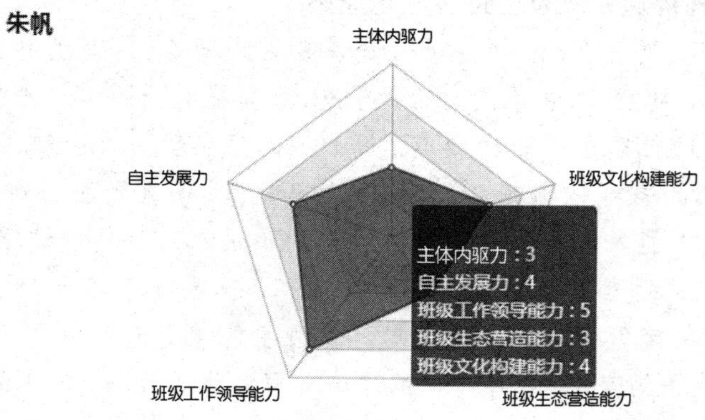</td></tr>
</table>

（续表）

研习目标 1. 通过小干部群体的培养，增强班级同学的民主意识，改善班级的生态圈。 2. 通过实践、讨论，总结小干部群体培养中好的方法、不足与问题，形成案例集。 3. 通过专家讲座，组员研讨，自身实践，增强班级生态营造能力。
研习方向（主题） 基于教育创新力，促进班级学生发展能力，提升班主任班级发展引领力。
研习内容（研习学习、研习实践、研习交流） 1. 认真聆听专家讲座，学习优秀班主任经验。 2. 落实年轻教师和班干部的理论学习，查阅相关理论和文献资料，每学期研读一本关于促进学生自主发展力和班主任班级生态营造能力的书籍。 3. 通过观察、访谈、交流，总结小干部群体培养目前的问题和不足。 4. 研究分布式领导与小干部群体培养的创新做法，促进班级整体发展。 5. 通过前期实践，形成小干部群体培养的案例，分析问题，进行总结。 6. 组员之间互相分享有效的管理模式，做好记录、分析、对比。 参考文献： 赵晓亮．小学班级生态系统的建构与思考[J]．江苏省南通师范第一附属小学，2017. 刘星，李彬彬．小学班干部选拔中的常见问题及其对策研究[J]．科教文汇（上旬刊）．2017（12）. 朱燕．小学班干部民主选举的质性研究——以南京市N小学为例[D]．南京师范大学.2018. 李静．“我是班长”——对南京市C小学一个班干部的个案研究[D]．南京师范大学．2016. 翁文艳，李家成．美国中小学生领导力培养的学科渗透模式[J]．课程．教材．教法．2013（10）.
研习评估 通过工作坊的各项研习活动，在小干部的培养和增强自身内驱力方面能有所提高，在实践中锻炼自己的班级生态营造能力。督促自己发展和学习，为自己的班主任理论知识充电，引导班级学生自主发展，为营造一个人人自觉积极的班级努力。以案例、论文等形式记录自己的学习和实践成果，及时反思，通过研习积累自身教育智慧和经验。
研习成果呈现 图片、视频等过程性资料；案例

○ 实例6：

长江路小学班主任工作坊坊员研习计划

工作坊	萌芽工作坊	坊员	徐佳佳	时期	2019.2

入坊初态

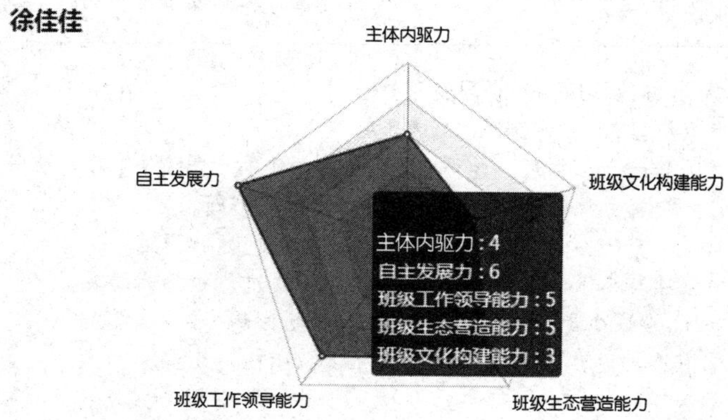

研习目标

通过专家引领、学习讲座，工作坊组员之间互相研讨学习，并向身边的班主任学习：

1. 创设班级文化环境，创设育人环境，打造班级文化，增强班级文化构建力。
2. 增强班级生态营造力，使班级和谐发展。

研习方向（主题）

基于研究学生能力，提升班主任班级工作决策能力

研习内容（研习学习、研习实践、研习交流）

1. 认真学习专家和优秀班主任的讲座和交流，及时记录。
2. 工作坊小组学习相关理论和文献。
3. 定期研讨：

（1）学校对班主任工作的支持

通过班主任工作坊座谈会的形式了解学校对于班主任工作的支持。

（2）班级文化建设现状研究

通过观察、访谈、交流，总结班级公约及小干部群体培养目前的问题和不足。

（3）分享班级文化建设中的好做法

通过实践、对比、分析、记录、改进、再实践的方法来进行。

（4）班级文化构建的案例分析

通过前期实践，形成案例，分析问题，进行总结。

（续表）

学习书籍： 陈娜.数字化学习环境下中小学教师领导力的评价指标体系研究[D].上海师范大学,2012. 孙玉勤.班主任如何提高决策力和执行力[J].课程教育研究,2014(18): 238—239. 任晓靓.小学班主任管理能力提升研究[D].湖南大学,2017. 朱铂.在沟通的基础上管理,在创新的基础上发展——谈小学班主任班级管理的艺术[J].读与写(教育教学刊),2016,13(11): 251. 华炜.中小学校长决策的民主化和科学化[J].教学与管理,2001(13). 汤林春.关于中小学校长决策现状的调查[J].上海教育科研,2001(10). **研习交流** 于2018学年第二学期3月观摩本坊成员徐佳佳老师校本课程实施并研讨。 于2018学年第二学期班主任论坛活动中开展案例交流。 于2018学年第二学期6月开展案例探讨。
研习评估 通过工作坊的各项研习活动,以案例、论文等形式记录自己的学习和实践成果,提高自身内驱力,学习如何营造良好的班级文化,提高自身的班级管理能力,能有效解决班主任工作中遇到的问题。

○ 实例7：

长江路小学班主任工作坊坊员研习计划

工作坊	风雨同舟工作坊	坊员	尤　祎	时期	2019.3.15

入坊初态

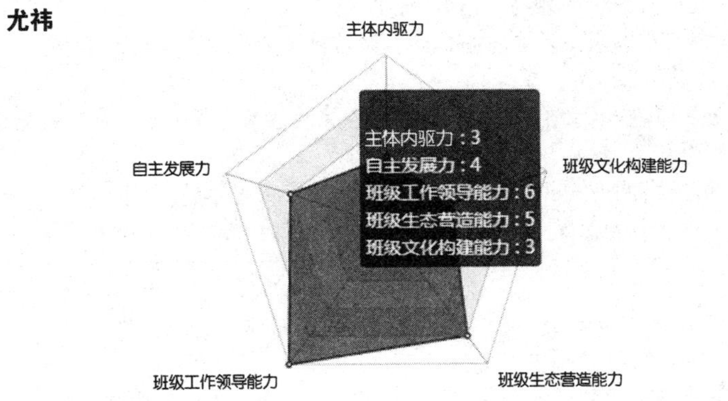

（续表）

根据优秀班主任的测评反映，我的班级工作领导能力和班级生态营造能力较强，班级文化构建能力、自主发展能力和主体内驱力不够。根据入坊状态的分析和本组的课题相结合，我打算进一步提高班级生态营造能力：在教师与家长的关系、教师与学生的关系的营造上，希望通过理论与实践相结合的研究，在这个能力上更游刃有余。

研习目标

1. 理解“家校共育”的内涵，搜集“家校共育”的方法等相关内容。
2. 了解“班级生态”包括哪些内容，重点研究“班级生态”中老师与家长的关系、师生间的关系。
3. 利用好家长在老师和学生间的这个“桥梁”，找到正确指导家长和老师合作、参与学生教育的好方法。

研习方向（主题）

优化家校共育环境，提升班级生态营造力

研习内容（研习学习、研习实践、研习交流）

1. 研读学习

   通过教育书籍、网络学习等方式，找到与课题相关的一些理论或有效的方法，进行摘记（2、3月）。

   家校共育：

   “重视家校共育搭建良性互通平台的研究”赵林林

   “家校共育：助推儿童成长的机制建设”罗学梅

   “谈家校共育的现状及对策”邢增明

   “班主任要成为家校共育的有心人”王燕

   “让教师成为家庭教育的指导者——家校共育的突破口”胡白云

   班级生态：

   “构建有归属感和存在感的班级生态”梅洪建

   “从五大发展理念看高校班级生态系统建设”吉林广播电视大学学报

   “小学班级生态系统的建构与思考”赵晓亮

   “中小学班级生态系统及其与个体学校适应的关系”北京师范大学学报

2. 月记

   通过每月的随笔，记录自己或其他班主任在家校共育方面成功的事例或方法（3—6月）。

3. 微型案例分析

   实践一些理论和方法，提炼一些有效的家校共育的好办法（6月）。

4. 研习交流：与小组成员两个月交流一次（收集到的方法、实施的效果等）。

研习评估

1. 根据班级现状，运用搜集到的一些策略，写下成功或失败的随笔。
2. 与本组成员交流成功的微型案例。
3. 完成一篇成功的家校共育、提升班级生态营造力的策略研究实施案例。

○ 实例 8：

长江路小学班主任工作坊坊员研习计划

工作坊	萌芽工作坊	坊员	张　微	时期	2019.3.12

入坊初态

本人班主任工作的主体内驱力指数5，自主发展力指数6，班级工作领导能力指数6，班级生态营造能力指数4，班级文化建构能力指数2。本人有强烈的发展动机，也有一定的自觉发展能力，但是在班级文化建设和班级生态营造方面的能力比较弱。鉴于此，我将借助于班级工作领导能力这一方面的优势，以班级工作领导能力为重点，进行班主任决策能力的研究。

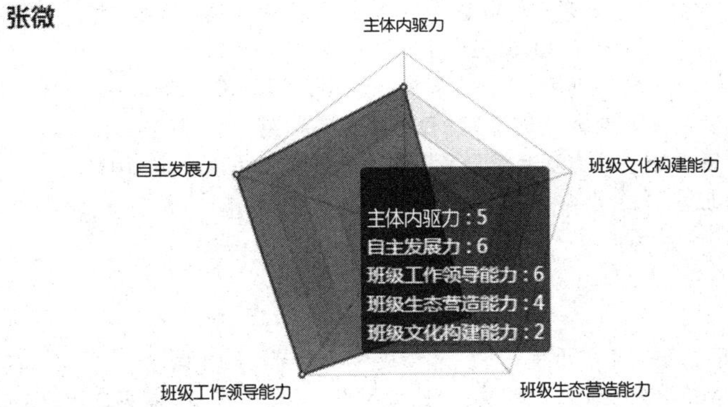

研习目标

1. 发现班级中同学、师生间的问题，通过进行班干部培养、提升班级凝聚力的活动，提升班级事务处理的分析、判断、决策过程和方法的能力，整体提高自身的班主任工作决策能力。
2. 在工作坊的研习交流中，对班级文化建设和生态营造有进一步的认识，并能在实践中改进。
3. 成为校级骨干班主任。

研习方向（主题）

从班干部培养、提升班级凝聚力方面，提升班主任班级工作决策能力

（续表）

研习内容（研习学习、研习实践、研习交流） 研习学习： 阅读书籍《决策理论与方法》《决策的科学方法》《决策型领导》。 阅读文献： 栾百洋.企业领导者决策能力研究[D].长春理工大学,2015. 李忠山."四位一体"工作方法的探索与实践[J].现代教育,2014(01): 14—16. 黎霞.小学校长的决策力与执行力对学校发展的影响研究[J].科教文汇(下旬刊),2016(09): 95—96. 黄象麒.学校教育管理"八力"探析[J].文教资料,2016(08): 143—144,194. 王春勤.校长的决策力是执行力的前提和保证[J].江苏教育,2014(47): 62. 陈娜.数字化学习环境下中小学教师领导力的评价指标体系研究[D].上海师范大学,2012. 孙玉勤.班主任如何提高决策力和执行力[J].课程教育研究,2014(18): 238—239. 任晓靓.小学班主任管理能力提升研究[D].湖南大学,2017. 朱铂.在沟通的基础上管理,在创新的基础上发展——谈小学班主任班级管理的艺术[J].读与写(教育教学刊),2016,13(11): 251. 刘伟.浅析小学班主任胜任力[J].中国校外教育,2016(S2): 358. 郭泽曦.小学班主任领导力改进研究[D].哈尔滨师范大学,2013. 王妍苏.小学班主任领导力现状及对策研究[D].沈阳师范大学,2016. 王晓慧.提高班主任在小学生家庭教育中决策力度的方法研究[J].作文成功之路(中旬),2018,(10): 后插1. **研习实践：** 于2018学年第二学期4月开展关于"怎样成为小干部"班会课。 于2018学年第二学期5月开展入队活动,鼓励队员上进、向善,提高班级凝聚力。 **研习交流** 于2018学年第二学期3月观摩本坊成员徐佳佳老师校本课程实施并研讨。 于2018学年第二学期班主任论坛活动中开展案例交流。 于2018学年第二学期6月开展案例探讨。
研习评估 于2018学年第二学期4月提供关于"怎样成为小干部"班会课活动设计方案和案例；5月提供入队活动方案、图片视频资料和案例。
研习成果呈现 活动设计；图片、音频等过程性资料；案例。

○ 实例9：

长江路小学班主任工作坊坊员研习计划

工作坊	萌芽工作坊	坊员	韩雯珏	时期	2019.2.18

入坊初态

根据学校优秀班主任的测评反映，我在班级文化构建能力方面存在不足，我的班级工作领导能力比较强。根据入坊初态的分析，我希望通过工作坊的研习来提升自己在班主任工作中的决策能力，特别是班级活动的决策力，发挥自己的强项，发展班主任工作特色，成为校级优秀班主任。

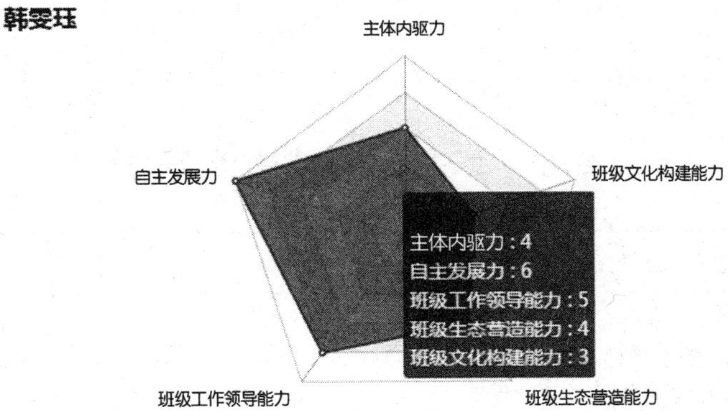

研习目标

通过提高班主任的活动决策力，提升班主任班级工作决策能力。

研习方向（主题）

基于研究学生能力，提升班主任班级工作决策能力。

研习内容（研习学习、研习实践、研习交流）

1. 研习学习

《决策的科学方法》黄孟藩

《决策型领导》赵犨

《决策理论与方法》岳超源

《决策理论与方法》张飞西

孙晓丛.中小学校长决策能力研究[D].河南师范大学，2012.

樊丹丹.中小学校长决策过程研究[D].华东师范大学，2006.

华炜.中小学校长决策的民主化和科学化[J].教学与管理，2001(13).

汤林春.关于中小学校长决策现状的调查[J].上海教育科研，2001(10).

（续表）

<table>
<tr><td>郑瑞新，胡婧超，王紫薇.高职女大学生女性修养与生活技能教育实践研究——以河北女子职业技术学院为例[J].科技资讯，2017，15(30).
2. 研习实践
2019年5月，提高班级活动决策能力的实践，提高班级凝聚力的决策活动，加强班级卫生工作的垃圾分类的决策活动。
3. 研习交流
下半年：关于班级活动决策能力提升的经验交流活动。</td></tr>
<tr><td>研习评估
认真学习和实践，撰写提升班主任班级凝聚力的决策活动、加强班级卫生工作的垃圾分类的决策活动等案例。</td></tr>
</table>

○ 实例10：

长江路小学班主任工作坊坊员研习计划

<table>
<tr><td>工作坊</td><td>慧育三元色工作坊</td><td>坊员</td><td>黄雪冰</td><td>时期</td><td>2019.1</td></tr>
<tr><td colspan="6">入坊初态
本人班主任班级工作领导能力为6，主体内驱力为5，自主发展力为6，班级生态营造能力为6，班级文化构建能力为4。作为一名工作28年的班主任来说，各方面的能力有所欠缺，有待加强研修提升。
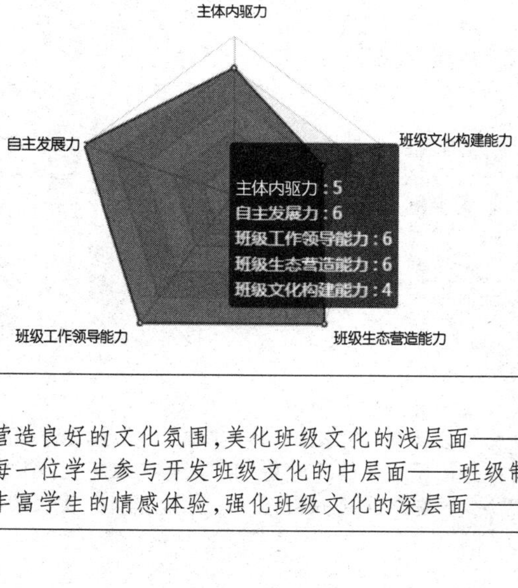
</td></tr>
<tr><td colspan="6">研习目标
1. 搞好教室布置，营造良好的文化氛围，美化班级文化的浅层面——班级物质文化。
2. 制定班规，发动每一位学生参与开发班级文化的中层面——班级制度文化。
3. 开展各种活动，丰富学生的情感体验，强化班级文化的深层面——班级精神文化。</td></tr>
</table>

（续表）

研习方向（主题） 在我们的工作坊中，我的主要研习方向是目标中的第三点——开展各种活动，丰富学生的情感体验，强化班级文化的深层面——班级精神文化。班级的精神文化是班级文化的核心和灵魂。它主要是指班级成员认同的价值观念、价值判断和价值取向、道德标准、行为方式等。
研习内容（研习学习、研习实践、研习交流） 班级的精神文化是班级文化的核心和灵魂。它主要是指班级成员认同的价值观念、价值判断和价值取向、道德标准、行为方式等。我在班级精神文化建设中特别注重培养班级的凝聚力和集体荣誉感，培养学生如何做人，以及培养学生的积极创新精神。 （一）培养班级的凝聚力和集体荣誉感。 苏霍姆林斯基说过："集体是教育的工具。"班级向心力的形成就是一股强大的无形力量，会对每一个学生的个体发展起着巨大的潜移默化的教育、激励和制约作用。 开展丰富多彩的活动是班级凝聚力形成的主要形式。通过组织开展内容广泛、形式多样的活动，促进学生自主参与，促进学生之间彼此尊重理解和相互协作，增进彼此友谊，进而升华为集体感情。一般来说，最能调动学生情感的就是学校的各类活动了，班主任应要求每个同学尽自己所能，提出目标，不断超越提高自我，同时为班级争取荣誉。这些活动增进了同学之间的友谊，为形成班级凝聚力搭建了桥梁，又使学生心情愉悦，对班级产生了自豪感、责任感和集体荣誉感。本学期我结合学校大队部的要求和班级自身特点准备开展以下几项活动：1. 庆元宵活动；2. 班干部竞选；3. 学雷锋活动；4. 健身小达人；5. 艺术节活动；6. 阅读小达人活动。 （二）倡扬传统文化，促进学生健康成长。 中华民族历史悠久，上下五千年的优秀文化，随着时代变迁和社会进步不断传承和发展，一直是我们的精神财富。如《弟子规》《三字经》《论语》等都可成为班级文化的重要内容。我们学校的班级文化应该大力倡导优秀的传统文化，应教会学生做人。传统文化博大精深，但难以面面俱到。我认为可围绕以下三方面的内容来建设班级精神文化： （1）责任意识。班级2月份举行"有责任、有担当"主题班会。学生受到"天下兴亡，匹夫有责""先天下之忧而忧，后天下之乐而乐"这些国学传统文化的熏陶，必然会成长为具有责任感的接班人。同时，身教重于言传，教师也应该以身作则。在不断的责任感意识强化中，班级成员的责任感甚至还会迁移到学习中。 （2）诚信教育。班级3月份举行"做诚信人"小小故事会。"人而无信，不知其可""民无信不立""一言既出驷马难追"，体现了诚信是中华民族的传统美德。当今社会，诚信同样是社会人的基本特征。"诚信中国""诚信考场""信用卡"，这些振聋发聩的语言，无不体现了人们对"诚信"的追求。作为一个具有普遍性的道德规范，"诚信教育"势必先行，而我国的传统文化中，有着极为丰富的诚信教育资源。 （3）感恩教育。班级4月份举行"滴水之恩当涌泉相报"的主题队会。传统文化告诉我们，要懂得感恩。班级文化建设离不开感恩教育。通过感恩教育，让孩子们意识到，

（续表）

感恩首先是一种认同——对太阳的感恩，是对温暖的领悟；对蓝天的感恩，是对纯净的认可；对大海的感恩，是对包容的倾听。更要让孩子们理解，感恩更是一种回报——赡养父母，是对养育的反哺；善待朋友，是对友爱的回应；建设家园，是对社会的反馈；扶危济困，则是对仁爱的推广。空气中饱含感恩的温度，生活的细节就能连接成健康的免疫链。 良好的班级文化氛围、积极健康向上的学习环境，对学生的成长、成才影响巨大。它对学生的人生观、价值观、心理品质、行为习惯、道德情操的形成发挥着“润物细无声”的良好作用，甚至能为学生的一生发展奠基。班级文化的生命力在于用心培养，在于坚持创新，这样才能够引领广大学生向着高层次发展，为国家和社会培养出更多更好的建设者和接班人。
研习评估 2018学年第二学期4月、8月完成研究案例、视频资料。

第四节　双向建构：班主任工作坊的实践形态

一、工作坊中班主任成长的双向建构

以班主任工作坊的坊组为载体，以课题研究为依托，建构优秀班主任核心能力发展的研习平台。依托工作坊功能组织形式，聚焦工作坊的研习活动，使工作坊成为优秀班主任核心能力成长的孵化器。班主任工作坊帮助并指导班主任透彻理解“优秀班主任核心能力”的重要内涵，为遵循班主任成长规律、坚持专业化发展的每一位班主任成长为专业型、综合素质高的新时代班主任搭建坚实的发展平台。

运用工作坊培育优秀班主任核心能力的双向建构，指坊员在工作坊的支持下获取群体滋养，促进了坊员的优秀班主任核心能力增强；同时，坊员的个体资源与成长也反哺工作坊，形成良好的班主任发展生态，促进班主任群体的优秀班主任核心能力提升。我们班主任工作坊的“双向建构”是基于组织与其成员个体间的共生，即学校班主任工作坊与班主任个体之间共生发展，学校班主任工作坊组引领与支持班主任个体发展，同时班主任个体发展是学校班主任工作坊发展的基础。在学校班主任工作坊的建设中提升班主任的优秀班主任核心能力，更需要提高工作坊的组织力、思想力、文化力等要素。我们在研究中从实践与理论结合上，形成我们对班主任工作坊的质的理论，即“双向建构”。

班主任工作坊的“双向建构”的内涵在实践中显现了丰富的内容：

1. 工作坊的主体是班主任，包括参与班主任工作坊的管理者与专家。班主任人人都能成为优秀班主任，班主任都具有优秀班主任核心能力的潜质，转化潜质，优化结构，增强全体班主任的优秀班主任核心能力。

2. 根据系统论观点，整体大于部分之和，因此，学校工作坊应该对其各坊组起着整合作用。同时坊组人员需要依靠凝聚力，成为一个共同体。

3. “双向建构”的理论依据是分布式领导力（distributed leadership）。分布式领导是分布于组织中的领导者、追随者和特定情境交互作用网络中的一种领导实践理论，它强调领导的实现是领导者与其他因素交互作用的结果，而不是领导者个人行为的作用。

4. “双向建构”理论认为，工作坊的双向建构是一个具有三个结构并相互间互动的系统。这三个结构分别是工作坊的主体结构、班主任坊组主体结构与班主任坊员主体结构。正是这三个结构的互动形成了学校班主任工作坊的整体功能，并推动班主任工作坊实现其目标。

5. 班主任工作坊的“双向建构”有三个方面的内容：一是“工作坊”与坊员之间的双向建构；二是优秀班主任与一般班主任间的双向建构；三是优秀班主任核心能力与一般班主任核心能力间的双向建构。

我们基于这样的理路，以“双向建构”的方式，探索工作坊培育优秀班主任核心能力的实践形态。图式如下：

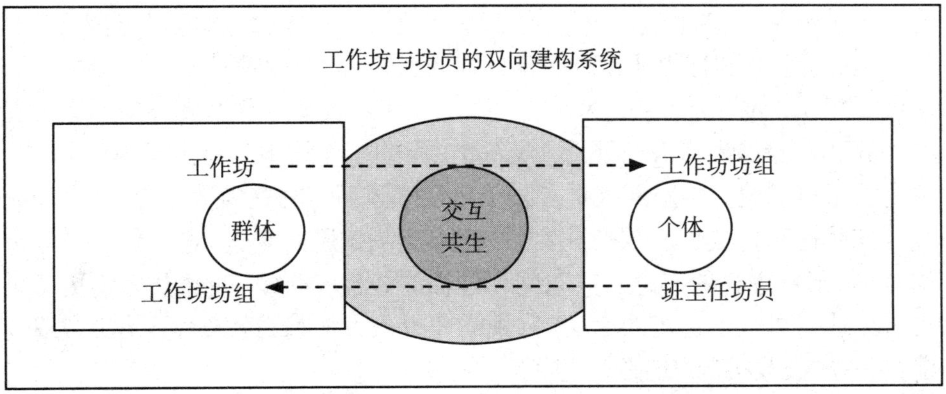

二、班主任工作坊“双向建构”的机制

我们的班主任工作坊双向建构机制的特点是交互，首先表现在学校工作坊整体共同体与各坊组的互动、与班主任坊员的互动上，其次表现在学校工作坊运行方式与班主任工作发展的交融上。

促进这些交融的机制是“引领”与“营造”。

“引领”意味着以“人人都能成为优秀班主任”作为工作坊的核心理念引领坊员的行为，也意味着以优秀班主任核心能力引导工作坊与坊员的发展。

“营造”意味着通过工作坊的运作方式与研习方式营造工作坊的文化，成为班主任成长的沃土。

在“引领”与“营造”之间有着一个“中介”。“一切都在中间环节融合，通过中介过渡到对方。”工作坊与坊员之间存在着孵化的关系与功能，这就是工作坊双向建构的中介，通过这个“孵化”中介在工作坊与坊员之间架起了“双向建构”。用以下图示：

工作坊必须建立“双向建构”机制，克服“单向性”运行机制。单向性机制是指工作坊中领导者和坊主为主，研习内容以其行政权力和专业专长而定。这种现象一方面致使一般班主任更多地服从和配合，难以提出自己的观点与主张，也难以有验证自身独特见解的机会，同时致使被领导的班主任缺乏权责意识，从而导致缺乏双向互益的假合作，教师专业发展不知不觉中受到外界和自身的阻碍。在缺乏“双向建构”的工作坊中容易出现“断续性”，这是指工作坊组的主题和人员应某个热点课题而一时充满激情，缺乏合作研究的连续性和持久性。从长期实效来看，虎头蛇尾的有之、走过场应付差事的有之、形同虚设的有之。其时间和过程的短暂和断续，对坊员来说更像可有可无或者可以走过场的活动，并不需要投入太多精力。确立工作坊“双向建构”的“交互机制”是必然之事。

三、班主任工作坊“双向建构”的路径

（一）工作坊与坊员的“双向建构”

工作坊的建构之一是工作坊—坊员之间的双向建构。这个建构主要的机制是坊组组织研习活动，支持坊员提高优秀班主任核心能力，其关键是工作坊给予其坊员支持。

工作坊给予坊员的支持，首先表现在精神上，提倡工作坊民主平等、强调合作协调，为坊员提升自主发展能力提供良好的环境支持。在心理上，工作坊营造宽容、关爱的心理环境，为坊员的专业发展创设心理支持。在专业上，工作坊是互相切磋、提供资源的平台，为坊员班级工作发展力提供孵化支持。

我们以多种形式推进工作坊与坊员间的“双向建构”，例如我们组织坊组学习、坊组观摩、坊组主题研讨、坊组案例讨论、坊组现场活动（临床研究）等。在开展这些活动时，我们注意活动主题的确定，依据坊组计划与现实需要确定，其后确定活动的程序、确定方案与时间。在研习活动开展时，要事前充分准备，关注参与度，同时要理论联系实际、独立思考、实践应用、活动反思、经验共享、形成案例。

在工作坊与坊员“双向建构”时，要关注工作坊与坊员间互动，是如何互动的；坊员在群体活动中学到了什么，为什么会得益。同时要引导坊员避免只看到自身进步，而应该着重关注如何在群体中得益。

（二）坊员与工作坊的“双向建构”

工作坊的建构之二是坊员—工作坊之间的双向建构。这个建构主要的机制是坊员发挥自身作用，影响与引领其他人研习，提高坊组整体功能，其关键是坊员对工作坊给予影响、引领。

我们以多种形式推进坊员与工作坊间的“双向建构”，通过坊员承担研习任务，例如，班主任主体教育活动展示、负责坊组研究课题的子项目等，也通过坊员的个别传授交流，带动其他坊员的研习，推动坊组的研习活动。坊员对工作坊的影响与引领作用是在群体中、项目中实现的。坊员积极参与工作坊互动是前提条件。在坊员与工作坊“双向建构”时，要关注坊员的人格垂范，注重学习研究与主动交流。

（三）“双向建构”中的互动

互动既是一种理念，又是一种方法。从理念的角度说，它倡导平等、交往、互利和共同发展，注重研习的开放性和生成性。从方法的角度说，它要求

我们改变过去太多的“独白”和“单一”，走向交流和多元，使孵化在互动中生成，在交流中重组，在共享中倍增。

在工作坊中，把孵化活动看作是坊员间进行一种生命与生命的交往、沟通，把孵化过程看作是一个动态发展的学习与实践统一的交互影响和交互活动的过程。在孵化过程中，相互协调，相互作用，相互促进研习，形成和谐的坊员间互动、坊员与工作坊互动，可以使坊员增强研习动力，调动坊员研习积极性，从而提高孵化的效果。

互动是工作坊的一个重要特征，也就是班主任坊员的参与性，它通过强调工作坊与坊员的双向交流，充分调动双方的积极性和能动性，从而活跃工作坊研习气氛，使那些在潜意识中的能量释放出来，从而实现优秀班主任核心能力转化为现实能力的最佳效益。首先，坊员平等参与研习，营造和谐的研习氛围。其次，变“培训”为“研习”。这种研习角色的转变，就是要求坊员从传统角色中走出来，从传统培训中的知识接受者，转变成为研习活动的参与者、组织者和引导者——“编剧”“导演”“演员”。班主任工作坊要精心组织，创设情境，鼓励坊员，引导坊员自主研习，合作交流，并让坊员在研习、实践中理解优秀班主任核心能力，最终达到坊员优秀班主任核心能力的提升，从而有利于工作坊发挥最佳孵化状态。工作坊的双向建构是同步的，坊组—坊员与坊员—坊组之间互动是同时存在的。双向建构要系统策划，整体实施，不能碎片化。“双向建构”的关键是互动的质量。互动的质量表现在互动的真实性、互动的多元性、互动的深度、互动的稳定性等方面。

四、基于策略思想的“双向结构”的策略

推进工作坊“双向建构”需要一定的策略实施，而实施策略更需要其策略思想。工作坊建设策略思想是体现一定工作坊建设与发展的规律、原则在实施中普遍适用的方法思想。工作坊建设的策略思想从方法论角度看，是体现工作坊发展方法思想，并以此引领实践的较为宏观的方法，对解决工作坊建设指出一种路径、一种预先的思考。工作坊建设的策略思想是指工作坊建设思想与班主任工作思想应用于工作坊建设方法之中，对工作坊的建设起着规律性的引领。

我们的班主任工作坊实施的策略思想就是“以提升班主任专业素养为导向，以双向建构为实践形态，推进班主任工作坊的建设”。这个策略思想是基于对班主任工作坊的基本认识及其价值认识，即班主任工作坊与优秀班主任

核心能力具有一致性，这两者的价值指向班主任队伍的建设，都是为提高班级工作水平。这个策略思想是建立在对工作坊要素、结构剖析基础上的，把握来自工作坊的要素、结构的变化导致工作坊的功能性变化，彼此互相整合发挥相同功能，并叠加增强工作坊功能，为班主任专业发展提供十分有利的条件。工作坊建设中坊组与坊员的整合是关键，要依据两者的特点与优势，根据工作坊工作需要合理运用，适应班主任研习。因此，工作坊建设的策略要包含工作坊的坊组与坊员这两个基本的操作要求。

策略思想不同于策略，策略是具体的操作形态，而策略思想是直接影响工作坊建设行为的总体思路。策略思想制约策略，进而制约具体的方法，方法是为实现策略服务的。把握工作坊建设策略思想有助于从整体上把握工作坊建设的策略与方法。在工作坊建设的策略思想基础上，我们又着重研究工作坊建设策略。我们认为，只有掌握工作坊建设的一般规律，才能正确地对待与开展工作坊建设，才能正确地研究和使用具体的工作坊建设策略。工作坊建设的策略思想在工作坊建设的科学认识和思维逻辑中起着重要作用。

工作坊双向建构策略是指学校实施班主任工作坊的双向建构，而有意识和有目的地采用措施的总体。工作坊双向建构策略体现在工作坊对研习过程全面把握与自觉调适的能力、各种实施策略理性选择与运用上。我们通过实践、研究、归纳、提炼，形成了三项工作坊双向建构策略：统分结合差异研习策略、预设生成深度研习策略、围绕流程自主研习策略。这些策略是策略思想的具体化，具有操作性。这些策略的建构，一是突出建构方式上的操作性，不是概念化的；二是运作方式上多元要素整合性，发挥综合功能；三是作用方式上强化持续性，在工作坊双向建构过程中稳定地表现出来。这些策略便于把握工作坊建设的操作，突破传统班主任培训模式。

五、“双向结构”的三大策略

（一）统分结合差异研习策略

统分结合差异研习策略是指工作坊在研习内容上各坊组之间、坊组与坊员之间统一与分工相结合，在研习方式上采取差异性自主选择的策略。简而言之，即统分结合、差异推进策略。

这里的“统”指的是工作坊的“优秀班主任核心能力”研究与发展的目标、任务、实施等有机统一的策划。“分”是针对不同工作坊组与坊员的实际情况的研究与发展要求，并且对于统一的工作和推进的研究，各个工作坊组还可以根据自身的条件和状态，策划并决定各自的推进日程、推进方式。“工作坊”和各工作坊组自主开展活动，有分有合，为“工作坊”的研究在同一时段多方面呈现出新质提供了丰富的资源，通过现场研讨、专题讨论，再进行提炼、概括、整理，形成具有普遍意义的经验，从而不断放大新质，逐渐形成整体效应。

统分结合差异研习策略运用的要点：

1. 统分差异首先要有明确的思想导向。转变观念，这是明确“双向建构”的前提。首先是明确“增强优秀班主任核心能力，人人都能成为优秀班主任”，工作坊培养班主任不走精英路线。要树立正确的班级工作观念，从传统的主控班级成为班级的引领者、领导者。

2. 统分结合是保持研习活动活力的重要保证。我们工作坊总的研习方向是“优秀班主任核心能力”的培养，每个坊组依据同质坊组、异质坊组的特点与当前各坊组面临的主要拟研习解决的问题确定坊组的研究项目。

3. 差异推进是要求各坊组在开展研习活动时应该依据坊员的不同、研究主题的不同，选择与确定不同的研习项目，同时也可以依据不同的坊组实际情况，确定各坊组的实施路径、方式。

4. 在坊员的评估上也要注意差异性评价，对不同研习任务要根据难易度作出合理评价，研习内容要对理论研究与实践研习作出合理评价，而不是用一把尺子，或者用学术研究的标准过高地要求。

○ 案例5：

调皮生变乖了

陈洁洁

案例描述：

每个班都有一些调皮生，这些学生经常被告状，给班主任添乱，是班主任重点关注对象。如果征服不了这些“调皮”学生，不但对班级学风和正气有较大影响，还可能造成师生之间，甚至家长与老师之间的矛盾和冲突。所以教育调皮生是我们班主任最费心、棘手而又不大见成效的工作之一。我们班有个男同学小蔡，他成绩虽然不算差，上课却爱捣乱，作业拖拖拉拉。他平时脾气暴躁，经常在下课时调皮捣蛋，和同学打闹推搡，因此朋友很少。所以我决定要观察他改变他，找到正确的方法，帮助他改掉爱捣蛋、爱打人的坏习惯。

案例分析与措施：

班主任工作坊组织了一次主题为班主任如何管理好调皮学生的主题活动。一些经验丰富的教师向我们传授了有效方法，也通过和同行们的讨论、交流及思维碰撞，想出各种点子。最终，大家讨论并总结出了“三多”教育法，即：思想上多教育，学习上多帮助，生活上多鼓励。

有了众多班主任给出的建议，我也发现了一些自己工作的不足，同时也找到了许多解决问题的办法。对于小蔡同学的思想教育，我可是一直没少做，几乎每天都在做。而学习上多帮助和生活上多鼓励，我却做得不够。所以，我给自己定了一个小计划：每天要给小蔡同学一次表扬。

之后的每一天，虽然依旧收到同学们对小蔡的告状，但是我告诉自己，要每天发现一处他的闪光点。第一天，表扬他早读课拿出了书自己看。第二天，表扬他按时完成写字本，没有拖拉。第三天，表扬他中午饭吃完，没有浪费。第四天，表扬他上课回答对了一个问题。第五天，表扬他默写全对。

过了两周，再次回到班主任工作坊。当我反馈小蔡同学的表现情况后，我发现他被告状的总计次数比之前减少了。他现阶段的主要问题在于不懂如何和同学沟通，所以常常被同学误解。比如：他想给别人一样东西，他采用扔的方式，导致同学告状说小蔡拿东西扔我；他想问别人借一样东西看时，他采用抢过来的方式，导致同学告状说小蔡抢我东西。

听了我的描述，坊主结合自身多年的班主任工作经验，给了我一个小策略：要让孩子学会控制自己的行为，首先老师自己的行大于言，在言传身教中，起到榜样的作用。就是说，告诉孩子要学会控制自己的行为，小蔡心理年龄比实际年龄小2岁，那么我们老师可以用自己的行动来给小蔡做一个示范，向他展示正确的做法应该是怎样的。比如：我拿起小蔡同学要还给小董同学的海绵擦，走到小董面前，轻轻地说：“上次不小心把你的海绵擦弄坏了，这是我赔给你的。”我示范完后问小蔡会了吗，然后请他模仿一遍。这下，小董明白了，小蔡不是要拿东西扔他。在多次这样“我做你学”的演练中，小蔡渐渐学会了如何去和同学们沟通相处，同学们也开始明白小蔡并不是使坏，而是处理人际关系的能力太薄弱。

案例反思：

参加了班主任工作坊后，不断地培训、研习，可以说我是带着诸多疑问而来，怀揣众多策略方法而归。调皮生平时表现出来的冷漠、对事情的无所谓，只是一种假象，其实他们内心更渴望得到老师、同学的重视和信任，感情上更渴望得到理解和尊重。对他们要选择合适的教育方法，用极大的耐心期待他们每一点微小的进步。我一直觉得自己已经对调皮生给予了极大的耐心，进行了无数次思想教育，但是收效甚微。班主任工作坊的学习，就像一面镜子，照出了自己的短处，也照出了其他老师的长处。在不断尝试、实践各种教育方法策略之后，寻找出一条最适合自己学生的对策。

从一年级升入二年级后，对小蔡同学的转变，同学和老师都有目共睹。调皮捣蛋的次数少了，小蔡的妈妈收到老师和同学家长的投诉少了，并且孩子整个人也变得更加正能量了。原来班级中出名的调皮生，现在变乖了。

我会把在工作坊学习所得付诸教学实践，在今后的工作中，静下心来采他山之玉，纳百家之长，努力做好班主任工作。

○ 案例6：

“闯祸大王”的转变

张 素

我们班主任工作坊小组成立以来，研习目标一直是基于反思的生态位异学生的教育能力发展，提升班主任生态营造能力。基于此目标，我们工作坊组的成员老师们主要对三类学生进行观察和研究，并利用工作坊“统分结合 差异研习”的“双向建构”策略进行相互研习。这三类学生是：学习困难学生、行为偏差学生、个性特长学生。作为新上任班主任的我，本学期面临最大的问题是对行为偏差学生的教育。还好，我们坊组开展了研习活动。

坊组群策群力

刚过哺乳期，我就接任了一个班的班主任工作。这是我人生中第一次当班主任，尽管我谨言慎行，虚心向有经验的老教师讨教，但还是漏洞百出。接任的时候，上一任班主任朱老师偷偷跟我说：你要小心班级中几个皮大王了，尤其是小张同学，你没回来上班前可闯了不少祸呢。我一听，顿时头大了。一年级刚刚开学两个月，居然如此胆大。果然，在我接任后一个月，我也领教了小张同学的“皮大王”特性，不是天天闯祸，是时时闯祸！几乎每节课下课，都有小朋友来打报告：张老师，小张同学又撞伤了××，小张同学又去厕所玩水啦，小张同学因为在校园里折树枝被校长抓住批评啦……我也是一有空余时间，就把小张同学拉到身边，对他苦口婆心进行教育：你走路不能横冲直撞啊！怎么可以去厕所玩水呢，浪费水资源！不能去毁坏学校里的公共财产，包括花草树木……他就像是个初入世界的婴儿，什么规则都需要人教。

这天，我们的班主任工作坊又开展了研习活动。很多坊组成员老师看我没有精神地趴在桌上，问我是不是生病了，于是，我把小张同学的事情拿出来与大家分享了。老教师们听完以后，觉得不过是小事一桩，你一言、我一语地给了我以下这些非常有用的建议：

1. 引导学生正确处理好个性与自律的关系。学生的个性特点存在优劣，我们说的个性张扬，实际是要引导学生学会扬长避短。比如小张同学，个性比较张扬，可以多与他私下交流、沟通，引导他认识这些不良行为习惯造成的危害，不能任其发展。

2. 多给孩子一些班级存在感和参与感，比如让小张同学发本子，帮助老师打扫卫生，管理班级中的读书角。让他有事可做，有事可忙，就没有时间去“闯祸”了。

3. 和家长沟通交流，引导家长认识自己孩子不良行为习惯造成的危害，让家长与老师统一战线，积极配合老师一起培养孩子良好的行为习惯。

4. 在班级中，营造和谐、积极的班风和学风，引导其他小朋友不用特殊的眼光看待小张同学，和平、友好共处。

研习在于践行

在听取了这么多建议后，我根据行为偏差生和我班的实际情况进入了实施阶段。

实施阶段一：与小张同学私下多沟通、交流，并与他交流不良行为习惯造成的危害。在与小张的沟通中，我了解到，他其实意识到了自己的很多行为是不正确的，但是有时候就是下课了出教室走走，就会“碰到”其他同学，对他们造成了伤害。是啊，小张平时中午吃饭又快又多，长得壮实，一个转身就能把同学挤到一边，甚至是撞伤。在与他交流后，他向我作出了以后“下课慢慢走”的保证。

实施阶段二：给小张同学充分的班级参与感，让他有事可做。自从工作坊的研习活动后，我在教室里时不时喊小张同学发个练习本、发报纸、擦黑板、整理我们的班级书架……这些事情其实每一个班级里的孩子都是很乐意去做的，小张同学在此过程中也完成得很快乐，他感觉自己是班级中重要的一分子了。而我，更省力了，因为小张忙着做这些，没空“闯祸”咯！

实施阶段三：我和小张同学的妈妈每周通话，说说小张近期的表现。小张的妈妈其实是一个极其负责任的家长，她对自己的孩子要求严格。这也体现在小张的学习成绩上。其实，小张一直是我们班级中的“小学霸”。但是成绩好，并不能决定一切。小学阶段是学生良好习惯培养的关键时期，学生年龄小，模仿能力强，自控能力差，所以，加强对小学生习惯的养成教育是我们班主任义不容辞的责任。通过小张妈妈天天在他耳边“絮絮叨叨”什么是好习惯，什么不该做，我们的小张同学确实很长一段时间没有闯祸了。

实施阶段四：在每天的午会课和每周一的班会课，我都开始对班级中的好行为、好习惯进行宣传和表扬。比如，将班级中行为习惯优秀学生的事迹，通过照片、视频或者PPT等形式进行展示，通过这些良好习惯的呈现，可以有效促进整个班级良好行为习惯的养成。有一次午会课，主题是食育好习惯，我将小张同学吃午饭的照片放在屏幕上与全班分享，表扬小张同学每天中午的吃饭表现，吃得又快又安静，每天都是光盘，还主动为班级其他同学服务，摆正大家的饭盒位置。其他小朋友在听我讲述后，对小张的偏见也稍稍改变了些，一些男生在体育课时开始主动和小张同学一起玩耍了。

以积极的方式进行班级管理

行为偏差学生大多性格比较逆反，青年班主任年轻气盛，容易以老师与学生有位异差这样的想法去思考问题、处理问题。在班主任工作坊的研习活动中，我们青年教师应该多倾听有经验的班主任的想法和做法，因为在她们的十几年的工作经验中，一定遇到过、处理和解决过我们现在遇到的问题。在倾听了经验丰富的班主任的建议后，我了解到我们班主任在对行为偏差生进行管理的时候，还是应该采取较为温和的方式进行引导。比如采用积极沟通和交流的方式方法，因为沟通不仅是和学生进行谈话，而且需要老师和学生畅所欲言地交谈，需要学生对老师吐露自己的心声。老师和学生的沟通如果能够深入，将会在很大程度上提高行为偏差生的自信心。

行为偏差生大多也有自卑心理，严重缺失重要的自尊心，这是我们人生成长路上最重要的动力。因此，我们老师要多关注他们，找寻产生行为偏差的真正原因，从而对症下药，使其能有效转化。我们要尊重和信任他们，给他们一定的思维时间、充足的自信，激励他们去勇敢面对自己的不足，改正不足。

通过工作坊的研习交流活动，帮助了我们青年教师如何以积极的方式进行班级管理，帮助我们提升班级建设：从班级生态到班级文化，从班级集聚力到班级发展力，通过工作坊的推动作用，促使我们老师自学和互学相融合，在工作中发现问题，在坊中探讨问题，在工作中实践理论，在实践中思索对策。工作坊给了我们每一位老师一个很好的平台，不仅仅是一个交流、分享的平台，更是一个能够让老师探究、思考的平台。在这样的平台上，每一位老师都能把自己真正的能力发挥出来，都能把自己的困惑和真正的想法分享出来。

在工作坊中持之以恒研习

青年班主任能在工作坊中得到专业化成长。班主任的专业化成长，多依赖于进修学习培训，而工作坊机制为我们年轻班主任的自主发展提供了有效途径。在班主任工作坊的研习活动中，每个班主任从自身班级管理问题入手，定期展开经验分享、问题研修交流活动，拓展了班主任学习和成长的空间。在工作坊中，我们一起提出问题、一起探讨、一起总结；相互学习、相互请教、相互促进。向着共同的研究目标，依循共同的研习方案，一起学习，一起成长。

青年教师要持之以恒，不断学习。面对小张同学“闯祸大王”的转变，我曾以为是一场持久战。因为行为偏差生的转化工作并非一帆风顺。但是，作为一名教师，我深刻知道转化行为偏差生的重要性，知道自己肩上担子的分量。小学是学生学习过程中的重要时期，该阶段的学生学习和习惯问题直接影响着学生今后乃至终身的学习及效果。对行为偏差生的转化工作必须做到持之以恒，有足够的耐心。我要在工作坊的研习活动中不断学习，听听其他老师的教育故事，一起研讨、一起学习，与坊组成员老师一起向着共同的目标迈进：提升自己的班级生态营造能力。

○ 案例7：

重在关注差异

朱怡雯

苏联著名教育学家赞科夫在《和教师的谈话》中写道:“当教师必不可少的,甚至几乎是最主要的品质,就是要热爱儿童。”的确如此,教师教书育人最关键的点在于人文关怀。作为一名一年级新生的班主任,更应爱班级中每个孩子。

我的教育方式错了?

一年级的孩子由于刚脱离父母的怀抱,进入小学学习,他们上课注意力不容易集中,不懂得要怎样学习,所以,作为一名语文老师,我们不仅是“传道、授业和解惑”,更要注重培养学生的行为习惯和学习习惯。在班级中,就有这样一个孩子,从开学以来一直是令我头疼的对象。他相对于其他孩子,总显得有一些“特殊”。上课时,他总是手上动个不停,不是拿橡皮就是玩笔盖。在班级中,每周我都会训练孩子的日常行为规范,要求学生:背要挺,小手放背后,小脚并拢,眼睛看老师,小耳朵专心听,用心记。大多数同学都能做到,并且能保持一段时间,但是这个小男生,往往坚持不到3分钟,就在我一转头的工夫,他人就瘫在了座位上,眼睛看向窗外,思绪又飞到了外太空,一点儿精气神也没有。为此,在上课时,我总是因为需要提醒他人坐正、眼睛看老师,而中断授课。一次,由于我提醒几次后,他仍是背靠书包,半躺姿势,手中还不停玩着橡皮,把零零碎碎的橡皮屑弄得一地,我没有控制住自己的怒火,拔高嗓音在全班面前训斥了他,他这才稍许“安分”了一些。在开始教授拼音后,我更是发现了他上课多动,注意力不集中这一问题的严重性。由于以前在幼儿园中,完全没有接触过拼音的学习,再加上他爸爸妈妈年纪比一般父母要大很多,也没有拼音基础。从刚开始的ɑ、o、e及其四声调的学习中,他就明显跟不上班级的节奏。那天教授完四声调,放学后,我让他单独留下来,想着给他一对一地加强训练,总能帮助他进行记忆。坐在他位子旁边,我打开了语文书,开始的时候,我非常耐心,手指指着每个拼音,先是进行了教师范读,把ɑ、o、e每个单韵母及其四声调的发音都读得很慢,希望他能仔细听,用心去记忆每个单韵母的外形及其发音。在我示范了一遍后,我又让他手指拼音,跟着我念，我读一遍他接着读一遍。重复了两遍后，我让他自己试着朗读，在他单独朗读时，有些单韵母的声调就出现了问题，我反复地纠正，让他把错的反复地朗读，一刻钟的努力后，在他终于成功按顺序把所有发音全都念对时，我又点了几个让他再次巩固，发现他还是把“o”读成了“wō”，“e”的第二、第三声仍旧分不清，读的和第一声相似。渐渐地，我失去了耐心，也失去了信心，不禁音量又拔高了。“这是ō。听清了吗？是ō。”可能由于我也开始显得急躁，他好似也对自己没了信心，眼眶不禁红了，眼泪啪嗒啪嗒地滴落了下来，一时间，教室里安静了下来。我内心急躁，但是看着他自己也十分难过的样子，瞬时也语塞了起来。“别哭了，你先回去吧。”在小男生走后，我一个人静静地坐在位置上，思绪逐渐复杂，愤怒、无奈、自责、忧愁交织在一起，五味杂陈。同时也开始自我反思起来，我的教育方式是不是错了。

给出了宝贵意见

班中这个小男孩的学习问题一直困扰着我，我每天依旧不断地重复提醒他上课专心，放学后也常常帮他单独进行学习巩固，但是成效并不显著。后来，趁着学校工作坊大家一起研习的机会，带着对学生上课习惯和学习质量的忧愁，我把自己遇到的这一问题详细地向各位经验丰富的前辈进行了阐述。亲切的老教师们也和我分享了他们在教学方面的很多宝贵经验。通过了一个半小时的分享交流和讨论，大家都在教育方面进行了思维上的碰撞，优秀教师们让我遇到这类问题时，心态放平，不要焦急，老师的情绪也很能影响学生，可以慢慢来，语气也要亲切平和。同时，在教授过程中一定要明确自己的教学口令，在和一年级学生沟通的时候，也要确保他是真正领会了老师的意思，而不是一味地在完全没有理解的基础上简单地去迎合老师，进行一个发音的重复，这种重复可能当下是正确的，但是这仅仅是短时记忆。教师需要做的是和学生进行有效沟通，让孩子真正去理解。

肯定会更棒的！

研习活动虽然只有短短的一个半小时，但是收获却是满满当当。带着前辈们给出的建议，后来的一周里，在放学后，我又把这位上课时常分心的男生叫来身边，这次，我改变了我的方式。虽然还是拼音的教学，但是我不仅仅是乏味地重复发音，而是结合了我们的日常生活，告诉他：“嘴巴张大ɑ、ɑ、ɑ。想一想平时去医院，医生要给你检查嗓子，你会怎么样？是不是要张大嘴巴发出啊的声音呢？对啊，这就是ɑ的发音，你再来试试。”男生对于我提出的这种生活化的举例，显然十分感兴趣，也学着样子嘴巴张大练习了好几遍“ɑ”的发音。我用了同样的方式，又教会了他“e、o”的发音，对于单韵母不同的声调，我也给出了许许多多形象的例子，比如之前他总是记不住“ě、è”的发音，我就告诉他“ě”就是恶心的“恶”，是一样的发音。当你肚子咕咕叫的时候，你会说“我饿了”。“饿”，就是“è”的发音。这一次，由于把新授的拼音和孩子已知的生活中的知识联系了起来，他好像记忆起来简单迅速了许多。不一会，他就朗读得很熟练了。这时候，我又乱序地随机挑了几个单韵母考了考他，没想到他很快地就发出了它的正确读音。“哇，你回答得又快速又准确，老师要奖励给你个小奖章！”我把鼓励奖章印在了他书上。小男孩也许是因为得到了鼓励，也许是也为自己回答得又快又准而自豪，他的脸上也洋溢出了满足、快乐的笑容。我摸了摸他的小脑袋，继续说：“你看，今天这么短的时间，你把之前不熟练的拼音都学会了，很了不起，说明你的小脑瓜也很聪明呢！如果上课再专心一点，那肯定会更棒的！”他听了，也点点头，对我承诺道：“好的，朱老师。我会努力改正的。”

那之后，在课间空余时，我也多次用亲切幽默的方式找他聊天，他与我分享了许多关于他的小秘密，以及他平时的兴趣爱好。我从中得知，他非常喜欢恐龙，对于每种恐龙，他都能脱口而出恐龙的名字和生活习性。针对他的这一爱好，我继续和他说道：“朱老师家里也有小恐龙模型，还有很多关于恐龙的故事书，你如果上课表现好，可以做到一节课坐姿端正地听课并且保持3天，朱老师奖励你有关恐龙的小礼物好不好？”他听了，眼神里充满了渴望，连连点头，承诺自己会做到好好听课不分心。接下来的几天，课上我都一直关注他，有时会让他起来回答问题，他都有了十分明显的改变。

工作坊中的分享

之后的工作坊研习活动中，我又针对我遇到的这一案例和大家进行了后续的反馈。感谢工作坊的优秀前辈们给予我的点拨，让我顿时醒悟到之前有缺欠的教育方式。通过这次案例，我才深刻明白了：只有真正地走进学生内心，去了解他们，才会对他们有所触动，从而激发他们的学习兴趣。

工作坊的研习，让我明白师爱是教育的“润滑剂”，是进行教育的必要条件，当教师全身心地爱护、关心、帮助学生，做学生的贴心人时，师爱就成了一种巨大的教育力量。正因为有了师爱，教师才能赢得学生的信赖，学生才乐于接受教育，教育才能收到良好的效果。师爱要全面公平。全面公平的爱是指教师要爱每一个学生，学习好的要爱，学习一般的要爱，学习差的也要爱；活泼的要爱，文静踏实的也要爱，内向拘谨的更要爱；“金凤凰”要爱，“丑小鸭”同样也要爱。我们不能简单地把学生看成是装载知识的容器，每个学生都有自己的长处，作为教师应该善于捕捉学生们的闪光点。我们应该全方位地去了解学生，关心学生不仅仅是成绩还有生活上的方方面面，我们要走近学生，更要走进学生，只有了解了他们的内心世界，才能打破师生隔阂，真正地去引导学生，启发学生！

（二）预设生成深度研习策略

预设生成深度研习策略是指在工作坊的研习活动中，要关注研习活动的内容、形式与过程等方面的预设与生成的双向互动，不断地在坊组目标需求与坊员目标需求之间取得整合点，促进研习活动深入开展的策略。

我们的“预设生成”，一是活动前要围绕主题或专题，组织坊员提前做好了解或准备，包括总结梳理已有做法和经验、尝试开展实践研究，以增强现场参与度，丰富研讨资源。在日常的研究实践过程中，继续学习、研讨、反思，把认知层面上的收获化为具体的实践行为。二是针对具体的活动，进行预设策划和生成性研讨。在预设性策划过程中，坊员根据活动的主题和内容，学习相应的理论，在此基础上完成活动方案的设计。活动结束后，坊员针对具体的活动，结合班级工作前后变化和日常的观察了解，进行生成性研讨，总结经验或者形成案例。

预设生成深度研习策略运用的要点：

1. 把握预设生成与深度研习的关系。坊组在预设研习活动时，就应该思考如何使具体的研习活动不是浮在表面，而是能深入展开。注重研修内容的生成性，通过对工作坊成员实践知识的挖掘，在研修过程中把工作坊成员作为研修内容的生成对象，满足工作坊成员短缺性需求的学习。要把握好每次研习活动的要点，只有把握好要点的研习，才能具有良好的研习目标达成度，才能真正实现预期的研习效果。

2. 把握预设生成的动态转化。工作坊的研习活动组织与设计在很大程度上是依据静态情况作出的考量而设计的，但是坊员作为班主任，他们接触的班主任工作是动态的，每天都在变化，因为班主任面对的是每天在成长的学生。因此，今天研习的班级管理，可能到明天就感到有点不适应了，需要研究班级领导了。所以预设与生成应该是动态的,在研习时不讲空话,结合实际发生的问题展开生动讨论。工作坊的研习不是教育学上有定式的问答题,而是生活与学习中关于有生命活力学生的问题。工作坊的研习尽管有预设,例如研习有心理问题的学生教育,但是碰到具体的学生、具体的处境,就必然要依据情境来生成相应的教育方法。

3. 把握深度研习的深度。深度研习容易使人产生误解,认为研究的题目时髦,就是高大上,题目越是新奇就越是有深度,讲套话空话就是有专业。其实,深度在于真正把握每个坊组或者坊员的研习需求,并能给予切实的帮助,这是一种工作坊满足坊员发展需求的深度。同时,帮助坊员解决所面临的班主任工作中迫切需要解决而难以解决的问题,这也是一种研习结果的深度。更有一种学术深度,这是帮助坊员从对班主任工作的白描性的经验或者做法上的指导,走向做法背后的教育原理的解释,也就是对班主任工作现象用教育学、心理学、教育生态学、教育社会学等学科理论来作出合理的科学解释。这才是真正帮助班主任,使他们的班主任工作从自在走向自为,即从一个对班主任工作规律认识不多、只凭感觉行事的人,成为一个能从班主任工作规律与原理上思考与行动的人。这才是我们要追求的真正的深度。

○ 案例8:

研习中的前思后行

刘诗媛

碰到的问题

作为一名新教师,带着刚刚步入小学生活的一年级新生们,我给自己设定了这样一个目标,课堂要尽可能激发学生兴趣,与学生像朋友般相处,以身作则,带领学生一起养成良好的学习习惯,培养积极认真对待学习的态度。但是事情往往不尽如人意,由于经验缺乏,一些对老教师来说不算头疼的孩子,对我来说却是让我手足无措,不知该如何应对。其中,有一名学生A,下课时是个活泼好动的男孩,但是一到上课,注意力不集中,常常发呆,每次上课都要多次提醒,对老师的要求也是马虎应付,不认真完成练习,学习态度消极。在他多次毁坏练习纸并且不诚实告诉我原因的情况下，我实在忍无可忍，严厉地批评了他，但是这严厉的批评换来的只是孩子的沉默和低落的情绪。后来，我向班主任请教了这一情况要怎么处理，在班主任的建议下，我与家长进行了沟通，在更加具体地了解了孩子的现状之后，总结出原因，改变策略与方法，并与班主任一起时刻关注、交流孩子的情况。

坊员的启示

开学快一个月的时候，班级中大部分同学已经适应了小学的新环境，逐步养成了良好的学习习惯，但是学生A不仅好习惯没有养成，反而对学习产生了消极应对的态度，上课不认真听讲，练习不认真对待，几次交上来的练习纸都变成了一团“垃圾”，几次耐心提醒也无果，让我既无奈又着急。

后来在与班主任交流的时候，我提出了这一学生的情况，想向班主任请教该如何应对这种情况的学生，吸取一点经验。班主任用她的经验让我知道了，首先，我第一次的耐心与贴心，会拉近与学生的距离感，让学生觉得我是一个平易近人的老师，但是，我几次的耐心与贴心，只会让孩子觉得我是一个没有原则、很好说话的老师，那学生自然而然就不会把我的话放在心上，产生一种可以随便应付、马虎对待的消极态度。所以，在学生第一次出现应付情况的时候，就应该及时批评与指正，坚持原则，让学生知道对待学习，认真的态度是基本也是底线。

其次，学生A的这种表现不是一直的，而是最近才出现的，那肯定是有某些原因导致的，应该要及时与家长沟通，了解孩子最近是不是发生了什么事情，或者心理有哪些不适应。于是，我立刻与学生A的妈妈进行电话联系沟通，了解到A最近在家也是突然做出了一些以往没有的行为，如表现出不耐烦、敷衍的行为。A的妈妈也坦白说，由于孩子的理解能力相对弱一些，对新知识的接受速度也比较慢，家长也开始心急了，所以最近对孩子逼得比较紧，加上没耐心，骂孩子的频率也比以前高了，导致现在孩子对学习产生了一种厌烦心理，就表现出了消极敷衍的态度。于是，在商量沟通以后，我与家长做了协调，在校和在家都放慢脚步。在校，我时不时地找A聊天，了解他的生活和学习情况，在更加耐心与细心地了解他对知识点的掌握情况之后进行指导，在他彻底理解之后再做比同班同学少一点的练习，减少数量，提高质量；在家，我也让家长配合老师的脚步，放宽对孩子的要求，多鼓励，少批评，帮助孩子增加自信，重拾对学习的兴趣。

践行获经验

经过几天的实践行动，学生A对待练习的态度明显认真了许多，而且上课也会积极参与课堂活动，时不时举手发言，虽然次数还不算多，但这也是一种转变。后来，我又向班主任反馈了这一转变情况，她提醒我还要时刻关心学生的心理状况，与家长做好沟通联系工作，针对不同情况，及时改变应对方法与策略。

首先，是坚持原则、坚守底线的策略，不能变成一个让学生认为“好说话”、可以敷衍的教师，耐心、细心与爱心是必须的，但是在面对学生原则性错误的时候，就应该及时批评与指正，坚持原则，让学生知道老师的底线与原则，才会在与学生亲近相处的同时，保持老师的“威信”。

其次，是家校联合、关注心理的策略，很多时候学生一些反常的表现都是由心理原因造成的，这时就需要老师与家长的及时联系与沟通，找出原因所在，家校配合，共同帮助孩子改善心理问题，从而从根本层面解决问题。

在班主任和工作坊的帮助下，我从因为远离预设目标而对生成的问题无所适从，不知所措，变得可以找出问题原因，并采取合适的方法和策略，逐步解决问题，班主任也因为这个案例更加关注学生的心理状况。

○ 案例9：

研习让我的教育不随意

徐佳佳

我曾面对过学生的自卑问题，有时也不以为然。有的同学在小学五年里顺利地走过来了，也具备了一定的实力和优势。有的学生在五年的学习中，特别是参加毕业考，心里可能就忐忑不安，一旦中途受到了挫折，就更加缺乏心理上的承受能力。会有学生面对激烈的竞争，觉得自己这也不行，那也不如别人，自卑的心理使得他们缺乏竞争勇气，缺乏自信心，总觉得自己确实不行，这种心理障碍是走向成功的大敌。

在工作坊的研习中我改变了想法，不仅重视学生心理问题，而且关注教育不能随意。更为重要的是，我体验到了坊组既要有预设的研究问题，例如我们研究学生心理问题，但是也要让坊员依据具体情况生成自己研究的案例，这样的研习才有深度。

研究学生是预设的前提

小邓是我班一位五年级的女同学，她长着一对会说话的大眼睛，头发黄黄的，稍稍有些卷曲，成绩上游，中等智商，非常腼腆，性格内向，在人面前不苟言笑，上课从不主动举手发言，老师提问时总是低头回答，声音听不清，脸蛋涨得绯红。下课除了上厕所外，总是静静地坐在自己的座位上发呆，老师叫她去和同学玩，她会冲你勉强笑一下，仍坐着不动。平时总是把自己关在房里，不和同学玩。遇到节假日，父母叫她一起玩、做客，她都不去，连外婆家也不去。

某一天，在班主任工作坊活动的时候，我问了其他组员，他们班级中有没有类似的同学，大家纷纷谈论起来，王老师说："我们班上的小王也是，一天到晚不讲话，一点都不像个小学生。"张老师说："我们班也有一个，但她是不和老师讲话，老师问她任何问题都不回答，但是课间和同学之间沟通无障碍，不知道是什么情况。"于是结合各班级中像这样特殊的孩子，经过工作坊几个组员一起讨论，我们总结了几个导致小邓同学这种性格的因素。

个人因素。通过观察，我发现她长期受自卑、羞怯、焦虑和恐惧等负面情绪影响，过重的心理负担使她不能正确评价自己的能力，一直怀疑自己的优点。即使在成功面前也难以体验成功的喜悦，从而陷入失败的恶性循环之中。这样就严重影响了她的身心健康发展。

家庭因素。有的家庭是独生子女家庭，造成家长对孩子有着望子成龙、望女成凤的期待，导致许多小学生肩负重担，过重的压力在学生未能达到父母期望时，便使学生形成自卑心理，否定自己，怀疑自己，不安、烦恼、孤独、离群等情感障碍随之而来。母亲对孩子的学习辅导力不从心，父亲每晚工作到深夜才回家，偶尔才过问一下孩子的学习情况，对孩子的期望也很高，但表达的方式十分粗暴。

教师因素。在学校里，如果教师对一些同学了解不够，关注不多，就容易造成对这些同学的评价偏低。一旦如此，几个月或者几个学期以后，这些同学便逐渐产生失落感，在老师那儿他们得不到适时的表扬和赞叹，久而久之便否定了自己的一些行为和想法，慢慢不相信自己的能力与水平，也就越来越不自信，此时自卑感就慢慢占了上风。另外，老师对少数心目中的优等生日益产生偏爱，对多数属于中间状态的学生来说是一个沉重的压力，普遍滋长严重的自卑心理。再加上老师片面地认识学生，对优等生日趋偏爱，更进一步加深小学生的心理压力，使学生的自卑心理日趋严重。

根据这些因素，我又去她家做了一次深度家访，那天是下午6点左右，她的父母还没有下班，因为学校和家在一个小区，所以平时都是自己走回去的，晚饭都是父母叫外卖或者是吃点零食饼干。我去的时候她正在自己吃着外卖看电视，我询问她："你喜欢吃这些东西吗？"她不回答。我再问她："作业做完了吗？"她回答我："没有。"我说："今天作业挺多的呀，再不做就要做到很晚嘞。"她说："等妈妈回来看着我做，妈妈7点半回来。"于是，我慢慢看着她吃完饭，整理饭桌，慢悠悠地把书包拿出来。没过多久，她妈妈回来了，我和她妈妈交流了几句，从妈妈口中得知，近期和她爸爸感情紧张，她爸爸好久都没回家了，为了维持生活，她自己也每天加班到很晚，连晚饭都没吃，回家还要看孩子做作业，确实有点累，和女儿也基本没交流。那天，我们聊了很久，目的就是想让她妈妈重视下孩子的生活，多和孩子交流，让孩子和同学打成一片，而不是孤独一人。她妈妈口头上答应了。

又一次工作坊活动中，我和其他组员沟通了我家访的情况，但是效果不好，我们小组中一位具有多年班主任经验的张老师告诉我，小邓同学出现这种情况，极可能是因为她的心理有一定问题。如何帮助她克服自卑心理，走出这个阴影呢？于是我们再次讨论，制定了初步的辅导策略。

敏感抓住教育机会

激励教育，唤起信心。"师爱是教育的基础"，为了去除小邓的畏惧心理，我在课余经常有意无意地找她闲谈，还请她帮我拿作业、发作业本，上课时从不公开点名批评她，发现她有所进步及时表扬，经常对同学说："看，我们的小邓今天坐得真端正！""我们的小邓同学回答问题真响亮。""我们的……"在有意无意的语气中，把全班同学看成一个整体，小邓是我们整体中的一员。渐渐地，小邓开始喜欢和我接近了。有一次，她还天真地问我："老师，你是老师吗？""我不像老师吗？"我反问。"不太像，你上课老爱笑，老师上课是不笑的！"我欣然地拉着她的手说："好孩子，这是因为你不知道，其实上课爱笑的老师多得很！"

树立信心，激起动力。记得有一次班级举行小组间的演讲比赛，胆小的小邓被所在小组选上了，我知道这是小组成员给她的机会，我就发动她的好朋友动员，并让她们一起上。开始她不愿意，最后加上家长和老师的鼓励，她上了，而且表现得还不错。我和其他老师都在自己所任课上以她为典型进行了表扬。她第一次在同学们面前有了开心的笑容。从此她变了好多，对好多课似乎也有了一定兴趣。后经过不断鼓励、巩固，她进步了。有一天她问我："我能行吗？"我说："你这么棒，当然行。演讲都说得那么好，还有什么不能学好的呢！"她激动地不住点头。从此，她真的非常努力，成绩有了飞跃。

重视家庭，提高能力。小邓心理上的自卑，很大一部分原因在于家庭的教育环境与方式。因此，我把她的父母请来，详细地分析了小邓在校的表现及原因，与他们交流，反馈情况，共同商量解决孩子不良心理状况的办法，建议家长选择适当的教育方式。我们要为自卑的同学提供表现自己的机会。比如在家里：有客人来到家里，家长可以让她为客人递茶、剥糖果等，也可以让她与客人玩一会儿，给大家表演一个节目。同时，适当地让孩子做家务，提高孩子的自理能力，从家务劳动中锻炼与家人交往的能力。对孩子的进步给予肯定、表扬。

参与管理，自信自强。通过自主管理课题的深入，我们将更多自主的空间给了学生，在班级中，我们提倡"班干轮换制""组长负责制"，在年级中我们推出了各项管理岗位，让学生充分自主，不断自律、自信、自强。在经过一番激励之后，小邓也积极投入各项自主管理中来，从班级的小组长开始，她对自己、对同学、对事情的看法有了明显变化，她不再沉沦在自卑之中，更多展现出来的是一种自信、自强。在管理中，小邓发现了一些管理上的问题，通过与老师交流、与同学协作，她所在的小组不但各项评价合格，而且在班级中也名列前茅。看到自己取得的成绩，小邓脸上露出了笑容，从此她的行为更自律，态度更积极，学习更自信。

进行评价，促进自信。开展形式多样的评比活动，用激励的方式使其扬长避短，我们让她自主设立了自己的成长档案，每月评一次，让她通过自评、小组评，把自己所取得的进步记录下来。在评价中，小邓从他人的肯定中得到了满足，获得了自信；在自我批评中，她学会反省，逐步完善自己。为了调动她的自我教育意识，每个月都给她以正确的评价，把小邓突出的个人事迹在班集体中、家长会上进行表扬。这样充分调动了她的积极性，使她在评价中自我激励，迸发个人力量，不断自律、自信、自强。

懂得学生才能预设与生成

通过在班主任工作坊中预设生成深度研习策略的研究，我在处理班级事务时变得越来越得心应手，与孩子们的关系也越来越亲密。从一开始的不知道怎么教育这些特殊的孩子，到家校共育、“软硬兼施”，再到现在，在与孩子们谈笑间可能就解决了一个班级问题，我的成长显而易见。

工作坊的研习不是教育学上有定式的问答题，而是生活与学习中有生命活力的学生的问题。工作坊的研习尽管有预设，例如研习有心理问题的学生教育，但是碰到具体的学生、具体的处境，就必然要依据情境来生成相应的教育方法。

我在班级里进行了“班级是我家，管理靠大家”的活动管理实践，通过一段时间的努力，我惊喜地发现小邓同学的情况明显好转，她在班级各项活动的影响下，逐步消除了自卑心理，真正树立起了“我能行”的良好心态。现在她不但喜欢与同学一道做游戏，而且积极参加班级管理、年级管理。看到她身上的变化，我感受良多。通过辅导，通过我们慢慢地去关心她帮助她，她现在有了很大变化。小邓学习成绩不断提高，下课能主动与同学交往、做游戏，上课能举手发言且声音较大。家长也反映在家学习主动，乐于把班级的事讲给父母听，主动帮家长做些家务。

从这件事上我还得到了不少启示，孩子会自卑，往往是因为缺少了自信，或者对于自己的某个方面不满意而感到自卑。就算自己有再多的不好之处，都不应该对自己失去信心，信心是自己的，一旦失去了，就很难再找回了。只要对自己一直充满信心，就不会怕自卑。对于那些有自卑感的学生，我们要多关心他们，让他们感到家的温暖！面对小邓的成功，我更认识到正确、合理的教育方式的重要性。

在运用预设生成研习策略解决小邓的问题中，我明白了对类似小邓这样的学生，要先了解后想办法，不可操之过急，老师不要把注意力集中在孩子的不良表现上，要更多地关注孩子的优点和特长，使自己的教育策略清晰起来，提高教育的效益，让孩子们乐于接受教育者的教育。

（三）围绕流程自主研习策略

围绕流程自主研习策略是指班主任坊员在各个坊研习流程过程中环绕工作坊与个人的研习计划坚持自主研习的策略。这就要求坊员的自主研习不能无序地随性而为，或者研习活动虎头蛇尾，无连续性，必须坚持根据个体情况，有计划、有序地开展教学研习。只有这样才能保证坊员参与坊组活动，坊组才能有效提供支持，形成工作坊与坊员之间的双向建构。

坚持由外在驱动变为自主发展。工作坊引导坊员确立“班主任工作每一天都是新的”观念，学生天天在变，天天在成长，班主任需要教学相长，不能一天复一天，沉浸在过去之中，故步自封。没有班主任的自主发展就没有可能实现工作坊的双向建构。因此，通过工作坊的计划引导班主任的自主研习显得十分重要。

围绕流程自主研习策略运用的要点：

1. 增强研习目标意识。围绕流程进行研习就是为了有效实现在坊的孵化，实现优秀班主任核心能力的提升。优秀班主任核心能力中有一个“班主任自主发展能力”维度，这是优秀班主任之所以优秀的极为重要的因素，有些班主任有非常强的成果愿望与发展的内驱力，我们引导坊员不断增强主体内驱力与自主发展能力，学习反思能力、研究学生能力以及教育创新能力，从而提高班主任自主发展能力。

2. 围绕计划有序开展研习。在工作坊统筹安排研习活动的同时，我们鼓励各坊员自主安排研究内容，自主决定研讨活动。引导班主任围绕自己的工作坊研习计划，突出重点研习课题，展开自主研习活动。坊员根据自己所任班主任的班级具体情况以及本人的工作经历，按照个人制订的“研习计划”展开研习。

3. 注重流程为自主研习提供的依据。工作坊的“四阶梯”流程是为了保证工作坊的孵化过程，入坊初评与出坊评估，都是为了让坊员在坊定目标与在坊孵化以及研习的方向获得客观依据，同时也为工作坊了解坊员的优秀班主任核心能力提供了信息，为工作坊对坊员的支持提供个性化服务的可能。

○ 案例10：

重启学习内驱力

赵凌燕

2018年9月，我参加了长江路小学班主任工作坊，积极且认真地参加每一次主题活动。我强烈地感受到班主任工作越来越得心应手。

我一开始进校懵懵懂懂，当时学校有让语文老师当班主任的传统，所以工作一年期满我便担任了班主任，而且担任的是五年级班主任。那个时候，我对班主任这项工作没有一点想法，没有头绪，只是疲于应付各类检查和任务，很辛苦很累，带班带得不好。后来，重新带一年级的班主任，这个时候我开始反思以前当班主任出现的很多问题。在班主任工作坊的帮助下，我想换一种心态当班主任，不再把它当成一种负担，而是一种享受，去感受当班主任的乐趣。当我心态改变的时候，班级的学习氛围也非常好，师生关系也非常融洽，我能深刻地体会到当班主任的幸福感。

提出问题：如何提高学习内驱力？

2020年9月，我新接班三年级。因为疫情影响，孩子们在二年级第二学期的时候，大半个学期在家里上网课度过，又经历了两个月的暑假。开学后，部分孩子仍旧沉迷于吃喝玩乐的假期生活中，心都玩得有些“野”了；部分孩子面对即将来临的繁重的学习任务和紧张的学习生活，有一种莫名其妙的心神不定的感觉，情绪低落、注意力降低、迷茫……站在班主任的角度看，孩子们学习懒散，没有动力，得过且过，太过佛系。

于是我有了困惑：“如何提高学习内驱力？”

在制订这一学年的班主任计划时，我将“提高班级学生学习内驱力”这一条写进了计划中，并作为我接下来班主任工作的重中之重。

我也将我的疑惑在班主任工作坊中提出，得到了其他老师回应。我从他们的对话中看到了智慧的光芒。

管老师：我们班也是。自从疫情缓和、重新开学以来，学生的学习目的和学习动机好像突然消失了，成绩和一二年级比一落千丈。作为他们的老师，我也恩威并施、严慈相济，能用的招数都一一用过了，但效果不太明显。

施老师：孩子们的学习目的和动机问题，每次班会都有强调，我也有点儿焦虑了，如果你们有更好的建议可以告诉我。

韩老师：要我学和我要学的动机和出发点是完全不一样的，也是曾经当过学生的我的切身体会。

钱老师：部分孩子之所以出现这个现状，原因错综复杂，有疫情期间长期在家上网课无人管束的问题，有三年级学习难度比一二年级大增的问题，有家庭的复杂因素……但主要的还是孩子的内因即孩子内驱力的激发和上进心的问题。

沈老师：你要多用奖励机制。说到底他们还是孩子，老师给的奖品永远是有诱惑力的。你可以让表现好获得二十颗星星的孩子到你这里换奖品。

我：是啊，我怎么没想到呢，我要在班级里试试这个方法。

得到启示：建立荣誉奖赏模式

班主任工作坊里老师们的对话，犹如醍醐灌顶。对于小学生来说，物质奖励作用是大于精神奖励的。也让我明确了下一步的目标：建立荣誉奖赏模式，激发学生学习的上进心和内驱力。

结合我班实际情况和我作为语文老师的职责，制定奖励约定。

取得以下成绩之一，奖励三国主题书签一张：

1. 抄写本获得五次等第A；2. 写字本获得五次等第A；3. 默写本获得五次等第A。

每周一小奖：根据孩子每周的作业情况，及时给予总结，奖励书签。

期中期末一大奖：根据孩子半个学期或一个学期的学习，给予认真总结，奖励孩子更有吸引力的奖品。

对于孩子获得的奖励，老师应及时发放、兑现，不得随意拖欠。

当然，精神表扬也是必不可少的。比如，每次孩子把作业给我批改的时候，我总是会当着孩子的面表扬写字认真、正确率很高、某道题目答得好，小孩子也是很受用的。

就这样坚持了两周，部分孩子的学习动力强了很多，尤其是基础本来就不错的孩子，为了要获得三国书签，铆足了劲学习。字写得更端正了，作业正确率更高了，作业不拖拉了。作为老师的我，暂时露出了欣慰的笑容。

再次提出问题：如何激发全部孩子的学习内驱力？

现在班级形成了两极分化，三分之一的孩子学习动力极强，三分之二的孩子表现冷淡，甚至无动于衷，因为这三分之二的孩子是中等生和学困生。本来基础就一般甚至糟糕，能得等第A的次数较少甚至屈指可数，他们干脆不努力了。

这可不行！我要改进我的奖励机制，激发剩下三分之二孩子的学习内驱力。

尝到甜头的我，又想到寻求组织的帮助。来到班主任工作坊，提出了我的困惑。

韩老师：兴趣是最好的老师。要想孩子学习有内驱力，光用奖品诱惑不够，还要让他们对你的课堂有兴趣。

钱老师：在授课期间，老师要使课堂长期处于比较活跃的氛围中。要让学生能够感受到这节课是有趣的,能够让学生主动去听课。教师在授课期间,在课堂中可以适量穿插一些适合学生的游戏,增加学生对于课堂的参与性。

施老师:我同意钱老师的看法。亲其师信其道,学生喜欢老师,自然会喜欢老师的课,才能把这一门课程学好。

听了工作坊老师们的建议,我又受益匪浅。

再次获得启示:吸引每一个学生成为课堂的主人

我开始把每一节课都当作公开课去讲,精心设计,满怀激情上课,精彩的课给学生带来了兴趣和收获,也吸引了剩余三分之二学生的目光。

邓小平爷爷说得好:"让一部分人先富起来,带动大部分地区,然后达到共同富裕。"趁热打铁,趁着学生们对我的课堂还有兴趣,我要让先富起来的好同学,带动班级整体上进。

课堂上,我以六人一小组为单位,统计每组上课发言次数,每发言一次,记一分,个别优秀发言可以记两分。一节课结束,得分最高的小组成员每人能获得一颗星,集满十颗星也能到我这里换奖品书签。这样,平时不敢举手的孩子,现在也拼命举手发言,就是为了能为自己组增光添彩,并且这个组里发言最多的孩子成了组员眼里的英雄领袖。这样一来,本来只属于好学生舞台的课堂,现在成了大众的课堂,真正让每一个学生成为课堂的主人。

坊组回馈:总结分享经验

经过一个月的磨练,现在班级学生的学习内驱力跟刚开学比,不知道好了多少倍,我心中激动万分。饮水思源,喝水不忘挖井人。在最近一次的班主任工作坊聚会中,我主动向坊员们分享了我的经历和经验。

管老师:赵老师,你是怎么做到让你们班学生这么有学习动力的?我很羡慕呢!

我:首先,三年级的孩子在追求奖品的热情上和一二年级的孩子差不多,他们看到有趣的奖品就纷纷想要获得。其次,你要想清楚,你希望你班里的孩子在哪些方面达到你的要求。比如说我们班,我希望他们写字能端正些,默写正确率能高一点。以此为依据,设立优秀作业奖励机制。最后,一堂精彩的课,真的能吸引孩子投入课堂中,孩子们在课堂中思考、竞争,渐渐地内驱力就产生了。

韩老师:赵老师的方法很好。针对提高学生学习内驱力,我还要补充一点。可以让学生多读一些具有启发意义的文章、励志的故事、伟人传记等。比老师对学生进行说教要有用得多。学生能从内心深处认识自己应该怎么做,不应该怎么做。

钱老师:是的。平时也要与学生多沟通交流。选择合适的时间和地点,找准教育契机,对他们进行鼓励,在课堂上多给学生机会让孩子进行成功的展示,让学生有成就感。考试结束出来后,帮他们分析成功之处在哪儿,还有哪些不足,还有多少潜力可挖,还有多大的上升空间,让他们认识到你是真心想帮他,而不是想批评他。

施老师:我觉得有时候还可以借助批改作业的机会,写一些激励性的评语。有针对性的评语不但是对学生成绩和能力的肯定,还让学生体会到老师真诚的爱心,从而备受鼓舞,产生强大的学习动力。

抛砖引玉,我又收获到了这么多激发学生内驱力的方法,真是意外的惊喜呀!班主任工作坊真是来对了!

自主合作的运用

长江路小学班主任工作坊的建构属于双向建构。双向建构由两个群体构成,一是由班主任构成的个体,二是工作坊本身。强调的是坊员和工作坊整体的关系。这次激发学习内驱力的实践,充分运用了“自主合作交互研习策略”。在针对如何激发学习内驱力讨论中,大家脑力激荡,碰撞出了智慧的火花。年轻的班主任围绕自己的班主任计划,遇到难题并提出自己的困惑,优秀的班主任为大家提供解决方案,其他班主任从中反思自己的教学方式。不同层次的班主任都从中有所收获。

认识到自主合作交互研习策略的优点。传统的班主任学习只强调知识的垂直传递,偏向于单向灌输式传递,缺乏互动。而长江路小学班主任工作坊的学习强调学习的主体是集体而不仅仅是个体。坊员间愿意合作与分享,彼此间容易形成一个频密交往的有机体。工作坊为我们班主任的发展提供了环境和条件,另一个方面,个体本身也能促进工作坊的发展。班主任工作坊就像一个大家庭,大家都很真诚,无所不谈,所以合作学习的效果很明显。

自主研习关键在于共享

班主任工作坊是由班主任个体和工作坊本身共同构成的学习共同体,他们彼此之间在学习过程中进行沟通、交流,分享各种学习资源,因而工作坊成员之间形成了相互影响、相互促进的人际关系。

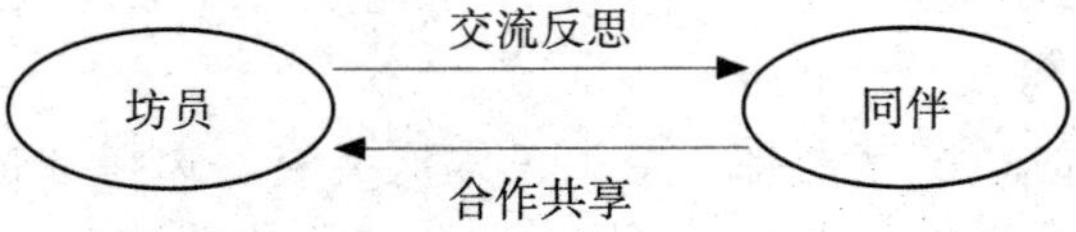

坊员和工作坊的同伴在班主任工作坊中是合作共赢的关系，是自主合作的关系，拥有共同的研修愿景，致力于解决班主任工作领域中的难题，彼此依赖又相对独立。学员之间在相互平等的基础上分享资源、观摩鉴赏、评价讨论，在互帮互助的过程中建立认同感、归属感。

作为班主任工作坊的一员，要关注身边的世界、身边的人，学会信赖他人、理解他人。加入班主任工作坊这个团队，运用自主合作交互研习策略，我感觉自己找到一种家的感觉。在这个团队，优秀的班主任会给予有困惑的班主任帮助和鼓励。大家聚在一起，在轻松的氛围中一起分享自己带班的经验，分享自己收获的喜悦和幸福，或者讨论在带班过程中遇到的疑问和苦恼的解决之道。

○ 案例11：

我在四次研讨中深度获益

管　晴

班主任经常碰到学生行为规范问题。学生行为规范的形成是一个从知到行的过程，要把知转化为行，必须加强教育，加强实践，坚持教育与训练相结合的原则，使他们在知行转化的过程中慢慢懂得诚实做人、认真做事的道理。但是对我而言，我任教初期所带的班级是一年级小学生，他们刚从幼儿园升入小学，各方面仍处于困惑状态；这些其实也有优势，一年级孩子的习惯一旦养成，就很难改变，甚至影响孩子的一生。当时，很多问题迎面而来，其中最令我头疼的事情之一就是班级孩子的习惯养成问题，班上学生的一些行为习惯不是很好，打架事件时有发生，学生对待学习多是态度散漫，纪律性不强，出操时秩序零乱，课堂上比较嘈杂。随着年级升高，这些现象也没有好转。

工作坊的研习就此开始。

第一次研讨

第一次集体研讨会上，我们各自交流自己在班级管理工作中遇到的困难。我主要交流了我们班孩子习惯较差的问题。老师们积极为我提供解决办法："你可以先通过观察，物色语文课堂上领导能力较强，在班上有威慑力的学生重点培养，专门负责语文课纪律工作，让每个同学都有小领导的感觉，感觉他们自己是班级的小主人。"我立刻点头称是，老教师的办法就是多。但是，我转念一想，不行。"我发现我们班的小孩普遍多动，很难去物色最佳人选。"我说。另一位教师语重心长地说道："你可以通过各种类型的主题活动进行挑选，毕竟三年级的小孩还是有些认知能力的，当然，形式要新颖，能吸引他们的眼球。"我连连称好，这个办法可以。即使我不是班主任，但为了让学生在课堂上表现更好，相应的主题活动也是必要的。

于是，我回到办公室后查阅各种相关资料，在与班主任沟通协商后，作为任课老师的我主动为孩子们举行了主题活动。我确定的第一个主题是"胶囊为什么会融化"，通过让学生观看动画，观察他们的反应，适时引入主题，激发他们的问题意识。活动结束的时候，我提出："咱们班哪位同学愿意来承担这个监督任务呢？"好多同学跃跃欲试，但是我为了让每个同学都体会到自己是班级的主人翁，让每位同学按照座位位置轮流担任语文课堂的纪律委员工作。一段时间后，学生不常在我的课上说话，班上的纪律也好了很多。但是好景不长，我发现，不同孩子工作期间班上的纪律是有很大差别的，一个月下来，语文课堂仍是一塌糊涂。

第二次研讨

第二次集体研讨会的时候，我第一个提出了自己的忧虑与困惑，全体老师经过积极交流与思考，对我所提出的问题进行了解释："小孩子还是需要激励的，尤其是他们已经到了懂优劣之分的年龄，对于不遵守纪律的孩子，要让他多写写自我警策的座右铭；对于问题严重的学生，可以一天不犯错表扬他，一周不犯错让他收作业，两周不犯错才让他做纪律委员，只有激励到位，学生才能有所改进。"我暗暗点点头，当天就在班上开始实行这样的制度。

但是，并不是所有的问题都能得到解决。有些学生因为自身性格的缺陷，这样的激励对于他们而言无异于"雪上加霜"，可能效果会适得其反。我又一次迷茫了，班级管理工作果然不是一蹴而就的。

再次研讨

到了第三次集体研讨，我迫不及待向与会老师提出我的困惑："其实，小学阶段正是培养学习好习惯的重要时刻，我们为什么不试一试从改变自己的教学方法入手呢？只要学生喜欢，能吸引学生的注意力，那课堂上哪里还会有纪律问题存在呢？"一位老师说："是呀，我们光知道纠结学生的问题，却从来不反思自己的方法。"有老师跟着提出，小学生正是对什么都好奇的年纪，只有我们给他们传授知识的过程具有吸引力，才能让他们在纪律上不犯错。

我立刻调整教学方式，多听其他老师的优秀课，多钻研教材、多磨课，不断提高自身业务素养；每堂课都要精心设计，坚持认真备课，备课中针对三年级学生的特点有针对性地备教材备教法，力求做到吸引学生的眼球，生动有内容。

例如，我在教学《铺满金色巴掌的水泥道》时，通过让学生观看落叶纷飞的图片，观察他们的反应，适时引入主题。在理解词语"熨帖"时，我让学生多多交流自己的想法，即使他们说错了，也不是一味地否定他们。学生胆子大了，自然会有插嘴或晃神的现象，这时我通过变换问的方式来吸引他们，学生的注意力再次被聚焦，我在点名回答的时候也会暗示叫行规好的小朋友。

果然，经过我的努力，再加上之前课堂纪律管理方法的运用，这一个月，语文课上的纪律明显有了提高。

收获的研讨

第四次集体研讨总结会的时候，我和与会的老师们分享了我们课堂纪律方面取得的小小进步。我说："任何一种教学方法或者是管理方法，它不仅是对学生，更是对老师，只有老师与学生共同努力，课堂管理才能卓有成效。"与会老师对我连连称赞。

由此可见，班主任工作坊就当前班级管理的热点、难点等现实问题进行讨论和交流，并开展教育叙事、教育案例分析、经验交流等有效方式进行互动交流，对课堂管理工作意义重大。

优秀的教师是学生全面发展、健康成长的人生导师；创建良好校风、班风，需要建设一支思想素质好、业务水平高、奉献精神强的优秀教师队伍。班主任工作坊为我们教师工作提供了一个交流学习的平台，大家在这个平台上广开言路，畅所欲言，在观点的碰撞中分享科学的教育方法。

我期待，我与我坊组的同伴一起深度研习，能在不断磨合中，一起成长，一起进步。

○ 案例12：

明确研习方向学以致用

王祎雯

新学期开学第三周，当上课铃正式响起后，依旧还是那个在我眼皮子底下的孩子正慢慢悠悠地玩着笔袋，丝毫没有已经上课的自觉。自开学以来，课上我对这名学生的提醒可以说是不计其数，但总是收效甚微。低年级的孩子，自我意识过重，面对老师的批评也不以为意。面对他这样的学习习惯，作为一名新教师，我心急如焚。我依据自己制订的工作坊研习计划，重点开展了学生个别教育的研习。

遇到“拖延症”的孩子

小汪无疑是个聪明的孩子，在我上课抛出问题后常能第一时间给予我一个反馈，即使有不会的地方，只要稍加点拨就能得出答案。但他的过度活跃也让我常常招架不住，总在举手前插嘴，喜欢和老师对着说这一点让我十分头疼，即使在多次提醒课堂纪律后依旧没太大改变。除此之外，“拖延症”也是他身上极大的一个毛病，一个练习布置下去，其他学生可能一小会儿就完成了，而他常常一天都没有办法做完。我曾盯着他一个人写作业，发现他的注意力很容易分散，总是写两个字就习惯性抬头看看周围又发生了什么事，看看其他同学在干什么，看着他写作业的我反而比他本人还要焦急。在这样的事发生过好几次以后，我再也无法抑制内心的怒火，在他又一次破坏课堂纪律后狠狠地批评了他一顿。可冷静下来后，我又生出了更多的无力感，因为我知道，一味严厉批评其实是没有用的。

与其他老师研讨后

作为一名年轻教师，我的教学经验还很有限，面对这样的孩子，我十分头疼，他并不是一年级刚入学的孩子了，二年级了，应该要适应学校学习。每每生出无力感时我都在想，还要管吗？学校里做不完的作业就让他带回去吧，上课喜欢插嘴不理他就好了，可是我知道，不行。我此时的放任很可能会让他的这份拖延症越来越严重，而他上课插嘴玩闹开小差，影响的也不仅是他一个人，还有周围同学，如果放任不管，问题只会越来越严重。作为一名老师，我必须对每一位同学都尽职尽责。我的教学经验缺乏，那就向其他老师讨教，于是我便向班主任了解这个孩子在其他课堂上的表现，以及向班主任讨教经验。我也开始逐渐有了方向，低年级的孩子处在他律道德阶段，他们自己其实对于什么是对什么是错有些模糊，需要大人的正确引导。责骂是没有用的，听不进去反而可能造成对抗型的师生关系，在制定规则时进行适当的正面强化和负面强化反而会比较有用。

摸索教学方式中

于是，我在课堂上开始实行更多的奖励机制，当他能够意识到正确的课堂纪律下应该怎么做时要大力地表扬，并给予奖励，且有奖有罚。当写作业又开始磨磨蹭蹭时，我就会收回对他的奖励，让他有所感觉。此外，我也和这个学生的家长进行了联系，发现这个孩子在家里就是好动且学习习惯较差的。所以我想，这种自觉锻炼也必须联合家长一起进行，只有这样，才能让孩子养成一个新的良好的学习习惯。上课时也会对小组采用积分制，纪律好的小组加星，这时，这个孩子代表的也就不只是他个人了，借此机会也能培养他的集体荣誉感。除此之外，我也常会找些课余时间去和他谈心。古人云："感人心者，莫先乎情。"谈心不以说教为主，而是像朋友一样聊聊天，让孩子不要对老师有抵触情绪，拉近师生关系。

有了变化

慢慢地，我开始发现这个学生身上发生的变化，上课时他虽然还是会习惯性地在举手前脱口而出，但下一秒就仿佛意识到什么似的迅速坐正，举起小手等待老师的指名，这对于他而言已经是一个很大的进步了。我也趁此机会极力表扬他，让他知道这么做是正确的。而在作业上，我也实行了积分奖励制度，完成得快且有质量则能加星，并在第一次加星时特别表扬了一些原本速度和成绩没有那么优良的学生，既增加了其他学生的信心，也激励了他们自己。果然，这个学生也开始更积极地完成课堂作业，虽然还有拖拉现象，请已经完成作业的学生扮演"小老师"督促他也能有效果。

不仅仅是针对这个学生，这种多方面的激励制度对整个班级学习氛围都有正面影响，总体而言还是成功有效的。对于低年级孩子，正确的奖罚机制能够使他们在潜移默化中生出规矩意识。由此也可见，开始时因为这个学生的个人问题所产生的解决方案，成了班级内整体发展和班风建设的一种良好政策。

我的收获

这次的实践并不只是对孩子本身进行了改变，也是对整个班集体的塑造，更是对我这种年轻老师的一种锻炼。

课堂纪律和学校作业都是每个孩子必须面对的，从这次实践中我清楚，一味地训斥是没有任何意义的，在面对孩子不正确的行为时，我们首先应该分析其原因，然后再去寻找教育方法。此外也需要家校联合，让学生习惯正确的学习态度。还有，集体的力量是无穷的，当把一个孩子置身于集体中，他会生出集体荣誉感，而其他孩子也会像小老师一样相互监督，去帮助那些纪律习惯不那么好的孩子，我们教师要善于借助集体的力量，促使班级进步。

作为一名新上岗的教师，刚刚接触到学生，难免有措手不及的时候，上文提到的学生是我教师生涯开端中的一个小挫折，但面对他的问题，我们教师不能选择无视或者消极对待，在他开始有正面的变化后，我又和工作坊内其他几位老师进行了一次讨论，面对这种自我意识过剩的低年级孩子，我们应该如何去改变他？

使用正确的策略

每一个班级似乎都有那么几个格外活跃的分子，而经过讨论和分享各自的方法经验总结，我们发现面对这样的孩子，尤其是低龄孩子，说教和“吓唬”的效果是一时的，要在日常的教学中将规矩意识点滴渗入。首先，这一策略中要注意正确的激励，尤其是在孩子开始有意识克制自己行为时大加赞赏，会让孩子更明确什么行为是对的。其次，我们要注重集体的力量，一个孩子不好可能会影响一个集体，那么同样，一个好的集体也会感染一个相对而言没那么好的孩子，采取小组积分奖励正是为了让更多自觉的孩子用规范的行为向管不住自己的孩子演绎正确的课堂纪律，良好的学习态度会在集体学习中传播。当然，也不代表在操作过程中完全舍弃批评，一旦学生开始懈怠，就要传递出老师的信号，让孩子们认识到自己行为的偏差，且表扬一定要表扬到点子上才会让学生更珍惜这份奖励。而当学生开始有了转变，他们也会传递给教师一种更加积极的教学环境，也让作为教师的我更有了一份教学自信，在面对学生时，更乐于去分析其身上不足的背后原因，从而积极探索教学之路。

在教书育人的过程中，会有不少问题挫折，这对于教师而言是一种磨砺也是一种成长。在工作坊的研习一定要按照计划研习，明确方向，利用工作坊的班主任工作资源，带着问题研习，学以致用。只有在发现问题后善于分析问题，与他人合作，相互探讨经验，实践后分析总结，才能提升自我修养，才能在教学这条路上走得更远。

○ 案例13：

优势互补，共同提高

杜　娜

从教快二十年了，当班主任还是头一遭，如何管理班级的日常事务？如何提高班级的学习积极性？如何跟家长保持良好的关系？班级的小调皮们该怎么管理？……带着一大堆问题，我加入了班主任工作坊，在工作坊坊主和其他坊员的帮助下，解决了一个又一个难题，同时对工作坊提出的三个研习策略有了深入的了解，其中围绕流程自主研习策略让我印象比较深刻，下面就从这方面入手谈谈我的几点体会。

一、坊主和坊员合作研习

俗话说：众人一条心，黄土变成金。工作坊是集体力量的源泉，众人是智慧的摇篮。团结就是力量，生活中很多事情只有团结合作才能把事情办好。团结是合作的基础。个体要怎样合作，才能使集体的力量达到最大呢？我们的坊主精心设计了两个巧妙而有趣的任务，使班主任们在小组合作中体会合作的妙处。

记得工作坊的第一个任务是“分豆子”，每位老师要发挥自己的长处，擅长管理班级的老师贡献金点子，擅长跟家长打交道的给大家讲经验，擅长心理教育的老师给大家分析学生心理问题，只有合理分工，各展所长，才能得到团体胜利。第二个任务是“诺亚方舟”，各个坊员要在最短时间内全部走上窄窄的“小船”。坊主提出问题，大家各抒己见，发表自己的意见，只见老师们从一开始的不敢说到大声争论，最后逐渐总结和掌握了经验，慢慢学会聆听他人意见，组员互相依偎，互相迁就，互相学习。大家有的做好记录，有的在发现问题后提出新问题，通过亲密合作，老师们彼此的距离拉近了，真真切切地感受到团结合作的巨大力量。

进行这样的活动需要坊主和坊员之间建立充分的信任关系，大家心平气和地坐下来，把任务抛出去，坊员之间不藏私，真心给出问题的操作方式，坊主在这期间也要做好准备，发挥坊员的个人特长和优势，团结一致，解决问题。

二、先进经验点拨促成长

我们的工作坊里有一些非常优秀的有经验的班主任，是我们新班主任的智慧源泉，有事多和他们沟通交流，他们许多现成的经验和做法往往会让你事半功倍。我们建立了工作坊班主任交流群，老师们把自己在日常工作中遇到的问题，及时和工作坊的其他班主任交流，取得他们的点拨和指教。一段时间下来，班级到你手里就会顺妥。

记得在一次工作坊的活动中，坊主请来了几个学校有经验的老师来谈谈他们的班级管理小妙招，周老师分享她的“勤字诀”，勤接触，勤表扬，所谓一勤天下无难事；徐老师分享了她的“严字诀”，严于律己，严格要求学生，所谓严是爱，松是害；杨老师分享他的“细字诀”，细心，细思，细管理，所谓事事细则事事顺；张老师分享了她的“爱字诀”，学生并不在乎你知道多少，但要让他们知道你多么关心他们。这些老师把他们好的经验和做法介绍给坊间的老师们，我从中也学到了很多小妙招，对我后来的班级管理有很大的帮助。

当然，坊员的成长离不开独立思考，其实思考的过程就是进步的过程，也是解决问题的过程。年轻班主任要善于思考，寻找解决问题的办法。同时，新老师还需要加以改正，思考修改的过程，其实就是进步的过程了。随着班级新政的实施，学生的整体变化会越来越多。

活动结束后，坊主建议大家对于班级的管理要有自己的思考，如我们的教育到底是为了什么？教育为了谁？我们为谁而教，为谁建构班级的各种文化？我们要把这个班级带向什么样的高度？我们的班级教育目标是什么？我们该如何实施措施实现这些目标？

三、优势互补，各扬所长

坊主是工作坊的组织者、管理者和策划者，一个工作坊是否团结、和谐，是否有活力，和坊主有十分密切的关系。而一个班主任也是班级的管理者，一个班几十名学生，是否能够成为德、智、体全面发展的一代新人，很大程度上取决于班主任工作的好坏——班主任的工作态度是否认真、教育艺术是否高超、教育方法是否恰当、组织管理能力是否较强，以及班主任本身能否身体力行和成为学生的楷模，而每个班主任都有自身的优势，发挥每个人自身的优势，才能更好地为工作坊服务。

拿坊主来说，我们的坊主是一个有着自身魅力的老师，她的一言一行、工作态度时常对其他老师有着很强的潜移默化作用，坊主若善于管理，工作坊就会显得积极向上，有很强的凝聚力。相反，若坊主不善于管理，工作坊的工作则是一盘散沙。

我们的坊员中有擅长德育的老师，那么一节好的班会展示课就交给这位老师，每学期就班级管理问题进行一次主题对话；坊员中有喜欢读书的老师，我们邀请她常分享一些对德育专著或者读书的收获；每学期由坊内一人结合本坊全体坊员的工作经验作一次专题讲座；擅长电脑的老师帮大家制作PPT等。

班主任工作坊的成立，旨在探索班主任队伍建设的模式和班主任成长的规律，推动班主任工作创新，推广优秀班主任经验，为班主任的成长提供展示交流的平台。在这个共同体中的每一个成员都能在班主任工作坊中，充分发挥工作坊的专业优势，通过项目研究、任务驱动，聚焦班主任工作中的重难点问题，共同分享，共同攻关，共同提升和发展，朝着有美感、有生命力、有活力的德育工作目标踏实前进。

第五章　工作坊孵化班主任个体的发展

○ 第一节　班主任在工作坊孵化中的要点

○ 第二节　“班级工作发展能力”维度的工作坊研习

○ 第三节　“班主任自主发展能力”维度的工作坊研习

第一节　班主任在工作坊孵化中的要点

一、工作坊孵化的“三个关注”

工作坊的建设不仅要注重其组织建设,更要关注其功能的发挥。工作坊的孵化功能首先要明确孵化什么,让坊员在哪些地方获得发展。我们认为,工作坊的孵化主要促进班主任个体优秀班主任核心能力的增强,应该从三方面实施。

(一)转变坊员观念,增强自主发展意识

关注坊员观念转变、增强自主发展意识是由优秀班主任核心能力的内核规定性所决定的。没有班主任自主发展的愿望与意识,仅靠外部驱动是难以提高优秀班主任核心能力的,也难以成为优秀班主任。

坊员的观念转变主要表现在两个方面:一是思维方式的转变。首先要改变思维定式,用已经定型的传统观念,例如所谓好学生就是“五分加绵羊”、班主任对学生管得越严越负责,结果导致学生毫无个性发展。培养班主任合乎教育规律的独立思维习惯显得十分重要。二是行为转变,没有班主任工作行为的转变,也就是没有工作坊研习对坊员产生的有意义的行为改变,即学习并没有真正发生。

第一,坚持观念上由外在驱动变为自主发展。学校工作坊引导坊员确立“班主任工作适应学生每天的成长”,不断研究学生,不能日复一日,沉浸在过去工作的老一套之中。我们引导坊员不断增强工作独立思考能力、研究学生能力、教育反思能力以及教育创新能力,从而提高班主任自主发展能力。

第二,注重经验驱动转变为理论自觉。班主任作为一线教育工作者,丰富的教育经验成为专业化发展的宝贵资源。但是要引导坊员不能满足于已经获得的班主任工作经验,还需要在班主任工作上具有理论自觉,符合班主任工作的教育规律。

(二)升华坊员的情感,树立积极教育情感

乌申斯基说:“教师个人的范例,对于青年人的心灵,是任何东西都不可

能代替的最有用的阳光。”班主任在课堂上和课堂以外的生活中所自然流露和表现出来的健康、高雅的言语、行为、性格、气质都有着示范作用，他们的渊博学识、高尚气质、聪慧自信、幽默真诚、得体举止、优雅服饰等，以及班主任的某些爱好、特长和教学“绝活”等，都会对学生产生潜移默化的影响。这是一种十分重要的教育资源，也是班主任有效实施教育的一种手段。我们要善于挖掘在工作坊中注重孵化坊员的班主任工作上的情意要素。

“感人心者，莫先乎情”，工作坊首先要增强自己对坊员的凝聚力，以教育的情感滋养坊员。工作坊通过自己的孵化功能，努力塑造班主任良好的教育形象和人格形象，努力将班主任的师表美德外溢为教育手段，培养学生的情趣、陶冶情操，影响学生的思想感情、聪明才智和精神面貌。工作坊要通过创设愉快研习环境，激发坊员浓厚的研习兴趣和强烈的求知欲望，使研习对坊员不再是一种外在的要求，而是成为一种自身的精神需要。

第一，工作坊的孵化要让坊员的专业能力与专业情意二者结合。认知的发展与情感的发展共同构成个性的和谐，同时，智与美又是互相融合、互相联结的，专业能力本身有很多内容可以构成教育情感的对象，而教育情感也有着一种对专业能力的催化作用，以情启真，以情感人，让坊员情不自禁地参与研习，主动热情地投入研习之中，并感到乐在其中。这样，坊员的研习动机和情感支撑着毅力，激发认知欲望，从而产生更好的研习效果。

第二，工作坊要全面关注坊员的教育心理素养。这是优秀班主任核心能力的基础，也是优秀班主任核心能力的结构要素。我们工作坊从知情意行四个方面加强优秀班主任核心能力的孵化。

综上所述，优秀班主任核心能力的孵化是一种“无痕”的融合，借用一句古诗所描写的，个体心理素养应是与班主任核心能力相联系的“好雨”，其时机应是坊员产生相应的心理需求的“当春”这样恰到好处，其方式应是研习内容“随风潜入夜”地融于孵化过程之中，其效果应是对坊员的“润物细无声”，即工作坊让坊员真切地感受到成长，从而受到优秀班主任核心能力的熏陶与滋养。

第三，要通过不断孵化，促进坊员态度转变。在工作坊研习之前，坊员对班主任工作的态度是有着差异的，其中一部分对班主任工作有着积极的态度。从正态分布原理看，相当一部分班主任的工作态度有着提升空间，对工作坊的研习也有着不同的态度。因此，对于班主任工作坊很重要的任务是促进班主任从“被动”到“主动”。工作坊要关注坊员对在坊研习的正确态度，积极参与，认真研习，让坊员从初期的被动研习，到主动提出设想、设计方案，主动与坊组同伴商讨、与专家探讨、组织实践活动、开展反思总结等活动，从一个“等待帮助的受援者”变为“主动汲取资源的学习者”，主体意识逐步增强。

（三）提高坊员的能力，改进班级教育行为

工作坊的孵化旨在通过提高坊员的优秀班主任核心能力，从而达到提高班级教育水平，实现学生发展的目的。因此，班主任工作坊要以提高班主任工作能力为重，注重研修任务驱动性。基于研修需求和主题要求，工作坊成员通过工作坊的孵化开展研讨活动与实践研究。

第一，工作坊要引导坊员研究班级的学生。班主任要有效地教育学生，就必须了解学生，要了解学生就要学会观察学生。班主任敏锐的观察力能迅速、准确地获得各种教育信息，是提高教育工作质量不可缺少的基本条件。班主任的观察力越敏锐、越深刻，就越容易发现一般所忽略的东西，越容易观察出事物的隐蔽特征，越能够分辨出事物之间微细的差别，才能对不良倾向及早开展教育工作，做到防微杜渐。对良好的幼苗积极加以扶持，对有特性及不同程度问题的同学及时指出加以正确引导，促其尽快成长，牢牢地掌握住教育工作的主动权。班主任观察学生，只能察看学生的外部行为表现。

第二，工作坊要引导坊员提高班级工作的判断能力。这是班主任在观察班级学生的基础上，对其作出教育决策，进行推断、判别。判断的过程是一系列由班级现象到内在本质的逻辑推理过程。正确的判断是影响和教育学生的有力杠杆。它能够帮助班主任穿透学生的心扉，揭示出事物内部深层次的部分，以便采取有针对性的教育措施。同时，错误的判断会导致学生的反感，经常出现判断失误会失去学生的信任，甚至造成师生之间的裂痕。深刻的判断依赖于敏锐的观察，敏锐的观察借助于正确的判断才能深化。班主任在班级工作中，决策和判断也往往交织在一起，只有在正确的判断基础上，才会有精准的决策。

第三，工作坊要引导班主任发展班级工作的思维能力。班级工作思维能力是在一般思维能力基础上发展起来的特殊思维能力，专指对班级工作的思维能力，它不同于其他职业活动的特殊思维，例如经济思维，也不同于学校教育中的学科思维，它是对班级工作进行分析、综合、比较、抽象、概括，揭示班级现象与事物本质和规律的能力，作出正确教育决策、调控与反思必需的思维活动。班主任工作是复杂的、创造性的教育活动，这种活动性质决定其必须具有在合乎逻辑基础上灵活的思维和独立批判精神。只有如此，才能有效地处理观察结果，选用正确的教育对策；才能既博采众长又不盲目模仿，做到“善学邯郸，不失故步”“不为药误”，形成适合带教班级的教育。

二、优秀班主任核心能力发展的两个维度

（一）优秀班主任核心能力发展的两个维度

根据世界顶级管理咨询公司麦肯锡咨询公司的观点，所谓核心能力是指某一组织内部一系列互补的技能和知识的结合，它具有使一项或多项业务达到竞争领域一流水平的能力。洞察预见能力主要来源于科学技术知识、独有的数据、产品的创造性、卓越的分析和推理能力等；前线执行能力产生于这样一种情形，即最终产品或服务的质量会因前线工作人员的工作质量而发生改变。这个观点支持我们的优秀班主任核心能力两维结构的观点。因此，本研究中的小学优秀班主任核心能力，是指能使其保持“优秀”这一公认品质的突出能力的集合。由于这些能力集合的存在，使得他们被称为“优秀”。

1. 第一维度：班主任自主发展能力

班主任自主发展能力这个维度是指向班主任主体。班主任自主发展主要是指班主任的专业自觉，其核心在于对“自觉”的理解。班主任的专业发展重在符合教育规律上的主动，是自觉的必然表征。但是，不符合教育规律的事情做得越多，对班主任工作的伤害越严重。因此，“努力”不是“自觉”的核心标准，“符合规律的行动”才是自觉的本质。

“自觉”是指对事物本质与规律的主动把握与运用，是内在的自我发现、外在创新的自我解放，也就是有意识地维护、发展自我本体。我们认为，“班主任专业自觉”是指班主任基于班主任工作专业性的清晰认识而主动去做。这也是指对班主任工作的价值深刻认识，对教育规律的正确把握，对班主任工作的责任主动担当。

“班主任专业自觉”的界定是建立在哲学上的考量，在认识与实践相结合的基础上，对“自觉”的内涵进一步作了明晰：“价值的深刻认识”，价值观对人的行动有着基本的导向意义；“教育规律的正确把握”，按照规律做事（内容与方式上），达到“自为”；“责任主动担当”，在上述两项的基础上承担责任，主动而非消极（态度上），在行动上实现“自觉”。因此，我们对“班主任专业自觉”的界定从为什么的价值上、怎样做的内容与方式上、如何做的态度与责任上作了阐述。这是明确地提出优秀班主任核心能力的自主发展维度。

班主任的自主发展关键在于自主性。自主性在心理学上是指独立性，主要是主体支配自己权利的意识及能力，集中表现为自尊、自立、自强等自我意识以及自我激励、自我调控、自我评价的能力等。自主性也称自我完善性，是个体在对象性活动中的地位问题。主体性是个体在一定条件下，对自己的活动具有支配和控制的权利与能力。人不是消极地依赖自然界、外部世界的恩赐来保证自己的生存和发展的，而是使自己在同自然界、外部世界所发生的必然联系中处于主体地位，并按照自己的力量、需要和方式来掌握自然界和外部世界，依靠自己的力量来保证自己的生存和发展。

班主任的自主发展取决于班主任的主体性，主体性是人作为社会活动主体的本质属性。主体性是人表现出来的独立的、积极的、自主的、自由的认识和行为方式，集中表现为人的独立性、主动性和创造性。班主任的主体性强弱影响班主任的发展强度，同时也是在工作过程中不断发展的，也是班主任在工作过程中与环境交互中形成的，表现为参与性、能动性、独立性、创造性、超越性。班主任的工作主体性具有对班主任工作认识和实践活动的能动性，以及有能力对班主任工作进行自主活动。

2. 第二维度：班主任工作发展能力

班主任工作发展能力这个维度是指向班主任工作的客体，即完成班主任工作具体任务的能力，主要包括班级工作领导力、班级生态营造力、班级文化建构力。

班主任工作涉及的面很多，其工作需要的能力也很多，例如教育谈话能力、主题教育组织能力、体育活动组织能力等等，举之不尽。因此对班主任工作能力进行梳理，尽可能地抓住班主任工作能力中的主要矛盾，那么许多次要矛盾就可以清晰，也就是班主任工作能力需要纲举目张，抓住关键的，对其他班主任工作能力可以产生影响的一些基础性、关键性能力。

国际著名的美国教学改革文献《普及科学——2061计划》提出了“通用概念”这个极其重要的概念，这是以往教学论著中未曾出现过的。这个文献认为，通用概念具有普适性的概念，在构建知识结构体系和发展学习迁移能力上具有重要的意义。“通用概念”，即在科学、数学和技术领域充满并反复出现的一些重要概念，这些概念的普适性为学习者带来了极大的方便，掌握这些概念有助于知识学习迁移。这个文献提出“以少胜多”，指出：“学校讲授得少是为了讲得更好些。集中在较少的主题上，教师能按不同的背景将概念渐渐地引入，并随着学生不断成熟，逐步加以强化和扩展。他们能够领会到更深刻的知识内容，从而加深理解。这种方法同那种学生表面上学得挺多而实际上吸收得少的方法相比，学生毕业时洞察力要丰富得多，理解要深刻得多。”“为了确保所有学生具有科学基础知识，必须减少教学内容的绝对数，更多地注重科学、数学和技术之间的联系，培养科学的思维方法。”在这样的教学改革大浪潮中，我们必须做出反应。“少一点”即针对目前教育内容过多过滥，许多知识点如蜻蜓点水式接触一下，真正理解、把握的却不多，造成“全面的肤浅性”，学生思维“交通阻塞”，学生不堪重负，难以跟上科学（包括数学）和技术的迅猛发展。“少一点”在形式上，具体表现为在教学中少一点教师的“支离破碎”的讲解，少一点教师的“包办代替”，避免那些无用的、烦琐的习题，少是为了集中力量突破具有迁移性的通用概念上的思维能力。这个通用概念思想对我们建构优秀班主任核心能力有着重要的启发，抓住具有普适性的、班主任工作的元能力可以更好地促进班主任的工作思维能力，以基本的班主任工作“通用概念”与“少一点”的理念为班主任工作创造广一点的思维时空，挑选出最需要的、最具有典型意义的核心能力。在工作坊中研习，研习聚焦看似少了一点，这是为了把握得更好些，能力迁移得更好一点，达到“以少胜多”举一反三的教育工作效果。

我们以此为据，提出了优秀班主任核心能力的以下三个方面：班级工作领导力、班级生态营造力、班级文化建构力。班级工作领导能力主要从现代教育理论与现代领导学提出，当代的班级工作应该从班级管理走向班级领导，转变班主任角色，从管理者走向领导者，作为班级主体学生的同伴，以自己的领导素养引领班级工作，促进学生成长。班主任不能再是班级主宰者的角色，而应该以生态文明思想为导向，建立良好的班级教育生态，为学生提供健康成长的环境，为此要具备班级生态营造力。文化在教育中的作用越来越受到教育者重视，以文化滋养学生的心灵，丰富学生的精神生活，提升学生的精神世界，班主任文化育人能力直接影响班级工作的质量。我们从班级工作领导力、班级生态营造力、班级文化建构力来建构当代优秀班主任核心能力，具有教育科学发展的前沿性与实践性，也是区别于传统班主任工作的标识。

（二）优秀班主任核心能力发展维度间的关系

优秀班主任核心能力应该与一般班主任能力有所不同，这不仅是学理上的概念确定性要求，而且也是客观实际上的区别，从一般班主任发展成为优秀班主任总是有道理的，是什么要素起了决定性作用？我们从两个方面回答这个问题：一是有些班主任具有比一般班主任更强的发展意愿与发展能力，二是有着比一般班主任更强的班主任工作能力，而且这种班主任工作能力具有影响其他班主任工作能力的作用。一般班主任能力应该说担任班主任的教师基本上都具有，只是在班主任工作能力的强弱上，有的班主任群体教育能力较强，有的班主任个别教育能力强一点；也有的班主任多才多艺，班级活动开展得丰富多彩，有的班主任体育特长明显，带领学生开展体育活动，班级生龙活虎。但是上述班主任身上的能力，与班主任工作绩效和学生发展并不一定成正相关关系。真正影响班主任发展的是班主任个体与其工作环境之间的互动关系，也就是班主任本身有没有发展的愿望，是否自觉增强其班主任的工作发展能力，这就成了班主任能否继续发展、可持续发展的重要内因。

同时，我们更要关注优秀班主任核心能力中班主任自主发展能力与班主任工作发展能力之间的交互关系，这两者互相依赖，互相促进，构成优秀班主任核心能力体系。这两个维度一个是班主任工作的价值观、情感态度上的能力，另一个是班主任工作专业能力，这两者本质上建构了完整的班主任工作的心理过程，也不断提升班主任工作的心理品质。这两个维度是互为影响的，只有班主任发展愿望而无相应能力，不可能成为优秀班主任。相反，只有班主任工作能力，而无正确的班主任工作价值观念，也难以有班主任工作的高度。优秀班主任之所以优秀就在于其有着强大的发展能力，是班主任自身的发展愿望的驱动，另一方面是工作发展的能力支撑。没有发展，哪来优秀。优秀班主任来自工作的自觉磨练。学校与班主任工作坊要为班主任的成长与发展提供适宜的环境，使班主任的积极愿望与良好的能力得以发挥，不断增强优秀班主任核心能力，支持班主任得以自我实现。

第二节　“班级工作发展能力”维度的工作坊研习

一、“班级工作领导能力”的研习

班主任缺乏领导力的问题是一个隐藏着的、被忽视的现实问题。班主任领导力的高低决定着班级管理水平的高低，直接影响到班级发展的水平。

领导力是领导者为实现共同理想或目标而影响和改变群体的心理状态和行为的能力。班主任领导力是指班主任可以被描述为一系列行为的组合，而这些行为将会激励学生跟随班主任去实现共同设定的目标。就是一种特殊的人际影响力，班级中师生每一个人都会去影响他人，也要接受他人的影响。班主任工作领导力意味着这种领导力在组织中发生，与目标追求密切相关，包含着相互影响的领导行为的一个过程。班主任工作领导力主要包括班级发展引领力、班级工作决策力与教育资源开发力等。

James M. Kouzes，Barry Z. Posner在《The Leadership Challenge 》一书中指出，“The Leadership Challenge is about how leaders mobilize others to want to get extraordinary things done in organizations. It's about the practices leaders use to transform values into actions, visions into realities, obstacles into innovations, separateness into solidarity, and risks into rewards. It's about leadership that creates the climate in which people turn challenging opportunities into remarkable successes.”（意为：领导力挑战是关于领导者如何动员其他人在组织中完成非凡的事情。它是关于领导者将价值观转化为行动、愿景转化为现实、障碍转化为创新、分离转化为团结、风险转化为回报的实践。领导力创造了一种氛围，让人们将富有挑战性的机遇转化为非凡的成功。）（James M. Kouzes, Barry Z.Posner: The Leadership Challenge）由此可见，班级工作领导力要重在将班级工作的价值观转化为行动，把班级发展愿景转化为现实，以此引领班级工作，引领学生在班级中发展。

领导与管理两者之间有相似性，却不能忽视两者之间的差异性。领导与管理的最大区别体现为：领导是一种变革的力量，而管理则是一种程序化的控制工作。班级领导具有前瞻性，着眼现在到未来，领导活动致力于整个班级发展方向的规定，这主要体现在班级工作决策和目标的制定等方面，着重于更长的时间范围，注重宏观方面、创新开拓的战略以及价值考虑。班级领导具有全局性，领导活动注重对组织内部各个组成部分进行整体性计划、协调和控制；班级管理具有局部性，它是一种技术性较强的工作，其目的在于提高某项工作的效率。班级管理主要是当前性，关注当前的事情，强调微观方面，侧重于当前活动的落实，着重问题的排除。班级领导强调班级文化，注重整体精神、师生的凝聚，激励和鼓舞侧重于授权、扩展，注重激发群众的积极性，形成非常积极的变革力量。班级管理强调制度与操作规程，趋向于服从安排，注重控制工作详细步骤，按照规定操作。领导有别于管理，但两者都具有鼓舞群体、为组织建构目的的共同特点。领导关注的是解决问题，勾勒愿景，确立战略，鼓舞士气，而管理是支持，是“计划和系统监督领导计划的实施”。迪莫克（Dimmock，2002）认为：“领导应该是被视为高一层次的能力，应该是建构愿景，激励群体，而管理应该是低一层次的活动，如通过监督、协调、控制来维持工作。”（张俊华：《教育领导学》，华东师范大学，2008年12月）

在班级工作中，尽管领导与管理不同，但有着联系。两者都涉及对需做事情作出决定，建立一个能完成某项计划的工作网络，并尽力保证任务得以完成。管理（mangement）是领导（Leadership）的一部分，领导高于管理，并凸显出来。实际上，领导与管理在组织的实际运作过程中，并不是泾渭分明的。领导与管理的区别是相对的。领导与管理的联系主要体现在以下两个方面：一是领导是从管理中分化出来的，并具有先进性；二是领导活动和管理活动在现实工作中，具有较强的复合性和相容性。

班级领导中要管理，班级管理中要以领导方式引领。班主任在从事班级管理工作的时候，需要领导力。领导力需要通过一些班级管理工作表现出来。只有有力的管理与有力的领导融合，才能带来满意的效果。若两者只具备其一，也难以实现班级发展目标。没有班级领导力而只是有力的班级管理可能会变为更加强制性的班级工作方式，令学生感到压抑，为了维持班级秩序而维持秩序；没有辅以管理的领导会变得以“教师爷”自居，但事事难以落实，也达不到预期的实效。

在坊员的研习中，坊员确定了以“班级发展的引领”“班级工作的决策”与“教育资源开发”为主题的研习。坊员思考为什么有的班级会陷入班主任怨学生、教师怪班主任的怪圈，并认识到班级工作中领导力的缺失，尤其是作为班级首席的班主任和班级组织的领导力不足。在班主任研习中，坊员更注重自己的“教育影响力”，体悟到了班级领导力是班级发展和建设的灵魂，是优秀班主任核心能力的集中表现，也是区别于传统班主任专权式管理的重要标志。

“班级工作领导能力”的研习要点：

1. 坚持班级工作领导力的先进性。关于班级工作领导力的问题对于不少人而言是陌生的，因此也容易产生抗拒的态度。班级工作走向领导是现代教育发展的必然。领导基于愿景，领导就是“做正确的事”，围绕着改变和发展使班级工作更有效，引领师生以一种主动态度面对班级发展目标，把班级工作视为以目标引领的过程，为实现班级远期目标制定班级活动，使整个班级朝着正确方向前进，实现所确定的目标。

2. 引导坊员把握领导的功能，班级领导强调影响力，学生通过选择自愿成为班主任的追随者，而不是传统的班主任常以管理者身份下指示、定规矩，学生成为被教育者，即下属，是被管理者，以一种被动的态度面对班级。班级领导是一种完成班级与师生共同发展目标的更为先进的活动，班级领导能带来有用的师生发展，而管理则是为了维持秩序。

3. 引导坊员学会科学合理地作出班级工作决策。克服班级工作中的随意性，班主任工作要想好再做，作出符合班情、学生情况的活动决策、班级制度决策等。

4. 引导坊员作出有关班级各项活动安排等事项，表现出尊重学生主体，也要让学生知道应该为班级做什么。

5. 引导坊员善于利用教育资源，充分挖掘与开发社区教育资源与家庭教育资源，开展班级活动。

○ 案例14：

让学生成为决策的主人

韩雯珏

通过班主任工作坊的研习、自主学习、坊组研讨等活动，我对班主任的决策能力有了更深入的认识和理解。

记得刚开学时，我发现学生的劳动和卫生习惯存在一些问题。教室里总会出现纸屑，一部分同学存在随手乱扔的现象；有时候，学生在取出桌肚里的书本时，也会有纸屑垃圾等掉落，可是就算看到了垃圾，几乎没有人会主动捡起地上的垃圾。当我让某位同学把垃圾捡起来时，也会听到或大声或小声的抱怨，“这又不是我扔的垃圾”“这个是某某某扔的”……为了培养学生良好的卫生习惯，我决定对学生们进行一番教育。

卫生情况反复不见效

第二天，我利用午会课时间，结合开学以来班级卫生方面出现的各种问题，对学生们开展关于讲卫生的重要性、细节决定成败等教育，告诉他们我对于最近班级的卫生情况感到惋惜，希望同学们注意保持教室整洁，不乱扔垃圾。临近结束，我鼓动性地问大家："从现在开始，能不能做到讲卫生？"同学们有的干脆回答"能"！有的却拖拖拉拉说了声"好"。

之后两天的班级环境卫生果然有所改观，没有人乱扔纸屑了，地面干净不少。看来我的教育起了效果，正当我沾沾自喜时，没想到学生们的坏习惯又故态复萌了。一周后，班级的地面又长出了点点雪白的"花朵"。这可如何是好呀？我走过去把它们捡起来，几个同学见我在捡纸屑，也随我一起捡了起来。

共同维护班级决策

经过一段时间在工作坊的学习、思考和研讨，我学习和吸纳了各位坊组成员的有益建议。结合本班具体情况，我精心准备，开展了一次"把教室变成家"的主题教育活动。首先，我把教室里的卫生状况拍摄下来，又请同学们把自己美丽的家的照片发给我，制作了PPT，在班会课上播放给学生们看，请学生们说说自己看到了什么？有的同学说："教室的走道上有许多纸屑，很脏。"有的同学说："家里打扫得很干净，还有鲜花，很温馨。"……在交流中，学生们逐渐认识到教室的环境卫生状况不佳，自己家里的卫生情况较好。

于是，我又问："那你们是喜欢家里的环境还是教室的环境呢？"同学们异口同声地说："当然是家里的。""是啊，看了这些照片，我也喜欢家里的环境。"我表示赞同。"可是，同学们，周一到周五，除去睡觉时间，我们在学校学习和活动的时间比在家的时间还多呢！是不是啊？"同学们若有所思，还有的扳手指算了起来，过了一会儿，有的点点头，有的表示同意。我接着问："那么，如果我们把教室变得和家一样干净整洁，你会有怎样的感受呢？"一个同学说："教室像家一样干净，在里面学习应该感觉很棒！"另一个同学说："我想大家在这样的环境里学习和生活会很愉快的。"……"既然如此，那我们一起来把教室变成家好吗？"同学们都表示附议。我又抛出一个问题："我们怎么才能把教室变成家呢？"我请同学们进行小组讨论。大家讨论得热火朝天，不知不觉就下课了。于是，我请同学们把这个问题带回家，再与父母进行讨论，也请他们一起帮忙出出主意。

第二天午会时，我们的讨论继续进行。每组同学派出了自己的代表发言。第一组代表说："在家里，我们都会把垃圾扔进垃圾桶，不会随地乱扔；教室里，有的同学会偷偷乱扔。如果每个同学都能像在家里一样，保护班级的环境，教室就像家一样了。"第二组代表说："回家和爸爸妈妈讨论了这个问题，他们说我们要先把自己当成班级的小主人，就像自己是家里的小主人一样，发现地上脏了，有垃圾，要主动把它捡起来，教室就会很干净。”第三组代表说：“我们每个小组就像房间，每个人周围保持干净，整个教室也就干净了。”我又问：“还有补充或问题吗？”同学们举起手来，热烈地讨论起来。“垃圾扔在了垃圾桶外面怎么办？”“看到别人桌下有纸屑我该怎么做？”“如何美化教室，让它变得更像温馨的家？”……讨论后，我把大家的建议汇总，形成了班级的“温馨家园卫生公约”：1. 爱班级如爱家，共同保持环境整洁；2. 不乱扔垃圾和纸屑，看到后及时捡起；3. 互相监督和帮助，维护班级好环境……然后让每个同学在守则下方签字，保证自己会认真遵守守则要求，爱班如爱家。

同时，我和同学们每周一起进行教室大扫除，和学生们一起扫地、拖地、擦柜子等；课间进入教室，我也会主动捡起垃圾，指导学生整理书桌，添置盆栽、书籍等，和学生一起创建我们的温馨家园。

为了巩固学生的卫生习惯，每月午会课开展爱劳动、讲卫生总结表彰会。在班中评选卫生之星、劳动之星，并让学生们交流自身在卫生劳动方面的改变。小吴说：“之前我会乱扔纸屑，在同学的提醒下，现在已经改掉这个坏习惯了。如有纸屑，下课马上扔到垃圾桶里。”小胡说：“以前觉得不是我的垃圾和我没关系，现在我把教室当成家了，下课就会看看四周有没有垃圾，看到垃圾就会主动捡起来。”小金说：“我班教室卫生比刚开学那会儿好多了，我们都会互相提醒，保持班级卫生。”……在交流过程中，我肯定了同学们的改变，恭喜他们都成为班级的卫生小卫士，希望他们与我一起继续努力，使班级变为我们共同的温馨家园。

让学生成为决策的主人

第一次教育学生主要以讲道理为主，学生成了被动的听众，班主任讲得声情并茂，学生到底听进去多少呢？显然是少之又少，所以造成“令行不止”“不守规则”等现象。班主任抓得紧些，学生就比较注意各类行为规范；班主任管得少，学生就会视而不见，放任自流。学生的发展就是按照学校预设的德育规范进行言行矫正，然而其对规范本身、对如何遵守规范都缺乏自主权，因此学生的行规培养成为一个被动的教化过程。一味讲道理得不到学生的共鸣，缺少学生的参与，学生就缺乏对为什么要维护班级卫生的理解和认识，因而就算执行了班主任的要求也只是简单应付，不能长久；如果强制执行，效果也只是昙花一现，还可能引起某些同学的叛逆和抵触情绪。

在第二次“把教室变成家”的主题教育活动中，班主任成为班级卫生问题探讨的引导者，通过教室和家的两组图片，引发学生的思考，让他们自主发现问题，组织学生进行广讨论，进而让他们认识到怎样做是对的，怎样做是错的，让学生自己进行判断和决策，成为决策班级问题的主人。其结果是由学生共同参与、共同讨论，最后形成班级的“温馨家园卫生公约”。学生在参与决策的过程也是受到潜移默化教育的过程，学生能更加深入地理解决策内容，在理解的基础上，才能自发自觉地执行决策，凸显了学生的主体性，激发学生自我发展的内驱力，提高学生的自律能力，形成学生自我管理、自主发展的育德模式。

提高学生的决策认同度

在“把教室变成家”的主题教育活动中，引导学生共同决策班级存在的问题，共同探讨，形成班级的“温馨家园卫生公约”。科学合理决策，符合学生的利益，更能提高学生对于决策的认同度，内化为学生的自身需求，使其更能自觉自发地遵守决策内容，改善班级的劳动和卫生情况，养成良好的卫生习惯。

自发执行，及时反馈。在学生自主形成对于班级卫生问题的决策后，学生提升了维护班级卫生的意识，能自觉地执行卫生公约，互相监督和帮助。班主任也以身作则，积极参与温馨家园的建设，和同学们共同努力，成为学生的榜样。

同时，每月进行爱劳动、讲卫生总结表彰会，对学生们的进步及时给予肯定。通过仪式感十足的表彰会，激励更多的同学向先进同学学习，激发学生的竞争意识，让学生以讲卫生、爱劳动为荣，以乱扔垃圾为耻。通过学生交流自身在卫生劳动方面的改变，使其加深对自我成长的认识，同时成为德育资源，让学生们在互相交流中受到潜移默化的教育，使卫生习惯的养成成为学生的自我需求，八荣八耻中的“以辛勤劳动为荣、以好逸恶劳为耻”成为他们自我实现的目标。

班主任工作坊为我们创设了轻松、高效的学习氛围，我们结伴前行，激励自我不断发展，积极地投入学习和实践中去。从班级中的问题出发，展开学习研究，探讨分析，切实解决班级中存在的问题，激发班主任的学习主动性，更符合班主任的成长与发展。

班主任工作坊也是资源共享的平台，当遇到问题无法解决时，同伴们共同出谋划策，也成为自身不断学习和研究的动力，以创新的方式解决问题，在班级不断实践、反思和总结，促使我快速成长，不断提升班主任核心能力，努力成为一名优秀的班主任。

○ 案例15：

积极决策，助力成长

张　微

本学期，我班的劳动教育活动充分发挥家庭、学校和社会共同体的作用，有效地发挥学生的劳动性，学生对待学习、劳动与生活的态度变了。我们也一同探索如何增大教育效益，进一步优化劳动教育。在劳动教育系列活动中，学生不仅快乐劳动，收获成长，作为班主任的我，在班主任决策力方面也在成长着。

“净桌行动”

——善于观察，捕捉信息，设计活动

班级中的学生从小生活在养尊处优的环境中，劳动意识淡薄，动手操作能力低下，由于升学压力较大，很多家长往往只重视孩子的学业成绩，而忽视对孩子进行劳动教育。班级中常常会发现有相当部分学生存在自理能力欠缺的问题，张同学、赵同学不会整理自己的仪容，每天把自己弄得乱七八糟的，刘同学、芦同学教室里的书桌附近杂乱无章，章同学、陈同学喜欢把东西一股脑地往桌肚里塞，结果是常常找不到东西……这些问题制约了学生创新思维和创造能力的发展。

为了有效改变孩子们身上存在的这些问题，针对二年级学生的心理和行为习惯的特点，我设计并组织开展了“净桌行动”（桌面干净无笔痕，桌肚整齐无废纸，桌角清洁无积灰）。每周五中午是净桌日，伴随着欢快的音乐，孩子们手拿准备好的魔力擦，快乐地劳动起来，留下一张干净的桌子，成为每个学生的责任。学生已经把净桌作为常态化的项目，我也将净桌行动纳入收集奖章的评比项目。此外，还开展“领巾行动”，让红领巾在胸前飘扬，体现新时代少先队员的形象。这既是一次劳动意识的培养，也是一次深刻的爱国主义教育。

“节日美食活动”

——家校合作，家班共育，共同决策

随着净桌行动的开展，每位学生陆陆续续地能保证自己课桌周围洁净，而公共区域的卫生就有点令人担忧了。教室里的走廊、垃圾桶附近的地面和墙壁、电脑键盘及屏幕上有了积灰，书橱、桌面由于没有人管理也开始积灰，污垢难以去除，还时不时地发生因走廊上的垃圾引起的同学间的争吵。经过反思，我发现，我作为班主任，独自想出的这个决策考虑不够全面，导致“净桌行动”存在漏洞，净桌行动关注于个人卫生，忽略了班级整体的卫生，间接地让孩子们变得“自私”了。

为了改进并继续，我又组织开展了劳动教育融于学校和家庭生活日常。这一次，征求了班干部、搭班老师和家委会的意见，群策群力，设计并实施了一系列“劳动使生活更美好”的体验活动。我们先是推出“节日美食活动”，结合传统节日文化，让学生学习包汤团、做青团、包粽子、制作牛轧糖等，分享美食手艺，体验劳动快乐；随后又推出“向劳动者致敬”活动，让学生与爸爸妈妈谈心，明白每一份工作都有其艰辛和不易，了解越多，孩子们就越感动。班会课上还组织全班观看《大国工匠》纪录片，同学们从中体会到“用心做事”是一种人生原则，“工匠精神”就是强烈的责任感。于是，在“班级小当家”岗位上，同学们严于律己、主动思考、学会创造，培养了良好的劳动习惯。

在执行“班级小当家”任务的第一天，发现一个问题：有些同学存在进校礼仪不规范、下课后部分同学喜欢追逐打闹、午餐餐盒摆放杂乱等现象。于是，小当家就来问我应该怎么办？我没有正面回答，反问：“你们觉得要怎么办？”我认为，学生只有自己尝试去解决才能求得真知，这也是促进学生思考的良好契机。当时，有同学提出扣去奖章，但马上遭到其他同学反对，认为这办法并不能真正解决问题。于是，他们进行新的尝试：礼仪小当家教同学进校礼仪；纪律小当家跟在违纪小朋友后面提醒打闹的危险；生活部的小当家向班主任或搭班老师通报午餐情况……即便如此，仍不见成效。学生在反思后发现，上述行为都只是治标而不治本，因而成效甚微。于是，更有力度的措施出台了：午会课，礼仪当家和文体部成员逐一进行礼仪示范和指导；纪律部负责做“文明游戏”，还自制“文明休息明星”奖状来鼓励同学。而生活部和劳动部也有了自己的创意，他们在家长的帮助下拍摄收集并播放了自己班级排队取饭、轻拿轻放、规范整理的午餐视频，以此来教育小伙伴，成效显著。越来越多的学生主动承担起肩上这份小小的责任，和懒惰与代劳说不，学生的自理能力在提高，自己的事情自己做，责任意识在增强。

“班级小当家”

——民主分工，互相信任，发挥才干

今年暑假，我们二年级升三年级，要开始组织假日小队活动了。我针对班级队员的能力兴趣、家庭住址、性格特点、同学之前的关系等方面，组织班级队员自由组合成了4个假日小队，组长、小队名称都由队员自主选定，并在家长志愿者的引导下，设计活动的内容和方案。我充分信任队员们，放手大胆地使用小干部，让他们到班上的第一线去充分发挥他们的才干。

7月初，正值上海市垃圾分类条例正式施行，我班的假日小队就此展开活动。以严同学为队长的火焰小队，利用队员的家长资源，与淞南镇环境卫生有限公司联系，落实好结队的劳动点和垃圾分类讲座，以及队员要结队的环卫工人。这一活动不受天气影响，风雨无阻。6个学生一组，跟着一位环卫工人师傅一起劳动，体验扫大街的枯燥和辛苦，感受着市容街区在环卫师傅的辛勤付出后变得整洁美丽的成就感，也从中体悟着有时环卫师傅不被尊重时的辛酸与委曲。当队员与环卫师傅交流时，环卫师傅总会对大家表达由衷的赞赏和自豪。在与环卫工人师傅相处的过程中，队员们不断反思自己的观念和行为，审视平日里学校教导的“平凡的劳动岗位也有不平凡的价值”“劳动无贵贱，劳动价值都值得尊重”等价值观念。

班主任要善于决策

班主任在工作中面对着的学生是还未形成独立人生观和价值观以及世界观的孩子，这些孩子的主要特点就是内心丰富敏感多变，有时有幼稚冲动的一面，有时又表现出成熟稳重的一面，都有着很强的可塑性，且他们在不断变化。他们在不同时代背景下长大，表现出的行为和思想之间有着极大的差异。鉴于此，我在这一快乐劳动系列活动中，经常对自己决策的内容进行反思、调整改进、继续实践，在此过程中，我的班主任决策能力获得了一定程度的提升。

1. 我能主动地观察和思索，经常接触学生，接触家长，因此便能了解到孩子们劳动意识淡薄，动手操作能力低下，然后进行归纳分析，作出准确判断，提炼出一系列劳动教育活动主题，管理好班级。这些主题对班级形成计划目标和愿景，具有教育性和针对性。随后，前瞻性、预见性地带领全班学生通盘设计活动，着力解决班级生活中书桌脏乱、班级卫生和文明行规等实际问题，采取师生共同决策的方式，充分调动和发挥全班学生的聪明才智，共同商议设计和实施。这样共同决策班级事项，形成了班级规范，对于学生实现自我价值、对我的认可度都有促进作用。

2. 我在班级中作出决策时能将目光放长放远，为整个班级确定整体的前进方向。小学生处于人格塑造的关键期，思想意识逐渐独立，而在此关键时期，我与学生接触时间最久，必然对学生的身心发展产生影响，并且影响是持久的、不易改变的，所以我以学生成长为本作出决策，关注学生良好的劳动习惯和意识、责任意识的培养。

3. 我正有意识地培养一支优秀的班干部队伍，并能针对班干部的能力兴趣进行民主分工，让学生对自己的岗位有兴趣，充分发挥学生的能力，帮助我更好地作出决策并执行，管理好班级。在此期间，能引导班干部正确处理和同学的关系，指导他们正确处理和同学之间的关系，要时时刻刻知道他们的权力是集体赋予他们的，不要让他们有高人一等的感觉，处处以服务集体为己任，不能滥用手中的权力，以此来不断地提高班干部在班集体中的威信。当然，我充分信任自己的班干部，敢于放手大胆使用，让他们到班上的第一线去充分发挥他们的作用，相信他们，并在活动中给他们提供施展领导才能的机会。

4. 我能主动引导家长积极配合班级教育来共同决策班级活动，保持家校教育的一致性，发动学生家长参与学校教育教学活动，如，参与班级活动、开展主题班会和交流研讨会，增进学生和家长对我建班育人的理解，有效促进家班共育。家校合作、家班共育是促进学生健康成长的重要保证，引入家长资源，家长可以在平时生活中予以孩子榜样示范，增强他们的自信，使之形成健康的劳动态度和良好的心态，提高学生对班级的归属感、价值感、成就感和自豪感，从而形成正确的人生观和价值观。

在班级管理中，处理不同问题和对象时要采取不同的手段，这需要班主任善于进行决策。为保持班级管理有序、有活力、能创新，我会继续加强有关班主任决策力提升的学习，努力践行，从学生和班级实际出发，及时捕捉关键信息进行决策，力争在班主任的决策力方面获得进一步提升，成为一名优秀的班主任。

○ 案例16：

学困生转化中的班主任决策力

沈晓琳

班主任决策力是优秀班主任核心能力之一，班主任决策力影响到班级的方方面面，是班主任管理班级、处理班级事务的重要能力体现。无论是针对个别学生还是针对班级群体性的问题，都能起到决定性的作用，是每个班主任不可忽视的能力之一。

我的失策

我班有一个叫小峥的孩子，他性格调皮，因为离异家庭的关系，非常喜欢做一些奇怪的事情来引起别人的注意。比如上课大叫大笑，下课欺负小朋友，不做作业，练习交白卷等。他的行为严重影响了我的教育教学工作，班中个别本来就有些好动的孩子在他的影响下也有些蠢蠢欲动了。为了保护班级的文化环境和学习氛围，我决心要纠正他的这些不良行为。

开学填写档案的时候我就了解到了他的家庭构成，母亲远在异地，父亲失业整天玩游戏，爷爷奶奶身体也不好，常常处于无人管教的状态，这样的孩子一般比较敏感。一开始我怕伤害到他的自尊心，一直是采用个别谈心的形式，希望能通过动之以情、晓之以理的方式来规劝他，可惜收效甚微。后来我又尝试了加强家庭教育的方法，主动和他爸爸联系，在我诚恳的劝说之后，他爸爸愿意每天晚上放下游戏来一起监督他的习惯养成。我原以为他的改善指日可待，可是我忽略了男同志的耐心，没过两天，他的爸爸就忍受不了他的懒散，把他狠狠打了一顿，教育效果自然适得其反。

那次因为他连着好几天没有做作业，我一时没有忍住，当着全班小朋友的面狠狠批评了他，让他快点把作业补上。可是，当我下一节课进教室的时候，小朋友们纷纷向我告状，有的说："老师，老师，小峥把语文书撕了！"有的说："沈老师，他把垃圾丢得到处都是。"还有的说："小峥一边撕书一边乱叫！"我只感觉脑子里轰的一响，事情完全出乎我的意料。平时，小峥是一个"皮厚"的孩子，我批评他的时候他都是一副嬉皮笑脸的样子，并且屡教不改，从来没有过这样激烈的反应，我意识到事情不对。我立刻向学校的心理老师寻求了帮助，让心理老师先和他聊聊，稳定他的情绪。之后我第一时间打电话给了他的爸爸，原来前一天晚上他不肯做作业，把他的奶奶气得高血压送进了医院，爷爷和爸爸轮流把他打了一顿。我意识到他的父亲是无法管教他的，甚至可能弄巧成拙。

重新决策

于是，我当机立断放弃了他父亲这条路。我从他爸爸那里得到了他母亲的联系电话，通过一番畅谈，他妈妈表示愿意来一次上海。那天周二放学我看到一个年轻的妇女来接小峥，我一下子便猜到了这可能是他的妈妈，于是我赶紧走过去确认，果然，他的妈妈来了。小峥依偎在妈妈身边非常开心，而且乖巧，我心里暗暗想：有戏！当时已经临近期末，他妈妈跟我说，打算寒假把他带到乡下去住一段时间，体验体验穷苦的生活。他妈妈说的乡下没有网络，没有电视、电影，没有任何游乐设施，勉强有供电、供水。寒假的时候那里非常冷，没有空调，小峥白天去地里帮着做一些简单的农活，晚上在妈妈的监督下学习。在此期间，我和小峥以及他的妈妈通过电话。刚开始，小峥确实闹着要回上海，甚至采取消极抵抗的策略，比如不吃不喝、整天野在外面不做作业，我和他妈妈觉得应该要给他一点教训，不能任他随心所欲，否则和原来又有什么差别呢！他的妈妈狠下心来，两天没有给他饭吃，结果第二天的晚上小峥便屈服了，最初或许是不得不听妈妈的话，但是经过一段时间，习惯成了自然，他的生活习惯、学习习惯都发生了质的变化。

实践验证

从这个教育事件的发生到现在为止，我感受到了班主任工作决策能力的重要性。在我发现小峥的问题时，我一直在个别找他谈心，直到班级受到了影响，我才下定决心一定要尽快解决这个“心头大患”，可以说这个过程是漫长的，我在一开始并没有作出正确的决策，导致影响到了整个班级。在整个教育过程中，我先是按照常理向他的监护人——他的爸爸寻求了帮助，这看似正确的决策却起到了非常不好的效果。因为我从头到尾只是站在了班主任的角度，而没有从小峥本身出发，去发现他真正想要的到底是什么。但这次我迅速作出了反应，马上和他爸爸交涉，让他暂停对小峥的“严格要求”，并通过一晚上的思考，确定了向他母亲寻求帮助的策略。由于我及时作出了正确的决策，小峥终于“悬崖勒马”，对于班级的不良影响立刻被遏制住了。

寒假回来后，我发现他人变精神了，不再给人懒散的感觉，而且手上、耳朵上都长出了冻疮，我心里暗暗佩服他妈妈的计划。这学期开始，虽然他妈妈又回了外地，但是每月都会来上海看看他，他的学习态度明显好了很多，每次犯错，我也不再批评他，只要让他想想妈妈，他就会羞愧很久，能保持良好作息很长一段时间。

虽然他还没有发生质变，但是进步显而易见，我相信经过一定的时间积累，他一定能够改头换面，成为一个合格的小学生。

站在学生的角度作决策

这次的教育事件，让我明白作为一名班主任，要及时有效地处理班级中出现的各种问题，否则“小洞不补，大洞吃苦”。要知道班级风气一旦有所损伤，再要扭转过来往往要花费数倍的精力和时间。通过这次事件，我归纳了以下几个注意点：

首先，教师作决策时要有大局观。小峥错误的行为在班级里得到发展就是因为我在一开始处理时缺乏大局观所造成的。我或为了顾及他的自尊心，或为了维护自己的形象，采用个别谈心的方法，没有把问题摆到孩子们的面前，让他们觉得小峥这样做老师也没拿他怎么样的错觉，便有部分自控力较差的孩子开始有样学样。一年级的孩子是非观还没有明确建立起来，需要老师帮助他们“明辨是非”，所以这种大问题是绝对不能“大事化小”的，有时候甚至应该夸张一点来澄清利弊，让他们产生警惕之心。当然，教育时间不能选在小峥做错事之后，而是应该延后一些，再用上匿名，不要让孩子们觉得老师就是在说他。教师在作每个决策时都必须把所有的孩子考虑进去，因为他们是互相影响的一个群体。

其次，要站在学生的角度作决策。其实在很早之前我便发现了，小峥是一个缺爱的孩子，他做任何事都是希望引起老师的注意，而且他喜欢老师批评他，每次批评他，他都会眼睛亮亮地看着你，想从你的眼里看出对他的关心。我也经常在和他的谈心中听他提到自己的妈妈，语气中充满了孺慕之情。然而，当我决定从家庭教育着手时却还是惯性思维地选择了他的爸爸。这是我工作的一个重大失误，对小峥和其他小朋友都造成了不好的影响。所以，我认为教师的每一个决策都应是“以生为本”的。

最后，决策要迅速。在连犯两个错误之后，我用两天敲定了新的计划，可以说我在和时间赛跑，这件事拖得越久对小峥和班级越不利。之前的瞻前顾后、优柔寡断让我没有在第一时间遏制住小峥逐渐"变坏"的行为，也让我得到教训，我耽误的不仅仅是自己的时间，也是小峥学习的时间。终于在我的及时"悔悟"下，这件事总算"亡羊补牢，为时未晚"，班级的风气很快扭转了过来，小峥的学习也渐渐走上了正轨。

由此可见，班主任的决策力对班级和个体的影响是非常巨大的。班主任在关键的时候要作出及时准确的判断，并且决定了的事就一定要尽快落实，决不能犹豫不定，以免"贻误战机"。

○ 案例17：

群体性不良习惯改正的施策

沈晓琳

二年级下学期的孩子有些"不以为然"了，我发现他们在做室内操和眼保健操时不如一年级认真了，很多孩子在做室内操的时候，会趁老师不注意打闹、嬉笑，动作不用力不到位。做眼保健操的时候也发现了同样的情况，一部分学生偷偷睁眼，和老师玩"猫捉老鼠"的游戏，玩得乐此不疲。这不是个别现象，而是一个群体性的不良习惯，并且在不断扩散蔓延，我决定一定要纠正这样的风气，因为这既不利于孩子们的健康成长，也不利于良好行为习惯的养成。

普遍问题及时关注

某一天，我利用午会课的时间，与孩子们作了交流。

"为什么要做眼保健操呢？"我故作困惑地这样问他们。这真是个简单的问题呀，孩子们都带着胸有成竹的表情踊跃地举手。

小王说："做眼保健操是为了保护眼睛。"小王是偷偷睁眼最厉害的孩子，原来他是知道做眼保健操的好处的呀。

小杨说："如果眼睛不好了，可以通过眼保健操再让视力变得好起来。"小杨平时做操时总是光摆样子手不动。

小飞说："要遵守学校的规定，知道什么时候该做什么事。"小飞经常会在做操时做作业。

看来孩子们都知道做眼保健操的益处，可是他们为什么做不到呢？于是我问道:“小朋友都说得很好,所以你们每天都认真做每一节操了,对吗?”当我将这个问题抛给他们的时候,他们都露出了羞愧的表情。我鼓励他们把自己的想法说出来,让同学们一起来帮帮他,大家来做“小医生”。

在我的鼓励之下,小王说他觉得一直闭着眼很难受;小杨说他总是忘记动手指,脑子里在想其他的东西;小飞说他想快点做完作业。孩子们都很诚实,我也很高兴,经过大家的诊断,这些孩子都是因为没有尝到视力不好的害处,缺乏设身处地的体会,所以才会在思想上不重视,做操时草草了事。室内操也是同样的情况。

为了解决孩子们的这个问题,我让我们班的两位近视眼小朋友说了自己因为眼睛不好而在生活上所遇到的困难,孩子们都露出了“原来会这样啊”的表情。还有一位小朋友曾因为眼睛的问题导致半个月无法看东西,我让孩子们体会一下,他们纷纷摇头,表示“太可怕了”“我可不要这样”。有了直观的体验和感受,我发现孩子们在做眼保健操时明显认真了不少,而且每当要做操的时候他们都会积极提醒老师打开广播。

幸好我及时遏制了这股不良的风气,如果任其发展,不仅仅在学校生活中、也会在学习中影响他们的做事态度。

平等交流施策有方

通过上次的小峥事件,我认识到班主任作决策一定要有大局观,而且要站在学生的角度,最重要的是要及时,不能拖。这次的事情我不但在最初就看到了事情的影响会不断扩张,而且能够及时将事态控制在微小时,更是让我对要站在学生的角度这一点有了更深的认识。

站在学生的角度,先要了解学生做每件事的原因。其实很多时候我们假设的原因往往并不是孩子犯错的原因,他们的思想年龄和我们的不同,虽然可以运用些经验来猜测,但是我认为在对待孩子这件事上是绝对不能有“莫须有”的情况出现的。所以了解孩子们真正犯错的原因是解决一件事情的第一步。通过两操的教育,我发现孩子们不是不知道做操的好处,所以你一千遍一万遍地说做操怎样好,效果也不是很大。他们不知道的不是做操的好处,而是不做操的坏处,只有真正体会到眼睛不好会带来的不便,才能让他们产生畏惧之心,从而真正知道认真做操的重要性。

站在学生的角度,就明白不能以苛责的态度对待孩子。因为畏惧老师而做某件事,这件事是不能长久的。心理学家说,当你带着抵触情绪做某件事时，它的效果等于零。所以任何事情，都只有真正让孩子认同你了，他才会踏踏实实地去做，才会有成效。再者，如果一开始就以批评的方式与孩子们说话，他们根本不可能与你交心，将心里真正的感受告诉你，找不到事情的症结所在，便无法进行有效的教育。

最后，要让孩子自己认识到错误。老师给孩子指出的错误，有些自尊心特别强的孩子会显得不耐烦，甚至摆出无所谓的态度。他们口头上答应得很好，但是一回头还是老样子，还会认为是老师小题大做了。所以，我认为与其明确指出他们的问题，不如让他们自己来发现，只有自己重视了，才会想方设法地解决。在他们运用自己的方法改正时，老师再予以表扬，让他们尝到自己发现问题解决问题所取得的成就感，养成自我反思并改正的习惯就指日可待了。

从这件事上我得到了不少启示。最重要的，我认为是发现了班主任在作有关教育方面的决策时一定要与孩子公平交流，其次才是教育的方法。只有做到公平的交流，孩子才会在你面前展现出他真实的内心，其实，孩子们很聪明，很会猜测老师的心思，从而选择符合老师认同的答案来回答，但他们的心里并不是这样想的。大道理谁不会说？只有孩子们真正把你当朋友了，才会将自己的想法坦白地说出来，不会因为畏惧你，因为害怕被骂、被批评而畏首畏尾，只有这样你才能从孩子那里获得最正确的信息，才能切中目标地作出下一步决策。

○ 案例18：

在其位，谋其事，尽其责

——浅谈培养和选拔班级小干部

朱 帆

大家对班干部这一角色有很多共同的认识，如班干部在集体中各方面大多是优秀的，是班级的领头羊，是学生们的代表，对班集体的建设起着至关重要的作用。诚然，班干部是班级管理的核心，是班主任在处理日常工作时的得力助手。所以，班主任在从事日常的班级管理过程中要注重班干部的选拔与培养，力求通过对班干部的有效培养，充分发挥班干部在辅助班主任处理日常班级工作中的作用，进而带动全班同学共同建设班级，推动学生整体进步。

值日班长制度的尝试

开学季，各个小学校园迎来了一批新成员，他们天真可爱，又调皮好动，他们即将以一年级新生的身份正式开始学习生涯。而学习生涯的第一个关卡——适应小学生身份，对于他们似乎就有困难，从幼儿园到小学，面对诸多改变，作为集体的正式成员，他们需要适应更为严格的规章制度，逐步学会对自己负责任，为班级争荣誉。在与我们班的同学第一次相见时，我就感受到了这是一个活跃的班级，班级里的学生聪明且有自己的想法，都想做班干部，想证明自己。但是，如何评价学生能力，如何让新班级的学生尽快凝聚起来，在老师不在时也能在班干部的管理下安全、有序地学习和游戏？作为一名新班主任，我借鉴成功班级的经验，在开学一个月左右的时间，在班级中尝试值日班长制度，尝试进行班干部的培养与选拔。具体做法是按学号每天两位学生做值日班长，承担班级一天的管理工作。

开了一个好头

“某某班把值日班长制度实行得井井有条，班级秩序特别好，你可以向他们学习。”毫无经验的我对于班干部的选拔与培养提出疑问时，有经验的老师这么向我推荐道。值日班长？好主意呀！我心想：不仅能让每个孩子参与到班级管理中来，培养责任心，还能尽快与班集体建立情感联系，增强对班集体的认同感。而我也能通过学生的管理表现挖掘人才。于是，我和那个典型班级的老师沟通，具体了解制度如何实行、怎么安排值日人员、值日班长有什么工作以及如何评价值日班长一天的工作后，信心满满的我开始在班级开展值日班长制度，让每个孩子准备一个本子用来敲和划“文明章”，家长也能通过本子了解到孩子的在校情况。

值日班长开始的第一天，是两位能力较强的小朋友。他们早早地来到学校指挥着小朋友放书包、交本子、拿书诵读，课间提醒小朋友先做好课前准备再出去玩，在走廊里站岗不让小朋友奔跑，老师不在教室时关注着小朋友们的一举一动，让他们安静、读书或者休息，实在遇到不能解决的情况时也能机灵地马上来找我。总之，也许是对于新鲜事物的好奇心，也许是有了我的监督，这一对管理得很顺利。我对“值日班长”制度更加青睐了，并且相信此制度在班级中一定能成功推行下去。

随着时间的推移，我看到了不同性格的学生在值日班长位子上的表现：性格内敛的学生，说话都带着颤音，只能在本子上敲敲章，而班级管理完全要托付给我，当天的值日班长形同虚设；性格泼辣的学生，在管理班级时风风火火，几个调皮鬼都有点怕他们，绝对能镇得住班级，但是有些度没有把握住，颇有盛气凌人的意味。

比如有一次，几个小朋友慌慌张张地来找我说，同学小甲和值日班长小乙在教室门口就要打架了。我听了急忙跑下去，教室门口确实看见两人正争得面红耳赤，你推我搡，周围还围了一圈同学，我马上将他们分开，等他们冷静下来询问缘由。通过他们和其他同学的表述，事情大致是这样的：小甲在走廊奔跑却没听到值日班长小乙在叫他停下，小乙气急了二话不说直接追上去，抓着小甲的手臂要把他拽进教室。小朋友控制不住力道，小甲当时手臂就红了，眼睛也跟着红了起来，气急败坏地要将小乙的手掰开。小乙心想我是值日班长你还敢反抗，更用力了，一来二去眼看要干上一架，吓得其他小朋友赶紧来向我报告。问题显现，值日班长管理失当。

听罢，我首先对小乙说："小乙，今天你是值日班长，全班同学今天都在看着你，你在管理时这样动用武力，还差点和同学打起来，你觉得这样好吗？"小乙摇了摇头，声音低了点："可小甲他在走廊奔跑又不听劝！"我看了眼小甲，此时他已经有些脸红地低下了头，我却继续对小乙说道："值日班长是帮老师管理班级的，但更重要的是为同学们服务的，你想，我们提醒小甲不要在走廊奔跑是不是也是害怕他摔倒、碰撞受伤呀？想要做好小干部，想让同学们听你的意见，不是要让同学们怕你，而是要让同学们喜欢你、尊重你、佩服你。但首先呀，你自己要做好榜样，你想想小朋友们会喜欢一个不讲道理、总是用暴力解决事情的小干部吗？会从心里服从他吗？"听了我这些话，小乙垂下眼，摇了摇头。这时，我再问小甲："小甲，那你有什么地方做得不对吗？"小甲偷偷看了我一眼说："我在走廊里奔跑了，也没有听值日班长的。"我微微点头说："虽然小乙是有些急躁，但你在走廊里奔跑是很危险的，以后一定要自己做到遵守纪律慢慢走，可以吗？"小甲重重点了点头，周围的小朋友也若有所思。之后我在班会上专门讨论这件事，强调了小干部的服务性质，几个强势的小朋友面面相觑，班中压迫紧张的关系舒展了，互帮互助的氛围浓厚了起来。

值日班长"受贿"风波

正当我为他们的领悟力感到高兴之时，最让我生气的一件事发生了。同学向我报告：小丙竟然在做值日班长时“受贿”，答应小朋友如果送他一个东西就不划他的文明章。我认识到了事情的严重性，此事如果不严肃处理，对小丙及其他同学正确引导，必然会在他们心里埋下可利用公职谋取私利的种子，在班级扬起利益至上的风气。首先，我将两位同学叫到了办公室，确认了事情的真实性，小丙有些蒙也有些不知所措，我让小丙先把东西还掉，之后开始问小丙：“小丙，朱老师之前说值日班长要干什么？”“给同学服务，管理好班级。”小丙很聪明，答得很快。“那这两点你做到了吗？”小丙不接话。“那换一个问题，你觉得值日班长都像你这样做，班级会越来越好还是越来越差？”他把头埋在胸前说：“会越来越差。”“在管理班级时最讲究公平公正，如果一些小恩小惠就能把你诱惑了，怎么能做好小干部？以后怎么能成为顶天立地的男子汉？我知道你最崇拜英雄了，你可知道很多英雄烈士面对敌人的诱惑、恐吓、暴力，都是不惜生命的代价坚持下去的。”小丙眼睛红红的，非常真诚地说：“朱老师，我错了，我下次绝对不这样了。”班会课上我没有当众批评小丙，但暂停了他当下一轮值日班长，随后和孩子们讲了几个廉洁的故事，再将小丙的故事隐去了姓名当作案例一起讨论，小朋友们纷纷表示值日班长是光荣的岗位，不该做这样的事，小丙也做出了一定要好好改正、好好为班级服务的保证。

这样一波三折地经过一段时间后，从班级整体情况看，效果并不理想。老师不在时候，值日班长没办法管理好班级，学生在室外奔跑、打闹；学生们不认同值日班长，甚至有些孩子认为值日班长“欺负”了他，找家长告状……

坊组同伴的启示

看着班级不但没有凝聚起来，反而更加散了，我顿时倍加头疼，为何别人班的值日班长制度能顺利推进，我班却起了反向效果呢？于是，我和坊组内伙伴进行了交流，他们认为我在进行班干部的培养和选拔时没有明确职位，没有让学生熟悉岗位，没有让其余学生熟悉管理学生，因此看似学生都参与了班级管理，其实就如走过场，对小干部的能力和班级学生责任感的培养都没有益处，甚至会越来越糟。他们给了我如下意见：（一）挑选一位能力强的小朋友统管班级，重点培养。（二）细化班级职务，如管理开关灯、开关窗、卫生用具摆放等，让孩子们参与到班级管理中来。于是，我及时悬崖勒马，和班级内能力强的小汤同学一起整顿班级，并且开设很多小岗位，固定管理人员，一个月后，班级终于有了一定的纪律和秩序，班风较之前整齐很多。

小干部成长需要耐心培养

在培养小学班干部的过程中要注重选拔。选拔班干部的方式种类很多,如,班主任任命、班级同学民主选拔、演讲自由竞争、周轮换、月轮换等。我亲身经历,在培养和选拔小干部的过程中班主任核心能力也得到了提高,特别是班级领导力方面,在实施过程中需要注意以下几个方面。

1. 班主任的班级领导力体现在管理班级责任具体化,主体多样化

注重观察,选择出类拔萃的人才。班主任在培养班干部时要注意观察班级中的每一名学生,观察学生特点、学习情况以及处理事情的综合能力,设置的岗位要符合学生的特点。对于小学低段的班干部,首先让班委们明白自己有哪些事需要做,再说怎么做好的问题,这个年级段能把事情理顺、做好,就是一种能力的提升。这其中,免不了在刚开始的时候教师事无巨细地叮咛、指导。但是过了这个开头难的阶段,班务开始走上正轨就会相对轻松一些。岗位可以分得细一些,让孩子们都能在职务中获得自我实现感,从而增强责任意识。

2. 班主任的班级领导力体现在培养班干部由扶到放,循序渐进

班干部在进行管理过程中,具有较强的责任心,都想通过自己的能力将班级管理工作做好,但是,由于小学生所接触的事物相对较少,其在进行管理过程中,不具备合理有效的解决方式,常常出现想做好但无从下手的现象,所以,班主任应当对其进行悉心指导,以身作则,传授管理方法。比如,学生之间闹矛盾,鼓励班干部从中缓解,引导班干部一起分析找出矛盾的原因,帮助班干部想方法对闹矛盾的学生耐心规劝,从而缓和学生之间的情绪,解决问题。在树立班干部的威信过程中,班主任实施辅助方式,慢慢渗透,帮助班干部树立威信。比如,在班级管理过程中,班干部处理事情比较好,班主任要在主题班会上进行表扬。

3. 班主任的班级领导力还应包括师生间互学互鉴,共商共讨

班主任与班干部融为一体。在班级管理过程中,虽然班干部是班主任的核心助手,是班主任组织、管理教育过程中的对象,但是,在每一个班干部身上存在许多优点,是值得班主任学习与借鉴的。如思想较为进步、思维能力较为丰富、反应方式较为敏锐,具有较高的独立性、自主性等,这些特点是值得班主任学习与借鉴的。班主任要与班干部融为一体并严格要求自己,要融入学生之中,与班干部有效互动,有效沟通,一起分析班中发生的大小事件,一起讨论班级中存在的问题,一起研究适合班情的发展路线……有利于掌握班级的实时情况,聆听学生的声音。班主任应赋予班干部更多的精神奖励,

令班干部能够更好地协助班主任管理班级。

小学班干部的有效培养不是一蹴而就的，班主任需要耐心、认真地加以指导。班主任对班干部的有效培养，可以完善班级管理，提升班集体的凝聚力，更重要的是在班干部的培养过程中能够给自己、班级、老师带来意想不到的收获。

○ 案例19：

让孩子们品尝成功的快乐

高　英

担任班主任工作已有多年了，我一直在不断地尝试和探索，我深深意识到学生是一个班级真正的主人。班主任应该让学生自主管理，这样可以大大提高班级管理的效率和质量，有利于激发学生的学习兴趣，调动学生参与的积极性和主动性，有利于增强学生的创新意识，提高实践能力，培育高尚的品格、健全的身心，进而实现班级学生的自主管理，让学生在班级的自我管理中健康快乐地成长，体验成功，品尝成功的快乐。

为学生创设发展自我的平台

午会课，一直都是各位班主任的主阵地，一般来说每天是就班级情况和学校布置的各项任务泛泛而谈。本学期开始，我决定改变一下午会课的形式，为学生创设发展自我的平台。

每周我都会安排一次午会课，先由小干部主持，最后我再做一些适当的补充，这样，让小干部有10分钟左右的时间自主地发挥。我们班每天安排两名同学做值勤中队长，为了便于他们更好地开展管理工作，达到自主管理的目的，当天值勤的中队长把他们发现的问题和合理化的建议稍作整理，由其中的一人在第二天的午会课上与大家交流；也可以提出建议的方案和措施。如果对有些情况找不到合适的解决方法，也可以在午会课上提出来与同学们一起讨论，最后再制定出具体的措施。

这天的午会课照常进行，小张针对晨读时，有的学生讲话或交作业拖拉的现象展开陈述，只见小张先清了清嗓子，双手撑在讲台上，非常严肃地环视了一下教室里端坐的同学们，接着认真地说："同学们，这段时间，我发现我们晨读时有同学不遵守纪律的现象：有个别同学和同桌小声讲话，有的同学交作业时拖拖拉拉，速度很慢，影响到别的正在读书的同学了。所以，今天，我希望同学们讨论一下，像这样的同学，我们该怎么办呢？"小张的话音刚落，小杨马上举手，站起来说："我觉得这样做很不好，同学们早上到学校来都想好好读书，爸爸告诉我，早晨读书记得最牢了，这些同学太浪费时间了，要改！"小刘也站起来，指着小岳说："小岳，我可是经常看到你交作业很慢很慢的哦，难怪你背书总是背不出来。"……同学们你一言我一语地发表意见，小张听到指责声越来越多，有些着急，他大声说："同学们，那么针对这样的同学该怎么办呢？"于是，同学们又展开了热烈讨论，最后，他们决定：值勤员每次先警告，再点名，最后把名字记到黑板上，如果连续几天都有名字在黑板上，可以让他们与值勤的人互换"位置"——变换一下"角色"。这样让他们体会一下值勤员的辛苦。几次反复后，晨读的情况有了明显改观，同学们也都心服口服，也都乐于接受这种"角色变换"的形式。

通过这种自主管理的方式，在相互理解、充分交流的氛围中，我班的班级管理也上了一个新台阶，同学们也不断发现并及时改正自身的缺点，达到了午会课真正的目的。

发挥学生的主人翁精神

矛盾是学生中常见的问题，但也是对学生进行思想教育的好机会。一次，小朱和小卢在课间玩耍时因为一件小事，动起手来，俩人很是委屈，被叫到办公室后，仍是互相埋怨对方。这时我并没有急于解决，而是说："你们换个位置想一想。"之后，我就离开了办公室。等我再次回到办公室时，俩人不好意思地对我说："我们不该因为一件小事斤斤计较，差点毁了我们之间的友谊。"

这样一个例子，看起来平常，细想起来，如果急于求成，必会适得其反。由此看来，还是需要给学生留有一定的心理空间，把问题的处理权交给学生，发挥学生的主人翁精神。

在扶、放中培养学生的自主管理能力。学生自主管理的能力也是需要培养的。如：卫生检查。卫生清扫完后，我带着卫生委员检查了各个角落。之后，在班里做了讲评，指出哪个地方做得好，哪个地方做得不到位。第二次，还是我和卫生委员检查，不过，是卫生委员检查并做好记录后，由我为他进行讲评。第三次，则是由卫生委员自己检查自己讲评，而且，这次讲得学生心服口服。久而久之,在老师的扶、放中,学生的自主管理能力得到了锻炼。

魏书生说:“管理是集体的骨架。”而班级作为学校管理的基本单位,也是一个小集体,管理工作当然也起着举足轻重的作用。有良好的管理,事情就有头有绪,集体就会像一架机器健康而有序地运转。对于小学生来说,他们对生活充满好奇,也渴望介入生活,更渴望自己的才干得到同学们的认可,渴望自己获得成功,品尝到成功后的喜悦。因此,我坚信,只要我们用心去做,用心去培养他们,学生的自主管理能力一定会更强,让他们品尝到成功的快乐,真正地成为管理班级的小主人。

二、“班级生态营造能力”的研习

班级教育离不开教育的生态,教育生态思想为班级教育工作提供价值导向。把生态科学研究的成果引入班级工作,把班级教育看成是整个教育生态系统的组成部分。教育生态把每一个学生都当作无可替代的生命体存在,尊重学生生命个体的生命性、主体性和参与性。所以,着眼于班级教育工作的生态化是班级教育工作发展的必然趋势,它以追求“和谐”与“发展”为班级教育工作的价值取向,以“以人为本”为班级教育工作的出发点与归宿点,把班级营造成师生发展的沃土,建成他们愉快生活、健康成长的班级乐园。

班级教育生态观是一种新的班级工作观,意在凸显其在班级教育观念上的新发展。它展现出一种崭新的教育视角,班级教育需要健康的教育生态。班级教育生态是班级的教育要素的关系和状态,也就是作为班级主体的师生与班级教育环境的关系与状态。班级教育生态是健康的班级工作开展的保障。只有良好的班级生态,才能犹如肥沃的土壤、阳光与雨露一样滋润着健康的班级教育。

班级教育生态观强调学校以生态学、教育生态学原理,以环境(包括自然环境、社会环境和文化环境)对师生发展的影响为逻辑基点,发掘与运用一切可以利用的育人资源,通过学校教育系统内外部的物质循环、能量循环和信息传递,推动班级教育内容、教育方法动态良性发展,不断促进班级教育更适宜于学生的发展。营造健康的班级生态的目的是培育、支持与保障健康的班级教育,促进班级教育更具生态性。班级教育生态为实施班级教育工作创造了更好的环境、条件,提供了基础与支持。班级生态在学校教育生态建设中的作用是不可替代的。

营造健康的班级教育生态,以提升班级工作的生态化水平,为班级生态化提供实践指引，运用生态学的适宜性、丰富性、整体性、开放性原则转变班级教育方法，提高班级工作实效。班主任的班级生态营造能力为班级健康发展提供班级生态化的可靠保障。我们应该从改进班级教育工作方式，增强班级教育效果出发，借助生态学、教育生态学的原理与方法，遵循道德品质养成规律，消除班级教育工作中的各种不和谐因素，创造一个和谐、快乐、自然的班级生态环境，促进学生健康成长。班主任一定要有生态观，坚持以学生为本，以学生为主体，遵循学生道德生成的规律，协调好师生关系、家校关系、社校关系，一切为学生的健康成长服务。

班级教育生态的营造需要班主任具有教育生态营造能力，这是需要每一位班主任积极培养起来的重要教育能力之一。班主任的教育生态营造能力旨在让学生"飞得远、飞得快、飞得高"，成长得更好。坊员的研习中，工作坊关注到当前班主任的教育生态意识及其能力与当代班级工作严重不适应，强调班级生态营造能力是班主任的班级工作发展能力的重要部分，即优秀班主任核心能力之一。一些坊员确定了以"班级中群体发展""生态位异学生的教育""学生教育环境优化"为主题的研习。坊员研习如何在良好的班级生态中，起到凝聚、激励学生之心，具有强大的滋养作用，发挥"班级小生态圈"的"温度调节器"，为学生营造温暖舒适、安全健康的成长空间，为每一个儿童提供积极的引领、温暖的感觉和细腻的生命体验，营造在潜移默化中锻造儿童品格的班级生态。

"班级生态营造能力"的研习要点：

1. 端正班主任角色，建立民主、平等的师生关系

班级教育需要良好的环境，其中很重要的是师生关系。只有在充满信任与关爱、民主与平等的师生关系中，学生才会"亲其师，信其道"，学生才会"尊其师，奉其教；敬其师，效其行"。良好的教育生态为这样的师生关系提供可能。教育生态还为教育正确处理学生与社会关系提供了条件。班主任应该以自己的教育责任感来影响与培养学生的社会责任感，也应该以自己的尊重他人滋养学生的心灵，让学生践行"老吾老以及人之老，幼吾幼以及人之幼"，推己及人，富有爱心。工作坊的研习中，一定要从知情意行中转变坊员的师生关系，让坊员真正蹲下来和孩子们对话，倾听出自童心的话语，理解小小心灵的光点。

2. 注重建立和谐的班级群体，班级工作中尊重不同的学生

每一个班级都有不同生态位的群体和学生，由于不同的学习成绩、人际

关系、性格特点以及家庭背景，他们在班级中的处境是不同的。这些处境有的是显性的，例如有的小干部学生在班级中有威信，有的学生在班级里容易遭到欺负。有的学生的困难处境是隐性的，例如被边缘化，班级事务不易参加，也不为老师与同学重视等。因此，在培养坊员班级生态营造能力过程中，要注意引导坊员对生态位异学生的关心与帮助，应该更接近常制造麻烦的学生，同他们在一起，并善意引导进步。班主任的教育生态营造能力的提升，可以为班级里不同处境的学生创设适宜的成长环境。

3. 注重班级活动的生态化

不少班主任的教育工作停留在学生出“问题”，找来谈话，如果不尽如己意，升级为训话；如果不服管教，把家长找来，双管齐下对学生施加压力，如家长不“配合”，连家长也被训诫。直至学生低头认错，班主任的教育“自尊”得以满足，事情才告一段落。这是常见的场景，这个场景就是非生态化教育的一种典型。这种学生教育方式单一而且缺乏教育的适宜性，其结果也不是师生、家长共生，只是表面的摆平而非心悦诚服。一些班级活动也不联系学生的生活与学习的实际，以唱歌朗诵等形式替代学生对道德情境下的认知、情感、行为体验与践行的经历，是班级工作的“空转”，缺乏教育的适宜性、丰富性。因此，通过研习提高坊员的班级活动的生态化水平也是当务之急。

4. 引导坊员以主动的积极教育，克服改正错误的教育

班级生态观强调学生的积极成长，给予充分的阳光雨露，春风化雨般地滋养学生的心田。心理学家罗森塔尔于20世纪60年代末期通过实验研究发现，如果教师认为某些孩子聪明，对他们有积极期望，认为他们以后智力会发展很快，那么若干个月后，这些孩子的智力果真得到了较快、较好地发展。相比之下，没有得到教师这种积极期望的孩子智力的发展并不明显。而两类孩子原来并没有什么差别。两类孩子几乎是在完全相同的教育环境中成长，因而他们智力发展的差异只能由教师期望的不同来解释。这就是著名的皮格马利翁效应。但是从不少班主任平时谈吐中常可发现，教师看学生缺点偏颇，发现学生优点不足，以学生优势引导更缺少教育经验。不少教师总是把学生改正错误作为教育的主要工作内容，其实让孩子获得正面的发展更重要。现在出现了教育的“问题教育”，引导教师从学生的犯错误的问题出发，把教育视作改正错误的教育。正如积极心理学指出的那样，这是“病理的”教育。这种“病态教育”，把教育看作为学生治病，这是非生态的观念。我们不能像传统医生那样只看到疾病。即使医学也已经是积极的预防医学了，重

在预防、重在养成良好的卫生习惯与生活方式，延年益寿。教育生态观强调的是一种正面发展人的教育，坚持正面的、积极的教育，要让学生敢飞、乐飞、善飞，让我们的学生有最佳的表现——翱翔。

5. 善于消解不利于学生成长的环境，对消极家庭给予必要的帮助

班级生态和社会生态有着天然的联系，也是社会生态系统中的一个组成部分，班级生态离不开社会生态。班级生态环境主要由学校、家庭、社会和网络四大环境构成。就班级教育而言，班级的物质与人文环境是班级教育生态的内环境，家庭、社会、网络环境是其外环境。学生的成长是在各种内外环境的相互作用下进行的。提高坊员的班级生态营造能力，就应该引导坊员以班级教育为重心，家庭教育、社会教育、网络教育积极配合，形成教育的合力，共同营造学生成长发展的生态环境。工作坊的研习中，要引导坊员尊重家长，避免高家长一头的盛气凌人的架势，平等地与家长协商、对话，形成班级教育合力。

○ 案例20：

弥补缺失的那一份爱

陈 玥

我是锦瑟华年班主任工作坊的一员，我们工作坊的研习方向是基于学习反思的生态位异学生教育能力发展，主要从三个方面提高核心素养：1. 学习困难学生的教育；2. 行为偏差学生的教育；3. 个性特长学生的培养。本学期我重点关注了我班一位有行为偏差的学生。

每一个孩子在成长的过程中，都需要陪伴和关爱，尤其是那些从小家庭不完整的孩子，他们的内心更渴望被爱。作为教师，应竭尽全力去弥补这些孩子心里缺失的那一份爱。

问题风波

故事的主人公是我们班的男孩小宇，一个长相可爱、穿着时尚的一年级学生。小宇的父母离异，自小跟着父亲和奶奶。父亲是搞乐队的，日夜颠倒，很少陪伴小宇；奶奶没什么文化，负责小宇的日常生活；母亲偶尔会带小宇

出去玩,偶尔关心一下学习。

刚开学,我就关注到了这个男孩,他长得小小的,留着一个蘑菇头,很可爱。上课时,总是积极举手回答问题,非常活跃,我很喜欢这个孩子。

可是这样的好印象并没有持续很久,大概过了一个月,我开始发现小宇的字迹越来越潦草、无法自理课桌和书包、成绩越来越差、上课不认真听讲……一系列的问题接踵而至,甚至连同学们也开始嫌弃他,不想和他同桌等等,我感到很疑惑、很焦急。通过询问班主任,我了解到原来小宇的父母已经离婚了,现在跟着父亲还有奶奶在一起生活。

课间,我把小宇叫到身边,问他:"小宇,现在每天是谁管你的作业?"

"没人管。"小宇不假思索。

我震惊地追问:"爸爸不管吗?"

"爸爸在睡觉。"小宇答道。

一种说不出的难受滋味涌上心头,我恍然大悟。

走进心灵

针对小宇的情况,首先我与小宇的父母及奶奶各自取得了联系。通过沟通,我了解到小宇奶奶非常无奈,由于自身的文化水平有限,只能照顾小宇的日常生活。同时我也发现之所以小宇的自理能力很差,也是由于平日里都是奶奶一手包办,导致小宇"衣来伸手饭来张口"。于是我和小宇奶奶达成约定,在家尽可能地让他自己的事情自己做,锻炼他的生活自理能力。随后,我与小宇父亲取得联系,告诉他目前小宇的问题。经过一小时的沟通,小宇父亲也表示愿意负起责任来,会开始关注小宇的学习。最后,我与小宇妈妈电话联系,希望小宇妈妈能够利用周末等假期多带小宇出去玩玩,并且督促他的学习,小宇妈妈表示愿意配合。

调节老师与小宇的关系

平日里,我开始更多地关注小宇。

上课时,小宇仍然不愿意举手,为了帮助他增强信心,我故意提问了一个很简单的问题,我发现小宇的眼睛忽闪忽闪,已经知道了答案,但是小手就是不肯举起来。我灵光一闪,说:"这个问题就请我们的小宇来回答吧,你肯定知道!"小宇仿佛有点不好意思,慢慢地站起来,小声说出了答案,我立刻对着全班同学说:"掌声鼓励!"听到掌声后的小宇浮现出了羞涩的笑容,端坐了下来。

课后，我单独辅导他练习中的错误，一开始，小宇的态度还不是很情愿，但是渐渐地他感受到了老师的用心，也开始认真听讲了起来……

课余时间，我还教他整理课桌和书包……通过一系列帮助，我相信小宇感受到了我对他的关爱。

调节同学与小宇的关系

除此之外，我找了班中的小干部聊天，让他们平时多注意小宇，小宇遇到困难时帮助他。同时我还找了小宇周围的小朋友，告诉他们小宇其实很渴望和他们一起玩，希望他们能做一个乐于助人的孩子，和小宇一起学习一起玩。

记得有一次课间，我在后门口看见一个女孩子把小宇的书本扔在地上，还很凶地对小宇说："你的本子脏兮兮的，好恶心！"我刚想上去解围，却看见一个热心的女孩子冲了上去，把小宇的本子捡起来，说道："本子脏用橡皮擦擦干净不就好了吗？我来帮你擦。"周围的小朋友看到仿佛也愣住了，而前一个女孩子更是一脸羞愧。

一段时间后，我发现小宇开始有小伙伴了，上课举手回答问题的次数也增多了，课桌也干净多了。小宇告诉我，爸爸给他请了一个老师每天晚上督促他学习。看见小宇逐渐融入班级，也开始认真学习了，我感到欣慰。

思考：

今年是我走上教师岗位的第一年，我就碰到了小宇这样的学生，面对行为偏差的学生，我们要调节学生的生态关系，剖析造成该生行为偏差的原因，只有找到原因，才能对症下药。在小宇这个案例中，我有几点感悟，从以下几方面下手。

1. 教师一定要全面了解学生

教师是一个班三十几名学生学习的领导者和管理者，而学生个体之间的差异是很大的，为更好地管理好班级，我们必须全面了解学生。学生之间的这种差异受到多方面影响，为了更好地开展工作，我们须花时间和精力去了解学生。

首先，我们要了解学生的家庭背景。家庭是孩子们的第一所学校，而家长则是孩子们的启蒙老师。不同的成长环境使得孩子的行为习惯、性格脾气有所不同。教师必须对这些情况做细致的了解，并且针对学生不同的家庭背景选择合适的教学方法和教育方法，这样才能取得事半功倍的效果。

其次，我们要了解学生的心理状态。学生的心理状态，影响着他的学习态度和行为习惯。就像小宇，他正因为知道家长不管他，因此也自我放弃。教师只有把握了学生的心理状况，才能明白学生有这种行为的原因，然后再做到有的放矢，对症下药。

最后，我们要了解学生的学习情况。这是教师需要了解学生最主要的方面，只有做到对每一位学生的学习情况心中有数，才能及时发现学生在学习上的问题。关注学生的学习态度是否端正、学习方法是否正确、学习成绩的变化是我们义不容辞的任务。

只有全面了解学生，才能带领学生们好好学习、健康成长。

2. 教师应善于调节与学生之间的关系

我们选择了成为一名教师，我们就应该爱护我们的学生，无论在生活上还是学习上，应处处守护我们的学生，帮助他们解决困难。尤其是我现在任教的一年级孩子们，他们的自理能力不足，他们的生活经验缺乏，他们不懂为什么要学习，他们只是一群六七岁的孩子……我们是他们的老师，我们不仅要教他们知识，更要教他们道理。尤其是特殊学生，例如家庭不完整的孩子、学习困难的孩子、智力有障碍的孩子，他们更需要我们的陪伴和关心，他们本身就缺乏爱，他们的内心渴望受到别人的关注，渴望被爱，哪怕是一个赞许的微笑，哪怕是一句鼓励的话语，都会帮助到他们。如果我们的爱能倾注到各个方面，我想，我们一定能弥补这些孩子心里所缺失的那一份爱。

3. 教师需善于改善学生与学生之间的关系

教师也应该善用学生的力量去帮助学生，学生与学生之间是同龄人，他们又是另外一种相处模式。首先，教师可以利用班干部的力量去帮助班中有困难的学生，班干部起到带头作用后，其他学生也会自觉帮助这些学生。除此之外，教师可以去寻找班中较热心的学生，让他们一起关心、帮助特殊学生，使得特殊学生感受到班级的温暖，从而重拾自信，振作起来。

其实，不管是怎样的孩子，他的内心都渴望有小伙伴，纵然老师再给他关爱，在同龄人中如果得不到陪伴，他也会感到沮丧和无助。那么，教师应善于去通过学生的力量来帮助特殊学生，不仅能帮助到特殊学生，还能凝聚班级的团结力和培养学生的品质。

如果一个孩子从小得到的爱就是不完整的，那么他的成长之路想必更加艰辛，作为教师的我们，请不要吝啬我们的爱，多爱他们一点，多关心他们一点，尽力去弥补他们缺失的那一份爱吧！

○ 案例21：

学做一个会“偷懒”的班主任

高　英

担任班主任工作已有多年了，我一直在不断地尝试和探索，我深深意识到学生是一个班级真正的主人，班主任应该让学生自主管理，这样可以大大提高班级管理的效率和质量，有利于激发学生的学习情趣，调动学生参与的积极性和主动性，有利于增强学生的创新意识，提高实践能力，培育高尚的品格、健全的身心，进而实现班级学生的自主管理。

累

以往的班干部都是由我推举名单后由学生表决产生，在建立班委后经常会有一些学生对小干部提出各种意见，小干部的工作有时也难以顺畅地开展，经常要产生一些矛盾需要我来解决，不是这个同学不听小干部的话，就是那个同学和某某小干部吵了起来，有时真是觉得做班主任很累。

思

进行班主任工作坊的学习之后，我深深意识到，一个班级由几十名学生组成，要培养好这些学生，就必须调动学生的思想积极性，充分发挥他们的聪明才智，充分挖掘他们的内在潜力，优化他们的成长环境，培养他们各方面的能力，使他们成长为适应时代要求的各类人才。要达到这一目的，必须依靠作为班级领导者和组织者的班主任，为他们营造一个宽松、民主的环境，让学生在班级的自我管理中健康快乐地成长，体验成功，品尝成功的快乐。

变

班干部的选拔和培养中，我以学生班干部的民主选举等方法展开班级管理，我认为，认真选拔是充分发挥班干部作用的首要条件，以下是我的一些做法。

1. 自荐与他荐相结合，民主选举

班干部的选拔需经历一个了解的过程。对于刚入校时每个学生的特点，在短期内不可能全部了解，所以，一年级时，班干部的选拔完全是由我提名，并由学生投票选举而产生。进入二年级，在对班级学生经过一定的熟悉和了解之后，从此开始，我就采用了让学生自荐与他荐的形式，民主选举投票，从中选拔那些关心集体、团结同学、办事认真，有一定组织能力和特长的同学担任班干部，促使班级各项工作做得更好。

2. 任用后进生当班干部

在任用前，班主任要对其有一个"试探期"，即有意试探一下该生是否在几件事上、在一段时间内有进步现象，当确实一点点好转，为促使其转化，让他担任班干部，动机良苦，也不失为成功之例。例如，我班有一个孩子非常调皮、上课有多动症，但在老师的监督下也有所好转，我便提议让他担任纪律委员，同时派一位比较有能力的同学做他的顾问。对于这样的同学当班干部，不一定要求他把班级管理得很好，主要是让他自身在这方面有所进步，达到一定的教育目的。

3. 轮流做小干部

在我们班就是实行"一日班长"管理制度，让每位学生都参与班级日常管理。值日班长按学号轮流，并有一位中队长从旁协助，每个人都要当，轮到谁，便从早到晚对班级各项工作全面负责。学生当小干部的过程，既是为同学们服务的过程，也是教育同学们的过程；既是提高工作能力的过程，也是增强主人翁责任感、义务感的过程，更是自己受教育的过程。

班主任工作千头万绪，因此我认为要当一个轻松的班主任，也就是一个会"偷懒"的班主任，让自己的班级形成一个团结上进、勇于拼搏的集体，拥有一支强大的班干部队伍是非常关键的。

○ 案例22：

"小拖拉"变了

班主任工作坊——优化家校共育环境

左　莉

随着社会迅速发展，所有的事、人都在进步。作为一位小学教育工作者，要及时进行家校沟通，有效的沟通方法在我们的教育中的作用是举足轻重的。今天我要讲的故事就是关于家校共育的小故事。

开　端

还没走进教室，远远地就听见了英语老师气急败坏的声音："你怎么搞的？还是个班干部呢！连做个作业都做不好，每次都是你晚交。你这样怎么能给其他同学做榜样！"

唉，一定是小雨——我们班的"小拖拉"。

我走进教室，只见小雨羞红了脸，眉头紧锁着，小手把笔握得紧紧的。眼前的这一幕不由让我回想起了刚见到小雨时的样子。

那是一个晴朗的日子，刚刚踏上工作岗位不久的我接到一个新的班级。带着激动和兴奋，我对学生一一进行了家访。当时，小雨给我留下了深刻的印象。

大大的眼睛乌黑发亮，长长的睫毛忽闪忽闪，白白的皮肤圆圆的小脸，真漂亮，就像一个可爱的娃娃！我们班级的大部分学生都是外来务工人员子女，家庭环境都比较普通。小雨的爸爸工作比较忙，平时也不太在家，主要是妈妈在管理家庭。小雨还有一个哥哥，比她大两岁，在另外一所小学读书。小雨的妈妈是个能干的女人，把家里收拾得井井有条，两个孩子都挺聪明，是她最大的骄傲。

开学之后，小雨的表现也让我很满意。上课时认真听讲，回答问题也很积极，平时又很乖巧，遵守纪律。所以不仅老师喜欢她，同学们也都把她当作榜样。很快，小雨就成了班干部，同学们也都很拥护她，成绩也一直在班里名列前茅。

露出端倪

一转眼，就到了四年级，这时小雨已经成了大队干部。看着我喜欢的小雨越来越出色，我心里也暗暗为她高兴。可是渐渐地，小雨完成作业的速度越来越慢。一开始我还以为她可能要完成大队部安排的工作，所以用来做作业的时间减少了。可是没多久，小雨就常常出现最后一个交作业的情况。

我正在为这事发愁，搞不懂为什么一向认真学习的小雨竟然会变成班里的"小拖拉"。就在这时，却发生了一件事。

新一轮的大队干部改选开始了，班里需要重新推选候选人。这天班会课上，我向大家宣布了这个消息，学生们已经跃跃欲试，逐个上台自荐。

唯独小雨不声不响地坐着，我觉得奇怪，就问她："小雨，你不上来自荐吗？"

小雨的表情有些尴尬，她红着脸说："我觉得我没有资格做大队长。"说完，小雨似乎很难过，眼看就要哭出来了。

我想这其中一定有什么问题，或许这还能帮助我解开小雨为什么会成为“小拖拉”的疑团。

这天午饭后，我正在教室里批阅作业。语文老师走进来，给我看了小雨的造句，是一道用“不是……而是……”造句的题目。看到小雨的造句时，我一惊。“渐渐地，我发现妈妈最宠爱的不是我，而是哥哥了。”

难道这就是小雨变成“小拖拉”的原因？她失宠了？

小雨一直都是妈妈的掌上明珠。记得三年级时，小雨就说过“我哥哥在家就像个小皇帝，什么事情都不会做，还要我照顾他呢！”“妈妈最喜欢我了，说我特别乖，比哥哥强多了！”

这样疼爱小雨的妈妈，怎么突然改变了呢？看来问题要从小雨的家庭入手。

实地探访

当天晚上，我和小雨的妈妈打了一通电话。

出人意料的是，小雨的妈妈不像以往那样积极，反而显得有一丝不耐烦。奇怪！以前小雨妈妈总是对小雨在学校的情况很关心，有时会主动打电话来向我询问，有时还会到学校来找我面谈。最近她都没有找过我，今天我给她打电话她又是这种反应。难道真的像小雨的造句那样，妈妈喜欢哥哥，不喜欢小雨了？那么又是什么原因导致了妈妈这样的改变呢？我决定第二天到她家去看一看。

第二天放学后，我陪小雨一起回家。到家时，父母和哥哥都还没回来。

我跟着小雨进了房间，环顾四周，家具摆设很简单。书桌上放着一些书和本子，我随手翻了一下，大多是她哥哥的，习题本很多，还有一些课外辅导材料。

这时我又发现，小雨一边做作业，一边时不时地抬起头看看墙上的钟。

大约半小时后，小雨的哥哥回家了。只见小雨将正在做的作业收拾了一下，对我说：“老师，我要去外面做作业了。”小雨刚挪出位子，哥哥就坐下了。看上去，两人的配合似乎很熟练。

小雨告诉我：“哥哥五年级了，作业很多，而且在外面做不好。”

在外面做不好？为什么在外面做不好？我突然想到，如果我不在，小雨一个人在客厅里写作业，又会怎么样呢？或许会打开电视机边看边做，或许等爸爸妈妈回来后在厨房准备晚餐时，会分心去听爸爸妈妈说话，等等。这样确实做不好。但是小雨的年纪比较小，自控能力不如哥哥，为什么让小雨在客厅做作业呢？

小雨妈妈回来了。

刚坐下和我聊了一会儿小雨在学校的情况，小雨妈妈就有些坐不住了："老师，不好意思啊，我先进去看下我儿子。她哥哥呀，学习总是不自觉。"边说着，她边急匆匆地朝房间走去。

应该是我在的缘故，一会儿她就出来了。但是很明显，在我们谈话的过程中，小雨妈妈一直心不在焉。难怪小雨觉得妈妈现在不够重视自己了。

家校合作——坦诚以待

我想是时候表明我来家访的目的了："最近你好像对她哥哥盯得特别紧啊？"

小雨妈妈被我看出了心思，有些不好意思："是呀，老师，她哥哥马上就要上中学了。现在作业多，这孩子又不自觉，我不盯着他不行啊！最近，我没有时间管小雨，我想小雨比较懂事，成绩也一直不错，不用我多操心。"

终于找到了事情的症结所在，该解决了。

我告诉小雨妈妈，小雨主动放弃了这次的大队干部竞选，可能是因为她最近作业拖拉，在同学中的威信大不如前，成绩也稍有退步。

小雨妈妈听了我的话大吃一惊："真的吗？小雨从来没有在家说起过呀，我都不知道她放弃竞选的事。"

然后，我拿出小雨的作业本，找到那道造句题给小雨妈妈看："你看，孩子是敏感的，家长是不是关心她，她一下子就能感觉到。"

小雨妈妈显得很内疚："老师，两个都是我的孩子，我怎么可能不喜欢小雨呢？最近一直忙着盯她哥哥，是我疏忽了。"

看着小雨妈妈，我想，她要工作，晚上回来又要管两个孩子，确实很累。精力是有限的，面对毕业班的儿子，小雨妈妈确实很难分身。我对她说："没关系，我能理解你的心情，小雨哥哥现在也确实需要你的关心。小雨是个懂事的孩子，你和她谈一次，让她明白妈妈不是不喜欢她了，而是现在哥哥更需要妈妈。相信小雨一定能体谅你的。"另外，我请小雨妈妈在小雨和哥哥的房间里再放一个小桌子，让小雨也能在房间里写作业。小雨妈妈表示一定会做的。

沟通成效——雨过天晴

隔天，我把小雨找来，这时的小雨似乎开心了不少。她说，妈妈已经和她聊过了,是自己误会妈妈了。我对小雨说:“你一定也希望哥哥能够顺利进入理想的中学,你就帮帮他的忙,把妈妈‘借’给他一段时间吧。”

小雨笑了,她告诉我,她已经决定,要以全新的面貌参加下一轮的大队干部竞选。从这以后,小雨的作业不再拖拉了,成绩也恢复到了以前的水平。

我常常打电话给小雨妈妈,提醒她别忘记时不时地称赞一下小雨,让小雨能感受到妈妈也在关心着她。

就这样,小雨终于不再是“小拖拉”了,她又成了那个讨人喜欢的好学生。

反思总结:

1. 要逐渐提升孩子心理受挫能力以及应对能力。小雨这个年龄段的学生,应该有基本的生活自理能力。而小雨这样的孩子,所欠缺的是心理上的自理。由于母亲宠爱有加,导致小雨过分依赖,一旦母亲对她的关心少了一点,就使小雨的学习动力大幅减退。

虽然在处理这件事时,我采取改变小雨母亲的方法,让小雨母亲给予更多的关注,但在后续处理上,我认为应当增强小雨的心理自理能力,让小雨成为一个心理强健的孩子,能够应对外界的变化,及时调整自己的心态。

2. 良好的学习习惯的养成和保持同样重要。养成良好的学习习惯十分重要。小雨本身有良好的学习习惯,是不需要老师操心的孩子。但学习环境突然改变,周围事物对小雨的影响使她无法集中注意力完成作业,这也会间接影响到孩子良好学习习惯的保持。因此我认为,要让家长为她创设一个安静、不受打扰的环境,在客观上保证她的学习质量。

3. 在不同的家长之间,要选择合适的沟通方式。小雨的母亲是外来务工人员,学历层次不高,对老师比较敬畏。在我与小雨母亲沟通的过程中,我都用简单通俗的语言与她对话,让她能够比较容易地理解我的意思。而小雨母亲则比较尊重我的建议,能够按照我说的去做。

在生活上,外来务工人员有自己的困难之处,他们工作比较繁忙,过度劳累使他们没有时间也没有精力教育自己的孩子。好在小雨的母亲对子女的教育问题还是比较重视的,对我处理起事情来有很大帮助。而我在与小雨母亲接触时,总是先表示对她的关心和理解,让她知道老师并不是不近人情地要求她做这做那,而是能够从她的角度出发,体会到她的辛苦和不易。这样就更加容易让家长接受老师的意见,防止抵触情绪的发生,做到有效家校沟通。

4. 家庭教育才是孩子教育的根源。教育家宋庆龄女士曾经说过:“孩子们的性格和才能，归根结底是受到家庭、父母，特别是母亲的影响最深。孩子长大成人以后，社会成了锻炼他们的环境。学校对年轻人的发展也起着重要的作用。但是，在一个人的身上留下不可磨灭的印记的却是家庭。”无疑，家庭教育是十分重要的。但在今天快节奏的社会中，家长们望子成龙、望女成凤，却没有好的措施和手段。而教师不能在学校、在课堂闭门造车了，与家长一起，通过学校、家庭的通力合作，才能让学生在一个全面的、良好的环境中成长。

○ 案例23：

对症下药，点击“特殊学生”心灵

叶 缨

学生是一个个的个体，他们之间存在各种各样的个性差异，这就要求教师因材施教，如果学生中有特殊儿童，就更需要教师倾注大量心血，采用各种特殊的教育手段，使特殊儿童享受到正常的教育和发展。

一年前，我们年级的一个班级拆班了，著名的“路怒症”儿童小周来到了我的班级。我想，麻烦了，在教室里捣乱、和同学不断有纠纷，这个孩子是个麻烦孩子。我年纪大了，天天跟他斗智斗勇是没精力的，好在听说他外婆会揍他。那遇到问题，就让外婆收拾他吧。这样一想，我的心宽了许多。尽管如此，我依然知道这一年来了这么个不省心的孩子，我的班主任工作将任重而道远。我知道从事班级管理工作，总是会遇到一些特殊学生。他们是与众不同的，常常受到老师和同学们的误解和冷淡，如果不好好地引导，长期下去会影响到他们正确的人生观和世界观的形成，对他们人生道路产生很大的影响。有针对性地正确引导特殊的学生，我做好了打持久战的心理准备。

第二天，走进教室，触目惊心的一幕呈现在我眼前：小周同学满脸是泪、哽咽不止，在他的座位底下大概两平方米的范围内，满是纸屑。同学们忙着围观，有的幸灾乐祸，有的熟视无睹，有的嘻哈起哄。拍个照片，让外婆收拾他，但是转念一想，我要带他三年，简单粗暴揍一顿应该不是最好的办法。经过询问，原来是有同学欺负他，这是他表达不满的方式。咦，他不是专门欺负别人的吗？怎么今天被欺负了？我让欺负他的同学给他道歉，并且扫掉了垃圾。这件事,让他得到了从未有过的道歉。

我清醒地认识到,这是一个特殊儿童,来自特殊家庭,他得到的关爱特别少,但是被家暴特别多。因此,性格略有扭曲,他是一个让老师棘手的学生,为所欲为,常有奇怪的行为。我不能放弃他,我要让他像其他孩子那样正常地学习,健康地成长。我知道他长期受冷落、歧视,他自卑、敏感,但内心仍渴望得到老师、同学们的理解和信任。

谁知,没几天,小周同学又满脸是泪哽咽不止,在他的座位底下大概两平方米的范围内,又满是各种笔、橡皮、纸等学习用品了。我说:"这次你先把地面处理干净,我再问你原因,再解决问题。"他试图讨价还价:"那你能不能叫陆……"我打断了他:"别跟我谈条件,三(4)班教室没有得罪你,你报复错了对象。别拿教室卫生来要挟我。"他还是想解决问题的,于是乖乖地把地面扫干净了。后来我了解到,原来是前面一位同学总是打扰他,他就不开心了。

教育实践证明,班主任工作既是一门科学,也是一门艺术。班主任工作既有规律可循,又无一成不变的模式。对于他的两次抗议方式,我采用的是截然不同的方法。第一次,我先调查,再解决问题;第二次,我要他先解决自己的问题,再来讨论他和同学间的问题,因为他采取了特别不恰当的方式。他有再多的理由也不应该成为自己肆意发泄的借口。

上个学期的第三周,他因为借给同学的课外书被老师没收,又在座位底下扔得满地都是纸屑。我拍下了照片并且告诉他:三年级的学生,必须会反思自己。你想通了放学前主动来找老师,否则,我把拍的照片发到珠峰网班级论坛,让全班同学和家长一起参与讨论。当然我会保护你的隐私,不会出现你的脸和姓名,但是论坛上的帖子是全上海的学生和家长都可以看到的,要不要出名你自己选择。

班主任的工作对象是有思想、有自尊心的学生。实践证明,要做好班级工作,必须从了解和研究学生着手。我知道小周同学自己做错了事,不愿意让家长知道;我知道他性格冲动但是很快就能想得明白;我也知道,他其实很喜欢跟老师沟通。只要给他足够的时间,他不会让自己下不了台。没到放学时间,我主动把他叫到身边,问他想得怎么样了。他说:我不知道为什么,一生气就想撕纸头、扔东西。我说:是啊,你一生气就把场面搞得那么大,不知道的人还以为发生了多大的事呢。所以说,你把让你生气的小事扩大了。你属于分寸把握不当。

通过对话,我和他约定:下次如果生气了,如果想撕纸头、扔东西了,忍住、屏住，然后告诉老师，让老师和你共享你的进步。一个多月过去了，他没再撕过纸头。我在班里表扬了他。“尺有所短，寸有所长”，再差的学生也有特长或优势，发现其闪光点，适时表扬，将会对转化起到意想不到的效果。

班主任要与家长经常联系和交流，树立正确的教育观念和对孩子的信心，与老师携起手来，共同努力，为孩子的发展负起责任。小周同学由于性格古怪，学习、行为习惯差，经常被批评，他的外公外婆曾经对我特别有意见，他妈妈对我过分逃避。于是我主动和他妈妈沟通，让他妈妈转告他的外公外婆，对这样特殊的孩子一定要和老师在一条战线上。就这样，每当他犯错，用仇视的眼睛看着我的时候，我就自豪地说：“这件事是你做错了，不信你可以叫外公外婆来评理，看他们是支持你还是支持老师。你可以这么凶狠地看我，但是我不会忘记你对我的好，我依然记得你在公园里捉到小鱼后，到处找水龙头说要把鱼洗干净烤给叶老师吃。”对症下药是治病的关键。每当此时，我就发现他的目光不再那么锐利。渐渐地，他融入了班级集体。

苏联教育家苏霍姆林斯基说过：“教育技巧的全部奥秘就在于如何爱护学生。”这道出了教育的真谛。教育实践也告诉我们，爱是一种最有效的教育手段。当学生体验到老师对自己的一片爱心，他会加倍努力学习这一科的。

当然，“特殊学生”的教育帮扶工作不可能一帆风顺。我们要善于利用周边的环境，用满腔热情、浓浓师爱教育、宽容他们，影响他们，使这些百花中的兰草，早日绽放出鲜艳的花朵。且不说教师应“爱生如子”，俗话说人心换人心，人是感情动物，每个人都会为美好的感情所打动。从小周的转变我认识到：有教无类、因材施教是我们面对特殊儿童的科学态度。家校合力，足以让每一个受教育者都能最终尽其能，这是我们教师义不容辞的责任。

○ 案例24：

放下偏见，不弃不离

沈晓青

我们学校开展了基于反思的生态位异学生教育能力发展的课题研究，主要针对学习困难学生、行为偏差学生和教育个性特长学生这三类学生进行观察、研究、实践和反思，本学期研究重点是学习困难学生的教育。经常会听到说“爱生如子”，应该要平等地去对待每一名学生，但是说心底话，哪一个人会不喜欢那些漂亮、可爱、聪明的孩子呢？在学习上，他们可能会成绩比较好；在平时的工作中，他们可能会是老师的好帮手，有时候，或多或少，我们都会稍稍偏爱那些孩子。但是班级中，不可能每一个孩子都是聪明伶俐的，俗话说五只手指头伸出来都有长短，更何况是芸芸众生的我们呢？在我的班级中有一名特殊孩子的存在。

初次接触，我眼中的小佳

在我的班级中有一个叫小佳的小姑娘，小佳是一名比较特殊的学生，虽然在五年级的时候我才开始担任她所在班级的教学工作，但在这之前可听了不少她的“丰功伟绩”，一不满意，就会偷偷瞪老师，背后还编排老师；斤斤计较，一旦觉得自己吃亏了，就爱和别人吵架……学习基础差、上课不听课、别人发言她爱打岔、不爱写作业、爱管闲事是我对她最初的印象。所以第一天进他们班上课时，我的心情还是蛮忐忑的，就怕她破坏课堂纪律，影响其他同学。果不其然，开学第一天的第一堂课，她就不听课，还随意插嘴。在之后的课堂上也是一直开小差，说的内容不听，一旦说完了，她又说没听见，而且一到同桌讨论或者小组活动时间，她就要来告状，说没有人愿意和她说话。这样的情况，多多少少都影响了课堂教学。自然而然，我对她的印象真的是越来越差。

在某一次英语课上，突然有小朋友笑了，我回头一看，原来是小佳躺在椅子上，脚跷着，还时不时把手头上的垃圾随意往地上丢弃。看到这我当时还蛮生气的，我问她：“你在干什么？为什么不听课？”她马上说：“我又听不懂。”其他小朋友听了，哄堂大笑起来。这样一来，我更生气了，不仅不听课，还破坏课堂纪律，老师批评她，她还要给自己找借口。我就让她站起来，结果她说：“我是真的听不懂呀。”那一刻，我真的是非常生气的，当时我就狠狠地瞪了她一眼，让她下课来办公室找我。下课的时候，她来到我办公室，一脸委屈地跟我说：“老师，我错了，可是我听不懂，我不知道该干什么。”课后，其实我也冷静下来了，看着她委屈的小脸，我仔细地想了想，她其实真的没说错，她在课堂上真的是听不懂。一方面她本身的基础就很薄弱，而且因为是特殊学生，她的接受能力也确实很差；另一方面，随着五年级学习进度的推进，学习内容越来越难，课堂上的问答也好，对话也好，也越来越长，越来越复杂，她在课堂上能听懂的其实非常有限，一旦她在课堂上听不懂，她怎么可能在课上坐得住呢？所以也不可能要求她认真听课。

再次接触，我试着去重新认识小佳

在这件事之后，我自己也进行了反思，其实在一开始我就是戴着有色眼镜去看她，对她的感觉首先是“怕”，怕她课上不听课，怕她影响其他同学；其次是“烦”，烦她话多，烦她不知场合，做事随心所欲。但正是因为我的“怕”和“烦”，对她没有太多关心，才会导致她的行为越来越不受控制。其实，我从来没有站在她的角度去帮她考虑过，她为什么会不听课？她为什么会话特别多，爱找人聊天？她到底需要什么？所以在这之后，我又找了我们班的班主任，想问问她眼中的小佳是什么样的，然后我也找了小佳班级中的同学，还有她妈妈，进行了多方面了解和沟通。班主任老师告诉我：“她确实基础差，接受能力也不行，但是她是一个很大方的孩子，班级中谁缺了什么，她都愿意借给同学。”她的同学们告诉我：“有时候她真的很烦，但是有时她也挺可爱的，春游的时候还给我们分东西吃呢。”她的妈妈告诉我：“我知道我们家孩子挺特殊的。课堂上跟不上，我们回来会盯好她的，老师，您放心。”慢慢地，我发现小佳并不是真的不学，也不是真的想要破坏课堂纪律，一方面她本身因为基础薄弱，在课堂上确实有很多内容听不懂，所以她总是在课堂上开小差，或者说一些和课堂无关的话；另一方面，她其实是一个需要别人多关注的孩子，她的种种行为也是为了引起老师和同伴对她的关注。在一次杨老师给我们开的特教会议上，杨老师说这些孩子都挺特殊的，我们也应尽我们所能为他们做些什么，让他们多少都能学到点知识。所以不单单是为了课堂纪律，也是为了小佳的个人发展，作为她的老师，我都不可能放弃她。

我试着去重新认识她，原来她真的是一个大方的孩子，带来的巧克力愿意和班级里的小朋友一起分享。有一天，我们学校说要停水、停电一天，第二天她就给每位老师带来一瓶水；课后，时常看到数学老师很耐心地和她在聊天；同学其实也挺喜欢她，小夏同学看到她鞋带松了，还主动蹲下去帮她系鞋带……一旦放下我的偏见，我看到了一个和原来不一样的小佳。在之后的课堂上我也开始慢慢地关注她，在设计课堂活动时，我会设计一些小佳能够完成的任务，像认读单词、拼背单词、简单的问答一直让她参加。在课堂上她尤其喜欢做小老师带领大家拼背单词，在这个过程中她终于能跟着其他孩子一起学习了，她也慢慢地能从中获得成功感。除此之外，我还给小佳找了一名学习小伙伴，小伙伴平时也会和小佳一起读读单词，教她读课文，在小佳遇到困难时，我和她的学习小伙伴也会及时帮助她。我发现课堂上小佳的表现有进步了，有时她甚至能回答出一些对她而言有难度的问题。上个学期我们学习了一篇课文《Fire safety》，在问道For fire safety, what mustn't we do？ 她马上举起手说：我来说，For fire safety, we mustn't play near fires.像她这样一名特殊的孩子，能回答出这个问题，真的已经很棒了，我和班级里的同学一起给她鼓了掌，她可开心呢！而且慢慢地小佳的本子也不再是空白的，读课文和默写都有进步了。特教的教研员来听课以后，跟我说小佳上课的表现挺棒的，能积极举手发言，真的不错！这其中离不开同学们、她的学习小伙伴，还有她的家长的帮助！

进步的小佳！

上个学期，学校举办英语学科节活动，要求大家做一张新年的海报，我收到的第一张海报就是小佳的。我拿到海报以后，发现她做得真不错，不仅内容丰富，而且字也写得很工整，就是猪年图标用成了鸡的图案，我就和她说："挺好的，就是新的一年是猪年呀。"没想到第二天一早，她又重新交了一份海报给我，跟我说："我昨天和妈妈一起找了图，重新做好了。"看着她的新海报，我真的十分感动，她做到了一些正常孩子都做不到的事。我们需要挑出一些孩子的海报做版面，但是有的孩子家里没有彩色打印机或是打印机打出来的效果不好，小佳马上就说："我家有打印机，你们发给我，我帮你们打印出来。"看到这样的场景，我真的十分感动。

这个学期，我们学了和life cycle有关的内容，我让小朋友根据自己的喜好去做一份海报，果不其然，她又是第一个交给我的，而且她还做成了小册子。我看了看她的海报，说："这次我希望你们自己动手画，动手写，你这个都是网上找的内容，不符合要求哦。"她马上回答我："好，那我回去重新去做一份。"第二天，她又交给了我一份海报，虽然她的字并不是那么好看，她的图也画得不是那么好，但是她这种认真的精神值得我们大家学习。小佳的事情，让我不得不反思自己。

走近学生理解学生

不要戴着有色眼镜去看学生，要走近学生，了解他们真正的需求。

对小佳同学，我其实一开始没有真正去了解她，我对她的印象也全部源自我听到的别人关于她的评价，我也戴着有色眼镜去看她，对她能避则避。而且从任教她们班级开始，我更多是关注班级中其他同学的表现，尤其是英语学习。但是像小佳这样的特殊学生，如果我把她和其他同学放在同一起跑线上，她怎么能跟得上他们的脚步？哪怕她是一名特教学生，她也有接受公平教育的权利。所以我开始在课后和她聊天，看看她有什么感兴趣的，课堂上能学到些什么；也会抽她读读课文，了解一下她最近的学习情况；有时也会和她的家长及时沟通，我也慢慢看到一个我自己眼中的“小佳”。只有充分了解她，尤其是她的学习基础和兴趣爱好，我在课堂上才能设计出一些她能参与的课堂活动，她在课堂上也不会因为什么都听不懂而开小差，在课堂上她也会有所收获。虽然她是一个特殊的孩子，虽然她和其他同学不一样，但是当我们老师和其他同学一起真诚地对待她时，她也会真诚地对待我们，会努力尝试和我们更好地交流；当我们认真指导她学习时，她也愿意认真对待学习。我们不仅仅是知识的传授者，更是学生在学习生活中的知己和引导者。作为教师的我们，真的不能戴着有色眼镜去看孩子，也不能轻言放弃，我们要学会去找到孩子们的闪光点，不仅从学习上帮助他们，还要引导他们自己找到自己的闪光点，引导他们建立自信心和责任心。只有有了自信，他们才会愿意参与到课堂中、参与到我们的每一项活动中。只有我们走近学生，他们才愿意走近我们，以更加积极的态度投入学习和生活。

给学生思考的空间

最早给小佳补习时，我的方法比较欠缺，我通常都是告诉她应该怎么做，答案是什么，当时她说她能记住，但是换了类似的题目，她又不会了。之所以会这样，除了她基础薄弱之外，我还剥夺了她思考的空间，她缺乏思考的过程，学生对答案或者对这个知识点只能是短时记忆，不可能真正理解，以至于第二次出现相似的题目还是不会做。所以在之后的补习中，我试着给她思考的空间，而非简单的填鸭式。例如在给小佳补习介词的用法时，我先让她看她自己的试卷，看看里面有哪些题目是她会做的却又粗心做错的，这部分先订正。之后一些不会的试题让她先思考，回忆一下老师上课都说了什么，或者让她看一下书，哪些是书上有的，她通过自己的思考和寻找，又能解决掉一部分题，而这部分因为有了她自己的思考和寻找，她还是记得住的。最后是要帮助她解决她完全做不来的部分，同样答案不能先给她抄，先讲解，再让她做，最后再让她做类似的题目。我们的记忆有一个特点，一个知识点经常不用就会忘记，所以我也注意知识的反复，比如，在她把今天的内容都订正好以后，我会把她不熟悉的内容再问一遍，看她是不是真的记住了，或是几天以后再抽查，看看她是不是还记得。我相信，经过几次反复，这个知识点她是不会忘记的。

学会和家长沟通

虽然小佳情况特殊，但是她的家里从未放弃过她，她的点滴进步都离不开她家长的帮助。我记得第一次家长会结束以后，她的妈妈冲下楼，对我说："老师，小佳平时表现不好，你多说说她，不懂的也麻烦你多教教她，谢谢你老师。"听她妈妈说完后，其实我挺惭愧的，因为一开始我几乎是忽略了小佳，更多的关注给了班级里的其他同学，这也造成了小佳的学习情况越来越差。所以，我通过电话、晓黑板留言、面谈等多种方式和她的家长进行沟通，把小佳好的方面说给他们听，也会把小佳表现不好的地方或者小佳学习上有困难的地方说给他们听，让家长及时了解小佳的情况，和我一起鼓励小佳，一起帮助小佳。后来我还得知，她的妈妈为了她的学习特地给她请了一对一的家教，所以小佳的进步真的离不开她的家长的支持。在工作中我们真的要重视家长的力量，因为学习不仅仅是在学校的，家庭的力量也很重要。在和家长的交流中，我们也要注意对家长教育观念的指导。帮助家长树立起"以家长为主体，以学校为主导"的观念，引导他们与孩子建立起一种平等、民主、双向沟通的亲子关系，改变以往的"家长制"，努力成为孩子的朋友。同时在学习上，老师也要给予指导，根据家长的受教育水平提出相应的指导策略，帮助家长在家庭教育这一关当中做好。

所以，只要我们放下偏见，抱着不抛弃、不放弃的心态去对待我们的学生，向他们表达我们的善意，更多一点耐心，更多一点方法，相信他们会有更多的收获！

○ 案例25：

如何帮助学困生走出困境

顾思佳

每个班级中，都会有学习困难生，一到学习的时候，他们总是缺乏兴趣，上课也总是无精打采，写作业的时候，总需要老师不停地督促。学困生，是每个老师不得不面对的一群孩子。老师到底应该如何做，才能帮助这些孩子们走出困境呢？

我沉默了

去年九月，我担任了五(4)班英语教学工作。这个班级和其他班比起来，有一些不同。不同在于这个班级的学困生尤其多。第一次测验下来，有一张试卷引起了我的注意。试卷听力有这样一大题，用“1—8”给下列句子编号，小北全部写了数字“1”；在听录音、填单词这一大题中，横线上面全部都是空白。在试卷的笔试部分阅读题中，小北也是将所有的答案写成了同一个。这让我不禁头大起来。之后，我就找了小北谈话，询问他这么“做”卷子的原因何在。小北回答我，写相同的答案，至少会有一个对的，不至于全错。横线上一个单词也不填是因为他不会。我沉默了。

不希望“全军覆没”

在上课时，我也非常仔细观察小北的表现。很多时候，他都是默默看着大屏幕，有的时候做做小动作，看得出来，小北对英语这门学科并没有什么兴趣。而且由于之前的基础没有打扎实，要听懂课堂上大部分内容对小北来说是非常困难的。在我英语默写的时候，小北也经常是拿着笔和本子干瞪眼。我心里有点替小北着急。这样一个学习困难生，我到底应该如何帮助他走出困境呢？当我空闲下来的时候，脑海中总是想起小北关于那张特别的试卷对我说的话。我一边回忆，一边思考。小北说，写相同的答案不至于全错。那么至少说明小北还是有上进心的，他并不希望“全军覆没”，于是采取了这样一个令人啼笑皆非的“战术”。但是这样的做法，又从一个侧面反映出小北对于困难的一种畏惧。一旦遇到对他而言稍有难度的题目，他就用这样的方式“缴械投降”，这种方式显然对他是不利的，对他在英语学习方面是没有任何帮助的。这又从另一方面反映出，小北的英语实力实在是太弱，这个“学困生”的名号他是坐实了。那么我到底用什么方法，让他的英语基础变得扎实一些，可以让他遇到困难时，不要再那么束手无策，可以用自己的实力与困难进行战斗，最后战胜困难，走出困境呢？

每天一节课的时间

耐心指导，让小北基本掌握每天的教学内容。因为小北的基础比较差，我需要采用适当的方法来帮助他。由于小北的基础非常薄弱，很多基本的单词、基础的语法知识，他都是一问三不知。这让我感到有点手足无措，想帮却不知该从何帮起。于是，我就打算从每一天的日常教学入手。每天教完一课内容，我就让小北到我这里，把文章读给我听，并告诉我文章的中文意思。这对于小北来说，是一个挑战，因为他不会的内容实在太多了，很多单词的发音要纠正好几遍，才能够发正确。每句英文下面几乎都写着我告诉他的中文意思。朗读课文加翻译文章，这两项任务完成，至少要再用上一节课的时间。幸好小北的学习态度还是比较端正的，全程他都听得很认真，记录得也很仔细。就这样，每天都是如此，我上完英语课后，小北到我这里来朗读课文，并告诉我课文的中文意思。渐渐地，我发现小北朗读课文的速度在加快，课文的中文意思也不再是什么都不知道了。学了一篇新的课文，他已经能够大致看懂这篇文章的意思。这让我感到很欣慰，也让我觉得也许我真的可以带着小北走出困境。

我改变了主意

多表扬，多鼓励，增强小北的信心。由于小北一直处于缺乏自信的状态下，我特别注意为他营造一个积极向上的环境，支持他。我记得有一次考试，在考试之前，我在全班面前表达了对小北本次测验情况的期待。我打从心底希望他能够有一个质的飞跃。我也希望可以用这种形式给小北一些鼓励。在批了小北的试卷后，我心里有一些小失望，小北进步了，但是距离我希望的“质的飞跃”还有一点小小的距离。那么我到底应该如何在全班面前对小北这次的测验进行评价呢？是告诉小北，他进步了，但是却没能达到我的要求，我有一点失望吗？原本我是想将自己的真实想法在全班面前说出来的，但是回想着这段时间小北的努力，我改变了主意。在分析试卷时，我丝毫没有表现出失望，我给予了小北百分之百的肯定，肯定了他这段时间的努力，肯定了他做题态度的转变，最后我说：“小北，顾老师期待你有更大的进步。”并给了他一个小小的奖品。小北听到了我的表扬和鼓励，开心极了。

听了以后开心极了

我还记得，那天的试卷订正，他完成得特别迅速，字也写得非常认真。那个时候我明白，我的决定是正确的。在教小北的过程中，我还发现小北虽然英语基础不好，但是他有一个优点，那就是记忆力不错。默错的单词，订正好以后，他可以用比较快的速度背出来，并且之后不太容易忘记。记得有一次英文考试的作文里，小北几乎把课文原封不动地默了出来，单词拼得也都是对的，这让我惊喜万分。我再次在全班同学面前表扬了他，表扬了他良好的记忆能力，并且告诉他，学习英语，好的记忆能力会帮你不小的忙。小北听了以后开心极了，在那之后背单词也更加积极主动。

从小北的转变中我发现，原来教学困生并没有想象中那么难，那么苦。只要脚踏实地进行教学，对学困生多一点耐心，发现他们进步的时候，不要吝啬自己的表扬和肯定，教师总是可以带着学困生走出困境的。

○ 案例26：

特别的关注给特别的你

陈 玥

我是锦瑟华年班主任工作坊的一员，我们工作坊的研习方向是基于学习反思的生态位异学生教育能力发展，主要从三个方面提高核心素养：1. 学习困难学生的教育；2. 行为偏差学生的教育；3. 个性特长学生的培养。这一学年，我重点在研究如何对学困生进行教育，以此来提高自己的核心素养。

束手无措

周同学是我们班的一名学生，一年级，个头不高，长相清秀。平日里多动，上课无法集中注意力，甚至在班中走来走去，影响其他学生，不愿意完成作业，也无法独立完成。他的情况让我感到很棘手。

第一次进教室没多久，我就发现了周同学好像特别好动，随即我就询问班主任关于他的情况，得知这个孩子在儿童医院测过智商，数字不高，我意识到以后肯定要在这个孩子的身上多花些功夫。

果然，这个孩子令人感到十分头疼。上课时，他上蹿下跳，从不听讲，还要影响周围的其他孩子。做练习时，他也不愿意拿笔练习，就坐在位子上扭来扭去。我感到很无奈，于是寻求经验丰富的班主任钱老师帮助，经过讨论，我们决定将他的座位调整到讲台边上，让他一个人坐，这样既不会影响同学也能让我们更多地关注到他。同时，我和周同学的父亲通了个电话，想了解一下他在家中的情况，他爸爸告诉我，现在的学习是他在负责，晚上需要陪着孩子花好几个小时才能完成作业，上课的听课效率几乎为零，回家后完全是父亲当老师全程一对一教他。确实，从周同学交上来的回家作业其实可以发现，家长在学习方面还是负责的，但家长始终坚持自己的孩子没问题。我们几位任课老师和家长沟通,想让家长带孩子去查一查问题到底出在哪里,家长也表示不愿意。

周同学的座位被调整到讲台旁边后,在纪律方面稍有进步,但就算他坐在我眼皮底下,还是不愿意听讲,不是做自己的事情就是趴在桌子上,而且课堂上我也不能花太多时间去教育他,以免耽误其他孩子的教学进度。无奈,我只能利用每节下课的时间教他完成作业,但效率也是非常低下,无论问他什么都是一问三不知,因此我需要重新教他新课的知识,再完成练习。10分钟的课间休息非常有限,经常要让他放学留下来才能完成当天的任务。

我以为这样的单独辅导会有效,但结果证明,效果微乎其微,无论是平时的练习卷或者期中期末评价,他的正确率都是年级倒数,只能做一些简单的口算,并且这几道口算也是在我一声声的“呼喊”下才动笔完成的。

这样的结果让我心灰意冷,甚至都想要放弃这个孩子了……

教育疏导

我没有放弃,面对这样一位特殊的孩子,利用寒假我查阅了相关资料,开学后我通过以下方式进行疏导和干预。

重视课堂教育。多动儿童上课不专心听讲,不遵守课堂规则,不听从老师指导,常常影响课堂秩序和同学上课,需要加强对他们的课堂管理和教育。因此每次上课前,我会找周同学谈话,提醒他要注意自己的行为,反复讲清道理,要求他专心听课。周同学的座位依旧在讲台边上,上课时能随时得到我的监督和指导,上课时,我会有意识地让他每隔十分钟左右回答问题、到黑板上演算、到讲台前朗读和讲解,以促进其注意力集中。当注意力方面有所进步,我跟进及时表扬和鼓励,以助于增强其自信心。并且我将课后作业分成几小份让他完成,减轻他的负担,完成一小份后我就让他适当进行休息,尽可能不让他对学习产生负面情绪。

采取矫正疗法。我运用适当的行为矫正疗法来改进他的行为表现,例如我们常用的小贴纸,如果他能做得好或者认真听讲,会奖励合适的小贴纸;如果表现得不好,或者影响课堂纪律,会倒扣小贴纸,使其能保持安静,完成作业,遵守课堂纪律。

我对周同学的要求与其他孩子的不一样,以鼓励为主。只要他一有进步或良好行为我就给予表扬或奖励,以增加他的信心,并且让他知道这个行为是正确的,逐渐让他养成良好的行为习惯。如表现不好,我也会及时批评,但像他这样的学生,我会注意批评的方式方法,以教育疏导为主,以免造成不良后果。

及时家校沟通必不可少。对于周同学这样的特殊学生，需要及时和家长联系，以便了解他在家的情况。第二学期以来，尽管周同学在家还是需要家长一对一辅导，但家长告诉我孩子还是逐渐在进步的。特别需要注意的是，对于多动的孩子，家长在家一定要多关心和陪伴孩子，给孩子营造良好的家庭环境，多和孩子一起活动，不要让他一个人待在家，也要尽可能地收起自己的不良情绪，避免给孩子造成影响。

通过一个学期的教育探索，虽然他的注意力还是不能完全集中，成绩仍然处于班级的尾巴，但明显可以发现他的进步。在下阶段，我会继续加强避免不良行为的反复出现，同时培养他的注意能力，使他的注意力能放在学习中，逐步改善他的多动行为。对于今后的教育工作我还是很有信心的。

多了几分耐心和关爱

从第一学期的束手无措到第二学期的教育疏导，我不仅对多动孩子有了一定了解，而且逐渐提高了我的班主任核心能力，对于如何对待行为偏差的孩子有了自己的思考。案例中这个孩子，他具有轻度多动症状，对于这样的孩子一定要“对症下药”，耐心教育，给予正确引导，像他这样的孩子，其实他的身体不受自己控制。现在的我对周同学少了几分无奈和抱怨，多了几分耐心和关爱，这样的孩子我们不能一直批评他指责他，而是应该更关注他帮助他，只有这样，他才能得以康复。作为一名教师，不能用同样的标准去衡量不同的学生，也许有些孩子在某一方面有缺陷，但要相信未来的他也是值得期待的。在今后的教学工作中，我将会不断摸索各种生态位异学生的教育方法，努力提高自己的班主任核心能力。

○ 案例27：

沟通与倾听
——一门永无止境的学问

周菊香

教师与家长要一致行动，志同道合，抱着一致的信念，有共同的教育目的和原则，采取共同的教育过程和手段，提升班级生态营造力，这需要教师与家长之间有效地沟通。当今社会，教师与家长的沟通非常重要，教师与家长良好关系的建立需要靠教师的责任心，靠相互的尊重，靠彼此感情的沟通。教师应与家长进行有效沟通，以与时俱进的精神去学习、总结，融合他人的成功经验，以创新思维来指导自己的工作，在工作上形成新的思路，开创新的局面，这样才能达到提高教育效率的目的。

事情远没有这么简单

前不久，我处理了一件班级里比较棘手的事情。学生来向我汇报，小马同学欺负小安同学，把小安惹哭了。怎么又是这个淘气的小马！我找来小马同学，了解事情的缘由，他没有说一句解释的话，就是说自己顺手打了小安，我只能把他批评了一通，让他向小安道歉，保证以后不再欺负同学。我又去安慰小安同学：同学之间要友好相处。就这样他们两个和好了。

事情远没有这么简单就结束。原来我把事情想得比较简单，没有完全从家长角度去看问题进行沟通。下班回家我接到了小安同学家长的电话，他怒气冲冲地说第二天要来学校找我谈谈。我想事情已经处理好了，还来学校找我干吗，就不能在电话里直接说吗？当时家长说话的语气有点激动，当然自己的孩子受到了欺负，家长肯定是不甘心的，尤其像小安家长那种比较宠爱孩子的家长。我只能先稳住他，跟他说，孩子之间发生不愉快，那是孩子们的事，为了孩子的成长，家长尽量不要参与其中，他暂时放下了。

搭起爱之桥

我又去联系小马的家长，从他那里得知，原来白天小安同学冒犯了小马，说他家里人都死光了，这才激起了小马的愤恨，打了小安。了解了事情的原委，我及时与两边家长进行了沟通。当然，言语沟通的技巧相当重要。当时小安家长情绪比较激动，说明天到学校来找我，结局到底会怎么样很难预料，而且小马打他孩子也是因为小安先骂了他，说明他儿子有错在先。但是对于这么激动的家长，我只能寻找恰当的方式跟他交谈，站在家长的角度进行换位思考，多倾听家长的声音并及时加以总结，这是沟通的关键。家校互相沟通、家校互动形成合力，让沟通架起学校与家长之间的桥梁，这也是关爱学生的重要方面。教师是孩子的心灵港湾，在孩子的成长中有着很重要的责任。家庭是影响孩子成长的主要因素，教师在与家长进行沟通的时候，主要是在学生与家长的关系调节中起桥梁作用，在学生与家长之间搭起爱之桥。

对你的尊重回报尊重

通过前期优秀班主任核心能力培养的实践与反思，我深刻体会到与家长沟通要善于倾听。以往做班主任时，我不太注意与家长接触的技巧，往往凭自己的个性，只注重家长的配合，约见家长时，我经常会说得多，听得少，只顾自己痛快，啪啪啪一通数落，把自己的主观感受一股脑地抛向家长。家长在老师面前不好发火，只好闷在心里，回去再拿孩子出气，这样的效果就是，孩子的错误只会反复出现。

对不同的家长，一定要有不同的态度。对于像小安家长那样的对孩子相对宠爱的家长，当时通电话的时候，这位爸爸正在气头上，假如我也据理力争，一场唇枪舌剑必将发生。或许我的义正词严会让他讨个没趣，但表面的胜利背后换来的却是家校双方心灵距离的疏远。我庆幸自己运用了倾听的技巧，走进了对方的生活，知道了对方的内心世界。而这位爸爸因为我的倾听，也平复了他的内心。由此，我也找到了他"怨从何来"的真相，倾听能够有助于了解事实的真相。倾听意味着你努力体会对方的感受，是为了对方的缘故在听。倾听的时候，应把注意力完全集中在对方的话语上，而不要想着自己该怎么回答；倾听的时候，你完全接受对方所说的话，而不去评判话的内容和说话的方式；倾听就是能够复述对方所说的话，能够描绘对方向你倾诉时的感受。当然，在与家长的交流时，首先应该肯定孩子的优点，在充分、客观的赞扬中，家长会对你的尊重回报以尊重，之后，你再委婉指出他的孩子的不足之处，这样他接受你的观点就是顺理成章的事情了。而对于像小马家长那样的平时对孩子不闻不问、放任不管的家长，沟通时要不断激发家长的责任感，积极主动让他们参与到对孩子的各项教育活动中来，不能一味地放任孩子的恣意行为，必须对他们指出放任不管对孩子成长带来的危害。

在上次与小安家长的沟通中，我真切地感受到了班主任善于倾听家长所带来的好处。通过这次与家长的沟通，我深切体会到，与家长的有效沟通，能帮助我提升班级管理的实效，能有效营造班级良好的生态。班主任与家长有效沟通，当然不是打小报告，也不能随意把学生的缺点放大。在这种近距离的交流中，我们总能及早发现问题，从而有效解决问题，是深受家长喜欢并有很好效果的沟通方式。

赢得家长的信赖

班主任在教育教学过程中，除了与学生频繁接触之外，免不了要与家长进行沟通。沟通能增进了解，更好地合作。要想让学生健康地成长，学有所成，离不开家长的协助，班级的很多工作也都需要家长支持。所以只有与家长经常交流沟通，促成家校统一，形成教育合力，才能有效提高教育效果，起到事半功倍的作用。

当然，和家长进行沟通一定要注意策略，我想我们无论采用什么样的方法，都必须坦诚相对。教师要以诚恳的态度和家长进行交流，尊重他们的人格，耐心、诚恳地听取他们合理有益的建议。我们不能为了孩子的一点错误，就立马让家长到学校来接受“教育”，如果方式方法不对，可能还会引发家长的反感。我们要先积极主动、诚心诚意去打动他们的心，再循序渐进，慢慢实现教育目标。彼此坦诚，才能让沟通和谐。同时，和家长的沟通，一定要抓住最好的时机和地点，还要找准话题的切入点。假如是很小的问题，可以电话联系，假如是私人的问题，就绝对不能在办公室里交流，假如学生犯错比较严重，也适宜选取走廊或人少的地方交流。话题的切入点要合适，比如学生父母，可以直接入正题，而学生的爷爷奶奶，最好能以拉家常的方式进入话题，在舒适温馨的环境中进行沟通。只有场合找对了，人的心情才能舒畅，交流就顺利多了。通过这次交流，我感受到有时候班主任的工作就是要耐心，更需要良好的心理素质和服务态度，无论是在多么尴尬或者多么困难的情况下，都要体现自己的宽容大度，做好倾听和沟通，避免在沟通中责备家长，使沟通陷入僵局。这样，才能在尊重家长的同时赢得家长的好感，也赢得家长的尊重和信赖。

作为班主任与任课教师的我，平时很注重与家长的有效沟通。家校共育，要把孩子教育好，单靠学校和教师是不够的，只有学校和家庭、教师和家长协调一致，才能形成教育的合力，避免形成教育真空，使孩子在学校在家庭都能得到良好的教育。只有学校与家长取得一致，学生才不会钻空子，它能帮助我提升班级管理的实效，能有效营造班级良好的生态。首先，我刚接班就建了班级QQ群与晓黑板，以便互相沟通。这样学生在学校的表现、家庭作业、要交的费用、家长要注意的事项等等都可以及时联系。学生有任何特殊情况或要请假出校门，班主任都要告知家长，当然不是随意把学生的缺点放大，更不是打小报告，这是最有效的家校联系手段。在这种近距离的交流中，我们总能及早发现问题，从而有效解决问题，是深受家长喜欢并有很好效果的沟通方式。

教师如何与家长进行有效沟通、提升班级生态营造力是一门学问，更是一门永无止境的艺术。我们一定要尽最大努力争取家长的支持与配合，和家长进行有效沟通，建立平等互助的合作关系，为了孩子的明天共同努力。

○ 案例28：

小事件，大问题

尤 祎

现在是信息"爆炸"的时代。现在的大人和小孩也是精神脆弱、以自我为中心的一代。大多数家长非常关心孩子在学校这个小社会中发生的一些琐事，甚至超过了他们的学习情况，因此，时常会发生孩子间"鸡毛蒜皮的事"最后演变成家长们口中的"校园暴力"或"霸凌"事件。

小林妈妈的诧异

最近这件事是发生在2019年4月24日的中午，孩子们的午餐基本已经结束，准备开始午休。有的学生利用这短短的数十分钟和伙伴们交流着自己最近的所见所闻，有的学生是抓紧一切时间完成老师布置的作业，有的学生利用这一点点时间到教室以外的地方去释放一下。我也打算到墙边的柜子那里批改孩子们的试卷，因为周四马上要进行期中评价练习了。我要抓紧时间把最后一份习题给孩子们批改出来。就在我忙于批改的时候，突然听见一个声音说："老师，小林咬了我一口。"我随着声音的方向看去，是小明同学。我握起他有深深牙齿印的手背看了一下，问道："她为什么要咬你呀？"他一脸无辜地说："我不知道。"我马上叫来了小林，很疑惑地问她："你为什么要咬小明？"本以为很简单的一个小矛盾，只要了解了事情的来龙去脉就能很快解决了，没想到平时一向能言会道的小林竟然一语不发，面无表情地看着我。这让我顿时觉得她长大了，开始跟我玩心理战了。我开始引导她："你不会无缘无故去咬小明的，你为什么不咬后面或前面的同学呢？"我问完后，等了一会儿，她还是没打算开口。我想大概是在教室里，人多她不好意思说，于是给了她一个台阶下说："第二节课后你来我办公室。"第二节课后，小林来到我办公室，我还是重复了第一个问题：你为什么要咬他？她还是看着我不说一句话，最后我给她下了"最后通牒"："老师再给你两分钟好好想想，如果你还是不肯说的话，我就请你的妈妈和小明的妈妈放学后到学校里来，你当面跟她们说。”就这样静静地过了两分钟，我跟小林的妈妈先通了电话，告诉她让她来学校的缘由。电话中的妈妈对于小林的举动感到惊讶，因为小林在班中是一个比较文静、成绩优异的孩子，今天的反常举动：咬同学、不跟老师交流，都让妈妈感到诧异。妈妈感到孩子情绪不稳定，答应我放学后来学校。接着我又联系了小明的妈妈，让她也在这个时间点来学校，在电话里先告诉她孩子的手上有牙印，但没有咬破，来学校是想让双方孩子和家长当面把事情解决好。

小明妈妈的不舒服

下午4点30分，我把其他孩子送出校门外，并迎来了两位妈妈。我第一个想法，是想看看两位妈妈如何自己解决这件小事的。首先小明妈妈一看到儿子，就急切地握起他被咬的那只手细看，由于时间的关系，手上的牙印已经没了，只留下一点咬后的瘀青。当两位孩子和家长都在场的时候，一个孩子还是一语不发，一个孩子还是说不知道为什么被咬。小林妈妈感觉到孩子有话但不敢在这个场合说，于是跟我们商量了下，把孩子带到了一个无人的角落里去交流。大概十分钟后，她俩回来了，小林妈妈代替女儿把事情的前因后果都说了一遍，事情的真实性也得到了小明的证明。原来就是因为小林在没有得到同桌小明的允许下用了他的草稿纸，并且是用水笔写的擦不掉，小明凶了小林，小林情急之下就咬了对方。听完后我感觉到只要小林诚恳地向对方道歉事情就可以解决了。没想到小林没开口，她妈妈开始跟对方家长和小明说了：“我们家小林是个胆小、听话的孩子，她从来都不会跟小伙伴吵架、打闹，今天她的这种举动我也是没想到过的，我们一直教育她要友爱同学……”小林妈妈的一番话让人听上去很不舒服，但是我想看看家长间是否能和平地处理好这个小事件。此时，受欺负的小明已经像个没事人了，他妈妈嘴上说没事，总感觉不是那么满意，还是抱着宽容的心态离开了学校。

两位妈妈在平静中离开学校

我本以为这件事就这么比较圆满地结束了，没想到刚过了5分钟左右，就接到了小明妈妈的来电要求再度回来谈谈，其中还加入了奶奶。我立马就同意了，想着纠纷能当天解决就一定要解决，否则夜长梦多，家长们会把事情弄复杂，参与的人也会越来越多。小明妈妈回来的第一句话就是：“小林妈妈，我感觉你刚才说话的方式让我很不舒服，我的儿子也是个老实、不闯祸的……”就这样，小明妈妈要表达自己心中的愤愤不平，小林妈妈要表达自己刚才一番话的意思，你来我往好几分钟。我感觉这件事情如果我不干预的话，会变成家长间的矛盾，把事情变复杂了。因此，当两位家长快要把事情说严重的时候，我打断了她们，首先安抚了小明妈妈——受害方，告诉她，今天的事情不管怎么样，小林同学咬人是不对的，先要跟小明道歉，然后跟她解释刚才小林妈妈的表达方式不妥当的地方，希望她能谅解，并说明家长都是为了孩子健康发展着想，各自都缓和下情绪。这个时候，小林妈妈看到对方的情绪有所缓解，也开始跟她套近乎，没过多久，奶奶、两位妈妈就成了老乡，聊起了家常。看到这个情景，我立刻对两个孩子进行了教育。“今天的事，如果你们一开始就把事情讲清楚，互相都能快速地原谅对方，就不会有妈妈们之间的争论，以后要吸取教训。有问题及时告诉老师，不要吝啬请求原谅的话。”最后，孩子们和家长们都在平静的气氛中离开了校园。

班级生态中的家长

在这个事件中，由于家长的偏袒话语激化了矛盾，导致事情严重化。其实从一年级至今，总是有孩子把学校里发生的一些小事添油加醋或去头去尾地告诉家长，希望得到家长的偏袒，家长们用丰富的想象力把小事件变成了大问题，导致情绪激动，说出了一些不理智的话、做出了一些不恰当的举动。针对这些所谓的大问题，我都是先安抚受害家庭，然后及时从各方面了解事情，随后跟双方家长电话交流处理好事情。如果比较严重的就当面解决纠纷。事后每次我都告知孩子，学校里发生的事情要及时告知老师，不要直接让父母替你们解决。但是有些孩子对于老师总是有很强的戒备心理，总是喜欢跳过老师告诉妈妈，然后引起轩然大波。同时我也要告诉家长，不管听到孩子说什么事，要先跟我联系，不要一时冲动，相信老师总能公平公正地解决问题。回顾几次事件都是发生在学习成绩较好的孩子身上，这让我发现了家长们家庭教育上的缺失：关注孩子的学习状况，忽视孩子生活中的相处问题。

我感觉班级中总是有这种事情发生，会影响家长和家长之间、家长和老师之间的关系，从而影响班级生态的均衡发展。如果要想让班级生态均衡发展，就必须把家长、孩子和老师的心连在一起，让家长参与班级的活动。因为只有家校共育才能让班级生态均衡发展。其实家长内心的目标是跟老师一样的，希望孩子在学校中快乐成长。在小林和小明的事件中，就是因为家长一直关注孩子的学习情况，疏忽了与孩子交流如何与人相处的方法，导致孩子们不能处理好小事件。我们周围很多家长的观点都是一致的，希望自己的孩子能在班级这个小社会里快乐地学习、快乐地交朋友。但是就是不知道如何正确教育孩子，他们需要我们时常提供帮助，比如：提供一些有效的教育方法，让家长们在家长会或网络平台上交流教育中成功的方法，让家长们谈谈教育孩子中的苦经等。虽然以上的一些方法我也尝试做了，但由于受中国传统教育的影响，家长们肯发表意见的不多，收效甚微，还有的是因为碍于面子。我尝试在一些APP上开个小讨论，让家长们都来尝试做回班主任，让他们来说说处理这些小事的方法，让他们有机会进入孩子们的这个小社会里，真正让家长与老师一起参与教育活动。同时我也可以知道一些家长喜欢的好方法。我期待着和他们一起把我们班的正能量传播开。

○ 案例29：

家校携手，助力成长

钱文英

家长工作是学校工作中非常重要的一部分，做好家长工作不仅能使学校的各项工作顺利开展，更能使家校一致，促进学生全面发展。作为一名教师，如何才能让家长愿意与我交流、有效交流，一直是我在摸索的。

睡意中的不耐烦

小轩性格较内向，为人纯朴，但对学习兴趣不高，课堂上能遵守纪律，但注意力不集中，经常上课睡觉。课上，我像往常一样正在侃侃而谈，咦？怎么有呼噜声？定睛一看，小轩又睡着啦，我的火瞬间冲上脑门，昨天刚谈过话，怎么又睡上了？走近些，竟还流着哈喇子。他同桌倒也机灵，连忙推醒他。细细询问，昨晚作业做得慢，做完已经10点了，他趁父母早睡，竟还偷玩了手机游戏，很晚才睡。哎，必须和家长联系了。

“嘟——嘟——”电话已经打了好几个，最终都以这个声音告结。终于，接通了，蒙眬的睡意中透露着不耐烦。“我是小轩的老师，我想和你就孩子的问题聊一聊，可以吗？”“老师，我刚下班，正在补觉，等会好吧。”“好吧。”这一等，竟已放学，没办法，走一趟，家访去也！到达，孩子的父母均在，但从表情中可以看出他们对于我的到访很不耐烦。调整情绪，我以情入手，先是感谢他们对我工作的支持和配合，表明我过来是想和家长一起帮助小轩改掉身上不好的习惯。小轩父亲听了，终于表示愿意配合老师的工作，说知道自己孩子身上存在很多问题。我简单叙述了一下今天发生的事情，但同时表示并不是因为他对老师态度不好我才来家访，而是真的想要和家长好好沟通，让家长多方面了解小轩在校的情况，同时我也能更好地开展对小轩的教育工作。小轩父亲听了我的叙述以后对孩子的行为略表生气，他说道："平时让他做作业，他都以上厕所、洗澡为由各种磨蹭，总是将作业做到很晚，我们第二天都要很早上班，所以熬不住就先睡，吩咐他做好就睡觉，但他总趁我们不注意时偷玩游戏。"

母亲在一边也应声道："对的，就是这样的。"

我马上接住他们的话问道："那当时你们是如何教育他的呢？"

孩子父亲顿了顿，说道："讲了很多，但他总是敷衍我们。"我心想没有真正严格地教育孩子，他当然会钻空子。

我告诉孩子的父母："虽然我们知道孩子难免会犯错，但孩子犯了错，我们不能每次都给他一个理由，让他觉得每次犯错都可以用一个理由来推卸责任，而不去思考自己真正的问题，从而不能真正意识到自己的问题。如此很难让他改正一直以来的坏习惯。"

孩子父亲频频点头表示同意，并希望老师借此对他严厉地进行教育，让他吸取教训。

看得出孩子父亲在教育上也很头疼，不知道该怎么办。我当即表示了理解，同时表示我对孩子并不会放弃，还是很喜欢这个学生的。他父亲听了以后表示对老师的感谢。

家长的改变

家访过后，我对当天的沟通进行了回顾，除去孩子的自控能力较弱以外，基本得出以下结论：家长对孩子过于溺爱，父母缺乏榜样力量，不能言传身教。父母要求小轩同学早睡早起，以免上学迟到，上课精神不佳。然而家长自身时常晚上都不在家，并较晚回来，第二天也时常睡懒觉，早上手机都是关闭状态，一般到中午才开机。

我知道，要改变这个孩子，最关键的还是改变这个家庭。解决这一问题的关键是要统一父亲与母亲对孩子教育的态度，就是要让父亲把握好爱的尺度和原则，不要过于溺爱。多让他参加班级活动、社会实践，融入班级集体，也可适当地进行挫折教育，来提高孩子的独立能力。

于是，我让家长意识到家庭教育的重要性，小轩的父亲很配合，及时与母亲赶到了学校。到学校以后，我和他们一起商量教育的方式方法。在约见了家长后，我也通过其他方式进行追踪，继续关注他的情况，常与家长电访或在记事本上以书信形式与家长交流，反馈孩子在校情况。采取不同的家校联系方式，如对学生进行家访、电访、约见、书信、家长会、座谈会等，丰富家校沟通形式。同时，满足家长的合理需要，取得家长的信任。心理学原理表明，家长合作的态度取决于合作是否满足他们在教育孩子方面的需要。当学校满足了家长的合理需求时，家长对合作也会更积极。因此，教师要了解家长对孩子教育的需要，尽可能地满足他们的需求，取得家长的信任，从而激发他们参与学校教育的兴趣和热情。

小轩同学在改变中

刚开始，大概由于长时间养成的不良习惯，小轩在上课时还时不时打瞌睡，我也告诉他，如果瞌睡可以选择主动站一会或者自己悄悄从后门去厕所洗把脸再回来。慢慢地，他上课坐得端正起来，也有了越来越积极的态度。我也会经常在他身边督促他养成快速完成作业的习惯，并在记事本上留言写下剩余的作业大约需要完成的时间，避免他回家又以作业过多磨蹭，避开父母的管束偷偷玩游戏。家长也会主动电话与我联系，了解孩子近期情况，并抽出时间亲自来校接送学生，非常令人欣慰。虽然现在他的问题有时也会出现反复，上课偶尔也会趴在桌上，但确实他在努力，他在改变，需要我与家长共同帮助与督促。他在成长，但成长过程中还是会犯错误，我认为那是成长过程中的必然，他才起步，前面的道路还很长很长。我会继续与家长关注他的成长，尽我所能给予他帮助与温暖。

在多年的努力下，我也赢得了家长对我的信任。家庭是学校的合作伙伴，老师应本着尊重、平等、合作的原则，争取家长的理解、支持和主动参与，并积极支持、帮助家长提高教育能力。从这个案例中可以看出，只有学校教育与家庭教育紧密结合，共同营造学生成长的教育生态，我们对孩子实施的教育措施才能取得更好的效果，而这同样是班级管理的一项重要内容。让我们家校同携手，建立与家长沟通的桥梁，使每次谈话都能温暖人心，让老师、家长、学生都能相互理解，共同为孩子铺起成长的道路。

○ 案例30:

丁丁变了

孟丽珺

经过一段时间的学习,我们从生态位理论出发,针对学困生、行为偏差生和个性特长生这三类学生进行观察、研究、实践和反思,我们发现生态位中的个体差异离不开环境因素的影响。特别是对于行为偏差生来讲,环境因素的转变将在潜移默化中推动他们的转变。

令人担忧的丁丁

丁丁,小学二年级男生,今年9岁,是个“人见人嫌,让人头痛”的孩子。而每次出现问题后,他的家长只一味地斥责和打骂。丁丁却是越打越调皮,越骂脸皮越厚,最后变成了“刀枪不入”。

他在学校里违反学校纪律,时常受到老师批评,但屡教不改。次数多了,他对老师产生了厌烦心理,致使丁丁觉得被嫌弃,产生了抵触心理。上课就更加不专心了,作业不做,成绩怎么能上去。老师和家长如果再批评,他就逃学。

由于学习成绩差,同学们都不愿意跟他一起玩,加上经常讲粗言滥语,好招惹同学,喜欢捉弄同学,常搞恶作剧,有时还打人,同学们对他是既恨又怕,慢慢地对他形成了歧视。而他呢,因为受批评斥责、被人瞧不起多了,也就形成一种怪思维:“你歧视我,认为我不如你们,那我就用拳头打到你们怕我。”

怎么会这样?

通过家访,我了解到丁丁的家庭经济较差,父母长年在外工作,丁丁与奶奶相依为命。年事已高的奶奶精力有限,再加上不太懂教育,基本上只注意让孙子吃饱、穿暖、不生毛病。奶奶对孙子学校功课的进展、人际交往的现状、行为表现的好坏不闻不问,甚少关心。只有孙子出现差错,如老师告状、同学诉苦等,才出面进行“教育”。但奶奶经常不了解事情的来龙去脉,不问青红皂白,或是打骂或是包庇。丁丁的父母则完全放手,疏于与儿子沟通,缺乏对儿子必要的管教。

年仅9岁的丁丁,其自我认识、自我判断能力尚不完善,其言行举止更多受到生活中关系密切的师长的影响(如丁丁喜欢打骂同学与其受到奶奶长期打骂不无关系等)。丁丁不良的家庭教育环境直接或间接导致了他的许多不良言行与举止,如奶奶对儿子媳妇的不满导致其孙子的粗鲁,奶奶的粗鲁则让丁丁耳濡目染,粗暴待人。

我们该怎么做

针对丁丁的具体情况,我们初步确定了辅导的策略,即以行为训练方法为主,引导丁丁逐渐消除不良的行为习惯,培养良好的行为习惯。

○ 平等相待,激发丁丁改变的决心

在课外,我们尽量以朋友的身份跟丁丁交谈。一天的自然课上,丁丁一直在认真听,还不停地问这问那,做实验很认真,老师想:"这下好了,原来丁丁对自然知识感兴趣。"放学了,老师把他叫到办公室问他:"丁丁,今天的自然课有趣吗?"丁丁兴致勃勃地向老师讲了他学到的知识。老师很高兴,顺势引导他说:"你学了不少知识,不过,大自然的奥妙远比你知道的多得多呢!"丁丁好奇地问:"真的吗?老师,我怎么才能知道呢?"老师进一步启发:"有一套书叫《十万个为什么》,里面不仅有自然知识,还有很多社会知识呢。想看吗?""想!"从他的双眸里可以看出,他很渴望快一点了解这些自然知识,于是,自然老师带他去图书馆找到了这本书。

○ 家校合作,形成良好的家庭教育氛围

在对待像丁丁这类孩子的教育问题上,有很多老师认为和家庭联系就是要将学生的缺点告知家长,让家长协助教育。学生犯了错,心里本来就不好受,已经受到老师的批评教育,回到家再次受到家长的训斥或责打,会觉得非常厌烦。久而久之,这种教育变成了孩子心中的噪声,没有效果可言。我们首先找到丁丁的奶奶,奶奶年纪大了,又不认识字,对孩子没办法教育,而且奶奶的态度很不好。我打电话给孩子的爸爸,给他分析了孩子的情况,并向他推荐一些书籍,要求他们懂得一些方法,多与孩子谈话,了解孩子心中所想;与孩子交谈,注意变换各种口吻,尽量符合孩子的心理特点;逐步渗透行为习惯教育,养成良好的习惯;跟他一起学习,制定一些学习目标,如果达到目标,就给予奖励。时间长了,真的觉得丁丁懂事了很多。

○ 及时奖励,强化丁丁良好行为的形成

1. 发掘闪光点,增强自信心

在开始的几节课上,我们确实伤透了脑筋,丁丁不但自己不听,还影响别人，弄得整个班级一团糟。记得那节课教九九乘法表，教完后音乐老师问谁能唱给大家听，结果丁丁小手举得老高，老师赶紧把他叫起来，其他同学看到他要唱歌都笑他，老师耐心鼓励他一定能行，结果他完整地唱完了，虽然不是很动听，但对他来说已经很好了。

心理学家盖茨说过："没有什么比成功更能激起人的满足感和上进心。"在另一次自然课上，老师让小朋友进行制作手工比赛，由于丁丁的手工较好，完成的作品很漂亮。老师课后把他的作品贴在教室里，并且特意在其他同学面前表扬他。此事大大增强了丁丁的自信心。此外，当他在纪律、学习、劳动等方面进步时，我们就在班级及时肯定给予表扬，以不断提高他的自信，克服自卑。

2. 使用代币制，矫正不良行为

我们和丁丁共同商量，制订了一套代币制方案。丁丁告诉我，他最喜欢我们心理咨询室里的机器人拼装。于是我们就用奖励"五角星"的办法来帮助他改正不良行为。要求与奖励的具体内容见下表。

表1　丁丁行为改变与相关奖励

表　现	奖励"五角星"(个)
每节课上课自由说话少于3次	1
每节课上课动作少于5次	2
不捉弄同学，不与同学打架	3
完成作业	2
考试进步	2
上课积极发言	1

备注：丁丁每得到20枚五角星可以选择以下的奖励之一：① 把自己得意的一件作品在班级"学习园地"中展出；② 做一周的纪律检查长；③ 获得老师的一份小礼品。

丁丁果然不负众望，他很珍惜得到的"五角星"，经常在同学面前"炫耀"。"五角星"使丁丁在遵守纪律、学习态度方面表现越来越好。

共建家校育人生态

经过多方面的工作，对丁丁的辅导取得了初步成效。他与同学争吵、打架的情况逐渐减少；人际关系也有所改变，有时能主动帮助同学，如主动借文具给有需要的同学,同学们渐渐接受了他,他还交了几位好朋友;学习上也有了一定进步。虽然有时仍会“旧病”复发,但他的进步是明显的,令人欣慰的。

我们认为对丁丁辅导的成功与以下三方面有关:第一,关注丁丁身心发展的具体特点,增强学生主体的进取心,采取合适的教育措施使得教育取得了事半功倍的效果。第二,老师给予学生更多的关心和支持,争取创设更多有利于学生改变与成长的教育环境。学校教育作为影响孩子心理发展的主导因素,也应为孩子提供良好的发展环境。事实上,我们在孩子的发展过程中也得到了各任课老师的支持和配合。当孩子出现不良行为时,大家都能给予真诚的爱和关心,帮助孩子纠正不良行为,塑造良好的行为。第三,调解家庭和孩子的关系,争取家长的支持与配合,为丁丁固化良好行为获得环境支持。通过我们不断努力,丁丁的父母也有很大改变,他们意识到:作为家长,不管在什么情况下,也不能忘记自己的职责,忽视对孩子的教育。每次打电话与他们交流孩子近期的表现,他们都态度良好,表示一定积极配合教师对丁丁的行为培养。

当然,像丁丁这样的行为偏差生的转变仍旧是困扰我们老师的一个重要问题,如何创设良好的社会环境,来弥补他们在家庭教育上的不足,促进其健康成长仍任重而道远。

三、“班级文化建构能力”的研习

随着学校教育的现代化,学校文化建设得到了广泛实践,班级文化建设也开始得到重视。作为学校文化基本单元的班级文化,可以促进学生形成正确价值取向,成为社会化与个性化协调发展的学生。但是,班级文化建设面临严峻的挑战,班级文化无论在认识上还是在实践上,还有许多问题需要认真解决,班主任的班级文化建构力需要花很大力气去培育。有这么一种现象,班级的主题教育班会常是如下样式:在两位男女学生主持下,事先作了计划和严格布置,一项一项内容展开,学生就像表演一样,按照预定程序有序朗诵、唱歌、舞蹈,还有谈感想、说体会、热烈讨论,最后班主任作总结发言,肯定表扬。整个班会都是学生自己主持,自己活动。十分流畅的主题教育班会过程却是事先排练过多次,学生熟练,可以用演出得很精彩来评价。我们有没有想过,这样的主题教育班会给学生带来了什么?——作假。其实这也显示了一种班级文化,在学生的心灵上烙下了“假作真来真也假”,但这决不是我们所追求的班级文化。相反，正是这种不健康的文化压挤，甚至扼杀了学生高尚的心灵、智慧的火花。只有当学生成为班级活动的真正组织者、参与者、思考者、感悟者的时候，他们才会真正成为班级文化的主体。

提高班主任的班级文化建构能力，应对当前班级文化建设不足。当前班级文化缺失主要表现为班级文化建设的浅表化，把班级的教室布置、班级活动作为班级文化，而忽视班级的精神、班级价值取向的确立。班级价值文化空心化，不少班主任管理班级方法比较传统，“守纪律、成绩好”往往是一些班主任学生观的核心，因此缺乏从素质教育的根本上要求。在班级教育中就事论事，缺少整体系统地建构班级文化，并以此开展班级教育。这样的班级教育缺少灵魂，被空心化了，只是一堆唠叨的套话。班级文化活动的开展过于形式化，也有的班主任认为它浪费教师和学生的时间。班级物质文化环境随意化，教室的布置缺乏整体性，导致教室内部环境杂乱，显得缺少温馨与童趣，给学生以清冷之感。这不仅说明班级文化建设中存在问题，更表明不少班主任对班级文化的重要性认识不足，也缺乏这方面的经验。

班级文化是学校文化的有机组成部分，是学校文化在班级的具体体现，又是班级个性化发展的积累结果。不管我们是否意识到，班级文化无时无刻不在对学生进行着潜移默化的影响。教育可以通过班级这个载体来表达和传播先进的文化，是班级师生在长期共同的学习、生活中培育形成的班级形象、奋斗目标、规章制度、行为规范等的总和。健康的班级文化一旦形成，它会影响到所有成员的思维、行为方式，成为一种有效的教育因素和教育手段。班级文化对学生品德的养成、学习活动的成败等都具有重要的影响。

重构班级文化也是传统班级工作与现代班主任工作的重要区分。学校工作坊引导坊员遵循教育规律，以有利于儿童身心发展、差异化、个性化发展的原则，营造一种能够持久激发学生主动性、积极性的班级氛围，促进可持续发展班级文化。坊员们确立了以“丰富班级精神文化”“班级主流文化”与“班级文化冲突的消解”为主题的研习。在坊员的研习中，关注班级“硬文化”(教室布置、教室卫生、座位排列等物质文化)和“软文化”建设(制度文化、观念文化和行为文化等)。在建构班级文化过程中，我们以学校教育理念引领班级的班风建设，更明确、细化、系统化，丰富学生的精神生活。

“班级文化建构能力”的研习要点：

1. 提高坊员对班级文化的认识

首先要克服班主任的认识误区，小学生不懂文化是什么，也无法开展班级文化。班主任对班级文化如果也知之甚少，必然产生认识上的偏差。提高班主任对班级观念文化的重视。班级观念文化建设一般来说是班主任的薄弱环节，因此需要工作坊重点关注。班级成员的价值观念、班级精神往往以隐性的方式对学生观念与行为产生着重要影响，而且无处不在，表现在班风和学风上。积极向上的班级共同理念对学生个性和品德的陶冶和导向功能，是其他教育形式所难以代替的。如，"严谨"的品质在教室布置、组织管理、学习态度、教学要求等方面通常都能体现出来。班级文化对促进学生个体的社会化及个体的身心发展都发挥着重要作用。提高坊员对学生在班级文化建设中地位的认识也是很重要的。学生作为班级文化主体不仅要正确认识，而且要通过多种活动，增强学生积极参与班级文化建设的良好意识，提高学生对班级文化参与的积极性，在参与中感受班级文化对自己成长的潜移默化的影响。

2. 提高坊员循序渐进地推进班级文化建设的能力

工作坊的研习在培养坊员班级文化建构力时，一是要让他们克服班级文化建设的随意性，二是要遵循规律，把握文化发展的阶段。第一层面是重在环境布置层面。班级环境布置是容易着手的工作，可视性较强，学生容易感受到，当然这是班级文化的表层，主要是布置好教室，按照一定规范，墙面有警句、格言，使"每面墙壁会说话"。在这个阶段，班级也会有一些适合学生的物质环境设施，例如，放置学生学习用具的小橱柜、图书角、绿化盆景等。各班试图通过环境文化的营造改变教室的单调乏味，使教室有生气。第二层面是重在班级行为规范层面。班级要把墙上的标语文化转变为学生的行为文化，并通过不同的途径与方式打造班级行为文化，可以从两个方面展开：一是积极开展多种文化活动，在各种活动中熏陶学生，凝聚班级；二是开展班风建设，在平时的日常行为规范的基础上，形成适合自己班级的班风。在这个层面上，我们要求坊员把握班风的特点：群体规范、精神面貌以及稳定性，并以此作为班风建设的要点。通过这个层面的建设，坊员对班级学生的观察与分析加强了，班级工作的整体性思考也增强了，班级文化建设已经初步深入到基层。第三层面是班级核心价值确立层面。班级应该在班风建设中，凝练出适合自己班级的班级精神。班级发展愿景不仅激励师生共同努力，而且形成以班风为基础、以班级制度为规范的班级文化。同时，引导坊员理解班级文化建设虽然有三个层面，但并不一定需要从班级物质文化开始，应该是多开端的，根据班情，可以从班级行为文化的行为规范着手，也可以从班级精神的凝练与践行着手，强化班级行为文化建设，着力学生行为规范的养成。

3. 注重班级主流文化培育

工作坊的研习中，要求坊员把握如何善于消解非主流文化。一个班级在未形成班级健康的主流文化之前，班级文化也是客观存在的，只是表现为自发性的、散在性的，没有主导性的文化引领班级。处在这种状况下的班级，因文化冲突而引发的价值冲突、行为冲突、情感冲突较为普遍，呈现"一盘散沙"状，不同倾向的小群体较多，班级缺乏凝聚力。培育班级主流文化是班级建设中的重要工作，直接关系到班级发展程度和发展水平。只有当班级主流文化确立，班级才可能出现较强的学生归属感、凝聚力，班级的协同能力才能较强、在行动上步调一致、呈现积极向上的态势，学生的精神生活丰富，班级成为学生的精神家园。

班级主流文化必定是要在与班级中各种客观存在的非主流文化的共处与消解中发展的。在班级文化建设中，首先要帮助坊员正确认识到班级中必定存在着非主流文化，不能因为是非主流文化而对持此文化的学生歧视，甚至认为不是好学生；也要帮助坊员认识到体现非主流文化的非正式群体的存在，并转变他们的态度，不能强令这些学生互相疏远、不能来往，应该积极地分别对待，有的非正式群体并不与主流文化持相反的观念，而是人际关系上的表现，对这类学生应该尊重与平等相待，尤其是正确处理学生干部与一般同学的关系。有的非正式群体与主流文化有矛盾，因此要善于消解，把他们引导到班级主流文化之中，不能歧视当作另类。

在班级文化建构中班主任要有能力凝聚班级文化，并对班风加以明确的表述，使班级主流文化凸显出来，便于学生易记加以践行。同时，在主流文化的建设过程必须发扬民主精神，培育正气的、是非分明的班级舆论。民主精神与正气是非分明本身就是健康文化的体现，发扬这种精神本身就是班级文化教育。

4. 要带领学生开展丰富的班级文化活动，滋养学生精神世界

根据班级需要，开展多种文化活动，满足班级学生的文化生活与班级教育的需要。班级教育中主要依靠丰富多彩的活动熏陶学生的精神世界，但现实恰恰相反，不少班主任注重于谈话教育，而忽视或者缺乏组织文化活动的能力，导致班级教育以灌输、训话为主。班主任不能只是按照学校布置的工作开展班级活动，而应该根据班级发展的需要、根据学生成长的需要以及学

生的身心特点、他们的兴趣爱好特长等，自主开展班级文化活动。例如，班级的文学、艺术、体育等活动，以此丰富班级生活，以高尚的精神文化活动陶冶学生的心灵。班级文化活动是学生的班级生活，内容要丰富，形式要多样。班级可以开展小岗位设置、班报宣传、主题演讲等，也可以是名著导读、名曲名画欣赏、影视评论、文艺会演、课外阅读、体育运动等丰富多彩的活动，丰富学生的课余文化生活，陶冶情操、提高文化素养。还可以通过组织学生参观校内外的人文景点、历史博物馆、自然博物馆，参加社会调查，参与社会服务工作，使学生在实践中提高自身的行为修养。在这些活动中，学生的才能得到了展示，交往的品质、活动的能力得到了提高，积极进取、顽强拼搏的精神得到了培养。这些文化活动寓教于乐，可以更好地丰富学生的精神生活，以及发展学生的社会活动能力。

班级文化就在学生之间，文化充满亲和力和温暖感；班级文化里有着成长的快乐，有着童年的味道。班级文化不应是虚无缥缈的，而应具体实在地存活在班级中间；不应是深不可测的，而应直白清晰地呈现在师生面前；当然也不应是板着面孔的那样“一本正经”，它应该亲切、应该生动、应该丰富。班主任要充分调动学生的积极性，组织开展丰富多彩的班级文化活动。

5. 要引导坊员正确认识与消解班级文化冲突

班级文化与学生的心理有着相互作用的关系，即文化适应与文化冲突。学生可以通过对班级文化适应，同化于班级文化之中。班级通过营造班级文化，逐渐获得与增强符合班级价值理念的行为方式，同时也表现出对班级文化的接纳与同化。在班级文化建设过程中也会发生学生的文化冲突，这表现在学生来自不同的家庭、社区，有着一定的认知方式、行为模式等。学生个人的文化与班级文化面临两种文化冲突时，在心理上产生撞击，有时会发生心理问题，导致社会适应不良。在班级群体与学生个体的交互作用下，班级文化心理的积淀，对班级成员的人格、班级角色等的社会行为产生影响，并且学生的人格与角色影响班级社会文化心理的建构。在班级中的群体合作、竞争、冲突、调适等交互和模仿、暗示、感染等互动中，学生的亲和行为和规范行为以及个体行为影响着群体行为。因此，我们十分重视对坊员的班级文化社会心理的指导，促进坊员在班级工作中运用文化社会心理提高班级文化建设水平，关注引导学生发扬民主，自主建立有利于成长的班级制度，协调不同学生发展的权利与利益，同时，班主任要尊重班级学生的不同意见，正确处理班级中发生的事件，消解学生冲突中的文化因素。

○ 案例31：

“声”不在高，有“法”则灵

钱春烨

班级文化指围绕班级的教育、教学活动所建立起来的一整套价值取向、行为方式、语言习惯、制度体系、班级风气等的集合体，可分为班级显性文化和班级隐性文化两个方面。班级显性文化包括班级各种规章制度的建设、学习环境及教学设备等，能够为学生管理提供依据、培养学习兴趣，为构建更高层次的班级隐性文化做好铺垫。班级隐性文化则表现在班级精神文化层面上，包括班级价值观、班风管理哲学等方面，是班级文化建设的精髓，在思想层面规范学生行为，激发全体学生对学习的热情，增加班级归属感和认同感，提高班级凝聚力。

班级文化是一个无形的磁场，是班级的灵魂所在，表现了一个班级独特的群体精神，是班级内部形成的共同思想、作风和行为准则的总和。它是学生受教育最直接、最重要的影响源之一，在很大程度上影响和决定着学生素质的发展。可以说，班级文化是一门隐性课程，具有无形的教育力量。而构建班级特色文化有利于学生的全面发展和个性张扬，有利于整个学校德育工作的顺利开展。

回应的人寥寥无几

去年的9月，阳光还是如以往耀眼，我的心也充满了忐忑。因为送走一个毕业班，我将担任一年级的班主任，又是一个全新的班级……内心有些不安：刚进校门的孩子，活泼好动的他们能很快适应小学生活吗？虽说踏上教师岗位已有二十余年，却是第二次担任一年级的班主任，距第一次隔了十几年时间，说真的，我对自己没有信心。

果然，一开始的陌生、好奇，在学习准备期过后逐渐就被调皮好动取代。几节课下来，孩子们的松散、顽皮、随意讲话，这些低年级学生普遍存在的小毛病就慢慢体现出来了：铃声响过，大部分学生能知道赶紧回座位，可是还有少数学生则一路追跑着进入教室。小干部在讲台前带领读儿歌：“铃声响……”回应的人寥寥无几，且声音断断续续。有的学生还在和同桌窃窃私语,有的则用铅笔敲打课桌,有的站着冲其他同学做鬼脸……一片乱糟糟,虽然每天都有点改观,可是一节课下来,我还是觉得身累心累。

吵闹的开场

那天早上第二节课是语文课。铃声响了,我进入教室。绝大部分学生已端坐好,可就是有那么几个学生还在交头接耳,甚至有一名学生正站着,手里拿了语文书冲后面的同学说着什么。我的头开始发胀,一股怒气在胸中升腾……我真想大吼一声:"安静!"用最高的声音彻底征服他们,让他们为之震动而乖乖地安静下来。可是忽然我又转念一想,何不如此呢?

我拍了三下手掌,笑着说:"同学们,现在老师想做个动作请你们猜。猜对的同学可以得一张小贴纸。"

小小的奖励

教室里顿时鸦雀无声,孩子们一个个坐得笔直。我说:"开始!"随即把右手食指放在唇边。顿时一只只小手高高地举起,尤其是一只小手举得最高。我一看,正是那名站着说话的学生。我叫他回答。他站了起来,响亮地回答道:"这是嘘!叫我们不要吵,不要说话!"我笑眯眯地竖了一下大拇指,说:"你真棒!一下子就猜出了老师的动作所表示的意思。"我给他额上贴了一颗红五星。他的眼睛顿时发亮了,脸上充满了笑意,腰杆挺得比谁都直。

争做小老师

我说:"现在老师想教小朋友一个生字。这个字你们的爸爸妈妈可能也不认得。但是如果你认得的话,老师就请你回去教爸爸妈妈认这个字,做爸爸妈妈的小老师,好吗?"我在黑板上写了个大大的"嘘"。可是没有一个人举手。他们纷纷摇头,原来都不认得。我笑着说:"没关系,现在老师给这个字加上拼音,如果你会拼读,就可以做爸爸妈妈的老师了。"我用红色粉笔给"嘘"加上拼音。环顾教室,只有一只小手高高举着,我一看,还是刚才那名学生。他自信而大声地说道:"我会拼! x-ū→xū,这是'嘘'!"我竖起了两个大拇指,由衷地赞道:"真了不起!老师看你不仅可以当你爸爸妈妈的小老师,还可以做我们班上所有小朋友的小老师呢!领着小朋友读两遍,好吗?"他的脸发红了,但还是大声地领着小朋友读了起来。接下去我的教学非常顺利,孩子们争先恐后地举手发言,教室里的气氛是那么活跃。

班风始于一个个良好的行为

班级主流文化应从班风着手，班风要从一个个良好的行为开始。静下心思考，有时课堂上出现闹哄哄、乱糟糟的情况时，教师往往是拉开嗓门大吼大叫学生安静下来，其实效果并不常常尽如人意。低年级学生的是非观念不甚明了，讲大道理吧，其年龄特征决定了他们不能很好地理解。如果要学生安静，他们往往认识不到安静下来的必要，而当有了这个意识时他们就会"不令而行"，自觉安静下来。在这时教师如果用权威或以"高"制"高"——用书本敲桌子，用高的声音压制学生迫使其安静，那么我想学生虽然因教师的威严而被迫静下来，可是长此以往，学生对老师的印象是怎样的呢？是一个手持书本敲打桌子的形象？是一个高高在上，让学生仰视而不敢亲近的权威？

班风的形成也是一个连续的过程，要从认知到情感体验，再到践行。所以一个小小的游戏、一句赞美的话语比简单的批评更有效——"声"不在高！在无形之中规范着学生的行为。同时，良好的班级学风也会逐渐形成。

班风建设是班级的一种风尚、一种文化传统、一种行为方式，它自觉或不自觉地通过一定的形式融入班级集体的学习、生活等各个方面，形成一种良好的自觉的行为习惯，潜移默化地影响着每个人的行为。班级文化建设是校园文化建设的重要组成部分，它以其生动活泼的形式、积极健康的内容，滋润着孩子们的心田，熏陶着孩子们的心灵。积极创建富有个性特点的班级文化，构建师生共同的精神乐园，是我们共同的追求。班级特色文化建设，是一个细致而漫长的过程，做好班级特色文化的建设工作，才能更好地推动学生持续发展。班级文化建设具有"随风潜入夜，润物细无声"的无形作用，在潜移默化中对班级成员进行熏陶和感染，是一种无形的教育力量。

○ 案例32：

放　手

朱　萍

学校为提升班主任的工作能力，请来专家引领，进行了班主任工作坊的研究。班主任工作坊的建设是我们学校培养优秀班主任的重要保证。工作坊的团体力量可以促使其中的每位班主任快速成长，能快速提高班主任的素质，能够凝聚班主任个体，在注重组织长期发展的同时关注班主任个人的发展，促进班主任个体的学习和工作。在工作坊的活动中，我感受到自己在丰富班级精神文化上能力的不足，通过工作坊的活动互相学习，互相借鉴，提升了自己班主任管理班级的能力，下面简单谈谈自己走过的路程，尝到的甜头。

承　包

去年的5月，一年一度的艺术节活动热热闹闹地开始了，每个班的班主任忙碌起来，开始做着各种各样的准备工作。一个是个人才艺展示报名，有音乐专场、美术专场。音乐专场包括唱歌、舞蹈和器乐，这些还不难，让学生自由报名，自己做好准备工作。还有一个集体比赛项目——班班有歌声合唱比赛。当时我想到的是孩子还小，什么事都干不了，不如自己一个人承包下来。在正常的教育教学工作完成后，回家自己开始上网寻找资料，选歌曲，找音乐。歌曲《劳动最光荣》确定了，音乐找好了，接下来是关键，组织学生排练。先学唱，利用午会课的时间、下午"330时间"。学生学会唱了，还要加上动作。动作基本上定型了，我还不放心，请音乐老师唱游课上听听，把把关，做适当指导。结果在5月24日的比赛中，我班孩子表演得不如其他班，获得了参与奖。近一个月的辛苦获得的是这样的成绩，让我感到遗憾，累得要死，效果这么差。

放手与合力

今年的5月，一年一度的艺术节活动又轰轰烈烈地开始了。这次主题是"歌唱祖国，梦想起航"，是为了迎来祖国70周年的生日。为了进一步丰富学校的校园文化生活，营造浓郁的校园文化氛围，深化学校的艺术教育工作，艺术节面向全体学生，以普及为宗旨，通过开展丰富多彩的艺术活动，激发我校学生对艺术的兴趣和爱好，开展具有时代特征、校园特色、学生特点的艺术活动。一起歌唱祖国，共同礼赞祖国70华诞。又要教学又要搞活动，我该怎么办？这时我想到了班主任工作坊学到的本领，我马上想到的是我要放手了，别看自己教的是二年级学生，他们的能力可强了，他们的身后还有强大的后备军——家长。于是，我们先选定了参赛曲目——《红星闪闪》，然后在班级微信群里一发布，家长们马上就行动起来，有家长自告奋勇地在网上帮我找合适的音乐，还有的家长建议买统一的服装。家委会代表主动帮忙在网上购买衣服，购买小红星，制作红星棒……班上小舞蹈家主动要求自己编排动作，还利用双休日时间，在家长帮助下，去淞南公园排练节目，家长为孩子准备了水和冷饮。三方合力，赢得了班班有歌声比赛“红星闪闪”优秀奖。

工作坊中的感悟

1. 班主任是班级文化的组织者、引领者，不要样样包办，要放手。

班级文化是一个班级的灵魂，是每个班级所特有的。它具有自我调节、自我约束的功能。一个优秀的班集体一定具备独特的班级文化。好的班级文化可以形成良好的学习氛围，提升学生的积极性和团结意识，使教师、家长和学生共同形成教育合力，促进学生健康成长。因此，一个优秀的班主任必须在班级文化建设上费心思，下苦功，但不要样样包办，要放手，否则吃力不讨好。两年的学校艺术节，我采用了不同的方法，得到的效果截然不同，这就叫苦干不如巧干。

2. 别忘了我们的工作要有家长的支持，更别小看了我们的孩子。

本以为低年级孩子年龄小、能力差，班级工作自己一手包了，但自己年龄大了，精力有限，加上学校活动一个接一个，有点应付不过来。如果我们想到我们的后备军——家长，得到他们的支持，我们的班主任工作就可以轻松点。如今年的艺术节活动，我想到了我班的家长，我就和家委会成员沟通，让他们协助我参与班班有歌声的活动。我选了歌曲，家长们一起网上选服装，舞蹈班的孩子编排动作，利用双休日到淞南公园排练，家长为孩子准备了水和冷饮。三方合力，我班在班班有歌声比赛中获得了优秀奖。这一活动的顺利开展，也更让我明白了，老师千万别小看自己的学生，孩子的能力是很强的。家长是我们的坚强后盾，只要引导得当，我们的工作会得到他们大力的支持。

3. 专家引领，班主任工作坊的研究使我快速成长。

我的这些转变，都来自今年班主任工作坊的理论学习与实践相互结合。班主任工作知识和经验较少的学习者，可以通过理论学习或同伴中优秀班主任的指导、通过真实情境的实践获得知识与技能。工作坊中，班主任自身就是研究者及最重要的参与者，工作坊让班主任能够在平时的工作及实践中得到培养和提升。从班主任自身或班级中的问题展开研究，更能激发班主任的学习热情，更符合班主任的成长与发展。班主任可以在工作坊中逐渐学习和参与实践来提升班主任工作能力，促进成员们共同提升班主任核心能力，从缺乏班主任工作经验的新手变为具有研究班级精神文化、具有丰富经验的优秀班主任。

○ 案例33：

让花儿自主开放

吴　茵

我在班主任工作坊中所研究的方向是班级文化建构能力，我特别注重班级文化的建设，就是要与学生共同谋划，多多开展学生喜欢的活动。

放　手

学校一年一度的读书节开始了，本次读书节与往年不同——课本剧的表演，这对于没有表演天赋的我来说，真的是雪上加霜，让我一筹莫展，不知从哪里入手。

就在这时，一个清脆的声音在我耳边响起："老师，别担心，我们会自己完成任务的，你放心吧！"这声音是出自我班一向胆小的小和口中，顿时，我感到十分惊讶。就冲着小和的这一句话，我第一次放手尝试让孩子自己去做这件事。

于是，我精心为孩子们挑选了一个剧本，进行了初步修改，然后让孩子们公平竞争、合理推荐，根据各自的特点和性格自由选择角色，再让他们自己利用课余时间进行排练，我偶尔去做一下指导。

自　主

记得有一天下午放学很久了，我想去教室拿作业本，刚走到教室门口，就听到里面的争论声："你这句话的声音应该往上扬。""你这个动作不对，应该这样做，看我的。""小阳，你是叙述故事的，尽管不与观众见面，但是你也是个主角，你的语气应该能吸引观众……"我探了探头，发现演出的孩子们还没有回去，他们还在练习，没有停下的意思。一连一个多星期，他们每天都不间断地练习，孩子们越来越接近自己要演的人物。

表演之前，我让他们演了几遍，我觉得他们演得很顺畅，但总有点不自然。到了正式表演那一天，我鼓励孩子们："要尽力，争取得奖！"

"啊？"他们一起叫起来。

"老师，我怕忘词。"

“老师，我担心小和的声音太轻，观众听不清楚。”

“老师，您不要给我们这么大的压力好吗？重在参与。”

“怎么？自信不够啊？我觉得你们演得最好，放心去演吧！”

听我这么说，孩子们都笑了，气氛也不那么紧张了。其实说实话，我还真有点不敢看，不敢想象他们会怎么样，如果表演不好，可是有点丢脸了！终于轮到他们上台了，没想到他们的表演引来了台下的阵阵笑声和掌声，我这才如释重负！他们个个发挥得非常好，没有暴露出我担心的毛病！看来我对他们的担心是多余的！他们到底长大了，完全可以学着自己飞了！以前我总是太担心他们，什么事都自己亲力亲为，但现在想想，过多的扶持只会阻碍他们前进，阻碍他们自己长大！所以，该放手时就放手，多给孩子一些空间，才能让他们的个性飞扬！

构筑班级文化搭建成长舞台

孩子们在排练中体验到了不同的人物特点，了解到了课本剧的排练过程，在不同的体验中收获成长。

一个内向、爱美且文静的女孩子小欣在课本剧中饰演一只狡猾的坏狐狸，对于她来说，这是一个巨大的挑战。从一开始的背词到后面的排练，到同学帮她一点点纠正，让小欣逐渐找到感觉，她逐渐领会到一些演狐狸“狡猾”的感觉，逐渐有了“演”的意识，越来越放得开了，慢慢地根据剧情加点自己悟出的动作，不再是被动接受要求的内容了。在这个过程中，孩子知道了什么是积极主动，什么是积极进取，什么是团队，什么是合作！每次在不断领悟中收获着成长。

虽然她每天排练回去很晚，但是每一次她都特别高兴，回家的路上叽叽喳喳地把过程告诉家长。我看到了一个自信健谈的孩子，跟她原先的文静有点不一样。小欣还跟我说，演节目的时候每一个人都必须认真，不能走神，要不然会影响节目的质量，对不起观众。她学会了为别人着想，会站在别人的角度想问题，这是原先从没有过的事情，我看到了孩子的变化，感受到了孩子的成长。

利用家庭资源丰富学生文化活动

小孙在课本剧中饰演一位老爷爷，他本身是一个比较呆萌、腼腆的孩子，一开始他总是放不开，动作也比较生硬机械，于是我建议他在家里让父母帮助他一起多练习。小孙的父母是比较负责任的家长，平时十分关心孩子的成长,把这个任务交给他们是再适合不过了。

小孙的妈妈先让孩子把剧本看透、读懂、背熟,然后逐渐加入情感。在儿子背出来的基础上,不断纠正他的朗读语气、表情和动作。爸爸在电脑上找出同名的或者类似的课本剧,让他看看别人是如何去表达作品的中心思想、如何表现人物特色的。看看别人表演的长处是什么,或者有什么不足,来取长补短。

完成课业任务以后,全家齐上阵,一起帮助小孙表演课本剧。爷爷奶奶做观众,爸爸妈妈分别饰演其他角色,配合孩子进行表演。表演过程中,孩子表现非常严谨,总是认真对待自己的角色,毫不懈怠,还会时不时地指导爸爸妈妈的动作语言。爸爸妈妈在孩子的带动下也是使出浑身解数,积极做好绿叶。对于拿捏不准的动作,家人会纷纷给出建议,一个小动作做到什么位置、一个眼神儿看到哪里、一个转身到什么程度都认真对待,给予及时的指点。

奶奶一边观赏,一边帮忙用iPad录像,之后把排练过程播放给“演员们”看,让“小主角”清晰地看到自己在“舞台上”的表现,然后在一些看起来不太理想的地方不断进行调整、更正、完善。

正是在孩子们齐心协力的努力下,才有了演出的成功。在整个过程中不仅锻炼了孩子的团队协作能力,增强了集体主义观念,而且也锻炼了他们的胆量,培养了孩子勇于表现自我的意识。

尊重学生自主提高班级文化的适宜性

孩子在“动”中发展。课本剧排练中大家集思广益,纷纷提出建议。在表演过程中,大家融入自己的理解、情感,声情并茂,很好地刻画了角色。每一次排练结束前,孩子们都能提出宝贵的修改意见。修改时兴趣盎然,创新的火花不断闪现,这在平常的语文课中是很少见到的。

增强孩子的自信心。上台表演是展示才能的机会,在表演的过程中不仅锻炼了孩子的胆量,克服了舞台上的胆怯和腼腆,孩子们还通过入情入境的表演,展示出各自的水平,极大地增强了孩子的自信心。

让孩子不断学习、完善“自我”。对孩子来说,排练课本剧的过程是一个自我学习、自我巩固和自我完善的过程,既能提高孩子的文学素养,提高孩子自我鉴赏和改编的能力,又加深了孩子对课本知识的感悟力和理解力,更好地促进孩子对语文学习的热情。

○ 案例34：

翅伤的小雁，也能够积极飞翔

黄雪冰

班级文化可分为“硬文化”和“软文化”。所谓硬文化，是一种“显性文化”，可以摸得着、看得见的环境文化，也就是物质文化，比如教室墙壁上的名言警句、英雄人物或世界名人的画像；摆成马蹄形、矩形、椭圆形的桌椅；展示学生书画艺术的书画长廊；激发学生探索未知世界的科普长廊；表露爱心的“小小地球村”；悬挂在教室前面的班训、班风等醒目图案和标语等。而软文化，则是一种“隐性文化”，包括制度文化、观念文化和行为文化。

建设好班级“硬文化”环境，只是给这个班级做了一件好看的外衣，班级真正的精神体现还要看班级“软文化”环境的建设。班级“软文化”环境是班级文化环境的核心，是最能体现班级个性的，班级整体形象的优劣最终将取决于班级“软文化”环境是否健康。

学生行为文化的冲突

开学不久，那天我正好护导，班长王同学匆匆来报告：“老师，小蔡和小赵在打架。”我急忙赶到教室，小赵见我来了，马上停了下来，回到座位上去了，没想到小蔡却站在走廊上一副委屈和理直气壮的样子，嘴里还不停地说着：“你来呀，你打呀！我男子汉敢作敢当！”同学们哄堂大笑。小蔡的表现出乎我的意料。我真没想到这小家伙还有如此倔强的一面。我调整好自己的心态，语气柔和地说：“小蔡，今天受委屈了，是吗？到老师办公室去消消气。”他随我来到了办公室，我让他说说事情的前因后果。他满腹委屈地告诉我：“老师，我学习成绩差，同学们说我笨。同学们都笑我。”我反问：“刘同学成绩比你还差，同学们笑他了吗？”“没有！”小家伙脱口而出。“对呀，这说明是你自己的问题。你老想着这个同学会笑你，那个同学会说你……说明你还没有融入这个集体，说明你不够信任同学。你刚才在教室里的那个样子很不像老师心目中的你哟。小蔡，成绩差不是你的错，只要努力，你一样可以不比他们差！”小蔡听我这么一说，惭愧地低下了头。我让他先回教室，想想今天的事情他有没有错。

小蔡的表现引起了我的重视。我马上联系家长，家长立即赶到了学校。我和家长共同分析孩子的行为发生原因：孩子意志薄弱、自制力差；不善于和同学交往，家长也不太关心他。这一切导致其对学习没有兴趣，成绩差；不太相信别人，不知道怎么跟别人交流，因此采用“攻击性”的极端行为欺负同学。这样在校得不到老师和同学的喜爱，在家得不到父母的关爱，不良思想日趋加剧，恶性循环，破罐子破摔。

如何帮助这个学生，我从文化冲突的消解着手。

爱心先行，消除敌意

爱引人注意的孩子，多半是因为“情感饥渴”，我想首先我应该用爱融化他心里的坚冰，消除他的不良情绪。所以我在课余时总爱找他讲讲话，一开始他还是很警惕的，不是一言不发，就是躲躲闪闪，问十句答不上两句。我把他找来我的办公室，说明想和他谈谈心，让他不要有任何压力。我拿出自己准备好的一张表，表上有“我的优点”“我的缺点”“今后打算”三项内容。我让他找出自己的优点和缺点，把这张表认真填好。他填得很严肃很认真。填完表后，我和他一起分析。此时，他才发现，自己有着很多缺点，那可怜的一点优点和它比起来，逊色多了。他傲慢的眼神黯淡下来。我抓住时机，让他说说自己的感受，分析他的平时表现带给老师和同学的困扰……我和他推心置腹地谈了很久很久。在谈话的过程中，一直以他发言为主，我为旁听者，让他发觉我不是在找碴，而是真心为他。

他和我的话慢慢多起来，有时没找他，他也自己跑来找我。我总是天南海北地和他漫谈，就是不谈学习表现的事。但我会不动声色地把他的事情转化成别人的事，然后让他帮我想对策，在潜移默化中让他慢慢告别陋习。

寻找闪光点，增强自信心

运用期待效应，辅导功课。他对学习成绩其实挺在意，有一次默写得了“良”，他一整天都格外兴奋，可是他很厌恶做作业。一次小考考了不合格，我直接在试卷分数上加上合格分，并告诉他其实这张卷子他能考合格的，只是不够认真，所以我先借他合格分，让他再努力，争取期终还给我，发挥期待效应的作用。平时找时间多辅导他学习和行为习惯中的薄弱点，消除他的心理压力，能补一点是一点，以小步前进将挫折的频率降低到最低程度，使之长期保持一种积极向上的精神状态。

进行“我能行”的心理暗示。抓住他爱表现的特点，我让他负责班里的卫生角和分发同学们的午饭，在做事和做作业以前，借助于心理暗示的作用，不断跟他说：“你能行！”让他强迫暗示自己“我能出色完成这项工作”“我能很好完成这些作业”，使他产生要努力把这件事做好的信念，想出“如何去完成这项工作”的方法，排除各种困难，直至成功。

营造温暖的环境

发动全班同学一起帮助他，知道他最佩服班长和学习委员，让他和孙同学结成了“二帮一”助学小队。做作业时找他一起做，做好事时找他一起做，做游戏时还找他一起做。在他生日那天，全班同学为他唱生日歌，送礼物和祝福语，让他感受集体的温暖。

多加表扬，内外部动机相结合。在批改他的作业的时候，给予最大限度的鼓励。如他有做作业，就及时给予肯定。如果这次作业做得比较工整，就写上“好样的、继续努力”等鼓励性评语，并在全班面前表扬他，让他得到别人的肯定，享受得到别人赞赏的喜悦，从而更有动力去完成作业。他平时上课不再开小差，有时还能回答问题，作业也能主动做了，单元考评合格，除了还给我借出合格分外，我还得到了“利息”。家校合力，教育引导。与此同时，及时与他的爸爸妈妈多沟通，建议他们多抽些时间陪陪孩子，关心孩子，多用鼓励的方式。他和家庭的关系越来越和谐，懂得尊敬孝顺爸爸妈妈。他的陋习在一点点地改变，好习惯在慢慢地养成。

几个月来，没有发生过一起他与同学吵架、打架的事件，其他老师对他的看法也越来越好，同学们不再孤立他，有好吃的叫他一起吃，好玩的叫他一起玩。他基本上能遵守学校的各项纪律，尊敬师长，团结同学，集体荣誉感增强，遇事喜欢找我商量，受我影响；课余时间不再闲逛、打游戏，而是喜欢看书，并毛遂自荐做班级的卫生员。

爱与智慧共生的力量

这件事使我感触良多，面对成长中犯错误的孩子，我们总是显得很急躁，总希望能够立竿见影，甚至一劳永逸，然而，教育是缓慢而长久的，是需要等待和坚持的。顶着“坏孩子”的十字架，我不知这样的童年该是怎样的色调。孩子纯净的心灵一旦蒙上了乌云，他还能看见绚丽的世界吗？期待是一种力量，穿过一些急功近利的篱笆，我们更能走进一片春暖花开的胜地。在他迷失方向的时候拉他一把吧，也许对于许多后进生来说，你挽救的只是其中的千分之一、万分之一，但对于这个学生来说你救助的却是他的全部！一念之差，有时就能改变一生！

教育是一门爱与智慧共生的艺术，这种爱不仅仅是喜欢，一个老师喜欢学生并不难，尤其是喜欢那些成绩好、懂事听话的学生；难的是喜欢所有的学生，尤其是真正用心去爱那些成绩不大理想、调皮甚至成心捣蛋的学生。教师的爱应是众生平等的。爱是一把心门的钥匙，我们常说要“春风化雨，润物无声”，对孩子们来说，给他们尊重、呵护，让他们真正从内心深处受到感化和触动，这才是真正的教育，这才是教育对爱的最佳诠释。我们只有把批评转化为亲和的魅力之帆，才能使孩子们在人生的航程里不断调正方向，在阳光灿烂的日子里快乐地成长。同时，育人也需要讲究方法，批评、说教、规劝都是空洞而无力的。教师应练就一双慧眼，善于寻找孩子的闪光点，及时把握转变的契机，那些润物无声的育人经典都在启迪着我们——教育有时需要的是一份不动声色的智慧，而智慧里要充满爱，只要有爱，那些断翅的小雁仍可以飞翔！

第三节 “班主任自主发展能力”维度的工作坊研习

一、“班主任主体内驱力”的研习

班主任主体内驱力是班主任自主发展能力的重要方面，是优秀班主任核心能力体系中的内动力，也是从一般班主任成长为优秀班主任的主要因素。班主任主体内驱力是指由班主任工作价值观激发出来的工作自觉性与主动性的内部动机驱动力。坊员对班主任工作的价值认识是其能否不断成长为优秀班主任的关键，工作坊要把提升坊员正确的班主任工作价值能力放在极为突出的位置。没有正确的价值观，特别是班主任工作的价值观是不会成为一个称职的班主任的。

价值是揭示外部客观世界对于满足人的需要的意义关系的范畴，是指具有特定属性的客体对于主体需要的意义。价值又是一个属性范畴，具有社会性与主体性、绝对性与相对性、客观性与主观性，是这些属性的统一。从哲学的角度来看，“价值”是指客体（事物或人）满足主体（个人主体或集体主体）需要的关系。从这个意义上看，“价值”既反映了客体的客观属性，也反映了主体的主观需要、偏好与理想；既具有客观性，也具有主观性。简而言之，“价值”表示了主体基于自身的需要、偏好与理想，对客体某种特性的肯定、接纳或欣赏。由此可见，班主任工作价值观念是班主任工作对班级学生所发生作用的效应和作用以及人们对此的评价。也就是说，班主任工作价值观念，从广义上说应包含着两个互相联系的方面：一是班主任工作存在的对学生的作用或意义；二是人们对班主任工作有用性的评价。在这里我们特指班主任本身对班主任工作的价值观念。

班主任的班主任工作价值判断是班主任工作与生活中发生频率很高的认识思维活动，是我们对刺激和影响感官的各种有关班主任工作的事情或现象是否产生兴趣、是否进行进一步的认识和思维、是否采取行动以处置的前提条件。班主任工作价值观念对班主任的行为具有导向作用，是他们的教育活动和教育行为的指南针。班主任在班级工作中对班级教育中的各种事物、现象以及班级学生采取什么态度、作出什么反应，都是以其班主任工作的价值判断为基础的。

在班主任工作坊中，我们首先要关注坊员的班主任工作价值观念，以此来增强坊员的班主任工作内驱力。美国著名的社会心理学家亨利·明茨伯格指出，知识型职工不需要管理人员的直接监督，他们需要的是保护和支持。对知识型企业的知识型员工不适合采用应激的外部报酬和处罚，因为员工的业绩目标不容易详细说明和度量，领导者难以把外部的报酬与个人业绩相联系，所以，宜采用基于价值的领导。我们要从三个方面关注班主任工作价值观念的提升：

1. 班主任工作内在价值的提升。班主任工作的外在价值在于实现别的目的的手段、方法或途径。而班主任工作的内在价值是为了学生的成长而教育、为了专业能力发展而学习。班主任工作的育人的实质就是使学生掌握知识、发展能力和形成良好道德品质，成为具备真善美的人，这是班主任工作的教育内在价值的根本。

2. 班主任工作的社会价值和个人价值的统一。班主任工作的社会价值在于其工作对社会发展需要的满足，满足社会需要过程中体现出班主任育人的价值。班主任工作的个人价值在于班主任对学生的发展需要满足的同时，也满足班主任个人需要，从中体现出自身的价值，获得自我实现。班主任工作的价值应该体现满足社会教育需要和个人教育需要、社会发展和个人发展相统一。

3. 班主任工作中的价值和班主任工作的价值。班主任工作中的价值是指班主任工作中应该在学生身上培养哪些价值，这与班主任工作目的相联系。班级教育活动中应该达到什么教育目的，实现哪些人生价值和应该教给学生一些什么价值内容。班主任工作的价值应该体现出怎样的教育活动才具有教育上的价值，才能有效获得那些教育中的价值，这与教育内容、方法相联系。在班级教育活动中应该开展哪些活动，应该采取哪些方式方法才能达到教育的要求，收到教育效果。

“班主任主体内驱力”的研习要点：

1. 要着力增强坊员的班主任工作的价值认同。要增强班主任工作的内驱力，首先要提高班主任对班主任工作的价值认同。要转变一些班主任认为班主任工作太辛苦，吃力不讨好，也要转变一些班主任认为班主任工作太琐碎，把班级摆平不出事已经不错了，对班主任工作缺乏责任的认同。我们应该通过全国模范班主任的现身说法、讲述的班主任工作的故事，体味班主任工作的事业责任、育人的特殊乐趣。在坊员高度认同班主任工作的辛勤价值的基础上，进一步引导他们读懂学生这本书就得做班主任，真正感悟班主任的内在价值。优秀班主任具有强烈的内驱力，把班主任工作作为事业，内心有着热烈的教育追求。班主任对班主任工作的价值认同度越高、越清晰，那么其工作的责任感就会越强，班主任工作的人文高度越高尚。

2. 引导坊员注重人格垂范中感受到班主任工作的社会地位。在社会的演变认知中，班主任是教师中受到很多尊重的教师岗位。班主任既是学生的领导者，又是学生的老师，更是学生的知心朋友，对班级学生的全面发展和良好个性形成负有直接的教育责任。班主任的工作质量，关系着未来人才的质量，班主任的一言一行、一举一动每时每刻都在影响着培养学生的基本任务。因此，家长非常尊重班主任，这也要求班主任的道德要求应高于社会其他人员，为人师表。社会也是从班主任的工作责任与对学生的关爱来考察班主任的，班主任对班主任工作的价值认同往往可以从其对班级教育工作的责任感与对学生的关爱上考量。

3. 激励坊员努力成为优秀班主任。我们认为每一位班主任都具有当优秀班主任的潜能，问题在于转化出来，成为优秀班主任核心能力。有一句名言："不想当将军的士兵不是好士兵，但是一个当不好士兵的将军一定不是好将军。"这句话可以这样理解，每一位班主任应该具有成为优秀的愿望，正是这种上进的愿望不断激励前进。同时，没有上进愿望的班主任，就不会努力做好班主任工作，连班主任基本功都不具备，即使给了他一个"优秀"荣誉，也是可悲的，有违良心。我们在工作坊中激发与鼓励坊员做班主任要有当优秀班主任的愿望，增强班主任是为了孩子的明天而工作的正确动机，促使坊员保持强烈的班主任工作的内在动机。班主任越是具有主体发展内驱力，越是能激发优秀班主任核心能力的转化，这就是一般班主任与优秀班主任核心能力的不同之处。

4. 引导坊员从转变角色着手增强内驱力。这是一种从行为着手转变价值认知的策略。在工作坊中我们要求坊员从最容易着手的班主任角色转变开始，改变工作方式。坊员从原先的班级的主控者、训话者，逐渐向学生的伙伴、对话者、聆听者转变。这样坊员们在越来越多地接触学生中，获得了学生更多的故事，倾听了学生的需求，理解了什么是童心、什么是可爱，更理解了小家伙也有他们的成长烦恼，也有不应该忍受的痛苦。在坊员对学生情感的转变中，感悟到了什么是班主任工作，怎样做才能更有教育人生意义。从班主任角色转变中建立起师生间的尊重、理解、信任的感情基础，是班主任工作价值观念转变的中介。我们引导坊员借助自己的人格力量、职业态度，向学生传递真情实意，结成"伙伴"，以更加平等的姿态开展班级教育工作。

5. 引导坊员关注班主任工作的长远价值和现实价值的结合。班主任的教育工作的目的就是为了培养未来社会的人员，超越现实，去追求未来和实现理想。班级教育工作只有坚持理想精神才能既立足现实又面向未来，克服工具主义倾向，实现人本位教育。这是班主任工作着眼于学生的可持续发展，同时班主任工作也要解决好当前的班级工作的实际问题，为学生创设一个安全的和谐的成长环境。没有这样一个现实的班级环境，很难让学生健康地度过一个童年学习时期。

在工作坊中，我们透过班主任在"班级工作发展能力"的研习，不断推进增强班主任主体内驱力，从对班主任价值认同、班主任人格垂范以及班主任工作意愿激发上，鼓励坊员提升对班主任工作的教育价值的认识，不断激发班主任的教育热情，激发班主任对班级工作价值的自豪感，让坊员更能感受到成就感、幸福感、归属感，从而提升坊员的优秀班主任核心能力。

○ 案例35：

脚踏实地才能仰望天空

顾圣君

从不会做班主任到有头绪，并且感兴趣地沉入其中，这当中是我在工作坊中学到的东西和提高的技能，虽然现在离优秀班主任还有十万八千里，但自己一步一个脚印，兴致勃勃地在这条充满魅力的路上走着。我的入坊初态五维导图中，显示主体内驱力和班级文化构建能力是最薄弱的环节，这是我最需要通过班主任工作坊的学习提升的自己的班主任核心能力。在平时的教育工作中，本学期我着重研究"学习困难学生的教育"方面，并选取相应的对象进行案例研究。

一、案例背景

在进入工作坊之前，对什么是班主任核心能力、如何提升班主任核心能力等问题，都是一头雾水，非常不了解，听了几次专家的精彩讲座后，才对如何培养班主任核心能力有了些许了解，知道了如何培养班主任核心能力。回顾自己的教学工作，因为不是班主任，所以缺乏班主任经验，在日常教育工作中碰到特殊学生非常头疼，特别是学习困难学生、行为偏差学生和个性特长学生培养，作为搭班教师对这些特殊学生的教育还真是非常缺乏经验，常常不知道如何去帮助和改正学生身上的问题，对他们也显得没有办法，往往自己很累，但是没有效果。孩子不听我的，这让我对自己的管理能力感觉非常沮丧。

后来渐渐地开始用所谓教师的威严去震慑学生，刚开始觉得有效，其实后面才发现学生只是表面敷衍我而已。遇到行为偏差学生也基本以"我是老师，你应该听我的"类似的专制性说教为主，结果也是只有短暂效果，明显感到学生内心不服自己，而且老师根本没有了解学生的想法，学生也根本没有感受到老师对自己的爱。虽然我的出发点是好的，为了孩子能好好做人，好好学习，但是当时用的方法和策略真的是太幼稚了。后来一步步改进，一点点改变，直到现在，对特殊的孩子无论是学习还是行为上，多了一分理解、一分宽容和更多的耐心关心。因为我明白面对特殊的孩子，老师应该做好一切准备，仔细研究适合的教育方法，来帮助学生。自从参加了班主任工作坊，听了很多专家的讲座，参与了主题讨论，写了一些相关案例文章，不敢说自己有多少进步，但对于特殊学生有了更好的教育方法。虽然不是班主任，但对学生思想教育和行为转化的能力，是每个老师必备的，所以如何提高班主任核心素养，这是我要通过班主任工作坊学习的。

二、案例描述

本学期教二(6)班以及后来接手的一(5)、一(6)班，三个班级中都有学习困难的学生，因为二(6)班教的时间最长，感情也最深厚，所以我就来写写小刘的故事吧。

小刘这孩子身上集结了学习困难学生所有的问题：作业马虎甚至不做，学习不认真，多动，上课不能集中注意力，生活习惯很差(书包不会理，书本永远在地上)，等等，这样的孩子总会让老师头疼吧。所以我把他列为实践和研究对象。

刚接班时，因为双方还不怎么了解，我找了个空闲时间和他好好聊了聊，让他了解我，也让我了解他。我问的第一句话是："喜欢上英语课吗？"他犹豫了下，微微点了点头，这让我以从教多年的经验感觉，如果英语老师不凶，作业不做，英语学习起来不麻烦，这孩子可能还是能喜欢英语课的吧。然后我又轻声细语对他说："你的英语水平，顾老师看来还不错啊，以前教你的张老师也说你最近进步都很大呢！"小刘听了这些话，脸上明显有喜悦之色，挺高兴。其实张老师告诉我的是："小刘永远背不出单词啊！"多年的教学经验告诉我，一个孩子学习再不好，学习能力再差，老师也不能直接说"你怎么这么差啊"！老师直接的批评，对学生会起到绝对的反效果，一来他怕老师，二来没有信心学这门课了，所以老师对学生的批评指正，千万不能语气强烈像是批判。王老师在讲座中反复提到"构建以民主平等师生关系为基础的教育生态观"，教育学生不能以高高在上的口吻和形象，学生对此种说教是最反感的。

第一次聊天后，我只是鼓励小刘能学得更好，在与家长的沟通中，我也首先说小刘最近进步很大，上课的表现、作业的表现等，都是先表扬，然后再提出要求，请家长帮助一起改进孩子的问题等，从家长的回复中，也能看到家长对孩子的期望越来越好。在和家长的聊天中，我也非常注意维护家长的尊严和面子，总是先夸孩子，让家长对孩子充满希望和信心，这样更有利于教育的开展。

在帮助孩子树立好信心后，我再找各种时间给孩子指导和辅导，帮助他补习缺少的知识点，帮助他背单词。一个学期的时间很快过去了，小刘的成绩能从B进入到A，这真是我这学期非常开心的事情。下学期升三年级，学业会增加，学习可能会增加难度，但对小刘的教育我始终相信：以自信为基础，耐心辅导，小刘的学习会更好。

三、案例反思

（一）建立平等友好关系

这话一直听到，但实际行动起来却很难，在教学中难免失之偏颇，对某些学生，教师心里会一直觉得他或她成绩怎么这么差呀，学习怎么这么不认真呀……对这些学生会戴上有色眼镜去看，现在觉得这是教师在给自己戴枷锁，自己把内心对孩子们封闭起来了。首先，孩子的天赋都是不一样的，教师真的要学会用欣赏的眼光去看待每个学生，即使这孩子学习不怎么样，但他动手能力强啊，或者这孩子跳舞唱歌好啊，艺术节的时候她可是领军人物呢……只要老师对每个学生敞开胸怀，而不只是在学习这件事情上过多纠结，就能建立起良好的师生关系，从而提高班级文化建设能力，再进一步提升班主任核心素养。虽然我不是班主任，但是每时每刻和学生相处，都需要班主任的功底，都需要学会管理班级，掌握一定的班主任核心素养，而这素养不是一时形成的，而是通过长久的时间磨砺而成。就好比农民种庄稼，一开始都是生手，啥也不懂，但只要肯耕耘，只要肯实践，慢慢都会对庄稼熟悉、对田地熟悉，掌握种植技巧，这样日积月累就能成为业内行家。

（二）建立相互信任关系

互相信任非常重要，对成人是这样，对孩子更应该增加他们的信任感。有了互相信任的关系，学生才会相信老师，信其师重其道，教育之路才会越走越顺。信任的来源是老师对学生的信任，相信孩子能改正身上目前的问题，不用责备和高高在上指控的姿态对待学生，把学生作为和自己一样的同类看待。不要在孩子面前说你怎么怎么不行，也不要在家长面前说孩子老是怎么怎么样，家长们也需要自信心，如果老师总是说孩子不行，家长也失去了信心，这时老师反而更孤立无援了。

建立相互信任的关系，我认为培养孩子的自信心很重要，如何培养孩子的信心呢？也不能随口说、没有目的性地说，否则听起来就不真实，学生也不会相信老师的话。对学生的夸奖要恰到好处，从实处出发，比如小刘不能把自己的学习用品理整齐，书本总是乱放，地上总是有垃圾，怎么办呢？我是这样对他说的："小刘，你看，你把书总是乱放，所以找书特别麻烦，你能每次把书本都归类吗？弄三个文件袋，一个文件袋一门学科，其他学科的书就放书包里，这样是不是能省点找的时间？"小刘立马理起了桌子和书包，在我的帮助下，把桌子和书包理整齐了，但是他还是会乱放，习惯不是一朝就能改的。后面我会定期检查他的桌子和书包，理好了就给一个奖品，理不好就没有奖品，奖品配合表扬从正面引导孩子，这样一步步引导，孩子的进步就慢慢积累成长了。

（三）建立以学生为主的关系

以前我觉得老师为学生好，可以用任何方法，只要是自己认为对的，现在觉得完全不是这样，应该是"学生快乐，才是老师最大的快乐"。方法要用对，我认为最关键的是看学生有没有接受，并能否改正身上的问题。要做到这点，说说容易做着难，每个孩子都是一件不同的艺术品，如何把璞玉变成宝玉，如何把石头变为宝石，这就需要教师的功底了。如何做好教师，如何做好班主任，这些都是我毕生的必修课，但我现在清楚地认识到，让每个孩子快乐地学习、快乐地成长，是教师最大的成功，这是我的个人感悟。当看到学生喜欢上我的课，喜欢和我说话，愿意和我亲近，我就会觉得这是非常美好的事情，也会顺利推动教育的发生，让师生间没有隔阂。我把孩子的快乐置于最重要的位置，换来的是学生对我的信任和喜爱，我把这份快乐作为最大的快乐！

在工作坊中，我学到了很多，原本我最缺乏的就是班主任的专业化知识，在工作坊中，学习了不同工作坊老师写的文章，了解了他们的研究点和研究方法，每个老师的演讲都让我十分佩服，佩服他们的仔细观察，佩服他们的聪明智慧，佩服他们的耐心与细心。入了工作坊后，感触最深的应该是自己在班主任管理这一方面，有很多东西要学，有很多路要走。在未来，我相信自己在工作坊中，在各位领导、专家和老师的帮助下，在自己积极进取学习的努力下，会有更大进步。我也非常期待自己能在班主任管理方面能有大的进步，因为老师和学生的关系是最重要的，老师最大的快乐是看到孩子快乐健康地成长，孩子的快乐也是自己最大的快乐。教师应该是花园中的园丁，用辛勤的汗水培育一朵朵娇嫩的花朵，让花儿们在温暖的土壤中绽放；教师应该是孩子的领路人和指明灯，能成为孩子的指明灯，这是我一生中最自豪的事情。为了孩子的快乐成长，我应该脚踏实地，托起未来的希望，带着孩子们一起仰望星空。

○ 案例36:

教育是一种修行

陆佳玲

教育的力量往往超出我们的想象。著名教育家陶行知说过:"你的教鞭下有瓦特,你的冷眼里有牛顿,你的讥笑中有爱迪生。你别忙着把他们赶跑。你可不要等到坐火轮、学微积分、点电灯,才认识他们是你当年的小学生。"作为一名教师,要用一颗赤诚、宽大的心,用发展的眼光看待学生,不能因学生犯过错误而将其全盘否定。不管孩子有多少的不是,我们都应该宽容。这种宽容是服务学生理念的忠实实践。"一切为了学生,为了学生一切",这是新型师生关系的标志,停留在我们脸上的笑意是宽容,永驻在我们教师心田的是爱意。

我刚刚开始我的教学之路,其实很多时候还没有太多经验,一些孩子的行为在我看来只是一种恶趣味,同一个孩子连续多次做一些影响我课堂或者影响小朋友的行为,在我眼里就是"坏"孩子。后来在班主任工作坊中,我学习到了一些新的名词——行为偏差的学生。"行为偏差生"是指本人素质、家庭结构、社会环境等方面情况均很特殊,需要学校特别关心、教育、帮助的学生,他们当中包括过去所讲的"后进生",但"行为偏差生"还应包括各种特殊因素造成有向后进生转化的学生,以及某些方面需要学校特别照顾的学生等。我接下去想要解决的就是如何与这些学生沟通以及如何转化他们。

喜惹事的小朋友

刚开学的时候,在我眼里小宝只是个很普通的孩子,并没有怎么引起我的注意。当开始写数字时,我发现这个孩子特别慢,但也是因为很多孩子刚开始握笔都很慢,而且练习量也不多,我并没怎么关注到他,班级中还有更特殊的孩子。直到第一个学期临近期末了,小宝突然开始"消极怠工"。上课时,别的同学听得很认真,他会突然发出点声音打断我的上课节奏。应当完成练习时,他就一个字也不肯写,甚至考试也是如此。中午吃饭时,他会先去上厕所,一般都要去5分钟甚至更久,还有一次在厕所玩洗手液,把洗手液扔在别的同学身上,有别的班级的小朋友、有自己班级认识的小朋友来告诉老师,打扫的阿姨也很生气:厕所地上都是洗手液,待会儿别的小朋友摔跤可怎么办?就这种情况，小宝依旧很“淡定”地表示自己洗好手要吃饭了。无论上课还是下课，他经常去主动招惹别的小朋友，可能只是因为他们从他旁边经过。晚上放学时，他整理书包极其慢，能整理半小时，还经常不做作业，让我很头疼。

找寻原因

我第一次和小宝谈话，我问他为什么上课要故意发出很大的声音，他支支吾吾也说不出理由，但是又好像态度很好地与我约定今后不再上课捣乱、要认真听讲。我继续问他为什么不完成作业，他和我说太晚了妈妈让他不用写作业了。聊天至此，我一方面继续问他几点睡的，为什么睡这么晚，一方面我联系了他的家长。

和他家长沟通的第一次，给我的感觉是他的妈妈蛮认真的，态度很好，也和我说配合我的工作，一起改正他的坏习惯。

但是，第一次了解过后其实没有任何改变。于是我请家长接孩子的时候和我当面聊一聊。

虽然答应我的是妈妈，但是我见到的是孩子的奶奶，通过孩子的奶奶我了解到妈妈比较宠爱孩子，在家里孩子有恃无恐，随便乱扔东西，顶撞家长，做事极其拖拉，每次奶奶想说说孩子，妈妈又护着。后面和奶奶再次交流之后，奶奶和我说，孩子的爸爸生了很大的毛病，妈妈要一个人忙里忙外，也很辛苦。听到这个消息，我开始思考是不是爸爸的病情让这个孩子产生了变化。我想我应该在这个孩子身上再多花点心思。

于是，我又找了妈妈，和妈妈当面聊了一下家庭状况和孩子的教育问题。我了解了一下，其实孩子是完全不知道父亲生病这一点的，妈妈表示孩子是真的没有时间完成作业，因为小宝有抽动症，并引起注意力不集中，幼儿园大班时幼儿园老师建议家长去医院检查，从小就很皮，妈妈就是为了锻炼他的注意力和身体，才报了兴趣班，想从各方面锻炼他，钢琴、长笛、国画、围棋，还有轮滑、跆拳道和乒乓球。每天都有兴趣班，回到家不知道几点了。我建议妈妈放弃掉一点，孩子的精力是有限的，不可能兼顾这么多，但妈妈的反应和小宝差不多，都是不回应，然后也不发生任何变化。妈妈的性格也和小宝很像，讲话也是慢悠悠的，经常不回答，也是什么都不作出改变。

愈演愈烈

之后，小宝从行为偏差的成绩合格学生变成了行为偏差的学习困难学生。上课的时候完全不听还会偶尔捣乱，作业全线罢工，联系妈妈，妈妈说希望小宝只要品德健康就可以了。考试只能考个位数，你留他也好，课间找他也好，他完全都不配合。

我发现我一味态度强硬下去，小宝压根不会有什么改变，我开始改变策略。我在上课时多多关注他，经常请他回答问题，回答不出来我也是鼓励他，夸他坐得端正。在做作业的时候我完全不逼他也不提醒他，就是不断奖励做得又快又好的小朋友，坚持了四天，我惊喜地发现他突然交作业给我，并问我要奖励。我先表扬了他此次认真完成作业，并鼓励他要一直这么下去，也给了他一颗小糖果。我发现其实他的兴趣还停留在幼儿园时期，糖果是他前进的动力。

找寻方法

首先，要去调查行为偏差学生产生的原因，影响学生的大部分因素都是家庭原因，首先要调查清楚原因。要端正对行为偏差生的看法观念。行为偏差生是可以转化好的，要多多树立他们的信心。

其次，我应该拿掉自己的“有色眼镜”，我想应该没有一个孩子不想做个出色优秀的好学生，所以对每一个行为偏差学生都要去挖掘他身后的秘密，不能因为片面了解就先给孩子贴上一个标签。学校不仅要教学生基本的文化知识，也要注重学生的德育以及培养学生健康向上的心理素质和积极负责的生活态度。我们老师要平等地对待每一个学生，不仅要关注学习好的学生，也要给那些所谓的差生多一些关心和帮助，更不能对那些行为偏差学生另眼相待，其实他们更加需要老师的关心与帮助。

但是很多时候他们都会有反复，经常是今天好明天又这样了，我们要有耐心。给予他们足够的空间、时间和耐心，要采取循序渐进的原则，不能激进，不能今天没看见成效就放弃了。善于发现行为偏差生的闪光点。用其所长，积极引导，严格要求。找到了他自身的闪光点，他自己本身也会稍微自信一点，比较利于他的转化。加强家校配合，老师要传授给家长正确的教育方法，最好联合家长创造良好的总体环境。

行为偏差学生的形成往往有着各种各样的复杂原因。在小宝身上我发现了行为偏差学生不是一成不变的，我们要用发展的眼光来看待这类学生。这类学生的“偏差行为”并非天生的、固有的，而是在成长过程中，由于教育的偏颇、不良的心理环境所导致的，学生处在复杂的社会环境中，极易受到各种思想的影响，有些学生受不良思想的影响，形成某些缺点错误是难以避免的。行为偏差学生是发展中的人，生理、心理的发展还没有完全成熟，具有极大的可塑性。偏差行为是可以改变的，只要教育有方，积极引导，问题行为可以得到改善。

○ 案例37：

为了每一颗闪亮的星

顾圣君

我们小组的研习目标是基于反思的生态位异学生教育能力发展，主要针对三类学生进行观察、研究、实践和反思，三类学生分别是：学习困难学生的教育；行为偏差学生的教育；个性特长学生的培养，本学期研究的重点是学习困难学生的教育。

我常常以成绩好来评价学生，对学习成绩不好的学生，我就严厉批评，最终也没看到在大声批评下，学生的学业水平突飞猛进。在班主任工作坊中，听了多次讲座后，我发现要教育好学生，首先要对学生表现出老师对他的信任和爱，对学生有足够的耐心，在小刘身上我改变了策略，让我看到了另一种可能。

急得没方法

我们班的小刘，刚接班时知道他是全班背单词最困难的学生，果然像传说中一样，对一般学生来说比较容易的单词，或者花些时间能背的单词，对他来说非常困难。背单词困难的学生，也遇到了不少，以前对这样的孩子我总是非常不耐烦，因为需要花很多时间来专门帮他们背单词，而今天背明天忘的现象，也是时常发生。这时我通常会难以抑制心中的火，对学生就不会有好脸色了，所以搞得学生对我“敬而远之”。时间久了发现这样的效果并不好，学生要多表扬才会有自信，有自信他才会有信心把困难的事情做好，一个被老师否定的学生，他觉得老师对自己都不信任了，他还会自己鼓起勇气挑战困难吗？

我一直以这样的方式对待学习困难学生，心里很急，但就是感觉急得没方法，一直觉得虽然我是为了学生好，为了提高他们的学习成绩，但是学生非常不开心，也不情愿，辅导效果甚微，心里暗暗感觉自己和学生之间的师生关系失衡了。

微微说一句

我一直在考虑，我该怎么调整这失衡的关系呢？我觉得首先该从自己的态度入手，不要对孩子发火，要想到孩子出错是正常的，不然教师的作用何在呢？从此之后，我对小刘不再发火，在他背不出单词时，我也耐心地鼓励他加油，每天一有空就给他复习，孩子觉得老师一直找我，他心里也会有想法，会觉得非常难堪。为了避免尴尬，我不会当着全班学生面让小刘留下，我会单独和他说，有时候一个眼神大家心领神会，非常默契。对小刘的一些不好的习惯，我也不会嗤之以鼻，只是每天说着“小刘啊，你的书包理理好吧！”“小刘，你地上的东西是不是打算摆摊头了呀？”之类的玩笑话，小刘听了不会生气，但也知道老师是为了他好。对孩子还要多物质鼓励，比如背好一些单词了，给一些小糖果，让他们增加信心等等，创造一个开心的环境让学生学习。

“您先别急”

和小刘在校的关系处理好后，我还考虑到，小刘的妈妈曾经也是为了他操碎了心。有一次发现小刘的脸上有红印，我问他，他很委屈地告诉我是被妈妈打的，因为单词背不出，妈妈就火了。几次家访中，妈妈也是眼里含泪水，满脸愁容说这孩子真是让她操碎了心，所有时间都扑在他身上，但孩子自控能力差，做作业总开小差。从班级生态的角度而言，家长也是生态位中的一环，改善师生关系，也必须改善和家长的关系，才能帮助孩子更好地在班级中快乐学习。所以有一次，我特意请家长来学校陪着孩子做作业，想让她在孩子开小差时不要太着急，而是让孩子稍微休息会，等他集中精神后，再开始学习。我观察了孩子妈妈陪孩子做作业时的状态，只要孩子一有题目不会，她就皱眉，孩子一反应慢，她就不耐烦，看得出孩子做作业时妈妈有焦虑情绪。为了给孩子更好的学习环境，也有必要给孩子家长一些建议，我就直接对孩子妈妈说：“您先别急，孩子的注意力是不太好，但不妨碍他学习，小刘很聪明，他知道自己要学习，只是大脑有些失去了控制力，我们慢慢来调节，不要过于心急。小刘很棒的。”听了我的话，小刘妈妈脸上有了些舒缓的表情，没有之前那么紧张了。后来我和他妈妈又聊过几次，都是从好的方面来评价孩子,也非常肯定母亲的付出,后来孩子对英语学习越来越有自信,学习态度也轻松了不少。通过此事,我终于找到了好的师生关系。

班主任素养的提高

作为教师,首先要学会从遇事激动变为遇事冷静。记得刚开始当老师时,觉得自己是一个老师,面子很重要,怎么能“制服”不了学生呢?所以遇到事情,我总是先大声吼,这样的“我”只是为了让自己脾气尽情发泄而光顾自己舒服,没有考虑学生的感受。其实,老师发怒后学生从害怕到逃避,到不愿与老师交流,造成了生态位的失衡,非常不利于师生关系和谐发展。现在的我,决不这样做,我会心平气和地和学生交流,和家长交流,有时候大声斥责看不到效果,柔声细语却更能打动人。

要想学生能安静地学习,老师也要能安静地辅导学生,我以前总是希望孩子能快快把作业订正好,但越急越没有效果,这样的辅导显然没有成效。后来我改变了自己的态度,从自身先改变,不寻求快,而是以慢致好,对学生不会的题目也是从基础简单的开始,学生背不出的单词,找方法让学生记,并对孩子的进步及时鼓励。

班主任角色的转化

老师的角色不再是居高临下的控制者,而是可以真诚交流的对象,老师应该作为学生的朋友,用朋友之间的关系来敞开心扉,相互理解交流;居高临下的管理者和被管者之间是相互提防的,他们之间的心扉是相互封闭的。“我”刚开始就扮演着一个可怕又可恶的管理者角色,学生对“我”向他问话是一声不吭。后来由于“我”的改变,“我”和小刘逐渐成了可以沟通的朋友,小刘和我沟通的频率越来越高,以致最后信赖“我”,和“我”无话不说。所以对那些后进生或者学习习惯不好、态度不端正的学生应该换一个视角,从他们的角度去思考问题,理解他们的想法,进而和这类学生建立起真正的朋友关系。

班主任心态的转变

教师不管是做学生的朋友还是做学生的欣赏者,其实都是建立在一定的学生观的基础之上的。“教师做学生的朋友”这种观念反映出来的学生观是把学生当作一个与教师人格地位平等的主体人。这个“人”是有人格尊严的，学生的各种合理的需要（特别是人格被尊重的需要）应该是给予尊重的。“做学生的欣赏者”所反映出来的是一种发展性的学生观。学生是发展中的人，是具有巨大潜力的人。所以，不能只看到学生发展中的不足，而应带着一份欣赏的眼光看到学生的发展潜力，看到学生的希望。

老师是学生心灵成长的生态环境，做一位有素养的老师应有广阔的胸襟、博大的气度和对学生诚挚的爱。要与学生为友，当好学生的欣赏者，做好学生希望的耕耘者。同时，老师还应有与时俱进，不断挑战自我、战胜自我的意识和勇气，只有这样，才能使对学生诚挚的爱得到恰如其分的表现。

如何关心和帮助班级生态环境中那些特殊的孩子，是我们教师作为一名教育工作者，必须认真对待、好好思考的问题，营造健康向上快乐的班级生态环境，让每位学生在班级中有自己的一方空间，这是我最大的心愿！

○ 案例38：

事无巨细，悉究本末

左 莉

每年暑假，假日小队要在假期中开展假日小队活动。

就在去年暑假，也就是三年级的这个暑假，有一位假日小队长的妈妈私下和我联系，反映假日小队的活动很难开展。经过一番了解，我得知了在炎炎夏日，积极参与小队活动的队员寥寥无几，以至于活动只有2到3个人参加，也就是一半左右的同学参与。

这当然不是一个好消息，虽然说这是学校大队部布置的任务，也是由大队部直接下达给每个班级的假日小队长，但是作为班主任，如何协调好、配合好大队部完成此项任务是我的职责所在。所以，我也在假期中分析、琢磨了一番。

对 症 下 药

新学期开学后，我想我不能听取一面之词。于是，首先，我在班级中开展了一番调查。解决了这样几个问题：1. 统计积极参与此次暑假假日活动的同学。2. 每个小队分别由哪些同学组成。3. 这些同学是否都有收到开展活动的通知。4. 了解清楚不参加活动的原因。真是不问不知道，果真，有些孩子根本不知道他属于哪个小队；有的没有收到活动通知；有的是到外地去了，不能参加活动；还有的有条件参加活动，却无理由不参加活动……

根据这几种情况，我做出了以下调整策略。

1. 通过发小奖状的形式表扬了能够积极参与假日小队活动的同学，并拍照发到班级群内。

2. 整合每个小队队员。在上次分队的基础上，再次明确4个小队的成员，并留档保存。

3. 明确队长和队员的职责。首先我对队长提出要求，假日小队活动有一次必须在开完假日小队长会议后、正式放暑假前开展，原因是以免有的学生假期里外出，不能保证活动参与率。还有一次机动，可以在任何时间开展，建议避开酷热天气。其次，我对每位队员提出要求，每位队员都要自动加入所属小队群内，而且当群内有开展活动的消息时，不论是否能够参加都必须作出反馈，表明是否能如期参加，如若不能须向队长请假，并说明请假理由，而不能一言不发。

4. 明确假日小队活动手册规范填写。要求做到完整、不遗漏填写。必须留有照片。

在后面的几天完成了第2条，建立完整的假日小队群。首先，孩子回去传达要求，家长配合入群。碰到有些孩子或家长不能较好地完成入群工作，还需我和家长直接沟通。最后，4个假日小队的群建立完整。

“重装上阵”

在今年暑假来临之前，我再次强调了假日活动开展原则：无特殊情况人人参与。第一次开展活动，也就是在7月1日之前。通过6月30日返校，我了解了队员参与情况，这次活动参与率达到了80%，相比原来的提高了20%左右。假日小队长有的带领大家去瞻仰烈士墓，有的带领队员们参观革命烈士纪念碑，还有的带领队员们参观红色纪念场馆。活动丰富多彩，也完全符合学校假日小队指导精神。

但是还有7位同学没有参加活动。虽然出席率大大提高了，但是我想如果得过且过，前面的劳动就白费了。必须让每个学生都明白，要求提出来就是要履行的，不是说说而已。于是我一一询问这7位同学，通过询问，我了解到有一个同学事先因为旅游请假，一位同学去了外地外婆家，一位搬家了，两位同学外出补课，剩下一位没有大人送过去。对于这些情况，我一一给出了指导方案。总之，缺席了第一次的活动，第二次活动不能再缺席，这样就会在学籍卡上社会实践一栏有记录缺席，其实也就是吓吓孩子们，让他们知道集体活动要人人参与。

主动反思

每年开展假日小队活动是一件大家都习以为常的事情了。为什么现在我会对这样一个每年都在做的事情花不少时间和心思呢？我思考了下，有以下几个原因。

1. 家校有效沟通。这件事情起因还在于一位家长向我寻求帮助。有效的家校沟通能够帮助班主任更加深入地了解班级情况，并作出合理调整。而家校沟通是需要做在平日里，和家长能够真诚地沟通交流，老师出于真心教育教导孩子，家长都会看在心里，所以当班级里有问题发生时，家长也会作为班级的一分子和老师共同面对，解决问题。

2. 及时反馈的重要性。每件事情都要等到有问题了再去解决吗？这是每年都在做的事情，为什么直到去年才发现问题，解决问题？我想是一开始这件事情就没有落实好，也没有跟进了解情况。如果在第一次活动时能够深入了解并及时作出调整，那么后面的活动也不会这样困扰着假日小队长了。所以这件事情让我意识到，事情不在大小，俗话说堤坝溃于蚁穴，小事情不能不重视，不能让大家养成懒散、对于集体活动视而不见的习惯，而要让大家都有一种积极端正的态度去面对。三年级提出的问题，我们通过积极应对，到了四年级我们就做得好很多了，如果带着这样的精神，相信我们会做得更好。

3. 说到做到。很多时候，当问题摆在我们面前了，我们才知道想办法去解决。一旦问题被解决了，我们紧绷的神经又放松了，又回到原路，于是就有可能这样周而复始地发生—解决—再发生—再解决。一般我们在问题没有发生之前，当我们刚刚开始着手做这件事时，想了各种方法，制定许多公约，安排了不同的活动等，只是在真正执行时，却因为这些事情耗费时间、精力，我们就会得过且过，心里想差不多可以了。没想到其中成功钻空子的人，后面每一次都会继续钻空子，直到这样的人影响了身边的人，带动了更多的人钻空子。这时我们才发现问题的严重性，就要花费更多的时间拨乱反正。所以，这件事情给我的启示就是：说过的话，要做到。

○ 案例 39:

我 能 行

吴晓勤

时代不同了,学生对老师的要求越来越高。学生不喜欢整天板着面孔训斥人的班主任。我知道,只有师生关系融洽,班级工作才能顺利进行,这也是我们一直在研究的课题。我发现:只有在了解学生后,才能采用相对应的方式使师生关系融洽。德国教育家赫尔巴特说过:“在所有的东西中间,人最需要的是人。”教师要爱每一个学生,即使是最“差”的孩子,也应该给予其最大的、最多的爱心。而像这样的孩子,更需要老师从心底去爱,去沟通,真心诚意地去关心。

从反省自己开始

我从教的班级是一个团结、和谐的集体,但总是跳动着一个不和谐的“音符”——小男孩A,特别爱调皮捣蛋,影响全班的纪律,许多任课老师也时常向我告状。有一天,在批改作业时,我班的小A今天的作业做得挺不错,字又端正、正确率又高,本子干净、整洁,当我扬起手想摸摸他的头夸奖几句时,没想到他迅速地把头一扭,躲开了。我一怔:他为什么会这样?难道是他怕我?我看着他,从他的眼神里读出了某种惶惑不安。

小A父母离异,从小一直跟着父亲生活,父亲一人抚养他长大,每天也只是给予物质、生活上的照顾,思想上、精神上的关爱却少之又少,他从小和父亲很生疏,心里的想法从来不和父亲说;父亲虽然爱他,但是有些简单粗暴,也埋怨他太过顽皮、不听话,总是闯祸,一批评他,他就会独自在一角默默流泪。

这个画面一直停留在我的脑海,困扰着我,我扪心自问:我喜欢他吗?我有像爱班上其他学生那样爱他吗?通过家访得知孩子的父母离异,孩子由父亲一个人照顾,缺少了母爱的孩子身心本来就不健全,孩子的父亲虽然爱孩子,但不知道怎么教育他,要么宠爱有加,要么就是一顿棍子。更何况父亲因为工作上的劳累,有时往往对孩子缺乏耐心,久而久之孩子严重缺乏安全感。

改变原先的教育方法

苏霍姆林斯基说:“教师应当成为孩子的朋友,深入到他们的兴趣中去。

与他们同欢乐，共忧伤，忘记自己是教师。”

了解小男孩的家庭背景后，我觉得缺少关爱和信任是导致孩子不合群行为、异常的关键。于是我决定改变原先的教育方法，关心学生，做学生的良师益友，拉近与他的距离，给予他更多的关注和鼓励。当我看到他的进步时，不忘友好地摸摸他的头，鼓励他，让他知道老师是喜欢他的；当我看到他上课时高高举起的小手，就尽量让他先发言，给他更多的机会在班里崭露头角；课间也时常抽空找他聊聊天。我从生活、学习方面关心这个孩子，从细节入手，以情动人。放学时，叮嘱他注意安全；变天时，告诉他注意衣服的增减；他有困难，我想办法帮助，让小男孩时时刻刻感受到我在关心他。每次考试结束后，就找他谈心，对于他的进步给予表扬和鼓励，让他重新鼓足信心。渐渐地，他与我的距离越来越近了，下了课也会走到我身边，想与我说说话，早上碰到我，大声地跟我打招呼，上课看到我会报以微笑，渐渐地，笑容在他脸上绽放。

以柔克刚，巧得人心

天时不如地利，地利不如人和，可见人和的重要。我与他父亲也长谈了一次。首先，希望父亲与孩子建立良好的父子关系，让他明白孩子不是一个“不听话的孩子”，这样他容易在心理上接受教育和指导。其次，要适当放手，管教适度。管教若太严，与他性格不对劲，就会适得其反。要给他一定自由、一定的活动时间和空间。再次，耐心教导：即耐心教育与疏导，通过讲道理，使孩子明白自己的一些“行为”并不那么好，并不那么符合社会道德与规范，从而自愿改变自己的“错误行为”，克服自己的毛病，逐步走向成长之路。

治国安邦需要人和，同样，管理一个班级也需要人和。如果班级中的学生对班主任的做法认可，学生就会积极地跟着班主任，打造出一个战无不胜的集体。在我的努力下，我惊喜地发现他在悄悄地改变。在一次学校组织的春游上，同车的一个学生晕车，吐了一袋子，其他孩子都捂着鼻子无动于衷，但他却跑到我面前，红着脸说：“吴老师，让我来吧！”说完，他把一个个脏袋子拿下车扔进了垃圾桶。我再次怔住了！他变了——懂得关心别人、帮助别人了。

作为一名小学教师，我每天都在和一个个纯真的精灵对话，我极力让我的每一个学生都能在充满爱的天地里追求新知，实现自我，体验成功！我在生活中关爱着每个个体的成长，及时用一句话或一个眼神，让学生感到老师对他们充满希望，让每个学生都能自信地说：“我能行！”我自己也说：“我能行。”

○ 案例40：

变观念，与家长构建同一生态

韩文君

你是否对这句话有所耳闻："谁最爱孩子，孩子就爱他，只有爱孩子的人，才可以教育孩子。"这是高尔基在《论教育》中提到的一句话。为师已十余载，我常常告诉自己作为老师要热爱学生，动之以情，改变学生更需要改变家长，教育生态关系得到改善，才更有利于教育。长久以来，我一直认为，自己和每一届孩子的关系都很不错，送走一届届的毕业班，回顾往昔，我都认为我和孩子们既是师生，也是无话不谈的朋友。刚刚毕业的五(5)班中，曾经有那么一个孩子带给我巨大的冲击。

"给她口饭吃就不错了"

小雨是个漂亮的姑娘，娃娃头，大眼睛，笑起来很好看的样子，身材高挑，将来长大了，一定是个盘正条顺的美女。她很能和班级里的孩子们打成一片，你若有什么事情交给她做，她也能给你做得像模像样，她一度是我十分看好的孩子。但没多久，我就发现，这孩子在学习上不太正常。她回家几乎不写作业，也就是说如果某一天作业多了，她能在学校里做多少，就做多少，做不完的回家也不再写了；她的默写本、试卷，从来都没人签名；放学了，她不爱回家，我常常能看到她在学校和家附近的小花园里闲逛。

于是，我来了个突击家访。按照小雨给的家庭地址，我找到了淞南五村小区门口的一家杂货铺，将信将疑地走进去，看到一位头发蜡黄、精瘦的中年妇女。小雨从门外进来了："韩老师……这是我外婆……"我至今记得她那怯怯的眼神，与平时学校里活泼可爱的她完全不同。不等外婆搭话，我先表明了来意，一是来拜访一下家人，我已经认识了小雨妈妈，但其他家人还未见过；二是孩子在作业方面有些拖拉，学习习惯方面还有些可以改进之处，希望家长们配合一起管管。没想到，我刚表达完，小雨外婆就开起了机关枪："这个我们没办法管的，这个小姑娘天天放学不回家，到家天都黑了，你只要不看着她，她就溜出去玩。""我们打也打过，棍子也打断了，骂也骂过，她自己不要学。我管不了，我只能给口饭吃。""她妈妈自己不争气，自己要生个拖油瓶，我有什么办法。”将近五分钟，我没能插上话。直觉告诉我，这孩子的家庭有问题。于是我放下包，搬个凳子，在外婆旁边坐下了：“阿姨，看你年纪，和我妈妈是差不多的。你看，小雨这孩子在学校里蛮听话的，有很大的进步空间，我们做家长的为什么不再使使劲，让她更好呢？”

可能是我的态度软化了她，小雨外婆向我诉说起她的苦恼和怨念。原来，小雨妈妈才19岁就生了她，当初外公外婆都不同意，她和小雨爸爸私奔去了河南，一走就是7年。回上海时女儿抱着小雨要来投靠她，说夫妻关系不和睦，男方家里重男轻女，因为生了女儿不愿意领证。而外婆，因为女儿当初的举动，一直心中有怨念，像鱼刺如鲠在喉，甚至觉得女儿如今生活一塌糊涂，是这个孩子造成的。她连户口都不愿意让这个孩子落下。而小雨妈妈，一个人带着孩子，为了生活，大部分时间都在工作赚钱，几乎不管小雨。

至此，我意识到了，这是一个不被爱着的孩子。我似乎明白了，为什么小雨放了学喜欢在外闲逛，而不喜欢回家。那一刻，我有些心酸。

“老师，我尽力了”

那天的家访，是我最失败的一次。我的长篇大论没能说服外婆帮着一起管管小雨，灰头土脸地回家了。可回家左思右想，不能放弃啊，外婆这里行不通，那我还得从妈妈身上下手。都说孩子是妈妈身上掉下的一块肉，妈妈怎么可能不爱自己的孩子。

我把小雨妈妈叫到学校，动之以情，晓之以理。告诉她女儿在学校里还是乖巧的，的确有些不自觉，但只要稍微盯着点，学习任务完成是没问题的。只要妈妈每天抽半个小时左右，检查一下作业，帮着默默词语，听她读读课文，不仅成绩会渐渐上来，孩子跟妈妈的关系也会更亲近。絮絮叨叨近一个小时，小雨妈妈似乎被触动了，点着头保证按着我说的去辅导孩子。我也开心极了，似乎很快就能看到小雨的变化了。

却没想到，这只是将近一年拉锯战的开始。在之后的一年里，只要小雨有任何拖拉，不完成作业，我都会马上发短信、打电话。但小雨的情况反反复复，长期下来，我们几个任课老师也被折磨得不行。我思前想后，不行，还得和外公外婆谈谈，光靠妈妈看样子是靠不住了。

我又一次来到小雨家，那一天，我惊呆了。

进家门时，外婆说小雨正在里屋写作业。我顺着她指的方向走了进去，拉开门帘，一股刺鼻的味道扑面而来，我忍着恶心往里走，里面黑洞洞一片，一盏不太亮的台灯照着小雨，她佝偻着身子写着字。我再走近些，定睛一看，她的膝盖上放了块木板，屁股下坐了张板凳，身后就是睡觉的床。与其说床，还不如说是块床板下面垫了两张凳子。我有些惊呆了，环顾四周，地上随处可见是废纸箱、废木条。小雨把灯光调亮，我看清楚了，这根本是一个废弃的冷藏室啊！没有窗户，甚至没有灯。"你每天就睡在这儿吗？"我吃惊地问小雨。"嗯，还有妈妈和我一起睡。"小雨的声音微小而怯懦，眼睛水汪汪的，可怜极了。

我怔住了，不知道说什么好。你能想象吗，在上海，还有人睡在一堆垃圾里，还有人连一间屋子都没有，而这个人，还是我的学生。那一刻，我在心里质问自己，为什么你只看到学校里那个不声不响的小雨，为什么你没有第一时间了解到小雨在这样的环境下生活？那一刻，我内疚极了。

这次家访我才了解到，小雨的妈妈每个月2200元的工资，实在租不起房，外婆家也没有她和女儿的容身之处，只能睡在这里。而小雨，已经变得不愿意和她沟通，渐渐地，也不听她的话。每天早上8点上班晚上11点下班的工作，让她无暇顾及女儿。她说，她尽力了。

第二天回学校，我把这个特殊的情况和同事及领导们分享，大家纷纷摇头，除了扼腕叹息，唯一能想到的就是，父母不管，那只有我们老师管了。

"你们不管，我管！"

没错，你们不管，我管！

当时，我就是这么想的，大不了，就让小雨在学校里把作业做完再回家，她要是在外头闲逛，我就每天送她回家。至少能保证她安全顺利地小学毕业吧。

于是我又当老师又当妈。小雨不在家预习，我就要求她每天到校第一件事，就是找我预习当天要学的课文；下课时间，我比往常更高频地留在教室里，一方面为了盯着后进生学习，另一方面把小雨抓在身边，抓紧每分每秒完成一些课堂练习；放学后，自然是少不了隔三岔五地把她留下，不做别的，就是完成当天的作业。有时候太晚了，便点个外卖和孩子一起吃完了再回家。天冷了，我担心她因为叛逆期提前而不愿意回家，便骑着电瓶车送她。

时间一个月一个月过去，小雨的妈妈和其他家人似乎也受到些触动，当我频繁出现在他们面前时，外婆恶言相向的频率低了，慢慢地也会问两句："今天作业做好了吗？""争气点，不要让老师失望。"而她的妈妈，也越来越多地在放学时间来接她，不再对她视若无睹。

我内心稍微得到些安慰。其实家长的改变，对小雨的教育有很大的实质性作用吗？并没有。但我发现，有时候行动或许胜过了语言。

我与家长构建同一生态

小雨事件，无疑让我感受到自己和家长的沟通与教育生态有着密不可分的关系，有着许多可以努力的空间。

转变教师教育生态观念，从而转变家长的教育观念。家庭教育能否取得成效，家长的教育观念正确与否是关键。家庭教育观念决定着家庭教育的走向，家庭教育观念不正确，会使教育效果适得其反。许多家长一谈到培养孩子成才，就自然地联系到智力开发、教育投资，热衷于给孩子报各种辅导班；一讲到家庭教育，就认为只要盯住孩子的学习、辅导孩子的学习、保证孩子的学习就可以了，而对于孩子做人的教育则忽略了。小雨的家庭就是个例子，父母陪伴成长、关爱成长的缺失，给孩子的心理发展造成很大的负面影响。而小雨妈妈也一直用她自己文化层次不高、不会教、已经尽力了这样的态度来面对孩子的教育。自身对于家庭教育的不重视、不作为给孩子带来的伤害是不可逆的。我一直在思考，班主任指导家庭教育的当务之急，就是从转变家庭观念入手，积极向家长宣传科学的教育理念，并使之入脑、入心，形成正确的教育观、亲子观、人才观，使之成为家庭教育的行为指南。

因此，我尝试用多种方式和家长交流。我减少了以“家访”为名义的家访，更多地将家访变成“校门口的偶遇”“下班路过来看看”“买菜遇见了聊几句”。我发现比起正儿八经的家访，这样的方式让自己和家长的关系更亲近了，家长与我沟通的态度也更轻松。而我给家长的意见也变得更能让他们接受。

处理好家长与教师之间的生态关系。班主任往往对喜欢的学生大力表扬，而对一些不称心的学生大加指责，在家长面前大力批评，好事没一份，坏事份份有。这样，导致家长感情受到了伤害，迁怒于孩子。是啊，谁会愿意总是听到自己孩子被批评呢！结果造成学生家长怕见老师，于是影响了家校的联系。在与家长交往中，有时难免会把学生在学校的错误指向家庭教育有问题。有时也许只是无心一说，但说者无心听者有意啊！现在想来，家长们从未与我计较过这点，是我的幸运！今后，还得以商量的口气与家长共商教育方法，这样家长也能欣然接受，也愿意和你沟通。

以教师人格增强教育生态能量。班主任与家长沟通最多的就是语言沟通，给家长洗起脑子来一套一套的。但工作时间长了，我发现同样的话对家长说得多了，就变得没用了。反而，少说些，用实际行动来教育孩子，让家长看到关注孩子的学习应该做到最基本的陪伴和与孩子语言上的交流，当孩子学习遇到瓶颈时家长应该不放弃更坚持……家长是孩子的榜样，而老师可以做家长的榜样。我们的言传身教，不仅仅面对学生，更面对家长，这样才能做到事半功倍。

班主任是连接、协调家校关系的纽带，同家长的交往是班主任工作中不能轻视的问题。班主任只有正确处理好与家长的关系，同家长架起一座沟通的桥梁，才能赢得家长的尊重、理解和合作。吃一堑，长一智吧，小雨虽然离开了长小，但她也许永远都会留在我的记忆中，时时提醒我，不要让同样的失败再发生一次。

○ 案例41：

你的关爱是孩子进步的阶梯

龚丽花

爱自己的孩子是人，爱别人的孩子是好人，而爱别人不爱的孩子才是教师的崇高境界。那些在学习、思想、行为等方面存在一定偏差的学生，我们称之为“问题学生”。他们往往被忽视、被冷落，殊不知，学生看起来最不值得爱的时候，恰恰是学生最需要爱的时候，殊不知，错过学生的一个教育机会，没准就错过学生的一辈子。“学习困难学生”同样拥有一颗真诚纯洁的心灵，也有被尊重被赏识的愿望。对“学习困难学生”只有诚挚的师爱，才能填补他们心理的缺陷，消除他们心理的障碍。班主任应当对他们给予更多的教育引导和关爱，最大程度地理解、宽容、善待“学习困难学生”，给他们创造重新认识自己的机会、相信自己，激发他们学习的兴趣与动力。

台词只有一句

我班有个学生叫小宇，他脑子较聪明，他的学习习惯和行为习惯不是很好，学习成绩不理想，我在不断的观察中发现他上课听讲不专心，情绪低落，积极性不高，经常走神，作业也是胡乱抄一下了事。于是，我找他的母亲进行沟通，他母亲说：“我每天上班很晚到家，他在家不抓紧时间做作业，要等我回来再做，每天弄到很晚才睡觉，早上又起不来。”了解到这个情况后，根据这孩子的特殊性，我与小宇进行了谈话：“你是个很聪明的男孩，如果你在学习上再努力些，认真些，你的学习成绩会很棒的。”他说：“老师，其实我也很想学习好，但有时就是控制不住自己，我也不知道为什么。”从与他的交流中了解了他的想法：有一定的学习欲望，但是学习的目的性不明确，思想上存在得过且过的想法，学习上意志力不强，缺乏上进心，缺乏自信心。我就说：“老师来帮助你一起克服这些困难好吗？老师相信你，要对自己有信心。”他笑着点点头。尽管我在生活上、学习上不厌其烦地帮助他，只要他有一点进步，我都及时鼓励，可是他进步的效果还是不明显。怎样让他找回自信，找到学习的乐趣呢？让他自己重新认识自己，发现自己的优点，只有创造机会。于是在课本剧《从现在开始》中，我特地给他安排了一个角色，演一棵小树，台词只有一句。没想到他积极准备，表演时不仅记住了台词，连动作表情也演得十分到位。他第一次赢得了掌声，享受到成功的喜悦。我告诉他只要努力，总会有收获的，学习也是如此。从那天起，他脸上的笑容越来越多，也慢慢找回了自信，原来自己也能做好一件事。渐渐地他上课举手发言了，作业按时完成了，学习成绩也有所提高。

付出师爱沐浴阳光

这个案例，使我得到了许多启示。后进生的心灵是脆弱的，大多数后进生更渴望得到老师的关爱。教师给予后进生真诚的关爱，能引起他们心灵强烈的共鸣，从而点燃后进生心灵的火花。孩子在低年级阶段，培养他们好的学习习惯、学习兴趣，树立他们的自信心、责任心比传授知识更重要，要善于利用班级活动创造机会让孩子重拾自信。在教育孩子的同时，我们时刻不能忘记对家长的指导、帮助。从小宇的转变，我也深深体会到，老师的关爱是开启孩子心灵之门的钥匙，是孩子进步的阶梯。

作为一个教师，应“以人为本”，尊重每一位学生，对于那些学困生，教师要特别“偏爱”，经常鼓励、帮助、督促他们，使他们增强自信心。当他们犯错误时我总是“动之以情，晓之以理”，用师爱去温暖他们，用情去感化他们，用理去说他们，从而促使他们主动地认识并改正错误。安排座位时我让小宇坐在第二排的位置，还安排我们班成绩最好的小陈做他的同桌，让她主动帮助他。这次课本剧《从现在开始》排练，我主动问他：“小宇，你想演哪个角色？”“我也能参加吗？”他一脸疑惑地问，“可是我记忆力不好，我怕我记不住台词。”“哦，是这样呀，要不这次老师让你演一棵小树，台词就一句，你能记住吗？”他高兴地说：“一句台词没有问题。”从那天起他认真准备，积极参加彩排。表演那天他穿上演出服，表演得可投入了呢！他精彩的表演，获得了大家的掌声。他开心地笑了，同时也懂得了努力总有收获。

同伴之情犹如雨露

同学的帮助对一个后进生来说，是必不可少的，同学的力量有时胜过老师。因此，我让其他同学和他交朋友，在学习上帮助他，让他感受同学对他的信任，感受到同学是自己的益友，让他感受到同学给自己带来的快乐，让他在快乐中学习、生活，在学习、生活中感受到无穷的快乐！通过同学的教育、感染，促进了同学间的情感交流，在转化后进生工作中能达到事半功倍的效果。

运用赏识，促其发展。每个学生身上都有优缺点，学困生也并非一无是处，对于学困生身上表现出来的哪怕很微弱的闪光点、很微小的进步，我们教师也要及时给予引导肯定，尽量挖掘其闪光点，努力从赞美中去满足他们的心理需求，增强他们的荣誉感、自信心、上进心，提高学习兴趣与内在动力。小宇同学是个爱劳动的孩子，有一天，他拿着扫帚，认认真真地扫着教室，不一会就把教室打扫得干干净净。我在全班面前表扬他：“小宇真能干，把地扫得真干净！”他高兴地笑了。当一个孩子对自己有了信心，他的提高就变得轻松、容易多了。

家长合力，春风化雨

教育是一个潜移默化的过程，百年树人，夯实根基是首要的条件。小宇家长家庭教育的形式、手段和方法都存在着问题，对孩子教育懈怠、对家庭教育重要性的无视造成了教育失败：生活中不能及时发现孩子成长的优点和长处，不能让孩子找到好孩子的感觉，孩子在家庭中感受不到成长的快乐。首先让家长重视孩子的教育，重视陪伴孩子的成长，同时指导家长正确地进行家庭教育。主要让家长做到：(1) 家长要与学校同步进行对孩子习惯养成教育的管理和监督，让好习惯伴随孩子成长。(2) 多关注孩子的心理成长。(3) 邀请家长参与学校组织召开的一系列活动。那天我把孩子表演课本剧《从现在开始》的剧照发给小宇妈妈看时，小宇妈妈高兴地说：“我从没有想过孩子能自信地站在舞台上表演。”从此小宇妈妈也在小宇身上多花时间了。她尽量早点下班，陪孩子学习，陪孩子聊天，陪孩子散步等。小宇的笑容也越来越多。

○ 案例42：

爱心诚信耐心：班主任的责任

单 莹

在平时的教学工作中，我觉得要想带好一个班级，必须注重班级管理。班主任既是班级学生的组织者、领导者和教育者，又是学生健康成长的引路人，还是联系班级与科任教师、沟通学校与学生家庭以及社会教育力量的桥梁。在我的班主任工作中，我最大的感受是充实。它不仅需要爱心与细心，更需要创造，因为你面对的是充满创造力的孩子，而且随着社会的发展，孩子的问题也越来越多了。

每一个孩子都希望得到别人的关注，他们都希望自己是重要的。这就是他们对于自己价值的体验。陶行知先生有句名言："你的教鞭下有瓦特，你的冷眼里有牛顿，你的讥笑中有爱迪生。"

自责后的更多关爱

我们班的小杨同学做作业和学习习惯极差，字迹潦草，拖拉情况严重，语文的基本理解能力就更别提了。这个孩子的表现，总是很让人大跌眼镜。从空题漏题这样的小打小闹开始，演变成偃旗息鼓，最后彻底罢工不做作业。小杨这个孩子，纤细瘦弱，小小年纪无精打采地坐在那儿，犹如小老头一般。上课时注意力极不集中，作业也是一塌糊涂。每每出现这些问题时，起初我总是找爸爸沟通，沟通到最后，非但未见起色，最后居然撂下话："他是我老子，我是他儿子。""我讲话他不听。""我警告你（儿子），你把我逼急了，我就离开上海，再也见不着我，让你后悔一辈子。"孩子父亲的话令我十分诧异，事后反思一下，是不是孩子的家庭遭受到什么变故了呢？我这个班主任做得很不称职呢？我整天忙于帮他补习（知道他父亲没文化，两个姐姐勤工俭学，自顾不暇），却没有更多地去了解孩子的情况，走进孩子的内心，真心实意地去帮助这个孩子。一年以来，我对这个孩子的批评指责是不是多过对他的关爱呢？

一次偶然的机会，我打通了孩子妈妈的电话（长期打不通）。教了孩子一年，从来都是我和小杨爸爸联系，从未见过小杨的妈妈。妈妈在电话中说，父母离异，孩子跟着父亲生活，他还欠了一大笔债，家庭经济贫困。这让我对这个孩子顿时心生怜惜，也暗自下决心，接下来的日子里，我一定要对这个孩子好一些，要多关心他，要给予他母亲一般的爱。

“表现得很好，加油！”

孩子就好比是块可塑性极强的钢板，但要将其锤炼成一件具有艺术欣赏价值的雕塑，需要花费大量的时间、精力。要成大器，非一日之功。教育所表达的内涵，是对孩子的尊重与信任。充分信赖孩子的自我调整、自我管理、自我教育的潜能，对孩子什么事需要指点，什么事不需要指点，应有选择，能放手的一定要放手，逐步培养孩子自我教育和管理的能力。鼓励他们在自己的学习与思考中成长，让他们能在未来的道路上，走得更加自信与稳健。

新学期伊始，上课时，我给予了他更多的关注，每当有一些简单的、我觉得他可能回答得上来的问题的时候，我总是把机会留给他。每当他回答正确时，我总是当着全班小朋友的面表扬他进步了，上课认真听讲了。有一次，我请他站起来读一个很简短的句子，他却总是反反复复读不清楚。全班小朋友都笑他，他也觉得很难为情，低头站在那儿，而我却很严肃很认真地对全班小朋友说：“你们不要笑他，老师觉得他现在有勇气站起来回答问题，就是一个很大的进步。对于有进步的孩子，我们是不是应该送给他掌声呢？”“是！”掌声响起来，小杨在掌声中腼腆地笑了，那是久违的笑容。我把目光转向他，告诉他，只要他再多读几遍就能读得很好了。他也心领神会地点点头。自此以后，我明显地感觉到他上课时举手的次数多了。渐渐地，当小杨回答问题时，其他的孩子不再嘲笑他，而是能认真地听他发言了。小杨也很高兴，有时一下课就跑到我的面前，满脸期待地问我：“老师，我这节课表现得好吗？”我也总是抚摸着他的小脑袋，对他说：“表现得很好，认真听老师讲课了，加油！”听我这样说，他就满脸欣喜地跑回座位。通过一次次交流，我更感觉到，不论是勤奋好学的，还是热爱劳动的，又或是调皮捣蛋的，甚至是沉默寡言的，不论外在是什么表现，孩子的内心都涌动着同样的渴望，那就是老师的关注和认可。

看着他把饭吃完

他的学习底子差，为了能提高他的成绩，我建议全班同学帮助、关心他，还特意安排一个责任心强、学习成绩好、乐于助人、耐心细致的班干部跟他坐在一起，目的是发挥同伴的力量。事前，我先与这位同学进行了一番谈话：为了班集体，不要歧视他，要尽你自己最大的努力，耐心地帮助他，督促他使他进步。同学们充分利用课余时间、课堂时间帮助他。经过了一段时间的努力，他纪律明显好转了，学习积极性提高了。

我在学习上给予他更多关注的同时，在生活上也更加关心他。有时，一个温和专注的眼神、一次轻柔的抚摸、一个小小的拥抱，就足以唤起学生心中最温柔的波澜，激发他饱满的热情。有一次，我握着他的手臂，明显感到他的手臂是那样纤细，犹如芦柴棒一般，好像稍微用力一些，就会断掉一样。我的心一痛，唉，这孩子平时到底有没有好好吃饭，怎么会这样瘦？后来我才知道，自从父母离异后，两个姐姐勤工俭学，很晚回家；爸爸有时在家，有时不在家，对他不闻不问，孩子吃饭毫无规律，有时不吃，更别谈营养了。自此以后，每天午餐我都亲眼看着他把饭吃完，学校的午餐虽然算不上丰盛，但基本的营养还是能保证的。有时，我把他叫到办公室写作业，也会给他一些小零食吃。

也许是因为我对他的鼓励和关注，小杨在作业方面也明显进步了很多。作业不再拖拖拉拉，虽然字迹还是不那么尽如人意，但和以前相比，那进步真的不是一点点啦。默写本上也不再是不及格的分数，有一次甚至得到了“良”。单元考试有时能合格了，虽然仍是班级里倒数的，但这个分数对于他来说，已经是一个质的飞跃了。

爱心　诚信　耐心

以爱心抚慰孩子的心灵。在班级管理中，我始终将自己“与人为善”的爱心和班集体“普遍的友爱”倾注给小杨。在班集体中，我精心营造一种平等、和谐、友爱的气氛，让他充分感受到集体的温暖，感受到自己在班上有一席之地。安排座位时，我请班里的一位责任心强、学习成绩好、乐于助人的同学与他搭配；课堂提问，我激励他踊跃发言；班级活动，我不忘留给他一展身手、表现自我的机会。对于小杨这样家境特殊的孩子，作为班主任的我充当了多种角色，在学习上做孩子的良师，指引孩子慢慢前进，不放弃，不抛弃；在生活上，充当孩子的慈母，关心孩子成长的点点滴滴，不埋怨，不抱怨。当孩子那幼小的童心感到孤独无助时，我作为良师和慈母，及时给予孩子关注和呵护，把家庭不正常带给孩子的心理障碍尽量化解。对于他屡教不改的行为习惯，我则寓爱于严，严中有爱。我用师爱去温暖他，用情去感化他，用理去说服他，驱走他心中的冷漠，给他以信心和勇气，用爱来照亮孩子的心灵，让他健康成长。

以诚心赢得孩子的信任。与其他学生相比，小杨同学的自尊心更强。因为学习不好和纪律差，长期受冷落、歧视，他一般都很心虚，对外界极敏感，外表又套有一层硬壳，但在内心深处仍渴望得到老师和同学的理解和信任。因此，一旦他犯错，我总是心平气和，以诚对待，不当众批评、挖苦，或者变相体罚他，以免刺伤他的自尊心，增加转化工作的难度。为了做到防患于未然，我试着让他参与班级管理和班级活动，让他承担体育方面力所能及的工作，让他在管理或完成某项活动过程中，克服自身不良的行为习惯，为他提供展示自身价值、树立自尊形象的舞台。实践证明，这种委以任务的方法不失为转化小杨的一种行之有效的方法。

以耐心期待孩子的转化。小杨意志薄弱，自控力差，行为极易反复无常，所以做他的思想工作不能简单地认为通过一次谈心，他就能彻底改好。遇到他身上不良行为出现反复，我耐心地客观分析不良行为反复出现的原因，及时发现、及时抓住、及时诱导，做到防微杜渐。当然，这里所指的耐心教育并不是消极等待，而是要做有心人，为后进生的转化积极创造条件。古人云："教也者，长善而救其失者也。"小杨虽然有很多不足之处，但即使再差的学生也总有某方面的特长或优势，比如体育方面很好，愿意为班集体出力，我积极捕捉他身上的闪光点，发掘其身上的潜能，充分肯定，不吝惜"好话"，使他重新找回自我，获取克服缺点的勇气和信心。

作为教师，一定要用信任、赏识的眼光去看每一个孩子，帮孩子们找到自己的位置，让他们重拾信心，这样他们才能健康、快乐地成长。

二、"班主任自主发展力"的研习

在一个逐渐迈向终身学习的社会中，终身学习的素养是现代班主任不可或缺的观念与能力，身处在这个瞬息万变的社会，传统的学校教育已不足以应付个体一生的需求，而职前的师范教育也不可能让现代班主任终身受用，站在班主任本身的专业发展立场上，唯有终身学习的理念与能力，才能使班主任在个人成长、工作岗位上持续发展。时代呼唤着班主任的自主发展。自主发展的班主任应该是具有创新精神和创新能力的班主任，也应该是具有终生学习理念和能力的班主任。这样的班主任才是新时代的班主任。要培养具有创造力的学生，首先必须有创造型的教师；要形成学生终身学习的观念，需要教师自己也能不断学习，同样，要养成学生反思的良好习惯，需要教师自己先能不断反思。教师的创造意识和创造能力对学生创造力的培养至关重要。

教育与科学技术的迅猛发展相比还相对落后。学校教育制度似乎没有重大的改变，学生的教育基本上停留在经验层面，没有可靠的教育技术支撑。教学仍然以承传记忆式、比考分为主，班主任工作仍以管束为主。教育界早在20世纪八九十年代就提出了要纠正片面强调智能发展的倾向，转向使学生个性充分发展，也正在向注重学生素养发展方面努力，把个性发展和能力发展同时纳入课程改革的中心视线，采取措施，使之并行不悖。个性、创新精神、创新能力、社会实践能力、潜能等等，成为目前课程领域的主流词汇，这对我们纠正长期以来的知识、技能偏向，树立现代的、科学的课程观是极大的推动。课程改革转向以学生发展为本的方向，注重学生个性的养成、潜能的开发、能力的培养、智力的发展、创新意识和创新能力的发展。班主任工作还跟不上当前教育发展的需要，班级工作模式急需改革，从以班主任为中心的班级管理，走向以学生为中心的班级领导，从为学科教学与分数服务的班级管理，走向以学生人文精神与科学精神融合发展的班级共同体营造上，把班主任工作建立在脑科学、心理学、教育学与教育生态学基础上，把学生的发展作为班级工作的终极目标。

要实现班级教育工作的进步，班主任的进步是极其重要的，必须由站在社会前列的现代化的班主任去从事班级教育。在认识到学生主体性发展的重要性时，不能忽视学生自主发展的一个重要前提就是要让教师先能自主发展，班主任要为学生的自主发展创设充分的空间，学生的自主发展意识和能力需要教师的激发和培养，只有自主发展的班主任才能培养出自主发展的学生。自主发展的班主任在教育、教学活动中，通过他们的独立人格和高尚的品格影响学生，以他们充满激情的、融入创意的教学启迪学生，以他们的创新意识和能力激发学生。

班主任的自主发展能力是指班主任为提升自己专业能力而自主选择与确定发展目标，根据工作发展需要自主选择学习、研究的方向，选择适合自己的研习内容与形式并主动实践与反思的能力。班主任的自主发展能力是决定班主任增强优秀班主任核心能力的基础，也是优秀班主任核心能力发展的主要内容。班主任工作面临的是动态的教育，班主任必须以新的视角、新的思路、新的实践来开展班主任工作；要注重教育的内容和方法的发展性，以适应培养独立人格和个性特长发展为基础的创新教育，培养学生的创新精神和实践能力。工作坊的研习要解决的问题就是：大多数班主任的工作经验是依靠自己在工作中摸爬滚打摸索出来的，缺乏科学理论的指导；班主任工作或者是按部就班，或者是凭着自己的良心而多付出一些爱心、耐心、责任心，在新现实条件下，班主任工作应该如何做好，缺乏班主任工作的新思维和新实践。

班主任自主发展力不同于班主任工作的专业能力，它是一种促进班主任工作专业能力的能力，缺乏这种发展能力，班主任难以发展专业能力。例如组织班级活动能力是班主任的专业能力，而班主任如何获得与发展这种能力，就需要班主任自主发展能力来帮助他们获得前者。班主任自主发展能力就是班主任专业能力的基础，专业能力能达到的程度和修习效率取决于班主任自主发展能力的高低。正是班主任自主发展力的这一特征才显现出优秀班主任核心能力的本质，以及为什么会有一部分班主任能成为优秀班主任。一些班主任的自主发展能力很强，不断地学习、研究、反思自己的班主任工作，从而不断地提高自己的班主任专业能力，改进自己的班主任工作，那么他们的优秀班主任核心能力就在不断增强，也就逐步地显现出班主任工作的突出效果与成绩，成为一位优秀班主任。没有一位优秀班主任是天生的，都是后天学习与实践中涌现的，这就是一个自主发展的过程，需要自主发展能力支撑。

“班主任自主发展力”的研习要点如下。

1. 丰富班主任的工作专业知识结构

当前不少班主任在口头上有不少流行的工作语言，但是在实际工作上却是十分传统。导致这种现象的原因是班主任的工作专业知识建构失衡。奥斯特曼（Osterman，1993）将教师的理论知识分为两类：一是“所倡导的理论”（exposed theories），这种知识教师容易注意到，例如“以人为本”、自信心培养等，也容易受外界新信息的影响而产生变化，但这种知识并不能对教师的教学行为产生直接的影响；另一类是“所采用的理论”（theories-in-use），这类知识可以对教师的教学行为产生直接的影响，但不容易被教师意识到，也不容易受新信息的影响产生变化，而是更多受到文化和习惯的影响，例如“班级领导力”等。在现实中，不少班主任缺乏对所倡导的理论的真正理解，而是作为标签或者口号而已，因此也难以把握“所采用的理论”，缺乏职业敏感，或者感到陌生而避之，不愿积极学习，导致班主任工作非专业化现象严重。

上述两类知识不是截然对立的，对于班主任而言，“所倡导的理论”可以转化为他们“所采用的理论”，并对自己的班主任工作行为产生影响。然而，这种转化是有条件的，班主任对自己教育实践的反思是其中的重要条件之一。如果班主任的教育反思能够意识到这两种理论的不同，能够较为清晰地意识到“所倡导的理论”的概括性和普适性，因而不会机械照搬，而是考虑使用情境的适合性；通过班主任的教育反思，班主任也能较为清醒地意识到自己所采用理论的情境限制性，从班主任工作和学生学习这样两个方面对自己的教育活动进行洞察和分析，找到两种理论的契合点。因此，反思是班主任工作理论与实践之间的对话，是沟通班主任“所倡导的理论”与“所采用的理论”的桥梁。班主任要养成阅读班主任工作文献与专著的良好阅读习惯，而不能只是看一些描述性的做法介绍文章。

2. 组织好坊员真正研究学生

“研究学生”是一句很时髦的教育界话语，但是在教育实践中有多少教师在很好地研究学生，对自己所教的学生的身心发展、道德品质、个性特点、内心世界其实了解不多，尽管可以碎片化地说上几句，但是肤浅，不得要领。很多情况下，有些班主任对具体学生的好恶，决定了对这个学生的看法，片面乃至颠倒。还有常见的匪夷所思的问题，就是很多学校班主任说写不出学生案例，或者案例像品德评语般干巴巴地定性。这确实得引起我们的思索，班主任天天接触学生，那么多的事件与现象，为什么会没有感受？要提高班主任自主发展能力，工作坊首先要着力引导班主任研究学生，首先从全面、客观地观察开始，多方面了解学生，然后研究具体学生的成长轨迹，探寻其原因，扬学生之长，消学生之短。我们组织坊员学习儿童发展心理学、班级社会学、教育生态学等，要求坊员像中医那样辨证论治，对具体学生的心理或者行为，能从教育专业的原理上，以专业的学理来解释这些儿童出现的现象。热爱学生不是一句空话，首先得从了解学生开始，不了解学生、不研究学生的班主任怎么可能成为优秀班主任？

3. 引导坊员不断增强自主学习能力

相当一部分班主任目前的观念转变较慢，不能适应教育形势的发展。班主任长期以来习惯事事听从学校的安排，自己在班级工作上没有明确的发展目标，自主发展的意识薄弱。班主任间这种“要我发展”而不是“我要发展”的思想势必影响到其自身发展能力的提高。教师自主发展能力薄弱，特别表现在自学能力和科研能力上。

组织坊员学习班主任工作理论十分重要，不仅要引导坊员学习他人的班主任工作的具体做法，而且更要注重“道与术”的问题，要学习班主任工作的基本原理，把握基本规律，只有这样才能判断什么是流行中的谬论，什么是还没得到关注的有价值的规律性认识与经验。“一个民族要想站在科学的最高峰，就一刻也不能没有理论思维。”思想是班主任的灵魂。班主任最需要的是思想，独立思考。孔子曰：“学而不思则罔；思而不学则殆。”子还曰：“好仁不好学，其蔽也愚；好知不好学，其蔽也荡；好信不好学，其蔽也贼；好直不好学，其蔽也绞；好勇不好学，其蔽也乱；好刚不好学，其蔽也狂。”

我们以课题研究为契机，走出对教师的误导，有人提出“教师不需要研究理论”，那么理论研究是谁的专利品？哪一个真正的教育家不是教师？教师应该具有自觉的教育教学理论素养。在实践与理论结合上，提升发现问题、解释现象、揭示本质、运用规律的能力。教师也应该走出“教师是执行者”的误区，教师是教育工作的主体。为什么会接受这种错误的观念，因为我们缺少学习理论。赤膊穿西装的人不能说是现代化的人，必须观念现代化，并在专业上现代化，走内涵发展的班主任才称得上现代化的班主任，而班主任需要通过自主发展达到现代化意义上的自我实现。

4. 引导坊员在理论与实践中的反思

“世界教育改革的大量实践以雄辩的事实证明：那种把教师只是作为别人思想的被动实施者的自上而下式的教育改革，是注定要失败的；教师应该在确定其教育工作的目的方面发挥更积极主动的作用，教育改革必须置于教师掌握之中。”班主任自主发展中的反思能力显得十分重要，班主任工作要改革与发展，必须让班主任学会反思自己的工作。借用维拉的观点，“反思性教学是教师借助逻辑推理的技能和仔细推敲的判断以及支持反思的态度进行的批判性分析的过程”（L. M. Villar, Teaching: Reflective, from T. Husen et al., The International Encyclopedia of Education, 1994, p6215）。同理，班主任的反思是依赖理性的思考和批判的态度与方法，使班级教育主体自我解剖的过程。

班主任工作的反思有三个层次：第一层次主要反思班主任教育情境过程中具体教育的有效性，班主任反思教育目的的合适性和教育策略的合理性；第二层次主要针对班主任教育实践的假设（理论运用）、特定的策略以及教育结果的反思，把班主任工作理论运用于实践，以便作出关于班主任内容等方面的独立决策；第三层次主要针对教育伦理以及其他与班主任教育有关的规范性标准的反思。这三个层次是从班主任的技术层面到班主任的方法论与整体班主任思路，最后上升到班主任的人文道德上来考量。班主任工作反思必须改变只反思第一层次的技术性问题，而缺乏第二、三层次的反思，这必须认真学习什么是反思，应该反思些什么，尤其是反思必须克服不着边际讲套话、讲空话。班主任工作坊应该通过研习活动养成班主任工作全程反思习惯。

5. 引导坊员重视班主任工作的创新

班主任每天面对的是每一天都在成长的学生，也面临着“教育的每一天都是新的”的现实，因此教师必须克服固定思维，运用发展思维适应变化着的班主任工作，以教育创新精神对待每一天的班级工作。班主任工作是一个不断变化着的工作，要保持持久的发展优势，必须具备更快速的学习能力。知识更新速度加快，“昨天的面包不充饥”，是对当今正在到来的知识经济社会的一种描述。当今的文盲是不会主动寻求新知识或不会把学到的知识应用于实践的人，也就是没有学会学习的人。班主任现在的一句常挂在嘴上的话，“你们（学生）要学会学习”，班主任应该作出榜样。

适应专业化班主任工作的班主任应该具有适应新班级工作情境的班主任工作思想，即不是鹦鹉学舌，而是有自己对教育、对班主任工作的理解，有适应具体班级与学生的教育方式。班主任应该具有强烈的改革创新意识，实现教育创新是班主任的职业态度的表现。班主任应该有着深厚的文化底蕴、有着精深的学识，以其高超的教育能力与人格魅力吸引与影响学生。当前，班主任工作需要实现思维方式的转变。班主任工作的思维转变是班主任优化班级教育的必要条件。思想决定行动是基于思维方式。观念的建构依托思维，从同一的知识背景或相同的事实出发可能会形成不相同的观念，起作用的中介是思维方式。习惯于传统班级教育思维方式的班主任难以适应现代班级教育。

从班主任与其自己工作创新的关系维度看，工作坊的研习要着重解决班主任工作缺失研究性、创造性，让坊员通过自己的研习计划确定研习内容，着力关注自己的班主任专业的学习反思、注重研究学生与班主任工作的创新。我们在工作坊中引导坊员认识到班主任工作的动态性是客观存在的，不以静止的眼光看待，凭经验几十年不变。班主任工作坊要引导坊员对不同班级、学生使用适宜的班级教育内容与方式，也要不断以学生教育作为工作研究的主题，促进班级教育活动创新。工作坊透过研习让坊员认识到，班主任本身的发展要在不断积累经验的基础上，加强专业发展能力，使班主任工作走向科学性的成熟。

工作坊要孵化出班主任丰富的班级工作想象力、班主任富于创造性的教育想象力，运用求异思维创造新的教育方法，求得新的教育成效。创造精神是班主任出色完成工作任务重要的品质。在对学生发展的期待上、教育活动的设计上以及实现教育结果的措施上，根据具体实际情况独辟蹊径，大胆探索最适合学生特点、最有效的教育方式，使班级教育活动富于吸引力。可以这样说：谁的创造精神越强，谁的教育技巧就越高，获得的教育效果就越佳。

○ 案例43：

百变看学生，千方寻亮点

王亚红

初见小劳

去年，我把五(2)班送出学校，本以为可以去低年级接一个班级，哪知道四(4)班班主任怀孕了，学校安排不出合适的老师接手四(4)班的语文教学工作及班主任工作，希望我能再带一届毕业班。后来，我接手了五(4)班，也就认识了小劳。跟学生才接触了两天，我就发现班上有个非常特别的学生——小劳，他上课时不是趴在桌上睡觉，就是撕下一张张纸头折飞机。到了中午，又不肯吃中饭。我跟他讲了许多上课要认真听课的道理，可他只回我一句话："反正我还是不合格。"奇怪，为什么只回答我这样的话。从这句话中，可以看出小劳也想进步，可为什么上课是这个样子呢？

每当上课，他总是做出各种怪异的动作，做出小动作扰乱课堂秩序，有时甚至用小纸团去扔相隔一条过道的同学，经常使我的教学活动不能正常进行下去。老师无论是讲好话还是严厉批评，都无济于事。自始至终他就回我一句话："反正我还是不合格。"完全是一种肆无忌惮的腔调，实在让人恼火。

开学第三天，我和他的妈妈、爷爷见面，作了交流，我和他们一交流，就发现小孩生活在一个充满矛盾的家庭。爷爷极度溺爱，这么大的孩子连擦屁股都还是爷爷在帮孙子完成，其他诸如穿衣、穿鞋、喂饭就经常是爷爷代劳了。而妈妈则关心的是分数，分数最重要，而且一直以来对孩子讲："你是遗传妈妈的，理科好，文科不好。"难怪我对他讲"你的数学能学得那么好(数学在班中是数一数二的，可语文和英语才考几十分)，语文、英语肯定也能学好"时，他回我一句话："不可能的，我妈说，我是遗传基因的问题，文科读不好的。"真是一个令人伤神的孩子，他的后面还有一个令人伤神的家庭。用我这以往经常用的谈心加鼓励的方法似乎不管用，改变小劳还得想想别的办法。

学习顿悟

与小劳家长见面以后，我与班主任工作坊的几位成员谈到了小劳的情况，老师们一边感叹小劳的不良成长环境，一边为我出谋划策，与工作坊几位同事聊了以后，对于改变小劳，我的心中渐渐有了工作的思路与方向。我主要做了两点。

1. 针对小劳家庭

了解了小劳的家庭情况后，我多次与其家长沟通，明确指出家长在家庭教育中存在的几个问题，以及今后要注意的几点，还特别提醒小劳妈妈，今后不能在小劳面前再提文科学不好、理科好之类的错误引导了。沟通以后，家长很配合，为了给孩子创造一个良好的成长环境，爷爷回老家居住，与小劳分开住，妈妈也不再对小劳做遗传之类的负面心理暗示。

2. 针对小劳个人

每次他回我“不可能的，我妈说，我是遗传基因的问题，文科读不好的”这句话时，我总是非常肯定地否定它，非常严肃地告诉他，你妈妈说的完全是错误的。你完全可以读好语文和英语的，小学生哪分什么文科理科！我要逐步消除小劳妈妈对小劳的负面心理暗示。

发动学生

有一次，我在讲课过程中，暗暗观察小劳的反应：刚开始的几分钟，他还有一点听课的样子，几分钟过后，便耐不住寂寞了：他从草稿本上撕下一张纸折飞机，折好后他还自鸣得意地让同桌欣赏他的“杰作”。我假装没看见，继续讲课。接下来的两天也是如此。第三天，我特意安排与他单独谈话，并和班中其他同学讲了帮助他的方法：当他再在上课时做出什么无聊事时，大家对此不要理会，只管自己认真学习。他自觉没趣，就会自行停止他的无聊行为。同学们决定配合我的行动。等又上课了，他果然又耐不住“寂寞”，开始“行动”起来了，这回同学们全都装作没看见，继续听老师讲课。我用余光扫了一下他，他像抓到了一根救命稻草似的，停下了手中的活儿，悄悄地听起课来，直到下课。

发现转机

但是孩子的习惯不是一朝能改变的，他们经常会反复，小劳也是这样。

相处一段时间后，我看到了一个小孩的内心：想进步，但是受妈妈的心理暗示，认为语文和英语是学不好的，怎么努力都不会合格，于是就自暴自弃，索性不学了。

但我发现，他来到我身边，给他单独补课，教他做作业时，他很认真，做作业的速度也很快，不懂还会来问我……他并不是那种懒到极点的孩子，他想考及格。他甚至常常很郑重其事地问我："老师，我这样做会合格吗？"

我看着小劳，他目光中流露的满是对合格的渴望。他问我的态度似乎是佛教徒在虔诚地问佛。我的心静不下来了，我看着他，心想，这个可怜的孩子，被之前一连串的不合格彻底击倒了，加上妈妈的错误说话，他已经没有半点自信心了。真是一个可怜的孩子。

创造合格

按他目前的情况，合格真的有困难，怎么办呢？一定要树立他的自信心。我给他创造一次"合格"吧。一次不够两次。

从那以后，每一次单元练习卷批改后，我都会给他单独做试卷分析，一题一题地逐题给他分析，让他清楚地看到，只要稍稍努力，就可以合格了。他似乎有了一点信心。

他按我说的去学习了。当然，下一次单元练习他真的合格了。小劳眉开眼笑，手舞足蹈，拿着卷子在整个教室炫耀。

至关重要的接力赛

五年级第一学期的秋季运动会来临了，同学们都在积极报名，小劳也报名参加50米×8的接力赛。同学们担心他跑不快，但是我再三考虑，和同学们一起讨论后，还是让他参加了这一项比赛，希望借此机会让他慢慢融入班集体。可惜，那次比赛，八位运动员竭尽全力，却得了最后一名。回到教室，我询问同学们原因，全班同学气愤地说："小劳的鞋带散掉了，他竟然不会系鞋带？哼！"面对同学们的责难，小劳摊开双手，一脸无奈与愧疚："可我不会系鞋带啊。"看得出他也很难受。我看着他，没有说什么话。

从那次运动会以后，小劳的话语中很少再听到"我是遗传的，我文科读不好""反正我还是不合格"之类的话了。

再后来，小劳就告别了不合格，课堂上怪动作也变少了……

通过半个学期的努力，五年级第一学期期中考以后，小劳虽然偶尔还会有反复，但已经基本步入正常学生的队列，他也告别了令他信心全无的"不合格"。

五年级第二学期，第一、二单元独立小练习后，我对小劳说：你完全可以考到“良好”的。他听了，笑嘻嘻地说：“啊，这有点要求太高了吧。”他嘴上虽这样说，但自信与得意却溢于言表。

学习进步后，他的行规也有了进步。现在，他的牢骚话又来了，不过已经变成了——“反正不会达到良好。”听到这话，我想笑——他终于有自己新的目标了。

研究学生：班主任工作发展之道

与小劳接触，让我有很多感触，研究学生，特别是研究学习困难学生，把握学生教育适宜性是我感触最深的。

1. 研究学生，尊重学生的差异

人与人是有差异的，我们的教育对象是一个个生动的个体，每个学生都是独一无二的，都有其独特的个性、兴趣、能力和学习需要，发展也各不相同。美国科学家加德纳也认为，每个人或多或少具有8种能力，只是组合和发挥程度不同。就是说每个学生都有自己的优势和自己的智力特点，他们的这些固有的区别决定了他们不可能成为我们一成不变的批量产品。教师只有充分尊重差异，通过不同形式的训练、引导帮助他们，才能让每一个学生在自己已有的基础上获得最优的发展。要相信，只要引导得法，落后生也是可造之才，我们只有这样看待落后生，才能认识到教育落后生的意义，才能坚信我们的心血不会白费，而且必将开花结果。

2. 研究学生，捕捉学生的亮点

皮格马力翁效应是教育史上颇令人惊奇的效应之一。教师对学生的期待为什么能获得很大的效果呢？从心理学上分析，教师对学生寄予诚挚的期待时，就会用赞赏的积极的情绪因素对待学生，在不知不觉中给予肯定与鼓励，这种积极情绪会很快感染学生，这样学生就会产生对教师更深的信赖，对自己提出更高的要求，并积极努力。

在后进生的教育转化中，我们要特别重视他们好的方面和“闪光点”等积极因素。坚持以正面教育为主，表扬与批评相结合的原则，但由于“光环效应”的作用，后进生身上的那些微小的“闪光点”常被大量的消极因素所掩盖，往往比较微弱，有时一闪即逝。关键在于我们要善于发现、善于挖掘，能像淘金那样敏锐地发现他们身上有价值的东西。作为教师要细心观察，努力发现他们思想品德、关心集体、热爱劳动等高尚之处，文体活动、书法、绘画等一技之长。哪怕仅是一些苗头，也要及时抓住给予表扬，倍加爱护和鼓励，促使其发展成为稳定的积极因素。作为教师，要舍得用真诚的表扬去激励和鼓舞同学，使他们体验到受到爱护和尊重、信任和支持的快感，从而迸发自信、奋发向上的决心和力量。

3. 研究学生，促进学生自主发展

形成良好班风、用班级舆论的力量促使学生自主发展。环境是教育系统的重要组成部分，创设一个有形的物质与无形的精神环境相结合、静态的自然环境与动态的人文环境相互作用的校园，形成一种积极向上的氛围，形成良好的班风、校风，对青少年有着一种同化力和约束力，使他们潜移默化地受到影响和熏陶，对培养后进生的社会态度和社会行为，起着重要的作用。同时也可以减少社会中各种不良影响对后进生的侵蚀，为他们的发展提供了保证。

班级要有正确的舆论导向。班级舆论是一种压力，不容你胡思乱想；推着你前进，没有力气后退。有人上课不想学习，做怪动作，乱讲话，但没有市场，周围同学都在认真学习。周围学生的行动对于上课捣乱的学生来说，是一种无形的压力，在这种压力下，调皮学生自觉没趣，慢慢也就重视学习，不做出格的事了。

同时，舆论监督的力量也是巨大而坚定的，运动会失利后，接力赛失败后，同学们对小劳的批评、抱怨其实远比老师对他的谈心效果好。听着同学们的抱怨，他当然知道这一切有他巨大的“功劳”。估计回家后的第一件事应该是立刻去学习系鞋带。

此后，我又利用班级墙报、班会课、午会课、读书交流、语文课等所有可以利用起来的阵地，打造班级文化，利用班级文化进行舆论监督，推动班级（包括个别特殊学生）向前进。

研究学习困难学生：班主任面临的考验

1. 研究“后进生”，增强成功意识

后进生与一般学生发展水平相比，不但知识、能力、情感等方面起点较低，而且各人的特点和形成过程不一样，各自的起点以及在一定时间内达到的发展水平也有较大差异。因此，对他们应该降低起点，把起点放到只要他们努力一下便可以到达的水平上。同时，教师在设计教学时，按要求从易到难、由简到繁地分解成若干合理层次，分层推进，把产生挫折的频率减到最低限度，从而使后进生感到自己有能力学好，不断增强学习进取心，强化学习动机，启动他们内部的“动力系统”机制。小劳在获得第一个“合格”后，那兴高采烈的样子不正是获得成功以后的欢天喜地？此外，后进生往往集中注意力的时间短，记忆容量小，所以教师应多开展教学活动，以调节他们的注意力，让他们在活动中有自我表现的机会，从而引起学习兴趣与积极性。

2. 研究学生的家长，形成教育合力

教育是需要学校家庭社会取得一致，并密切配合才能奏效的。当家庭与学校教育出现严重分歧或配合不够时，将出现学生在学校接受的五天正面教育，被周末回家的两天不当的教育或社会的负面影响所抵消，这种现象有人把它概括为“5+2=0”。为此，在后进生转化过程中，我们既要充分发挥学校主导作用，又要充分利用校外因素对他们的积极影响，尤其要十分重视家庭教育的作用，做好后进生家长的工作，取得家长的配合和帮助，达到共同教育的目的，使“5+2＞7”。俗话说“浪子回头金不换”，只有真正为后进生营造一方和谐的“精神家园”，才能使他们摘掉后进生的帽子，成为一名品学兼优的好学生。平时我经常与家长沟通，找准家教存在的问题，纠正一些家长的不良教法，使家庭教育与学校教育取得一致，形成合力。

不断反思学习中成长

教师提高的过程实际上就是教师提高自己的理论水平，增强自己的选择意识和决策能力的过程，教师的决策能力一直被认为是班主任工作中的最重要因素。一个优秀的班主任在班主任工作中的重要决策，不仅需要以教师的知识、技能、态度和意识为基础，而且需要教师从日常教育活动的整体情境出发，清楚地认识教师、学生、课堂活动三者如何综合互动、共同影响学习及教育效果。因此，教师的决策能力属于较高层次的能力。

教师只有通过这类是什么、为什么和怎么办问题的反思，以及在同事间的交流学习，使得教师有机会对教育对象进行完全、客观地分析和判断，才能从更高的层次重新认识并最终提高自己的教育手段。要使教师能够有机会对所作的决定进行回顾，对影响决定的因素进行思索，对其他选择的可能性进行研究，从而使自己进入建立于经验之上的自我指导性的学习过程。

后进生也是学生，是可教育好的对象。如何做好后进生的转化工作，是对教师工作能力的检验，也是职业责任感的高度体现。后进生的转变往往需要一个较长期的过程。转化后进生既要求教师对学生有深厚的感情，更要求教师讲究策略和艺术。大量的研究和教育实践表明，只要教育、教学得法，任何一个学生都有转变为好学生的可能。

○ 案例44：

改进的积累，班级更好地发展

施　瑜

令我头疼的事情

一个和谐、积极向上的班级有利于班中每个孩子的健康成长。一年级的新生初到校园，集体意识还未形成。而作为新手，我对如何管理一年级的孩子一无所知。通常来说，班主任可选拔几位能干的孩子作为小干部，以帮助老师更好地管理班级。但是，一年级的孩子刚从幼儿园毕业，很多方面都还不成熟，缺乏一定的自理能力，更别说竞选班干部。于是，很多问题迎面而来，其中最令我头疼的事情之一就是班级卫生问题，教室走廊的公共卫生简直可以说是脏、乱、差，除班主任打扫外更无他人，但垃圾的生产本事对于一年级学生来说不在话下，创意十足：这里一支铅笔，那里一块橡皮，垃圾桶里堆满了纸巾，还有地上掉落的餐巾纸却无人认领……每天放学后，我都要亲力亲为地打扫教室、排课桌，一天下来，我已筋疲力尽。改造“垃圾教室”刻不容缓，即使小干部还未浮现，我也必须在班中建立起一个完整、明确的工作体系。一方面能帮我尽快找到心中的干部人选，一方面也能发展全班学生的能力。

我四处“寻医”

在自己亲自打扫了一段时间的教室以后，我决定按照学号让小朋友们轮流扫地，这样，每个小朋友都能得到锻炼。于是，每天我都手把手地教不同的孩子扫地，期待他们的技能有所提高。可是一个大循环下来，我却生无可恋，不仅扫地效果甚微，就连孩子们的扫地技术也没有提高多少，而他们造垃圾的技术却丝毫没有衰退，学校给每个班级准备的垃圾袋，每天至少要用两个，期中过后不久就都用完了。半个学期过去了，班级的卫生情况让我糟透了心。

一次偶然的机会，一位前辈告诉我：让孩子们依然按照学号扫地，不同的是要让他们持续一周，只有不断强化才能提高技术。听闻这个办法，我拍手叫好，当天开始就实行了这样的制度。

然而，在“试验”过程中，有时我会留下一些学生辅导作业，这样我便无法分心去指导打扫，不仅费时，效果也差强人意，怎么办呢？我心中的焦虑一天一天地在蔓延。我苦思冥想,也许只有从根本上解决问题,才能减少放学后的"麻烦"。

到底哪里来的那么多垃圾?细细想来,最大的罪魁祸首就是学生每天都带来的餐巾纸和湿纸巾。不会使用而造成浪费、丢失后无人认领现象极为严重,可是每天吃完饭,这些却都是必需品,这可如何是好呢?我四处"寻医",向前辈请教、询问其他班级的做法,最终决定:邀请家长献赠纸巾,不许学生私自携带,只能用公共的。这样,每一张纸巾都能被利用得"明明白白"。计划达成,便又迫不及待地实行了。小朋友们每次使用前必须报告老师,用完必须扔进垃圾桶。另外,无论上课下课,只要发现垃圾,就一定让小朋友捡掉,并告诉他们:之所以要捡起来,是因为你是这个班级的主人,你有义务让教室时刻保持整洁。只有激发他们的主人翁精神,才能将卫生工作化被动为主动。渐渐地,教室垃圾减少了很多。

变被动为主动

当然,扫地还是要继续。又是一个偶然的中午,午饭后,孩子们各干其事,让我没想到的是,一个孩子居然拿起扫帚开始扫地了,我心中一阵欣喜:"你们看,教室太脏了,小贾都看不下去了,开始打扫起来了,他真是个小雷锋!"孩子们一听,"求表扬"的心理促使他们也要抢着去干活。一个不经意的举动,却给了我极大的提示,何不每天中午派几个小朋友扫扫走廊,并赋予他们"小小环卫工"的称号?我当机立断,午会课上便安排了人员。孩子们都一腔热血,争着要为班级服务。每天得到扫地机会的孩子比之前翻了一倍。即使有的孩子不太会扫,但在我的鼓励和帮助下,他们有了进取心,能力也渐渐提高了。如此一来,傍晚值日的小朋友可就轻松多了,班级卫生工作这块大石头终于不再那么沉重了。

经过一系列尝试、失败、改革,今天,班级的卫生情况大大改善,虽然不能说已经取得成功,但总算是有所进步,不再是那个脏、乱、差的教室了。每天放学后,孩子们会捡净周边大垃圾,值日生很快就能打扫好教室。而备用的垃圾袋,也不再不够用了。

转变观念因材施教

"班级建设人人参与"胜过少数学生管理班级。在班主任工作中,小干部群体培养是其中一项重要内容。在传统的观念中,一支干部队伍常常是一个集体中的几个人,他们成绩优秀,管理能力出色。然而,如果老师跳出传统观念中干部所应符合的条件范围,在一个班级中能够尽可能地多设置岗位,并让更多人参与到班级的生态文明建设中来，体验小干部的角色，让更多的人有成功的机会和成就感，那么学生的服务意识、责任意识将被大面积地培养。如此，班级就会慢慢形成良好的自主管理能力、相互制约力，以促进班级的整体发展。解决班级卫生问题也许并不需要用竞选小干部的标准来衡量，但我从跳出传统的干部选拔观念中得到启示，尽可能地让更多的人参与到保护教室环境的工作中来。最终结果胜过了每天只挑选几人值日的效果。

岗位分配，也需因材施教。在解决班级卫生问题这个过程中，我明白了人尽其才、物尽其用的道理。起初，我没有摆正自己的心态，在按照学号轮流扫地的过程中，我希望孩子们都能跟我学会，那些始终学不会的孩子曾让我心灰意冷。殊不知，班级建设和教学也有着异曲同工之处，还需根据不同的能力支配不同的任务。不是人人都能当“小小环卫工”，一定是在扫地方面有能力的孩子才行。而其余的，则会被分配到能力范围内的其他岗位。事实也证明，在根据不同能力分配不同的岗位后，班级的发展效率大大提高。

适应班级发展，老师需教育创新

用富有创意的称号指配任务不仅吸引学生，也能大大提高积极性，这是我在这个过程中掌握的技巧。除了设置常规班委成员，我还专门设置了一些必不可少的岗位，补充到班级管理中来。比如，我设置了“流动小灯神”，每天负责教室的灯光；“空气净化器”负责班级每天的开窗通风；“黑板美容师”负责每节课后的擦黑板……每次轮到自己值日的时候，小朋友都会把它当作一项光荣的任务来完成。

小学低段尤其是一年级小朋友刚刚踏入小学大门，心智还处于幼儿时期，在劳动的同时赋予他们一些趣味性的称号，不仅让他们乐在其中，也能使其备感自豪，增加班级成员的服务意识，进而促进班级凝聚力。

在与学生共同学习与成长的进程中，我们教师是学生信任的人，我们也要充分信任学生，学生有了自信，才会展示自己的能力与才华，尤其面对低年级的孩子，他们渴望老师的表扬和鼓励。即使扫不好地也没关系，一项技能的掌握并不是一蹴而就的，面对能力不足的孩子，我们需要有足够的耐心去指导、等待。让孩子感受到老师的真心，孩子有了内驱力，便不怕学不会一样东西了。

班级卫生工作还需进一步提高，除此之外，还有班级生态文明建设所包含的其他方面。只有坚持不懈地积累、学习，才能继续让学生发展，进而让班级发展。正所谓春风化雨，静等花开。我将努力学习，期待班级更好地发展。

○ 案例45：

遇见“工作坊”

黄雪冰

作为一名班主任，忙忙碌碌近三十年，虽然有一套自己觉得还行之有效的班级管理法，但一直都不能突破自己的瓶颈。去年，走进了学校的“班主任工作坊”，在和坊里的同事们共同的学习中，收获颇丰。我发现提高教育素养首先要立足学科素养的提升，同时突破学科教学的界限，树立教师终身学习的目标，实现自身的可持续发展，把不断学习作为自身发展的源泉和动力。在教学实践中，将学习与实际教学结合起来，努力探索新的教育教学方法，懂得教育规律，做反思型教师，养成反思习惯，反思自己的活动过程，分析自己的教学行为，提高自己的专业水平。通过总结经验，向更完善的目标努力。

我的故事

星期四的夜晚，我正伏案桌前，准备备课。QQ闪了，一位学生家长给我发来一条信息：

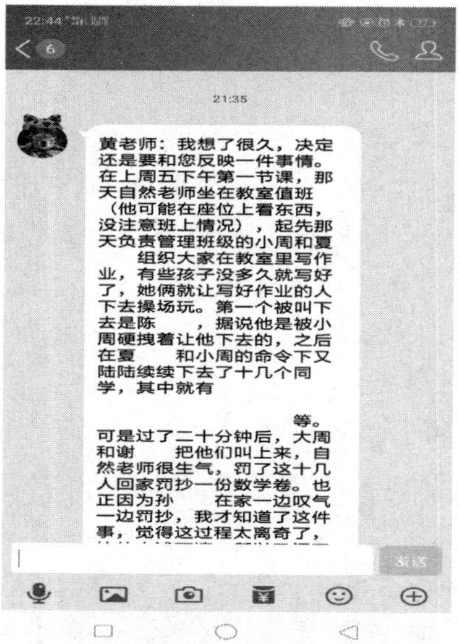

小孙同学在我心目中是一个非常优秀的孩子。他的家长也一直都是我最信任的家委会的代表。对于她反映的这件事，我很重视，但因为这件事发生时我不在，所以没有发言权。于是我给家长这样回复：明天我调查清楚后再说。家长立马回复：好的，辛苦您了。现在这些孩子都逐渐进入青春期了，会有情绪波动，我们不得不关注他们的身心健康！看到家长这样回复，我当时愣了一下，觉得家长有点小题大做，于是回复："是吧，小家伙闹情绪了，这么严重呀！从你描述的情形看，这事情不至于这么严重哟！"家长立马回复："不严重，但的确有情绪。"我有些紧张了，赶紧回复："你这样一说，我倒有点担心了，张老师没有打骂他们吧。"家长回复："我今天就采访了一下，问了好几个孩子，的确挺委屈的。"

我：张老师说试卷一定要写完吗？张老师没有打骂他们吧？

家长：没有打骂，他们就是觉得不公平，为什么始作俑者反倒没事，不用受罚？

我：张老师是教自然的，他或许就是这么随口一说，并没有放在心上，他是要他们把试卷抄完后再回家吗？小孙妈妈，你这"始作俑者"有点言重了。

家长：要抄要做，好多孩子都抄了，但也有胆大的孩子没有抄，因为他们觉得这不对。这两个班干部应该是事情的负责人才对。

我：他们找张老师说了没？

家长：所以我认为这两人是始作俑者，并且张老师询问他俩时，他俩只为自己辩解，没有说明真实情况。这行为也不应该是班干部的所为。

我：班干部也是孩子哟！是孩子都会有缺点，更何况他们还是这么小的孩子，就像小孙也是班干部，但我们不能苛求班干部都完美无缺哟！您孩子受委屈了，我首先替我们的班干部向你道歉。如果你还有什么诉求，也一并告知我，我明天会去调查。

家长：您是位极为负责的好老师，我们心里都很清楚。但有个别班干部真的有些问题，虽然成绩好，但会言语威胁同学，还喜欢踢人……哎，真的一言难尽。希望岁月的成长，能改变这一切，我今天也不只是从自己的角色冲动地说了这件事，而且是站在十几个孩子的角度为他们说话。

我：看来这件事情对您的孩子确实造成了比较严重的伤害，您都把所有受委屈的孩子采访了一遍，更证实了孩子受伤害的严重性，如果我们能尝试换一种方法开导孩子：被罚的又不是你一人，你还有那么多"同盟军"，来，宝贝，咱不生气！说不定孩子的痛苦会少许多……

家长：是的，您说得对，我在他面前是这么引导他的。但我了解，觉得这事必须告诉您才对，所以我今天就斗胆了一下。

第二天，一到学校，我就开始调查。他们说的事其实很简单：就是上自然课时，有几个小朋友作业做完了，我们的班干部依照老师的惯例就把他们放到操场上去了。结果张老师在教室，看见孩子们下去就处罚了孩子们每人抄写试卷。在我看来班干部是没有错的。这时班级里好多小朋友纷纷站起来说："小孙妈妈昨天打电话说班干部是恶势力，要我们不要向恶势力低头。我们都觉得他妈妈有些过分。"小孙听到这些，羞愧得抬不起头……听到这些，我着实有一些愤怒。我不明白家长这样做的原因。那一刻，我真想……

下午班主任工作会议，我们在大队辅导员王老师的指导下进行分组交流，我顺便把这个案例讲给了我们工作坊的老师们听。没想到一石激起千层浪，伙伴们纷纷给我出主意：面对这样的家长先冷一冷；去家访和家长个别交流；尽量把事情化小；一个伙伴甚至给我列了一个处理方案……一刹那，我的火气也全消了。

回到班级后，我按照伙伴们给我的金点子进行冷式幽默处理，收到了意想不到的效果。在和那位家长的交谈中，我不无幽默地说："你是警嫂，扫黄打黑到我们学校啦！"她也风趣地说："你老公是军人，我们军警一家呢。"我们的问题就在这样的欢笑声中解决了。

我的感悟

这件小事，让我真正体会到了"三个臭皮匠，抵个诸葛亮"，看到了工作坊的力量，在这个作坊里我们一起学习，共同进步，使我们的班级管理能力逐步提高。我想说："工作坊，遇见你真好！"

第六章 基于工作坊的班主任个体发展与群体发展

○ 第一节　坊员对工作坊的反哺

○ 第二节　基于工作坊的班主任发展的群体案例

○ 第三节　基于工作坊的学生优秀班集体建设的案例

第一节　坊员对工作坊的反哺

一、坊员对工作坊发展的促进影响

（一）班主任在工作坊中的领导力

“在效能最高的学校，其领导力通常不只是局限在高层管理团队，而是扩展到学校的其他群体当中，一般具有不同层次的领导力”（Lambert，1998；MacBeath，1998；Day等，2000；Harris，2000，转引自：阿尔玛·哈里斯，丹尼尔·缪伊斯，教师领导力与学校发展，北京师范大学出版社，2007年11月，导言p7）。在实际的班级工作中，班主任承担领导的职责并行使领导权力，由此出现了一种新的审视领导力的概念——班主任领导力。但是，长期以来班主任往往是作为教育改革的“接受者”，学校教育工作的执行者，而不是制定和发起改革的“领导者”。美国国家学校领导力学院提出：“与传统的领导力概念相比，分布式领导强调集体责任感和协同工作，领导力不是为顶层人员而专门预留的，而是组织内的任何一个人都可以实施。”（杜芳芳：教师领导力：迈向研究日程，外国教育研究，2010年第10期）Troe&Boles（1992）的研究表明，教师们并不赞同领导力的传统定义，并不认为领导力只源于组织的“高层”和“上级”。相反，他们将领导力视为一种集体的能力，是将所有教师凝聚在一起，促进自身专业成长和发展，以及改善教育服务的“纽带”（阿尔玛·哈里斯，丹尼尔·缪伊斯：教师领导力与学校发展，北京师范大学出版社，2007年11月，p17）。一些班主任仅仅把自己看作班级工作实践者或执行者，认为学校的教育领导是校长或德育主任的事情，而没有意识到自身的班级工作领导力。其实，班级工作领导力是为了使班级学生健康地成长、有效地学习，最能直接与学生接触并起到有效影响作用的当然是一线的班主任。同时，班级教育改革的核心力量是班主任，班主任是学校教育的主要实践者，因此，班主任应该成为班级工作领导者。班主任的这种领导力能够改变班主任自身的工作状态、提高学校的教育质量。班主任工作领导力可以表现为对学校各类组织、对校长、对教师同伴与学生所产生的影响，例如参与学校教育决策、所带班的教育决策，教育研究活动中引领与影响，校内外学术活动中的引领与影响。正确认识班主任领导力继而不断提升班主任领导力是十分重要的。

同时，作为班主任工作坊的坊员在工作坊中也具有领导力，对工作坊的研习与工作产生作用与影响。坊员的领导力深深植根于工作坊的教育研习之中，为了提高研习质量和增强坊员的发展能力，在工作坊中要充分重视坊员分享决策的必要性，要倾听教师的声音。班主任工作坊的坊员在教育改革的第一线，也站在班主任工作的第一线，正是他们能够使学生成长得越来越好，使学生的学习越来越进步。虽然班主任不是正式的领导者，但他们的确具有影响力。班主任领导力广泛分布在学校之中，并显得非常强大，这是因为其具有直接影响工作坊发展有效性的潜能，通过大量的参与和合作，班主任领导力能够激发班主任参与工作坊的主动性，给工作坊研习带来活力，提供将工作坊建设成为学习共同体的手段。

班主任领导力是工作坊发展的一个重要条件，是班主任在班主任工作生涯中受到影响最大的因素之一，很大程度上是班主任之间的相互认可。因此工作坊要建成一个学习共同体，利用这种无形的巨大力量相互影响，形成班主任领导力的活跃局面。班主任的领导力能够促进坊员之间的沟通和理解，使班主任之间彼此分享经验，激发班级工作热情，促进班主任不断学习，获得自我发展，促进班主任工作的人文环境改善。

（二）坊员工作坊中领导力的两个主要来源

按照现代领导学理论，领导者的领导力主要来源于两个方面："一是权力性影响力。这种影响力与职位相联系，有职则有权，无职则无权，它包括惩罚权、奖赏权、合法权。二是非权力性影响力。这种影响力与职位无关，与权力影响力的强制性不同，它取决于领导者的综合素质，是品质、能力、知识、感情等的综合反映和体现。上述各要素在领导活动中相互作用、相互影响，从而使领导者的影响力表现出综合性的特征。"［李款：教师领导力内涵研究，现代教育丛论，2009年第7期（总第157期）］沃斯利（Wasley，1991）将教师领导力定义为"鼓励同事变革以及不受领导者影响地做一些不寻常的事情的能力"（阿尔玛·哈里斯，丹尼尔·缪伊斯：教师领导力与学校发展，北京师范大学出版社，2001年11月，p24）。

班主任的领导力主要表现在班级工作中，由于其参加了班主任工作坊，其在工作坊中的领导力也不能忽视，因为这直接关乎教师坊员在教师共同体中的地位。工作坊坊员的领导力属于教师领导力的一种，我们可以从坊员的影响力来源把坊员领导力的构成要素分成两个方面。

一是职务性影响力。这个职务性影响基于其是班主任与坊员，坊员作为领导的角色和在研习活动中的影响力表现在研习活动、孵化机制的组织、设计与实施等中参与决策与组织等，并表现出广泛的影响力。这种领导力具有其特殊性，不是指行政职务的权力，而是教师专业权力，它主要包括坊员在工作坊工作上的参与决策与评估的权力、研习活动的引领与指导的权力等。坊员领导力强调不论坊员是否担当某种管理职位或被指派某种任务都能行使的领导力。这可称为“隐形的领导力”（Bascia，1997）。坊员领导力的重点不在于让坊员去发号施令，任命或者进行责任分配，而是让坊员推动工作坊的工作与发展……与同伴商议个人发展规划，确保这些规划是适当的和切实可行的，并且是有助于促进工作坊改进的。

二是非职务性影响力，即教师本身的人格、道德与心理品质等形成的综合性影响力。坊员在工作坊中以其专业水平和人格品质参与工作坊、影响工作坊活动的开展，带教新班主任、担任科研项目等，表现出非权势的影响力。

坊员的职务性影响力和非职务性影响力共同构成了教师领导力要素。这二者对于坊员的工作坊领导力而言是不可或缺的。在理论上二者之间是可以分开的，但在实践中是相互联系、相互滋养的。二者之间处于不同的层面，职务领导力要素是最基本的要素，赋予坊员在工作坊的研习活动中自主参与的权力，他们可以参与工作坊的决策，也可以在自己承担的工作坊工作中承担决策责任。坊员可以参与工作坊孵化工作的评价，发表意见，也可以组织同伴对自己的研习活动与工作进行评估。而非职务性影响力是职务性影响力得以顺利行使的保障，教师如果不具备非职务性影响力，那么坊员职务性影响力就会萎缩乃至消失。

班主任工作坊的坊员领导力其实质是“影响和吸引同事，迈向实践的改善”，这是坊员对工作坊发展产生作用的机制。“分享领导力，教师会感受到更多的所有权，并致力于决策的实施。通过给教师提供领导力机会，个人获得了认可。”（杜芳芳：教师领导力：迈向研究日程，外国教育研究，2010年第10期）

班主任工作坊领导力的提出是对班主任在工作坊工作中重要作用的正视，正确认识坊员在工作坊研习与孵化中的主体地位，消解坊员屈于外部规范而自主意识萎缩、创新精神缺失的状况。提升坊员在工作坊中的领导力能够减少坊员的职业倦怠现象，给予坊员更多的研习表现机会、更多的自我价值实现机会、更多参与和行动、更快的职业发展。提升全体坊员的工作坊领导力，改变坊员只是被管理的使用对象的非现代教育思想，发挥坊员在工作坊中的积极影响力，对于工作坊的建设与发展是十分迫切的任务。

（三）坊员对工作坊的作用

坊员对工作坊的促进作用是多元的，坊员依靠其专业知识、能力、情感等多种因素，在工作坊中与同群体和个体的互动中产生一种综合性的影响力，并且依据这种影响力共同致力于工作坊的各类活动与工作完成。坊员是在工作坊的活动与群体中形成的影响力，表现出来的具体形态也各异，其外在表现体现在以下两个方面。

1. 工作坊内的促进作用

坊员在工作坊中需要处理与同伴、工作坊领导的关系，并对此产生影响力。

● 同伴群体活动中的作用

工作坊同伴群体中的坊员影响力是坊员在合作中通过自身发展产生的对其他坊员的影响力，主要表现为坊员之间的智慧共享，将坊员的个体性知识和能力转化成坊员主体间的共同知识和能力，一起分享班级教育工作成果，共同进步达成一种共赢关系，促进工作坊的发展。坊员在工作坊的研习活动中，共同参与、一起探讨，相互学习、相互促进，在完成实际的研习任务中产生影响力。

● 在工作坊工作决策中的作用

坊员经常在与工作坊的领导进行合作时对这些领导者产生影响力。这是工作坊中坊员最难得以彰显的一种影响力，但是同时它又是致力于工作坊发展和研习质量提升的关键。这种影响力主要体现在相关领导借助于坊员群体的智慧，鼓励坊员积极参与，共同致力于工作坊相关问题的决策与实施、制度建构等。

2. 工作坊外的促进作用

坊员在工作坊外的促进作用主要体现在通过工作坊的研习所提高的优秀班主任核心能力在班级工作中起到实际作用。

坊员参加班主任工作坊的目的是为了提高班级工作的实效、促进学生的发展，因此，从最终的目的来看，坊员的促进作用应该是外溢与增益。坊员在工作坊中增强的优秀班主任核心能力是坊员作用于班级工作的重要基础。坊员的班级工作智慧体现着这样一种认识论：教师用心灵解读班级教育工作，“把教育视为有生命的‘主体’，构建‘被活化的教育’，确立师生在班级中的真正主体地位。”学生在班主任教育智慧的积极引导下成为班级成长的真正主人，坊员充分运用自己的研习成果给学生以积极的影响。作为坊员的班主任充分投入自己的情感和智慧，给学生以积极、自由的空间，给学生的内心世界以充分的尊重，创造宽松、自由的课堂学习空间，用情感感染学生的情感，用智慧启迪学生的智慧，给学生积极的影响，使学生乐于与老师交流、乐于与文本对话，在教师的积极影响下不断成长。

坊员参加班主任工作坊的效益外溢还表现在作用于家长。坊员提升了营造班级教育生态能力，在与家长的交往活动中表现出积极的影响力。教师一方面通过其教育专业能力，引领家长在家庭中实施素质教育；另一方面，通过加强教师与家长之间的合作，让家长参与学校的教育改革，帮助学校改进教育教学工作。

二、优秀班主任在工作坊中的领导力

（一）优秀班主任：班主任领导者

工作坊一般而论需要有很强能力的坊主与坊组长，坊主或者坊组长应该具有带领工作坊或者坊组开展工作的领导力。班主任工作坊的坊主一般由优秀班主任担任，或者优秀班主任核心能力较强的坊员担任，这样才能起到工作坊的功能。这样的工作坊坊主与坊组长是班主任中具有影响力的关键成员，也就是班主任领导者。惠特克（Whitaker）的一项研究表明："校长识别关键的教师领导者，让他们参与决策过程并以一种非正式的方式使用他们。校长必须能够识别关键的教师领导者，在学校变革的过程中使用这些个体。"（杜芳芳：教师领导力：迈向研究日程外国教育研究，2010年第10期）工作坊的实践也告诉我们，关键班主任的作用具有非常重要的价值。在国际上发达国家的教育改革措施中，越来越强调教育专业水平上的领导，以其丰富的经验致力于改进同事的教育表现。

"关键班主任"是指能对班主任群体产生重要影响的骨干班主任。骨干班主任的基本职务是班主任，他们具有较强的优秀班主任核心能力、丰富的班主任工作经验与一定范围内的影响力，对其他班主任能产生影响以改进班级教育实践，并为之作出贡献。在特定的条件下，班主任领导者能够成功地促进班主任之间进行更广泛的合作，从而增强班主任群体的凝聚力，具有良好的民意基础，为大家所公认的专业工作者。这些班主任领导者的工作可能包括组织诊断班级工作和在学校范围内构建合作性的关系。班主任领导者具有广泛的技巧、能力和经验，应该具有高度的学习热情以及对班主任工作学术的追求和印象深刻的成就。

在工作坊中，班主任领导者的角色常被看作是研习活动的设计者、工作的组织者、项目的领导者、新任班主任或经验不足班主任的指导者，以及班主任工作的行动研究者。班主任领导者首先应该是专家型的班主任，他们还需要将大部分的时间花在班级工作上，只是在工作坊的场合承担特定的领导任务，担负起工作坊的领导工作。坊主和坊组长应该和同事协同合作，互相进行班级工作观摩，共同商讨更好的教育方法。

（二）工作坊坊主的骨干班主任的作用

班主任工作坊坊主与坊组长是工作坊的重要班主任领导者，他们在工作坊中的地位与作用非常重要。班主任工作坊是学校非行政组织，具有班主任研习、培训、管理的职能，是学校发展的重要条件，也是班主任成长的基地。工作坊坊主是一个特定的专业岗位，不仅对班主任工作专业素养高，而且对领导力素养要求也很高。工作坊坊主作为班主任领导者需要具有班主任工作专业的影响力、研习活动的组织能力、教学工作的领导能力等。他们开展工作更多的是依靠自身在工作坊中的影响力，这种影响力来源于其在专业上的威信，凭借的是他们在班主任工作中的威信和个人品格的影响力。

工作坊坊主与坊组长的领导能力不是与“生”俱来的，而是需要精心培育的。我们着力培养工作坊坊主与坊组长的多重角色，以期发挥骨干班主任的作用。

1. 班主任工作坊的领导者

班主任工作坊是班主任工作系统的重要组成部分，其健全程度和工作水平直接关系到学校班级工作质量的高低。班主任工作坊坊主通过其建设班主任队伍的培训与孵化机制，肩负着将班主任工作思想、工作要求以及各项教育活动真正落实到每一位班主任工作心中，并且外显为班主任的教育行为的重任。同时他们又自己奋斗在教育的第一线，与学生和其他教师密切接触，了解班级工作中的各种问题，深知班级工作的困惑。工作坊坊主不仅仅是一个上传下达式的人物，更是一个领导工作坊的核心人物。工作坊主要是提高工作坊研习水平、提升班主任优秀班主任核心能力。工作坊坊主要激发班主任的自主发展，营造工作坊民主和谐环境，通过多种形式的研习，使班主任参与研习活动的选择性增加，适应度增强，有利于优秀班主任核心能力的增强。

2. 工作坊活动的组织者

班主任工作坊是学校班主任工作研究的基本组织，当今的教育改革与发展对班主任的专业化建设提出了更高的要求，也对工作坊的专业化建设提出了新的要求。工作坊坊主领导力的重要角色就是研习活动的组织者。坊主要组织坊员根据班主任工作特点、工作坊的特点以及坊员的具体情况，制订研习计划、优化研习活动。坊主要关注工作坊的研习方式、引领坊员更好地参与和深入研究班主任工作中存在的问题，并以研究为纽带，加强团队建设，逐步创建工作坊研习制度、交流制度、评价制度和资源共享制度，从而促进坊员优秀班主任核心能力有效发展。工作坊坊主要关注营造每一位班主任发展的工作坊环境，促进坊员专业化发展进程。

3. 工作坊科研的引领者

工作坊是一个集教学、教研、科研和班主任培训于一体的专业组织，也是校本科研最重要、最基本的单位。苏霍姆林斯基曾经说过："如果你想让班主任的劳动能够给班主任一些兴趣，使班主任天天上课不至于变成一种单调乏味的义务，那你就应当引导每一位班主任走上从事一些研究这条幸福的道路上来。"只教不研的教育只能是对原有教育经验的重复，所以研究班主任工作对班主任工作坊建设与班主任发展有着重要作用。工作坊坊主首先要认识到课程教学研究的重要性，并能对教学活动中出现的实际问题，特别是课堂教学中的具体问题保持其专业的敏感性，能引领本工作坊的班主任走上研究的道路。

班主任工作的研究是学校教育科研的重要内容，也是较为薄弱的环节。从总体上而言，班主任缺乏科研能力，特别是研究学生的能力，同时真正能指导班主任进行研究的力量也不足，因此，工作坊坊主要重视对班主任工作的研究，努力推动工作坊的班主任工作的研究项目。以工作坊课题为抓手组织全体工作坊的班主任参与课题研究，并且支持班主任个人提出课题开展研究，从而使整个工作坊的科研工作落到实处。工作坊坊主要关注坊员的科研需要，"着眼班级教育"，凡是发生在学校的教育事件都可以成为研究的课题；"聚焦学生"，凡是学生中出现的现象，都应该成为工作坊研究的重要素材。在研究中引领坊员反思性学习和群体共享，提升坊员实践的智慧。

4. 工作坊文化的培育者

工作坊坊主的领导力很重要的表现是以思想引领坊员，在工作坊中确立以学生发展为本、为核心的学生观，以推进素质教育提高教育实效为目的的教育观；确立班主任以教学专业与师德并重为学生发展服务为重点的班主任观；确立以研习与实践相结合的教研观，促进班主任工作坊建设面向班级工作实践，面向班主任深层观念的提升。坊主要以自身为榜样树立大家学习的标杆，激励坊员进步，能够促进坊员之间、班主任之间的合作。合作不是以成员之间表面上的和和气气为指征，而是要以学校教育改革与发展、以完成工作坊共同的任务为目标，在班主任工作与学校教育上同心协力，互相帮助，互相鼓励。面对年龄、性格、学历各异的成员，工作坊坊主必须成为其中的润滑剂，凡事起到带头作用，积极营造一种团结协作和健康向上的和谐的工作坊文化。

（三）发挥班主任领导者的两个关键

当好班主任领导者有着不同的路径，条条道路通罗马。从实践中，我们归纳出两条重要的路径：一是学校要明确授权于工作坊坊主，二是工作坊领导者要增强影响力。

1. 明确授权

在工作坊中，必须处理好学校领导与班主任领导者的领导力分布。学校首先要树立正确的领导力观，认识到每一位班主任都有领导力，都有优秀班主任核心能力，因此学校要重视班主任领导者，充分发挥他们的作用。实际上，这个问题常出现偏差：有时学校没有给予工作坊坊主应有的授权，或者表面上授权，但坊主事事请示，这样对于工作坊的授权显得不足。另一种情况是学校授权不明确，没有对班主任领导者的领导边界与关系作出制度性安排，对授权内容方面、授权性质、授权程度等没有清晰确认，使他们不能在学校工作坊领导中扮演重要角色并作出一些积极决定。学校要通过明确授权，保证他们参与领导活动，从而树立和塑造一种全新的角色。否则，班主任领导者将难以施展主动性领导。学校不应该仅仅将班主任领导看作是简单的合作或决策参与，还应让班主任领导者履行一些可能由高层管理人员承担的职责，也不只是做琐碎的事务工作，至少要达到让他们理解学校整体发展以及具体工作与整体关系。能够获得充分授权的班主任领导者会感到得到了信任与支持，并能创造性地工作与尽力获得成功，以此体验到更大的成就感。

2. 增强影响力

领导与管理的区别就在于影响，而不是权势。班主任领导者不是依托行政权势发号施令，因为他们不具有学校行政权力。班主任领导者主要依靠自己的专业素养与人格魅力产生工作坊工作上的影响力，获得追随者。如果追随者多了，影响力越来越强，则表明其在工作坊中的领导力在提升。如果没有追随者，或者很少，那这就是一个没有领导力的“班主任领导者”，也就不是班主任领导者，充其量只是具有一定职务的传声筒。

班主任领导者要发挥自己的领导力，首先是增强自己的影响力，而不是追求职位，应该致力于提高自身在工作坊中的领导力。班主任领导者的工作是因人而异的，并且在很大程度上取决于他自己的专业影响力与人品影响力。为了能和同伴更有效地工作，班主任领导者必须在工作中形成与提升工作坊的领导力，不要独断独行，或者利用坊主地位随心所欲，必须在头脑中养成民主、平等、正义、公正的品德，培养自己良好的领导力行为表现，能够与同伴建立和维持信任、友好关系，提高人际沟通技巧，能够对他人充满信心，能够在工作坊工作中表现出专业精神与能力，具有班主任工作研究与实践能力、学术讨论的能力，不唯上、不唯书，有独立思考的品格。只有这样，班主任领导者才能真正发挥其工作坊领导力。

班主任领导者应该主动采取一些行动，把自己融入自己的团队中去，成为其成员不可缺少的一员，成为成员公认的领导，而不是一个官。班主任领导者要在研习活动中表现出自己的领导力，将自己融入坊员中去。与此同时，学校要正视班主任领导者的价值，实行领导力的合理分布，将其视为一种工作方式，鼓励班主任领导者为自己的同伴提供指导；利用多种途径协助班主任领导者，尽量站在班主任的立场上为他们的可持续发展提供便利，提高班主任的自我价值感。

○ 案例46：

让我们在工作坊中共同成长

钱春烨

学校班主任工作坊的活动在如火如荼进行中，活动形式多样化，有专家讲座、小组研讨交流。作为一名优秀班主任，在聆听了专家的指导后，我更明确了自己在工作坊中应担负的责任，在提高自身工作能力的同时更应促进群体的发展，特别是引领年轻班主任更好地开展工作，组织好班级各项事务，促进她们的班主任工作能力。

一次，刚刚担任班主任工作的小施老师面露难色，马上要召开校家长会了，自己一点经验都没有，面对家长们，不知道如何开口。针对这个情况，坊间的老师们开始交流支招了。

老师的困惑

第一年家长会，期中考试之后，忐忑紧张。首先，最主要是因为害怕，害怕家长说孩子学习退步了，是我没抓好。害怕家长觉得孩子不听话是因为班主任没有本领和经验，带不了班。毕竟几个平行班，我看起来文文弱弱的。其次，害怕自己偶然发作的语言表达恐惧在家长会的时候突然展现出来，那真的是太丢人了（自我认为有这种心理障碍，但是别人不觉得，可能是我对自己要求比较高，总觉得发言没达到想要的输出）。最后，我还想把家长会开好，通过此次家长会让家长对我有好的第一印象，往后能配合工作。所以就真的……难！

出现的问题

做了几年班主任的老师马上讲述了召开家长会经常碰到的一些问题：学校开家长会，有的家长会找一些借口不来，或者把爷爷、奶奶、外公、外婆、亲朋好友请来代替，或者迟到、早退，这种现象较多地发生在学困生家庭。究其原因，有以下几种情况。

1. 会议模式陈旧，部分家长烦。

作为学校和教师，出发点是想通过家长会让家长了解学生近期在校内的各方面情况，尤其是学生的成绩。于是乎形成了固定不变的“家长会”模式，首先由学校领导讲话，介绍学校近期发展规划和所取得的成绩，再谈学校发展中存在的困难，再就是希望社会各界和家长都来关心支持学校发展。其次便由各班班主任总结班上的情况，按成绩给学生划划等级，分分类别，以便引起家长的高度重视。最后提出一些要求，并希望家长与学校、教师配合，争取把学生教育好。

2. 会议场面严肃有余，部分家长怕。

多数会场严肃有余，班主任滔滔不绝，一会儿是学生的在校表现，一会儿是学生成绩，特别是有些老师还要向家长宣读每个学生的考分，此时，家长就像接受审判一样焦急地等待宣判结果。

献计献策

有经验的班主任们结合本校实际情况，支了很多妙招。作为小施老师的师傅，我也以多次召开家长会的经验，交流了自己的一些见解。

1. 会前加强调研，会上游刃有余。

作为教师应提前做好开会准备，全面分析学生，尤其是“学困生”，我们不妨换个角度看待“学困生”。“学困生”是相对于“好学生”而言的。人们心目中的好学生应该是每天按时完成各科作业，并且保证质量；应该是天天不迟到、不早退；应该是上课规规矩矩，叫干啥就干啥；应该是两耳不闻窗外事，一心只读圣贤书……然而，我们真的希望自己的孩子成为这样的“好学生”吗？至于对“学困生”，教师首先要分析了解形成学困生的原因：是家庭、社会、环境，还是个人智力等，不管是什么原因，教师首先要做到尊重、理解和激励。尊重学困生，就是要给他们民主、平等；经常听到一些教师与家长交换意见，每次都把学生说得一无是处，朽木不可雕也，试想家长还会与你配合吗？作为教师我们必须明确，今天的行为和角色已发生了变化，不再是发号施令者，而是平等中的教育者。“理解”就是包容、宽容。包容学生的优点、成绩，宽容学生的缺点、不足。俗话说：“寸有所长，尺有所短，人无完人。”“激励”就是多表扬，少批评。常言道：“数其十过，不如赞其一长。”我们要努力寻找学困生的闪光点，放大优点，让家长看到希望。切忌讽刺、挖苦、训斥，甚至歧视。别忘了，“你的教鞭下有瓦特，你的冷眼中有牛顿，你的讥笑中有爱迪生！”只要我们以这种良好的心态去了解“学困生”，就不至于在家长会上数落他们，造成部分家长无地自容，丢失脸面，怕再次来开家长会。

2. 会议主题明确，家长、教师以诚相待。

每次家长会应该解决一个什么问题，达到什么目的，作为班主任，我们一定要心中有数，切忌陈谷子、滥芝麻，冲淡主题。我们可以把问题交给家长，与家长一道共同寻求解决问题的最佳途径。这样不仅避免了家长会的盲目性，又让家长感到教师的真诚，尤其是家长们相互间的交流，不再仅仅是问学习，而更多的是指导怎样更好地教育孩子成人、成才。

3. 家长会，让家长心中升起一团希望之火。

为人父母者，谁不希望自己的子女成龙、成凤；为人师者，谁不希望自己的学生个个出类拔萃，然而现实总是不以人的意志为转移，期望和失望总是一对孪生兄弟，时刻困扰着家长和教师。对于“学困生”，我们要尊重他们的人格，保护他们的自尊心，切忌电闪雷鸣般地恐吓和疾风暴雨般地批评，我们要和家长一道给他一面镜子，让他在大家的期待中，逐渐改掉身上的坏习惯；给他一个放大镜，将优点发扬光大。作为教师，首先我们要自信，因为“自信”是成功的第一秘诀。其次我们不要吝啬语言，你的一个微笑、一句激励的话语、一次竖起拇指的表扬，都会引起学生心灵的震动。教师还要巧妙地将你对学生的期望和期望值传递给家长，让他们也树立信心，相信“优生”更优，

"学困生"有不同程度的进步，因为孩子的教育不像工人师傅制造机器零件那样整齐划一。我们面对的是人，一个个思想鲜活、有行为能力的人。只有以人为本，因人施教，方可收获不断。只要我们每天看到学生的一小点进步，我们就看到了希望，家长也就看到了希望，因为教师不仅是教，更重要的是导，进而家长、教师坚定地告诉学生："我相信，你能行。"

总之，家长会形式多样，不拘一格。只要能教育学生成人成才，也就达到了目的。

活动感悟

做好班主任的培训工作，切实提高班主任工作质量，不仅关系到学校德育工作的成功与否，还直接影响着学校各方面的发展。工作坊中要充分发挥模范坊员的教育经验，互相交流启发，这是提高班主任教育专业能力以及进行家校合作的一种有效途径。开好家长会不仅能够建立起和谐的家校关系，而且有利于家长和老师共同寻找最佳教育方法。年轻的班主任老师要加强学习，虚心请教，快速成长。同时老班主任也要倾情帮助与关心他们。相信有这样一个德育实践平台、这样一条提高班主任综合素养的成长途径，工作坊的全体成员定会在德育这条道路上越走越远。

第二节　基于工作坊的班主任发展的群体案例

工作坊通过其研习活动促进班主任群体与坊员个体的协同发展，也就是工作坊是这两者发展的中介。世界上一切事物都通过中介，"一切都在中间环节融合，通过中介过渡到对方"。工作坊中的班主任群体发展离不开工作坊坊员的个体发展，正是班主任个体的发展汇合成了班主任群体的发展。同时班主任群体发展与工作坊的发展也有着不同，工作坊的发展意味着工作坊作为一个组织在发展，主要体现在工作坊的组织效能上，通过工作坊的组织建设、文化建设与研习活动、孵化功能的发展与提高，才能实现工作坊的组织发展。班主任群体发展可以是班主任个体的一定数量的集合、共同的发展，主要体现在个体班主任素养提升的群体面貌，或者是工作坊下的坊组团队的发展。成员的共同发展是群体发展的主要特征。工作坊可以在以下五个方面进行努力，以实现基于工作坊的班主任群体的发展。

一、调动参与：赋予坊员必要的权力

给予充分赋权是工作坊的坊员群体发展的必要条件。在工作坊中，我们要给予坊员研习自主权、工作领导权、专业发展权，要调动坊员们参与工作坊的调研、决策、评估等重大活动。要让坊员参与工作坊内部制度制定，对工作坊研习工作上的责、权、利分配是否具有对等性发表意见；要让坊员们拥有丰富的研习资源，学校应该提供必要的人力资源与物质资源；要让坊员参与和影响工作坊组织文化的培育，认同工作坊的文化营造。坊员群体在工作坊组织文化中有着广泛、深刻的影响，因为工作坊的团队文化是由坊员群体共同培育起来的，他们对工作坊的价值观念、思维方式、行为模式和孵化环境有着重要的影响力。

工作坊要调整坊组与坊员在研习工作体系上的结构关系，改变科层制的上下级关系和唯命是从关系，使坊员群体能够自主能动地根据具体班级工作情境处理研习工作。学校安排班主任参与工作坊的研习，其实质是对班主任利益诉求的尊重，忽视坊员的工作坊权力与领导力是对不同成员、团队利益诉求的否定，也必然引发坊员们对工作坊领导力分布的冲突。赋予坊员必要的权力意味着赋予教师参与领导的机会。对坊员进行赋权，使他们在工作坊工作上进行公开讨论，为增强坊员群体参与工作坊领导设定合理机制，体现坊员群体对研习工作决策的自主权。

二、目标展望：坊员参与课程愿景的设置

工作坊中的群体发展需要以愿景来激励、来激发。优秀班主任核心能力的提升愿景的产生，实际上源于坊员对工作坊研习与孵化的预测和期望。工作坊的研习愿景是全体坊员的期望，是坊员为之努力去实现的目标。坊员参与工作坊研习愿景的确定使他们获得了尊重感，会引发他们参与研习的积极性。研习愿景要产生强大的激励作用，必须让坊员深度参与工作坊研习愿景的确立，在这个过程中坊员获得对愿景产生的深度体验、对研习愿景的深刻理解，从而激发出实现研习愿景的热情与责任感。坊员在研习愿景确立过程中，需要以对工作坊现有研习及其与研习相关的事物的准确分析为前提，通

过对不同条件下工作坊研习动态发展趋势的分析，确定在现有条件下工作坊研习会向什么方向发展，如果这个方向并非工作坊追求的目标，那么可以通过怎样的途径、改变工作坊的哪些因素，使其达到工作坊的另一种条件，从而实现工作坊研习发展向一个合理方向跃进。工作坊研习中思考这些问题的结果，同时也是他们自己付出心血与智慧的过程，会让他们感到是“自己的”感觉。这不仅增强了坊员群体研习决策能力，也会提升他们的研习执行能力等。

三、组织保证：坊员成为研习的团队成员

最理想的工作坊是每一个坊员都是一个优秀的工作坊参与者与领导者。温格（Wenger, 1998）认为，个体从实践团队中获得对自身工作的理解，并在团队中将他们的认识付诸实践。团队的成员对他们的工作有着共同的认识，个体成员通过一个学习的过程被吸纳到团队当中，从而跨进团队的门槛儿。温格还认为，个体从实践团队的成员身上获得身份认同，然后参与到团队当中。“实践团队是组织个体学习的资源，同时是个体证明自己的地方，个体参与其中，共同进行团队学习，这就是参与的认同。”（Wenger, E: Communities of Practice: Learning, Meaning and Identity, Cambridge: Cambridge University Press, 1998）工作坊要通过各种组织形式让坊员充分参与研习活动的组织与实施，让坊员表现出研习活动的领导力，例如，工作坊下面设立工作坊组，坊组是坊员之间围绕着优秀班主任核心能力方面共同关注的问题而组建的，可以充分发挥坊员的领导力与专业能力。通过这些团队使坊员的归属感增强，有利于他们在工作坊中发挥领导力，坊员也能够从中体验到自治的感觉，以至于能够自由地探索工作坊研习问题，从而把决策权分布到坊员之中。

四、环境支持：营造结构性组织支持系统

工作坊坊员群体发展，除了坊员本身要具备强烈的研习意识和主动行为外，还必须有外部支持，营造支持性环境。工作坊必须创设“支持性环境”，这是一种能促使坊员群体发展研习能力以及研习领导力的环境，是一种民主、平等，鼓励坊员创造性地从事研习工作的环境。工作坊应该为坊员群体提供支持性的智力环境，有一个学习型的团队，以学习作为坊员发展的方式，以学习作为坊员工作的方式。在学习的环境中，使坊员之间通过交往与对话相互学习。智力支持不仅有利于坊员群体增长研习教学能力，还有利于坊员群体提升研习领导所需要的新能力，如研习设计能力、研习评价能力、研习开

发能力、研习决策能力等。

坊员群体对于工作坊的积极性，同学校的“支持度”（supportiveness）具有正相关关系。坊员研习的表现与绩效有着差异，但是通过结构性的支持系统就有可能在这一平台上开发和提高坊员们的积极性。最佳的支持来自工作坊全体坊员的支持，包括坊员领导者。而学校的支持也十分重要，不仅要为坊员群体提供必要的充足的资金、设施，让坊员感到资源充足、支持力量雄厚，而且更要给予软性的支持，赋予坊员研习领导的权力。信任坊员是激发坊员研习领导力的关键。工作坊领导者要高屋建瓴，深刻领会并树立坊员研习领导力的理念，为坊员营造宽松的工作环境和行为空间。工作坊要排除来自校内外的不利于工作坊发展的舆论，为工作坊的创新与发展辩护，并且要为推进工作坊创建的资源、时间、空间、资金等的提供和整合作出积极努力。要保证充足的时间，即让坊员群体有充足的时间提高优秀班主任核心能力，研究和改进研习，增加与外界的联系，为坊员研习提供最大时空。

○ 案例47：

“工作坊”共成长

韩雯珏

学校的市级课题《基于工作坊的优秀班主任核心能力培养的群体案例研究》申报成功，随之各项工作有条不紊地开展起来。我们积极投入课题研究，也希望能够在工作坊中不断锤炼，提升自己的班主任核心能力，使自己成为一名优秀的班主任。

“萌芽”工作坊，成立啦！

在工作坊的第一次会议中，我们畅谈了自己在工作中的困惑、期望班主任核心素养有所提高等。韩老师说：“希望通过班级活动、班会等形式，来解决班级中存在的问题。在面对班级问题时，能够更有效地决策和解决。”沈老师说：“班级中有个别学生的行为规范存在较大问题，然而学生的个体差异又是巨大的，如何能够找到合适的、有针对性的方法去教育学生，一直困扰着我，也请有经验的班主任给我支支招。”徐老师则说：“我的班主任经验比较少，在班级管理中也遇到了不少问题。我对怎样提高管理学生的能力、加强班干部的培养比较感兴趣。”……大家对于如何管理好班级、提升班级工作的决策能力有兴趣，有需求。于是，我们找到了志同道合、有共同愿景的坊员组成了我们的“萌芽”工作坊。同时，我们推荐了班主任工作经验丰富的韩老师作为我们工作坊的坊主，助力工作坊后续研习活动的有序推进。

研习计划，我们是认真的

“萌芽”工作坊成立后，我们对研修主题进行了深入探讨，以确定这一主题是否值得我们花一段较长的时间来进行探索和研究。

沈老师说：“我们的研修主题就应该从我们急需解决的问题出发，以解决问题、提高班主任能力为目标。”

张老师说：“在我们的班主任工作中，我们会遇到各种各样的问题，班级和学生往往就是我们教育问题产生的地方，面对这些问题，怎么才能及时作出正确的选择来解决它们，值得我们深入分析，仔细研究。”

韩老师点点头，说：“我同意大家的想法。我们在工作坊中的学习和研究，就是为了破解我们平时遇到的各类班级工作问题，最贴近我们的最近发展区。研修主题也一定是能够与解决班主任核心能力发展的瓶颈问题有关的，能够让我们得到更好的发展。”

赵老师附和道：“我们可以对自己的一些问题进行梳理，发现想要提高的班主任核心能力。我们这里有年轻的班主任，也有经验丰富的骨干班主任，研修主题应有一定的高度，能够提高我们的研究学生能力。”

……

我们通过协商，确立了研习目标为“提高分析能力、判断能力、决断能力，在实践中提高决策的应变能力，整体提高班主任的决策能力”，并制订了工作坊组研习计划。对于研习的方式，我们也展开了积极的交流。

研习方式为“研读学习—案例分析—主题研讨—经验分享”。之后，各位坊员又针对自身和班级的具体情况制订了工作坊坊员研习计划。我们准备在研习计划的引领下，共同学习，积极探讨，交流经验……大家分头查找文献资料等关于领导力和决策能力方面的学习材料，在自主学习的同时，把学习的收获、经典的内容在工作坊活动中进行交流和共享。我们还会随机地把自己学习到的好方法、好内容共享到QQ群中，共同进步。如果遇到了问题，我们也能积极讨论，及时给予意见与支持。不知不觉间，工作坊把我们之间的关系拉近了,使我们互相帮助,互相成就。

问题研讨,集思广益

记得在一次工作坊研讨活动中,韩老师提出了班级中存在小团体现象,一些同学无法较好融入集体,缺乏人际交往能力。通过前期的研读学习,了解了一些有效的决策方式和有效策略。针对这个问题,她提出了几个解决方案,如找个别同学谈心,帮助他融入集体;让班干部发挥作用,带这些同学一起活动等。听了韩老师的分享后,大家展开了热烈讨论。

张老师率先发言:"你的方案在实施前,最好引导问问学生的意见和想法,了解他们的意愿,让学生共同进行决策。教师和学生形成共识后,方案的实施效果应该会更好。"

赵老师说:"我觉得,你可以通过班队活动的形式,让学生体会融入集体的快乐,明白我们要接纳不同性格、不同爱好的同学,尊重他人,友好相处。"

沈老师说:"决策要在充分了解学生的实际情况后,进行恰当判断、分析,最后形成有效的实施策略。"

赵老师又说:"这方面的内容还可以和心理老师交流一下,让她对提升孩子的交往能力、融入班集体等方面提提建议。"

……

大家的交流让韩老师若有所思,总结各方意见,也请教了学校的心理老师关于人际交往方面的心理学知识和技能。她重新制订了切合学生实际的可行性方案,在班级中实施了班队会"请牵我的手"。之后,班级的氛围变得更为融洽,学生们乐于结交新朋友,用恰当的方式与人交往,提高了人际交往能力。

以此活动为契机,在与工作坊成员的交流中,不断碰撞出思维的火花,也加深了大家对一个好的决策的认识,在"学中做",在"做中学",一点一滴提升着我们的班主任核心能力。活动的成效也提升了大家的自信心和成就感,让我们要成为优秀班主任的愿望变得更加强烈,学习的热情满溢。

由表及里:案例分析→主题研讨

在坊主韩老师的主持下,"萌芽"工作坊齐聚一堂,开展决策类案例的分析路径主题研讨活动。本次工作坊研讨活动以班级工作实践为载体展开,大家先各自阐述自己在班级工作中使用决策能力的相关案例,然后围绕案例中进行决策的分析路径进行了热烈讨论。

在研讨中,我们也把在解决班级问题中遇到的困难和决策实施中的困惑及时提出来,进行深入交流。

青年班主任徐老师提出了自己的疑惑:“班干部的能力高低直接影响到班级的发展。我希望提升班干部的能力,对他们展开指导和培训,培养一支素质良好、认真负责、积极肯干、能高效开展工作的班干部队伍。我仔细地设计了方案,但是在方案实施后,我却遇到了问题,不知道为什么,并没有达到我的预期目标。”

沈老师点点头,说:“我在处理班级学生行规问题时,一开始也不清楚该如何制订方案,是张老师建议我去看一些学生行为规范教育问题的案例,向优秀的班主任取经。你也可以去看看培养班干部的书籍。”

“为了实现这个目标,我也查阅、搜集、学习了一些相关书籍和优秀班主任的经验。”徐老师说。

韩老师想了想说,诚恳地指出:“其实,应该是你的目标还不够明确,班干部的能力涉及很多方面,比如班级管理能力、服务能力、交际能力……那你到底想培养班干部哪方面的能力呢?只有找准目标,把目标想清楚弄明白了,你制订方案的方向才不会出现偏差,没有明确的目标,你的一切努力都是徒劳的。”

徐老师眼睛亮了亮,似有所悟:“真的是这么回事儿,班干部的这些能力我都想培养,但是凡事不能一口吃成个大胖子,是该想清楚先培养哪方面能力,有个更加清晰的目标。”

韩老师接着说:“是的,我们在遇到问题时,往往急着去解决它,却没有仔细地去想一想我们做这件事的目的是什么。解决某个问题就应该为自己设置一个清晰的目标,这个意识很重要,值得我们用心培养。”

“我在实践中也发现,确定的目标不能离我们的实际太远,难度适中更为合适,可能是你现在还达不到的,但是跳一跳就能够得着的目标。我们也要找找自己的‘最近发展区’,不知道这样用合不合适。”赵老师感慨道。

韩老师补充道:“目标,讲的是我们‘做什么’,指向结果。方案,讲的是我们该‘怎么做’,指向过程。在明确目标的基础上,我们还要把目标转化为可以直接执行的方案。”

……

在讨论中,大家对如何在班级工作中进行决策达成了共识:

第一,作出决策前,我们一定要先确定明确的目标,目标明确了,才能有的放矢。

第二,确定目标后,根据目标制订可供选择的多种方案。制订方案,便于整理思路，理清逻辑，便于按照轻重缓急依次确定方案内容，使工作实施更有条理性。多种方案的制订，则可以拓宽我们的思维，让我们积极思考，想出更多的办法，也有利于我们找出最优方案。

第三，在多种方案中选择最合适的方案。在决策时，应该进行“理性化决策”，避免“直觉性决策”。在做选择前，先要找准问题的主要矛盾，针对主要矛盾来选择方案，甚至跳出问题，寻求其余更多的选择。然后，将问题量化分析，可以帮助我们更全面地看问题。最后，在决策时，我们还应注意“去情绪化”，适当纳入“可能损失”等去思考，尽可能配备一套应急方案。

研讨之后，坊员们又进行了深入的反思。正如荀子在《劝学》中写道：故木受绳则直，金就砺则利，君子博学而日参省乎己，则知明而行无过矣。我们通过广泛阅读和学习，结合理论与实践，不断检查反省自己在决策过程中的思考和行为，使自己的决策能力不断提高。

由浅入深：经验提炼

经过一段时间工作坊的研修，我们也对学习和实践中的经验进行总结。韩老师和张老师把大家的交流内容总结提炼成了班主任决策方法流程图，如下：

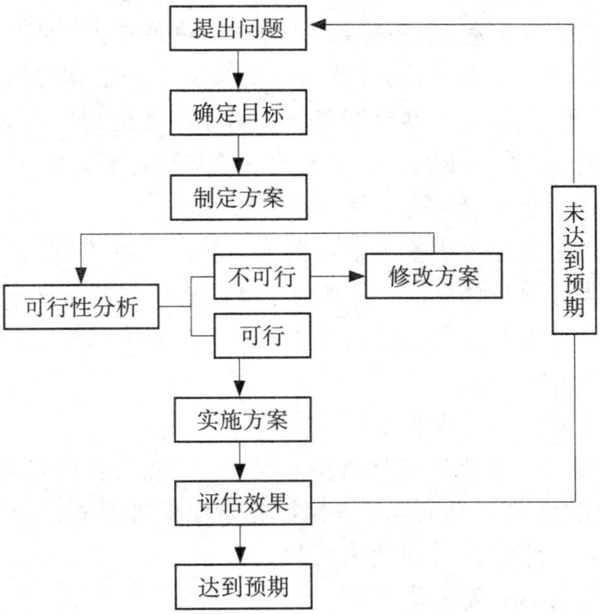

图1　班主任决策方法流程图

我们也总结了作出决策的关键七要素。

要素一：对问题进行分类

遇到的问题是普遍存在的，还是个别特殊的？普遍的问题需要通行的解决方案，个别的问题则针对特殊情况进行解决。

要素二：对问题进行定义

先要搞清楚“问题的真实情况是怎样的”“哪些与问题是相关的”，弄清问题的本质才能进而解决问题。在同一情境下，问题的不同定义也会直接影响到问题的解决。我们可以尝试多种定义，从不同角度分析对比，寻找真正要解决的问题是什么。

要素三：多想几个方案

当我们遇到问题时，总是希望能够快速解决。因此，一旦有了解决问题的方案，很多人就会仓促执行。这种行为潜在的问题是，首先想到的方案往往并不是最优方案，尤其当这个方案来自自动的思维模式，实际上可能未经过严谨的考虑。我们应尽力寻找更多可选方案，才能增加找到最佳方案的概率。此外，设定具体指标有利于更多方案的产生。

要素四：对方案进行选择

在多种方案中，选择正确的、最合适的方案。选择方案时必须保持理性选择，不论是支持或否定，都要有具体的依据，决策者在作决定前不应该预设立场，偏向任何一方。同时，为了在实施方案前更全面掌握执行过程中可能出现的各类情况，我们可以预设即将执行的方案已经彻底失败，据此提出尽可能多的失败原因，在此基础上再进行更加系统的分析。

要素五：让学生接受你的决策

影响他人，是领导力中重要的一部分。在执行决策前，需要充分表达你的想法，让学生感受到你的出发点是为了整个班级或某个学生或某部分学生的积极发展，为学生展示这个决策可能带来的改变和积极面。学生接受你的决策，才能有效执行决策。

要素六：坚定地执行决策方案

在确定方案后，就要坚定地落实决策方案，扎实抓好各项任务的落实。只有将决策转化为切实的行动，将执行决策作为班主任工作任务和工作职责，决策才是真正制定了，才是有意义的。

要素七：以实际成效检验决策

我们要以方案执行后的实际效果来检验决策的有效性。要认真倾听学生的想法和意见，真心帮助学生解决他们的问题和困难，不断提升学生的安全感、幸福感和获得感。

在最后一次活动中，大家分享了自己的出坊小结，也谈了自己在工作坊研修的体会与收获。

沈老师说："工作坊的活动让我收获很多。让我在考虑问题时能够更加全面，遇到问题不再那么急躁，不再盲目主观地处理学生的问题。就像达尔文的自传中提及，在完成《物种起源》的过程中，他一直遵循着一项黄金法则：一旦遇到与他的研究结果相违的事实和观察，他会立刻记录下来，因为他发现否定的信息比肯定的信息更容易从记忆中溜走，这个习惯让他的研究主张有更全面的考虑。我也会用这一黄金法则不断勉励自己，成为更加优秀的班主任。"

"是的，在学习和实践中大家给予了我许多帮助。班级中发现的问题，当我想不到更多方案时，是工作坊的坊员一起帮我脑力激荡，拓展思路；当我不知道该怎样选择最优方案时，是沈老师、赵老师分享学习资料，和我一起研读分析；当我执行决策时遇到困难，是韩老师给我建议去听听学生的想法，真诚与学生交流，从而获得了学生的认可，才顺利地实施了决策。吴老师也经常把她的丰富经验与我们分享，是工作坊的坊员给了我这个年轻的班主任坚实的后盾，谢谢大家！"徐老师真挚地感慨道。

赵老师回想道："想想在工作坊的这段学习时间，让我进入了一种非常棒的学习状态。我阅读了3本关于领导力和决策类的书籍、5篇相关期刊文献，学到了很多先进的理论知识，让我的班主任工作变得更有底气。我在《直觉的力量》一书中，学到了心理学家加里·克莱恩提供的一个逆向思考的方法。按照他的建议，在执行方案前，为了充分考虑风险，应对方案进行'事前验尸'。'事前验尸'可以减少决策中的失误，许多决策的错误都源于对问题过度乐观地预期。组织比个人更能抑制乐观情绪，在决策确定之前，我们应该与对这个决策有所了解的相关人员进行一次讨论，从决策为什么会失败的角度谈谈各自的看法，可以提前发现决策中过度乐观的部分，从而减少决策失误的可能。"

"不断追问'还有什么方案'，争取解答就是产生新方案的过程。比如，面对方案A和B，当我们专注于选择A还是B时，很难看到和创造出新的方案。在《觉察力》一书中，马克斯·巴泽曼曾建议，我们要摆脱这样的困境，可以通过提出这个问题：选项C是什么？作为某电台节目的连线嘉宾，他曾几分钟内在给定的A和B之外，成功提出了新选项C。这让我深受启发。”张老师说。

韩老师点点头，微笑着说：“虽然我已经做了十几年的班主任，在你们看来算是班主任经验比较丰富的了，但是其实在你们的身上我也学到了很多。在工作坊里，作为坊主要组织大家一起参与工作坊的活动，我总会问自己：‘活动的主题能吸引大家积极参与吗？’‘活动能给大家带来什么？能帮助大家解决班主任工作中的问题吗？’‘怎么样做能够激励大家更主动地投入我们的学习中去？’等等，反反复复地思考，认真地组织我们工作坊的活动，提升了我的活动组织能力。在与大家一起讨论、反思、指导的过程中，也让我对自己班主任工作中的许多做法进行了‘复盘’。这是我新学到的一个词，它原本是围棋的术语，在下完棋后，重新在棋盘上把对弈的过程摆一遍，看看哪些地方下得好，哪些地方下得不好，哪些地方可以有更好的下法，等等，对弈的过程进行还原、分析、研讨的过程就是复盘。”

“这就是说我们把自己的班主任工作、处理解决问题的过程重新回顾、分析、反思，想想哪些地方做得好，哪些地方可以有不同的做法或更好的办法，复盘我们的班主任工作是吗？”张老师说。

韩老师继续说：“嗯，做完事后，把事情处理的过程仔细地想一想，从自己和他人的工作经历中学习。‘复盘’有三个关键词——亲身经历、过去和学习，这是在经验中学习的方法。每次给大家提建议之前，我都要先去进行思考、深入地分析和反思自己原有的一些想法和经验，找出这么做的根本原因，这些做法的好处和可能存在的问题等，让我能‘知其然，知其所以然’。从‘画中人’变成‘画外人’，重新审视，发现事件中的一般规律，思考哪些做法是值得继承和推广的，不断总结和提炼，在给你们出主意的时候能够更专业一些。在这些过程中，不仅帮助了你们解决班级中的问题，也让我自己把许多班主任经验转化为班主任核心能力。”

徐老师对工作坊活动谈了自己的感受：“工作坊的活动从我们班级中的实际问题出发，满足我们学习班主任工作的迫切需求，比集体学习更具有针对性。在这里，还有经验丰富的张老师、韩老师精心地‘一对一’指导，教我们怎么做，如何解决问题，在他们的身上学到了很多，认真的学习态度、处事的严谨条理、对于问题追根究底的探究精神、对于学生的真切关爱，都值得我们年轻的班主任学习。”

“本期工作坊活动结束了，我会把学到的理论和知识，运用到实际班主任工作中去，在实践中不断提高自己的班主任核心能力，严格要求自己，向成为让学生喜爱的优秀班主任这一目标不断前进。”赵老师信心满满地畅想。

我们在工作坊中，带着问题学习理论知识和方法，平等地进行交流与分享，形成互相学习、互相探索、互相切磋的良好氛围。大家以提高各自的班主任核心能力为目标，互相学习，共同进步，努力成为一名优秀的班主任。

案例分析：

一、研习策略：预设生成深度研习

在“萌芽”工作坊中，我们根据大家的共同愿景，预设了研习的目标——“提高分析能力、判断能力、决断能力，在实践中提高决策的应变能力，整体提高班主任的决策能力。”对于坊员各自班级遇到的生成性问题进行学习、讨论、反思和总结。同时，为了加深我们研习的深度，不能脱离理论知识的学习。学习决策能力方面的理论书籍，可以帮助我们迅速了解一个陌生的领域，理论知识能为我们提供一套思考问题的方向和思路、解决问题的逻辑顺序、做事情的一些具体方法等。任何一个领域，都有许多杰出的创造者和优秀的从业者，他们的尝试与探索，将这一领域的知识系统地传授给后来者。比如，韦斯利安的大学心理学教授斯科特·普劳斯的《决策与判断》，信汇中正领导力机构的《决策必读12篇》等，都为我们分析问题、理清思路，提供了可供借鉴的方法和经验。

但是，我们也深刻地认识到，学习了理论知识，还要躬身实践。理论知识就像“武功秘笈”，它是前人对自身经验的系统总结，存在个人的差异性和时代的局限性，难免会有不足之处。这就需要我们在学习理论的基础上，在班主任工作中结合自身特点，结合班级学生的具体情况，来形成自己的决策思路和方法，在实践中发展自己的创新能力。

二、价值观引领：“做更优秀的自己”

广泛的社会认同与思想共识是一切事业顺利推进的前提。在工作坊中，我们通过“做更优秀的自己”这一核心价值观来引导坊员积极的、健康的价值观念，改善坊员的心态，提高坊员参与工作坊的积极性。

对于工作坊的每位成员，存在各自的差异性，有青年班主任、有骨干班主任，我们不提倡盲目攀比，但可以立足自身与自己的昨天进行比较，每个人都是要不断进步的，都想成为更好的自己，而“做更优秀的自己”就是以此为出发点。从坊员的角度提出的价值观，让大家更加乐于接受，更能得到大家的认同。

在工作坊的研修主题讨论中，大家热烈地发表自己的想法。沈老师说："我们的研修主题就应该从我们急需解决的问题出发，以解决问题，提高班主任核心能力为目标。"张老师说："在我们的班主任工作中，我们会遇到各种各样的问题，班级和学生往往就是我们教育问题产生的地方，面对这些问题，怎么才能及时作出正确的选择来解决它们，值得我们深入分析，仔细研究。"赵老师说："我们可以对自己的一些问题进行梳理，发现想要提高的班主任核心能力。我们这里有年轻的班主任，也有经验丰富的骨干班主任，研修主题应有一定的高度，能够提高我们研究学生的能力。"……从大家的发言中，我们能感受到坊员们对于自身发展的迫切希望。

价值观内化为人的意识，只有内化于心，才能外化于行。通过引领价值观，使我们工作坊能心往一处想、劲往一处使，必将推动工作坊奋力前行。

三、双向建构：组织与个人

（一）工作坊促进坊员积极成长

班主任工作坊的建设是学校培养优秀班主任的重要保证。工作坊的团体力量可以促使其中的每位班主任快速成长，能快速提高班主任的素质，能够凝聚班主任个体，在注重组织长期发展的同时关注班主任个人的发展，促进班主任个体的学习和工作。

班主任工作坊为我们创设了轻松、高效的学习氛围，团队学习激励我们不断提升自我，积极地投入学习和实践中去。当你感到孤独、沮丧时，当你感到无助、不知所措时，团队就像和煦的春风，驱散心头的雾霾，带给你安全、关怀、信任、温暖……你会被温暖包围着，共同前行。大家会热心地出谋划策，制定策略和计划，会帮你梳理头绪，带你走出一团乱麻的思绪。

班主任工作坊形成资源共享的平台，能为班主任提供不断学习、不断进步的可能。当我们解决问题后，会及时总结、反思和提炼。班级问题还未有效改善的坊员，则针对问题与坊组中有经验的班主任进行后续交流跟进，重新分析问题，制订方案，在骨干班主任的指导下继续进行实践。同伴间的支持与鼓励，也成为我们不断学习、不断研究的动力，提升内驱力，让学习和研究成为自身的需求，它促进了优秀班主任核心能力的提升。

（二）凝聚合力，促进工作坊不断发展

在工作坊的活动中，坊员们针对提出的问题进行学习和研讨，在交流与沟通中激发出共同的目标——成为一名优秀的班主任。在共同愿景的前提下，大家通过工作坊凝聚在一起，融为一体。坊员的凝聚力在一系列的学习和实践活动中逐渐形成。坊员在活动的过程中，需要互相合作，协同学习，共同进步，通过工作坊活动来促进合作，增进信任和感情，从而形成团队凝聚力。团队既要有共同的发展方向，又要有个性化的成员个人提升计划。坊员个人为了提高自身素质和能力，会自动自发地进行学习与实践，在教育教学中不断试行研讨中的创新之举，提升自身的核心能力。个体素质的增强又不断提升团队整体的素质，形成了互相促进的良性循环。工作坊也是一个生命体，每一个工作坊的成员是其中的一分子，每个成员焕发的积极性、创造力、精神素养，凝聚成强大的合力，推动着工作坊发挥强有力的生命律动。

四、落实计划：提升研究学生的能力

我们以工作坊的坊组计划为指引，在工作坊活动中通过研读学习、案例分析、主题研讨、经验分享等研习方式，以实现我们的研习目标。在落实坊组计划的过程中，采取“坊主督促，坊员自检、互检”的原则，对于计划的实施情况进行检查、督促和验收。坊主制作坊组计划检查验收表，即将完成的学习任务和工作坊活动的时间、进程列成表格，完成一个项目，就打一个勾，以便于检查和督促，一个月进行一次验收。如果没有完成计划中的任务和活动，则应查找原因，想办法确保计划的全面落实。同时，坊员也制作自己的研习计划检查验收表，进行定期的自我检查、自我督促、自我验收。

班主任工作坊是理论学习与实践相互结合的培养方式。班主任工作知识和经验较少的学习者，可以通过理论学习或在同伴中优秀班主任的指导下，通过真实情境的实践获得该活动的知识与技能。工作坊中，班主任自身就是研究者及最重要的参与者，工作坊让班主任能够在平时的工作及实践中得到培养和提升。从班主任自身或班级中的问题展开研究，更能激发班主任的学习热情，更符合班主任的成长与发展。班主任可以在工作坊中逐渐学习和参与实践来提升班主任的工作能力，促进成员间共同提升班主任核心能力，从缺乏班主任工作经验的新手变为具有研究学生能力的具有丰富经验的优秀班主任。

工作坊的建设过程也是一个不断修正的过程，需要成员分工合作，需要有研究的精神，反复分析和思考，要倡导创新发展，不断研究与探索。我们在工作坊中携手共进，向着共同的目标不断努力，相信“萌芽”将成为一棵参天大树。

○ 案例48:

同学习,促发展,共成长

顾圣君

自班主任工作坊成立以来,我们小组的研习目标是基于反思的生态位异学生教育能力发展,提升班主任生态营造能力。基于这个目标,我们坊内的教师们主要针对三类学生进行观察和研究,并利用工作坊的研习模式,提升对班级生态位的营造能力。三类学生分别是:学习困难学生、行为偏差学生、个性特长学生。本学期研究重点是学习困难学生的教育问题。

一、探讨和制定研习策略和计划

我们小组以教龄为10年以下的青年教师为主,只有两位教师是十几年教龄,其余都是教龄在10年以下的年轻教师,教授学科是英语和数学,有两位英语教师目前是班主任。年轻教师的优点是有活力有朝气,喜欢尝试新事物,有强烈的求知欲,有快速的行动力,不足之处是缺乏班主任管理经验和教学经验。因此,针对坊员的优缺点和坊内的异质特征,我们一起商讨了研习的策略,采用"自主合作交互研习策略"开展坊内工作和研习活动。在工作坊的研习活动中,我们既有定时活动,也有不定时活动,随时随地、运用各种方式交流讨论,通过坊员分享自己的困惑难题,坊内积极讨论,集思广益出谋划策,特别是两位班主任的管理经验在坊内起到了非常大的作用,能帮助我们找到有效合理的班级管理策略。同时,我们提供的案例和反馈也给班主任们带来了可供研究的材料,通过工作坊的研习,达成了双向建构互助学习模式,使每个坊员都能得到学习机会、成长空间和专业发展。因此,工作坊成了我们的教育观念引领基地,我们相互扶持,通过创设良好健康的研习环境,帮助每位坊员快速成长,提升班级生态营造能力。

本学期的研习计划,主要分为三个阶段。

第一阶段讨论和学习阶段。

本阶段主要是组员间通过自主学习,再相互学习和讨论,并推荐每位组员一个月读一本相关书籍。每周一次集体讨论,方式为线上或线下,采用随机的形式,可以是全部组员聚集在一起讨论,也可以分学科进行讨论。每个组员简要记录讨论内容和自己的所思所感，根据本学期研习主题和目标，实践和撰写自己的研习案例。

第二阶段案例研讨和实践阶段。

集中探讨教学中遇到的案例，每个坊员选取最为典型的案例为坊内讨论点，特别是两位班主任，在日常班级管理过程中，对于学生的行规和学习，有更多的讨论案例。接着，在共同讨论的基础上，再选取最典型的案例，作为工作坊本学期研究案例，集体研究和讨论。记录讨论过程和结果，总结和撰写案例。

第三阶段撰写案例报告。

每位组员依据典型案例和自身实践收获，撰写案例报告，总结和反思研习过程和方法，并反思研习目标是否达成，达成度如何，为后期研究积累素材和经验。

在三个阶段中，最花时间并且大家一致认为最有收获的是第二阶段。在第二阶段中，组员们相互取经，相互点评，每位组员提供一个自己教学过程中最具代表性的案例，在组内进行共同探讨，各抒己见，相互帮助和提出意见。最后每位坊员把收获转化为文字，进行案例撰写。

在本学期的工作坊研习中，每位坊员在研习主题和目标的引领下，撰写自己的案例，此篇案例是根据工作坊的研习策略和计划选取的其中一篇比较典型的案例，旨在说明通过工作坊的发酵和促进作用，工作坊成为各坊员在各自的成长道路上的引路明灯。

二、实施和总结研习成果

在工作坊前期的讨论中，大家发现了一个共性：虽然老师的出发点都是为了学生的身心健康发展和科学知识学习，但由于大家用的方法欠妥，比如面对学困生，经常会从负面来评价学生，或者说话的语气不好听，感觉就是在批评学生。这样的教育后果是，有些学生非但没有改正身上的问题，还觉得老师是在针对自己，此种方式的教育不但没有帮助到学生，还破坏了师生关系。任课教师和学生相处的时间不是很长，而班主任作为学校中学生的“父母”，在教育学习困难孩子时更要注意方法，运用有效且让学生容易接受的方法，帮助学生改正身上的问题，不仅提高了学生的科学文化素养，更重要的是保持学生的学习兴趣，促进学生的身心健康发展，让学生快乐成长！

以下是一篇我自己班级学生的案例，通过此案例在工作坊的分享，通过各坊员特别是班主任老师给的建议，让我改变了对学困生的教育方式，从原本过于重视学习成绩、忽略了孩子的身心健康发展，到现在从正面引导、关心关注孩子的心理健康发展、注重培养孩子的综合能力素养。通过这个案例，见证了工作坊对于促进教师的专业发展和班级管理能力，起到的极大的推动作用，通过工作坊的学习形式，让我有了学习和交流的平台，有机会向班主任学习，有机会向各位老师学习。在工作坊中，我们同学习，共成长！

（一）案例描述

小刘同学是全班背单词最困难的学生，一般学生非常容易背的单词，对他来说也困难，而且今天背明天忘，记不住。在学习上有记忆问题的学生不在少数，他们也是学习困难学生的典型，特别是语文和英语学科，对记忆力的要求比较高，记不住内容，非常容易导致这门学科的学习效果不理想。

在工作坊讨论中，我把这个案例拿出来和大家分享，一是案例比较典型，有共通性，二是我也为如何提高孩子的学习伤脑筋，因此迫切想得到坊中老师们的帮助。第一次的讨论中，大家给了我很多建议，并帮助我一起制订了帮助该学生的计划方案，特别是两位班主任老师给了非常棒的意见。

1. 从正面引导，多鼓励，不用批评式的语言和孩子沟通，面对孩子的缺点和问题，耐心劝导，帮助孩子一起改正。注重与孩子的情感交流，多倾听，帮助孩子克服心理焦虑。

2. 寻找孩子身上的闪光点，多和学生谈心，了解学生的想法，多用倾听的方式和孩子交流，成为孩子的知心好友。

3. 多和家长沟通交流，从积极的角度和家长沟通，不说孩子不好的话，多强调孩子最近的进步，对于需要改进的方面，从提建议的角度出发。

4. 在班级中，多表扬、鼓励和肯定孩子的优点，建立孩子的自信心，相信他自已能做好。

5. 对于孩子在学习上的问题，寻找各种时间，耐心帮助孩子寻找有效的学习方式，并私下提供各种帮助和辅导。

大家一起罗列了几项工作要点，接下去就是实施阶段。

实施阶段一：发现孩子优点，培养孩子兴趣和特长

1. 学习上不急于求成，实施分层学习法。小刘背单词困难，为了鼓励孩子背单词的信心，早读时让小刘做领读小干部，带领大家一起晨读；周末利用网络视频，给小刘讲解语法题和他一些不会的题目，并告诉他有效的学习方法；正确运用各种激励评价机制，对小刘每天的进步敲一个进步章，集满5个进步章换一份小奖品。

2. 提升班级凝聚力，让每位学生在班级中发光发亮。小刘非常喜欢帮助同学，有学生的笔掉在地上，他会弯腰去捡；班级值日时，他非常积极，我向班主任推荐，让小刘担任劳动班干部；小刘跑步很快，在运动会上，总能看到他在田径赛道上向前冲的帅气身影，每次都能为班级争光。小刘有个兴趣是剪纸，剪得也非常好看，我就鼓励他，剪一些窗花，过新年举办迎新主题班会的时候可以用，小刘非常开心。把小刘的这些优点在班级中和其他同学分享，让小刘认识到自己也是班级中优秀的一员，也让其他学生发现小刘身上的优点。

通过这一阶段的实践，我把小刘的改变再一次分享给坊内成员，并说明了小刘身上发生了哪些可喜的变化，询问下一步我还可以怎么做，还有哪些地方可以改进。各位坊员老师又给了我很多好的建议，接下去是实施阶段二。

实施阶段二：关注学生身心健康，正面引导，提升孩子自信

1. 积极家校沟通，重塑家长信心。在帮助小刘获得成功感的喜悦后，还考虑到，小刘的妈妈曾经也是为了他操碎心，有一次发现小刘的脸上有红印，问他，他很委屈地告诉我是被妈妈打的，因为单词背不出，妈妈就火了。几次家访中，妈妈也是满脸愁容说这孩子真是让她操碎了心，所有时间都扑在他身上，但孩子自控能力差，做作业老开小差。从班级生态的角度而言，家长也是生态位中的一环，提升班级生态位，也必须改善亲子关系，才能帮助孩子更好地健康成长。有一次，我特意请家长来学校观察孩子在校学习情况。我看到孩子在做作业时，妈妈显得很不耐烦，只要孩子一有题目不会，她就皱眉，孩子一做题慢，她就着急，看得出孩子在妈妈的焦虑情绪影响下，一下子慌了神，连会做的题目也不做了，光发呆。为了消除家长的焦虑和孩子的担忧，我劝慰孩子妈妈说："您先别急，孩子的注意力是不太好，但不妨碍他学习，小刘很聪明，他知道自己要学习，只是暂时学习习惯还没纠正过来，我们慢慢来调节，不要过于心急。小刘很棒的。"听了我的话，小刘妈妈脸上出现舒缓的表情，没有之前那么焦虑了。后来我和他妈妈又聊过几次，都是从好的方面来评价孩子，帮助家长处理好亲子关系。之后，可以看出孩子对英语学习越来越有兴趣，学习上的挫败感也转成了自信心。

2. 创造和谐班级生态位。在班级里多表扬小刘的优点，让其他学生发现小刘身上的闪光点，继而让更多的学生愿意和小刘做朋友。后来发现小刘课间和同学们说说笑笑，也和同学们一起玩玩游戏，交了不少好朋友，从原来的形单影只到现在的好友环绕，我感到非常开心。要让每位学生都很好地融入班级大家庭中，提升班级凝聚力。

3. 让每个孩子在班级中都有事可做。根据孩子们的特长，合理分派班级任务，让每个孩子都是班级小干部，小刘之前自理动手能力不强，书包、课桌、椅子下面都比较脏乱，后来让小刘担任了班级卫生小干部，小刘开始重视起自己身边的整洁卫生情况，不仅学会了自己整理物品，有时还能帮助别人整理书包，自主动手能力得到显著提升。

又一个月后，发现小刘简直像换了个人，来到学校总能看到他脸上充满自信的微笑，学习成绩自然提高了，不用我操心，也能自己主动学习。性格从内向自卑变成了外向开朗自信。小刘的案例，让我也得到了很多进步，我为小刘和自己的进步而高兴！

（二）案例分析

1. 工作坊提升班级生态环境

如果把一个班级比作一个生态环境，那么每个学生都是这个生态环境中不可或缺的一部分，而教师是营造好这个生态环境的魔法师。老师是否能营造好班级生态环境，关系到学生的各项能力发展，也关系到班级的未来发展。之前我会觉得，如果一个班级中每个孩子都是优秀的，那么必然这个班级就是优秀班。但现在想想这样的班级就不能体现老师在营造班级生态环境中的重要作用，一个优秀的班主任或老师，是可以动脑子想办法，把每个班级都塑造成一个拥有良好生态环境的班级的。

首先，我们要弄懂一个概念，如何帮助班级中的特殊学生。作为教师，工作当中苦恼之一很大程度来源于各种“特殊”学生，就像我们工作坊研究的三类学生：学习困难学生、行为偏差学生和个性特长学生。这些类型的学生会让我们的教育工作充满了挑战，不管是课上还是课后，这些学生往往是最需要老师关心和关注的，因此也是老师心中最担忧的孩子。教师如果没有有效的方式来教育，往往工作中会显得困难重重或者影响班级整个环境。因此，如何提升教育此类学生的能力，是教师必备的工作能力。

工作坊的作用在于帮助教师提升班级建设，从班级生态到班级文化，从班级凝聚力到班级发展力，通过工作坊的推动作用，促使教师自学和互学相融合，在工作中发现问题，在坊中探讨问题，在工作中实践理论，在实践中思索对策。

工作坊给了教师们一个很好的平台，一个相互学习和促进的平台，一个让老师们能探索和思索的平台，在这个平台上老师们真正能把自己的能力发挥出来。

2. 工作坊促进教师专业发展

通过工作坊的小组学习形式，促进了教师的专业发展和教师的成长。对于青年教师来说，主要以学习为主，把学到的教学新理念和经验放在自己的课堂中，边实践边反思，争取快速成长。很多青年教师都是由师傅带教的，避免走很多弯路，但是也不能所有事情都去问师傅，缺少自己的思考。在工作坊中，我们就有了一个小小的学习园地，一个相互学习和取经的地方，我们有了更多小伙伴一起成长，一起走更远的路。

在工作坊中，我们一起探讨。青年教师由于经验不足，在教学工作中肯定有很多问题和困惑，这些问题和困惑，我们可以一起分享和讨论，相互想办法。就比如如何帮助学习困难学生方面，大家可以相互讨论方法，相互请教，相互学习。

在工作坊中，我们一起进步、成长。工作坊有共同的研究目标和研习方案，我们齐心协力一起学习，一起成长。大家都觉得，在工作坊中大家能通过对共同的学习目标学习研究，解决各自在教学中遇到的问题，这些问题自己解决可能找不到方法，想不出关键点，在工作坊中，大家集思广益，一起讨论，形成良好的学习和讨论氛围，工作坊成了大家成长的摇篮和孵化基地。

3. 工作坊促进教师角色的转变

在工作坊中，有任课老师也有班主任，班主任教师和学生接触时间更多，对学生也更熟悉。因此，在这个坊中，我们不断互相学习，听听班主任的教学故事，让任课老师们受益匪浅。通过不断研讨，我们一致发现，教师不管是做学生的朋友还是做学生的欣赏者，其实都是建立在良好学生观的基础之上。"教师做学生的朋友"这种观念反映出来的，是把学生当作一个与教师人格地位平等的主体人。这个"人"是有人格尊严的，学生的各种合理的需要(特别是人格被尊重的需要)是应该给予尊重的。"做学生的欣赏者"所反映出来的是一种发展性的学生观。学生是发展中的人，是具有巨大潜力的人。所以，不能只看到学生发展中的不足，而应带着一份欣赏的眼光看到学生的发展潜力，看到学生的希望。

三、探讨和展望未来研习目标

经过本轮工作坊的实践和研习，在本学期总结时，大家都有话可写，有素材要写，有经验要分享，每位老师都得到了专业成长和能力提升。工作坊促进了教师专业的发展，也改进了教师的工作方法，更是提升了教师的班级管理能力。因此，工作坊这样的研习形式，一直可以延续下去。

在本学期的研习过程中，从制订计划到实施计划，再到反思，每位老师都收获颇多，从我的所思所想中，觉得我们的工作坊可以改进以下方面，到下学期要做得更好：

1. 在制订研习计划时，在计划中加入具体如何辅导学生的计划，这样能使计划更有针对性，更具体。

2. 在研习过程中，也有比较难改变的学生，在策略实施中针对这样的学生，我们如何改变策略，更有效地帮助学生。

3. 怎样更有效地促进工作坊的发展，更能提升教师的教育能力和促进专业发展。

如果老师是学生心灵成长的生态环境创建者，那么工作坊就是老师班级管理能力的孵化器。在工作坊的学习中，我们积极做一位有素养、有广阔胸襟、有博大气度的老师，与学生为友，当好学生的欣赏者，做好学生希望的耕耘者。通过工作坊的学习，我们明确自己应有与时俱进，不断挑战自我、战胜自我的意识和勇气，才能使自己对学生诚挚的爱得到恰如其分的表现。

如何改进我们的班级生态环境，为了那些特殊的孩子，是我们教师作为一名教育工作者，必须认真对待、好好思考的问题，营造健康向上快乐的班级生态环境，让每位学生在班级中有自己的一方空间。作为教师，在工作坊中，我成长和进步，愿我们每位老师，在工作坊的引导下，同学习、促发展、共成长！

○ 案例49：

心心相印，有效沟通

——记一次班主任工作坊的研训

张　微

研训目的：

现代社会需要和谐与平等的沟通，有了沟通就容易彼此理解，有了理解就便于双方步调一致、协同努力。对于学校教育与家庭教育来说，只有通过有效沟通，保持教育的一致性，形成友好的伙伴关系，家校之间的合作才会有不竭的动力和源泉，家校协同教育才能获得良性发展。加强班主任交流沟通能力的修炼、提升实践智慧已成为现代教育的呼唤和学校发展的需求。就此，长江路小学班主任工作坊在领衔人张微老师的带领下，开展了主题为“心心相印有效沟通”的研训活动，旨在提升班主任与家长有效沟通的能力，从而更好地达成家校协同教育。

研训实录：

一、案例交流同研讨

主题：心心相印有效沟通

案例交流：风雨同舟工作坊坊主——尤祎

1. 尤祎老师谈案例

我们班级中有个孩子叫小浩，自我管理能力比较弱。复学后，和同学们的差距更加明显了，几乎天天都有哭闹的现象。起初，我觉得一年级的孩子上了一个学期后，又经历了三个多月的居家学习，一下子又不适应学校的生活，原谅了他好几次。但是，原谅他的后果就是一次比一次厉害地无休止无理由地哭闹……面对这样的孩子，我第一时间跟家长联系，希望家长配合我一起教育孩子。我用电话沟通的方式跟他奶奶告了状，把孩子最近在学校的表现一股脑地全部告诉了他奶奶，临了，还跟他奶奶说：“好好在家教育教育孩子，这个样子，像什么小学生！”没想到他奶奶一味地袒护自己的孙子，为他找借口，对于我说的事情一点都听不进去。我感觉对这个孩子的教育工作无法开展，也担心他的行为会影响到其他孩子，影响班风。

经过学习和讨教，我意识到自己与家长沟通的方式有问题。家长是我们教育活动的合作者，我应该在与家长保持经常性的联系与沟通中发挥更多主动性，实现平等对话；在与家长的沟通中能注意态度和语气，正视孩子的差异，把握时机、平等商讨，提高沟通的实效。

在小浩又一次发脾气的时候，我试着改变跟家长沟通的方式。在奶奶接孩子放学的时候，我们见了面。一上来我先说了小浩的一些优点：学习能力强，知识面广等，只见奶奶紧绷的脸慢慢舒缓了许多，脸上有了些得意的表情。见状我立刻说了小浩一遇到不顺心就在班中哭闹大喊大叫的事，这次奶奶立刻答应我回家要好好教育。当我听到这句话心里无比地高兴，以为后面开始小浩的坏脾气会收敛很多，没想到第二天、第三天……小浩还是一如既往。等我和家长沟通时，小浩奶奶奇怪地说：“老师，小浩在学校表现那么好，偶尔一次犯错有什么关系呢?”

从这一次次的沟通中,我发现,使用表扬的方式与家长沟通,虽然家长愿意接受,但教育并无效果,令我十分困惑。

在后一次情况发生前,我特地提前和小浩妈妈商量好,找了一个小浩跟爷爷奶奶一起外出的时间到小浩家里家访。经过近两个小时的交流,我了解到小浩从小就是奶奶带大的,奶奶在家“最大”,对于小浩父母教育自己的儿子也要插手。一遇到事情,小浩就习惯找奶奶当庇护伞,免去批评和责罚。时间一长,孩子被惯出了坏脾气,妈妈也很为难发愁。那天,我当场就支招给妈妈,在教育孩子的时候把门关上,单独跟孩子交流,并约定奖罚措施:如果在校的一天没发脾气就给自己添上一面红旗,如果有同学或老师告状就扣去一面红旗,当红旗集到30面的时候就满足他的一个小愿望。我们达成共识,今后互相多沟通,保持联系,找准教育小浩的时机。

这个办法还是有效果的,当小浩想任性的时候,老师提醒他会扣除一面红旗,想想后果,他立刻就控制住自己的情绪。看着小浩在学校中与同学相处融洽,愿意接受老师的批评和教育,我和他妈妈看到了教育的希望。

从“小浩”事件中,我意识到要想家校合作成功,必须跟家长进行有效沟通,而且沟通的方式不能单一,沟通的策略要多样。尤其是小浩这种三代同住、长辈说了算的家庭,可以通过家访的方式,更全面地了解他们的家庭情况;对孩子教育抱有不同态度的家长需要采取不同的说话方式:夸奖式、谈话式、答疑解惑式等。还要经常跟祖孙三代以朋友方式谈心、支招,这样才能在教育孩子上取得成效。

2. 工作坊伙伴话“沟通”

主持人张微老师说:

尤老师以与小浩家长沟通作为一个突破口,探寻与家长沟通的有效方式,提高自己与家长有效沟通的能力。

家校合作的基础是教师,特别是我们班主任,是学校教育与家庭教育联系沟通的桥梁。我们与家长的沟通、交流的好坏,是家校之间能否建立良好关系的关键。班主任繁忙的事务性工作以及学生的家庭情况、家长素质差异等,在客观上影响了我们与家长的有效沟通,但这些可以通过改进我们同家长沟通的理念、提升沟通的技能来改善。班主任如何与家长进行有效沟通是学生教育和班级管理中的关键问题,这种能力也是成为一名优秀班主任的核心。

在平时的工作中,我们与家长的沟通存在这样一些现象:沟通意识不强,缺少主动交流；沟通话题单一，以反映学生问题居多，缺少为家长提供专业帮助；沟通艺术缺乏，不善于倾听，以居高临下、教育、命令、责备的谈话方式为多；班主任工作不够周全，对班级特殊学生的表现、个别家庭的需求关注和了解不到位。其中，班主任在沟通中缺乏对家长的理解和尊重，对于家长来说是最难以接受的，甚至引起反感。这样不仅影响了教育孩子，也无疑阻碍了家校沟通和协作。尤其是“后疫情时代”，我们迫切需要加强班主任交流沟通能力的修炼，家校协同，帮助我们的学生适应校园生活，健康快乐地成长。

工作坊伙伴姚静老师说：

尤老师在处理小浩事件的过程中，能反思自己的问题，作出改进，值得我这位新手班主任学习。当尤老师发现家长不愿意听自己说孩子学校里的不好表现时，敏锐地察觉到自己与家长“单纯告状式”的沟通有问题，就换了一种方式，罗列了这孩子的一些优点，让他奶奶感觉到老师还是看到了孩子的很多优点，让奶奶愿意听老师说自家孩子在学校里的事情。这是沟通的开端，后续教育孩子的开展都需要基于此。

工作坊伙伴徐佳佳老师说：

我们班级也有过类似的同学，尤老师在处理小浩事件中，前期遇到了一定的挫折，虽然调整了沟通的方式，但是并没有达到预期的效果，那是因为她的举措并未触及小浩坏脾气的根本原因。

很多家长忙于工作，会把孩子交给爷爷奶奶照顾。然而父母觉得爷爷奶奶辈的教育跟不上形势，但是又不好过多指责。小浩其实就是在这样的家庭环境中长大的，爸爸妈妈管孩子，奶奶站出来袒护。由于家里人的让步，满足他的要求，甚至是无理的要求，他变得骄横，谁也管不了他。在集体中没有纪律性，也不懂得让步，不懂得宽容，更受不了委屈。需求得不到满足，他就开始不顺心地哭闹，影响了他的学习和其他行为习惯活动。

我们只有把握了学生的心理状况，才能真正明白学生之所以这样做或是那样做的原因。只有全面掌握了学生，我们的沟通才能有的放矢，我们的教育方法才能得心应手。当然，全面了解学生这是需要方法的。向大家推荐一些相关书目，如《教育科学与儿童心理学》《99个班主任的教育机智》《班主任工作漫谈》《赏识你的学生》《给教师的建议》等，我们可以在平时自学研读，做好读书笔记，树立正确的学生观，提升理论素养。

工作坊伙伴韩文君老师说：

家庭中的“保护伞”和“避难所”，不仅导致孩子性格扭曲，有时还会造成家庭不睦。

像小浩家这种情况，尤老师可以对小浩的爸爸妈妈进行家庭教育指导。比如，指导爸爸妈妈应该首先和老人沟通好，遇到孩子做错事时，老人可以到别的房间去或者借故出去，让父母单独来解决。刚开始，可能孩子会继续哭闹、扔东西，当发现无人理他时，孩子就会有些恐慌，哭闹就会减弱，最后可能会主动找家长承认错误。

3. 尤老师反思谈设想

听了大家的想法，我对家校沟通有了新的感悟。我作为班主任，与家长的沟通要平等，对学生的情况了如指掌，这样才能在家长面前把问题分析得确切有据、合情合理。关于小浩的教育，在下阶段我会每天关注小浩的点滴变化，及时表扬，时不时地询问下他家里的情况，让他自己说说妈妈严厉教育他的原因，教他一些做人的道理；隔三岔五地跟他妈妈通通电话教一些教育的好方法，利用放学时间和奶奶聊几句，用赞美的语言去安慰她，也让她为了孙子的健康成长多包容下孩子的妈妈。

二、经验策略齐分享

工作坊伙伴沈晓琳老师说：

像小浩奶奶这一类溺爱型家长，可以先肯定学生的长处，对学生好的一面给予肯定。溺爱型家长更希望听到班主任对自己孩子的肯定。要充分尊重学生家长的感情，肯定家长热爱子女的正确性。这样，家长才会从心理上接受班主任。同时，要用恳切的语言向家长反映情况，指出学生存在的问题。对于这样的家长，班主任要在肯定中提出要求，提要求时应婉转。

班主任与家长交流时我们可以归纳为四个“要”，要坦诚相待，不要盛气凌人；要实话实说，不要“添油加醋”；要反省自己，不要推卸责任；要一分为二，不要以点概全。关注“三多”，就是在与家长交流过程中，多一句关心的话语，多一些商量的语气，多一点理解的情感。把握“三个契机”，即沟通的时间契机、沟通的方式契机、沟通的情境契机，以沟通智慧架起家校互动桥梁。

工作坊伙伴单莹老师说：

根据家长的不同类型，我们需要使用不同的策略。对于脾气暴躁的家长，要特别讲究方式方法，谨慎行事。以柔风细雨式的交谈方式让家长知道：教师请家长到学校来并不希望给自己的学生招来一顿皮肉之苦，而是为了帮助学生尽快认识和改正自己的缺点错误，希望得到家长的配合，家校齐抓共管，共同教育学生。

如果是气势汹汹的家长，我们就要以理服人，交流的时候一定要沉住气。碰到此类家长，最有效的做法就是面带微笑。在人际交往中，微笑的魅力是无穷的，就像巨大的磁铁吸引铁片一样让人无法拒绝。班主任面对家长的指责时，要克制自己的怨气，不要和家长争执，更不要挖苦讽刺学生而伤及家长，要面带微笑，无论多么尴尬的场合，都能赢得家长的好感，体现自己的宽容大度，从而消除误解和矛盾。

而遇到知识型家长，可以如实向他们反映情况，主动请他们提出教育措施和处理意见，并认真倾听。这类家长一般比较注重对孩子的教育，他们观察自己孩子的表现经常比教师还要深入、细致、具体。班主任应虚心听取他们的建议。当然，班主任在听取家长意见的同时应具有自己的判断力，要冷静分析。

工作坊伙伴钱春烨老师说：

我们可能还会遇到放任不管的家长，我们可以多报一点喜，少报一点忧，决不夸大问题，使家长认识到孩子教育的重要性，激发家长对孩子的爱心和期望心理，主动参与孩子的教育活动。要使家长明白，与子女间的感情应加强，要为孩子的发展创造一个良好的家庭环境。

与学困生的家长沟通时，就要让家长对自己的孩子充满信心。对于学困生，班主任不能用成绩这一个标准来衡量，要尽量发掘其闪光点，要让家长看到孩子的长处，看到孩子的进步，看到希望。对孩子的缺点不能不说，也不要一次说得太多，不能言过其实，更不能讲“这孩子很笨”这样的话。说到学生的优点时要热情、有力度，而说学生缺点时语气要舒缓婉转，这样才会让家长对孩子充满信心。只有家长对自己的孩子有信心，他才会主动与班主任交流，配合班主任的工作。

三、智慧发酵促研训

工作坊伙伴吴茵老师说：

我很喜欢参加工作坊的研训活动，对于如何与家长有效沟通这一问题，各位成员围绕案例交流，集体研讨解决。由于问题是我们自主提出的，这期间每位成员都是参与者，这决定了解决问题的积极性、自主性。大家总结了与不同类型的家长沟通的方法，这些方法都很实用。其实，我们在同家长接触、沟通的过程中，遇到的实际问题往往是较为复杂、多变的，这就需要我们根据情况的变化而不断改进家校有效沟通的策略。下次我们的研训活动可以将不同类型的家长沟通问题细化、分解，形成不同的解决问题的策略；每位成员选择不同的、适合自己的策略深入研究；最后通过集体研讨，不断完善有效沟通的解决方案。

工作坊伙伴高英老师说：

工作坊的研讨逐渐改变了我们的工作理念，优化了我们自己在教育和沟通中的行为，一定程度上促进了我们工作坊成员的班主任胜任力，像姚老师、徐老师这样年轻的班主任通过研训和学习，朝着优秀班主任努力，而有经验的班主任也可以进一步提升，把自己的经验梳理、提炼，向研究型班主任发展。

我们是学校班主任群体中的一支小分队，我们在提升自己班主任工作能力的同时，还有责任促进学校班主任群体发展。在完善了与家长沟通的策略后，我们可以从学校班主任老师的日常核心工作中遇到的一些沟通问题，或工作中的热点话题出发，组织一次主题论坛活动，发挥我们工作坊的引领、榜样、示范、辐射作用，促进班主任群体共同进步。

四、德育主任吴老师提建议

德育主任吴琰俊老师说：

工作坊为大家创设创造性工作、实践的氛围和交流平台，在工作坊里，成员之间围绕有效沟通这一主题互相学习，认真开展分析、讨论。班主任工作知识和经验较少的成员在有经验的或优秀班主任的指导下，通过真实情境的实践获得与家长沟通的知识与技能，不断提升我们班主任沟通方面的能力。

班主任工作坊是一种基于研训主题的研究性学习方式，主题来源于大家工作中的真实问题、班主任专业发展的核心问题，班主任群体的共性问题与个性问题相结合。我们可以：1. 通过班主任座谈及交流，收集整理全校班主任在日常核心工作中遇到的问题，将问题汇总。2. 将收集到的班主任的工作问题根据日常核心工作进行问题细化归类。3. 根据班主任提出的问题，整理出班主任工作中的高频问题及所占比例，这是确定研训主题的主要依据。根据以上班主任工作中的高频问题，确定工作坊的研训主题，制订计划。4. 由于班主任工作是一项持续性的工作，在工作中常常会有新的问题产生，需要及时记录问题，形成新的主题，并进行后续活动。希望大家通过工作坊的研训学习，落实到班主任工作实践中，提升个人班主任胜任力的同时，带动班主任群体发展，使我们解决问题的方法更加多元化，班主任之间合作更加紧密。

研训后记：

尤老师的案例“一石激起千层浪”，本次工作坊研训活动促使工作坊成员们对自己的沟通能力有了一个更加明晰的改进方向，每一位成员不同程度地得到了相应的提升。这必定有助于我们今后家校协同、家班共育活动更加顺利，激发我们更多的思考与实践。

每一位班主任，教育工作的序幕一拉开，就注定了兵荒马乱。一生的育人，都在寻光，都在点亮，都在兵荒马乱中寻觅心灵的田园。无论是新手班主任，还是经验型班主任，都怀着恐惧、希望、梦想，在兵荒马乱中，不屈不挠地寻找光。无论寻见的是一点萤火，还是一屋明亮，或者一天星月晨光，照亮自己前方的同时，也为身边的人点亮目光。借助于“长江工作坊”，我们这群追梦人将更加热爱教育，热爱学校，热爱学生，更加感恩遇见的每个人每件事。寻见光，去点亮。把兵荒马乱，过成岁月田园。

○ 实践与思考：

“风雨同舟”我们一起在成长

尤　祎

一、价值观念相同，我们走到一起

我们“风雨同舟”组由六名不同年龄、不同年级、不同教龄的班主任组成。组内六名教师一致认为在教育教学中，要想事半功倍，必须让原生态的家庭成员——家长参与其中，只有家长和我们班主任在同一“战线上”——家校共育，方能让教育效果朝老师所期望的方向发展。我们也一致认为，在各种教育环境中，班级的良好生态是学生健康成长的保障，同时，良好生态的形成也离不开原生家庭成员的共同参与。我们组一致决定了本组的研习方向——优化家校共育环境，提升班级生态营造力。

二、多渠道多方位,我们一起悟理论

由于我们都是一线教师,有的都是一些实际操作的方法,对于这个主题——优化家校共育环境,提升班级生态营造力,没有真正地思考过,也不知道主题中准确的名词定义。因此,大家着手从学习理论开始。首先,大家通过微信群里聊天的方式讨论出重点研习的内容:家校共育的内涵,家校共育的方法,班级生态的内涵,它包含了哪些内容,跟我们主题有关的有哪些内容。随后,组员们各显神通,周老师喜欢线下工作,她主要是翻阅一些教育类的书籍,并摘录跟我们主题相关的内容。我们其他几位喜欢线上找资料阅读,并约定好两个月后大家碰头,分享自己所找到的资料。

第一次组员交流,大家都把自己觉得有效的内容进行了交流。根据先前的关键字,组员找到了以下这些理论学习的文章:《家校共育——助推儿童成长的机制建设》罗雪梅、《谈家校共育的现状及对策》邢增明、《班主任要成为家校共育的有心人》王燕、《构建有归属感和存在感的班级生态》梅洪建、《浅析班级内部平等生态的营造》孙登祥、《小学班级生态系统的建构与思考》赵晓亮,等等。在这些文章里,我们了解到班级这个生态系统内部的各种人际关系(如师生、生生、师师之间的关系)及班级生态系统与其外部的相关系统(如家庭、社区等的关系),也应形成一个积极、良好的生态系统,范围比较广泛,根据我们坊组研究的主题,最后决定重点实践班级生态系统与其外部的相关系统——家庭。因为我们一致认为,只有运用好家长与师生间的关系,才能完美地实现家校共育的模式。大家决定在下次的讨论中主要找到:如何运用好老师与家长的角色扮演,找到一些有效的家校共育策略。

第二次组员交流,在一个月后又进行了。大家先你言我语,钱老师说:“家校共育就是要家长跟老师一起教育孩子,家庭教育跟学校教育的目标要一致。”袁老师接着说:“不是每位家长都懂得如何正确教育孩子,是不是要我们教授些正确的教育方法?”……起初大家都是围绕如何指导家长教育孩子,但是我们总觉得这样把家校共育的内涵缩小了,大家都沉默了。这时龚老师建议再读读罗雪梅老师的《家校共育——助推儿童成长的机制建设》这篇论文,在这篇文章中提到几个策略让我们眼前一亮:利用晓黑板、QQ群等网络途径与家长交换教育理念,说说班级里学生出现的一些问题,让家长在教育子女的问题上通过这些途径畅所欲言;让家长参与到班级的教育教学活动中,把自己当成一名教育工作者与班级发展共呼吸,从而提升家长对学校的责任感。我们六位班主任一致认为这几个策略可行,于是决定到自己的班中尝试，然后再来谈谈成败的感想。

三、多实践多反思，我们一起在成长

这次的实践活动主要是以我为主，因为我在六位班主任中属于“年轻的”，还有就是我们班里能干的家长比较多。第一次尝试是让家长做班级活动的策划者：学校里每月都有一些活动，诗歌朗诵、运动会等，我首先在班级群里告知这些任务和要求，也跟家长说了自己的一些想法，然后让家长各抒己见。通过几天的讨论，收集整理出一些共性的内容，然后我再帮他们确定孩子们的着装。家长们也会分配好各自的任务：××妈妈采购男装，××妈妈采购女装，××妈妈做统计……看着群里的聊天记录，我感觉让家长参与到班级的活动中，简直是双赢，班主任轻松了，家长们感觉自己是班中的一分子，活动中的荣耀都与他们有关。记得还有一件事，我们班的小李同学突然得了心脏病不能来学校了，我只是跟孩子们说了他的病情，跟孩子们一起录了慰问视频，制作了鼓励的画作，但我要求他们不要去医院打扰他，只告诉孩子们我会带着他们的问候和礼物去看望小李。没想到我和孩子、家长们在医院里碰头了，令我非常感动。感动自己平时的人文教育没有白做，感动家长、孩子们的心跟我在一起。

由于这两次成功，我们组开了个随机的讨论会，在会上我及时跟大家交流了这两次的具体做法，然后其他几位班主任也进行了尝试，收到了不错的效果。由于大家都尝到了甜头，在一次微信群聊天里我首先提出，让家长来做回班主任，看看班中一些孩子间的矛盾他们是怎么处理的，看看是否能帮助我们找到更多的教育方法。左老师有点担忧说：“这个任务发出去会不会没有家长响应？”周老师说：“家长在群里讨论班中孩子的问题，会不会激化家长间的矛盾？”我带着大家的顾虑准备在班中进行尝试。

于是，我尝试布置了一份给家长的作业：“如果你是一位班主任，如何正确处理孩子口中被他人欺负的问题？”通过QQ小窗的形式来收集汇总情况，让家长们都来做回班主任，让他们来说说处理这些小事的方法，体会一下做班主任的难处，让他们有机会进入到孩子们的这个小社会里来。很多家长碍于面子发来的是安慰话和感谢话，但是果然还是看到了一些更有效的回答。比如：先要召集在场的所有孩子，收集一些有效的证据，及时跟家长解释，帮助学生分清问题的黑白，指导学生以后如何判断事件的严重性。这说明家长还是能够理解平时我们老师处理学生事件的方法的。通过这次小调查，我感

觉这次的尝试是成功的、有收获的。家长以后会更能理解我们老师，站在我们老师的立场去思考问题，真正成为我们的朋友。班中孩子间的矛盾会更容易处理，孩子们也会更友好地相处。

虽然让家长做回班主任这种策略只能偶尔开展一次，但是我们组员看到了这个策略的有效性，家校共育的方式又多了一种。不过，大家认为这种形式要我们班主任把控好，掌好这个舵。

在这短短的几个学期里，我们“风雨同舟”组的每一员都在努力根据理论去实践、去总结、去反思，有了一点点进步，我们会在这个主题上不断实践和总结。

第三节　基于工作坊的学生优秀班集体建设的案例（优秀班集体、中队的案例）

○ 案例50：

研习中与学生优秀班集体同成长

杨丹蕾

意外的“参选资格”

上周，打开学校平台，发现一个新的公示，打开一看，竟然是关于我的公示。经过评定、选举，学校推选我参加两年一届的“上海市优秀班主任的评选”，这真的让我觉得受宠若惊。我并不执着于荣誉，但是这是一种对于我班主任工作的认可与肯定，也是对我们集体建设的肯定。我觉得这份认可也该归功于我所处的工作坊。因为我的班主任工作年限只有四年，但是学校的工作坊却帮助我迅速成长了很多。

学校班主任工作坊从成立之初到现在，对我们每一位班主任的帮助都是巨大的。我很有幸能成为其中一个小工作坊——晨曦工作坊的坊主。我们晨曦工作坊对于优秀班主任核心能力发展的很多方面都很感兴趣，经过成员们的讨论研究，大家一致认为聚焦班级生态营造能力、关注小干部群体的培养非常重要，也是我们最感兴趣的研究。小干部群体的培养，离不开班级整体的培养，能促进更有效的班级建设和管理。我们工作坊一直以来致力于这方面的研究。除了自己坊内的探讨、互动和交流，还会观摩其他坊的交流活动。

回首这一路走过的路，想起自己第一次做班主任时候的手忙脚乱，而现在从容有度，甚至开始有一些自己的想法，这很大程度都归功于团队的帮助，坊里更年轻的班主任有时候也会来跟我取经，我心里别提有多开心了。

追根溯源，深入打探

最初的最初，我是一个新班主任，班级里上上下下都是我自己打点，并不智慧，就连班干部都很少有孩子愿意去担任。工作坊里的伙伴也和我一样。为了解决我们班级小干部群体的“空巢”问题，我带着疑惑，和班级中的32位同学分批分次作了交流。原先我预设的根源是一些孩子缺乏信心。因为班级同学中，性格内向的人数比较多，我猜想是这个原因。但结果是让我意想不到的。“我不想做班干部，会占用我学习的时间。”“我做不来。”“我不敢做班干部。”“我做了班干部，会得罪同学的。”“我不知道我能做什么。”“做班干部太辛苦了。”……孩子们心中竟然有那么多的“小九九”。如果不敞开心扉和他们聊一聊，我还真的没有想到。

把全班学生的想法归类整理后，我发现“空巢”的根源集中在以下几点：

其一，班级同学整个群体为别人服务的意识还比较薄弱；

其二，班级中一些同学的责任意识不够强；

其三，班级中一些同学没有体会过班干部的成就感；

其四，班级中一些同学对于班干部该做什么，不是非常清晰；

其五，班级中一些同学性格上比较软弱，缺乏自信，同时不愿意也不敢得罪同学，不敢指出同学身上的问题。

岗位创新，喜获成果

分析了根源问题之后，我与工作坊的小伙伴们进行了一些交流。我反思了自己在小干部群体培养方面的一些问题。扶得太多，放得太少。之前担任临时班干部职位的也只是班级很少一部分学生，很多孩子没有参与过班级管理，没有这样的角色体验，就不会有更深层次的服务意识和责任意识，更没有机会体验作为一个优秀小干部的成就感和幸福感。在班干部的岗位设置上，太过于传统，没有自己班级的特色。一些岗位对应的职责不是很明确。

因此，我开了一场班队会课。在这堂课上，我没有谈班干部竞选的事情。我先问的是："孩子们，你们都很能干，那平时你们都为班级做些什么事呢？或者你们看到周围的同学在为班级出了哪些力呢？"孩子们都争先恐后地发言，像炸开了锅。有的同学说："老师，我看到教室里有垃圾，我就会捡起来。"有的同学说："老师，去音乐教室或是别的教室上课，我会把电灯关了。"有的同学说："老师，我发现张同学总会主动打扫教室的卫生，有时候不是轮到他值日，地上有脏的了，他也会扫掉。"还有人说："老师，我很勇敢的，如果教室里有小飞虫什么的，我会把它们捉起来放出去，不让它们吓到其他同学。"……就连班级里几个平时特别调皮的同学也积极发起言来。我很高兴，他们能看到别人身上的优点，会关注同学。他们也在发言中，把自己能干的事情、擅长的事情都说了出来。等他们都交流完，我才说话。我告诉孩子们，老师发现很多同学虽然还不是班干部，但其实做了很多班干部的事情呢！默默为班级同学服务，为班级付出自己的一分力，很多事，你们不说，我都不知道呢。我提议，不如我们创新一下我们班级的班干部岗位吧。多增设一些岗位，每个人都能有一个职位，互相监督，你们觉得怎么样？对此孩子都纷纷叫好。

经过孩子们自己的讨论，我们一起决定，把班级的小干部岗位分为这几个部：节能部、安保部、体育部、教育部、卫生部、文艺部。每个部门下面分设很多个小岗位。学生们还自己为小岗位取好听的名字。比如负责班级纪律督促的"正义使者"，比如负责给教室开窗通风、下课及时开门的"空气净化师"，比如负责检查和提醒同学领巾正确佩戴、及时佩戴的"绿苗守护者"，等等。我们还一起明确了每个岗位要负责的事情、要承担的责任。岗位不是通过单一竞选获得，是孩子们自己明确每个小岗位的职责后，自己考虑能胜任哪一个，也可以多选，然后再由同学们一起评估，再确定每个岗位负责人的名单。最后做到人人都有岗位，人人都有责任。

岗位创新后，班级学生的积极性明显高了很多。许多孩子从自己的班干部体验中收获了成就感和同学们的肯定。图书角会有人主动去整理，教室里的一些小垃圾也会有人及时清理，午餐有几位同学合作管理，并且井井有条。

我也在一旁细心观察，心里收获的是满满的欣慰和甜蜜。

适时指导，继往开来

新的小干部群体形成后，班级氛围也明显好了很多。但是也会出现一些问题。比如个别同学平日的学业完成情况不是很好，有时候精力不是很充足，有时候不能照顾到自己的小岗位，或者会有忘记职责的情况。还有一些同学，虽然心中很想做好小小班干部，但是有时候缺乏一些方法。

于是，我定期开展班干部会议，给予一些方法的指导，并及时鼓励和肯定那些服务意识、责任意识特别强，把自己的班干部工作完成得非常出色的孩子，让他们干得更有劲。另外，我还逐步推行了“岗位试用期”“岗位结盟制”，鼓励孩子们互帮互助，互相督促，一起提升班级管理能力，构建好的班级文化。

其实，每一位同学都可以是班干部。把主动权更多交给学生，把他们觉得困难的事情分项易化，持续培养，他们都会慢慢养成一定的能力。即使不能成长为特别优秀的班干部，也一定会是有责任意识、服务意识的小干部。教师在日常班主任工作中，也要善于多从现象背后看本质，多阅读专业书籍。不然，即使绝佳的教育时机到来，也将无从把握。

现在，我们的班级凝聚力很强，文明习惯很好，自主管理性非常强，很多活动都能学生自己独立参与策划、运行。我为孩子们感到自豪，也期待自己能成为更加智慧的班主任。

感谢工作坊带给我的成长，希望自己未来也能为我们工作坊的发展出更多的力。

○ 案例51：

一起来理“财”

张 微

一则公示

按照惯例，每周一一早打开珠峰平台，查看一周工作，查看有什么新任务。无意间看见一则公示，好奇心使然，我点进去打开文件一看，公示上的内容使我惊喜万分，这次我被评为学校优秀班主任，即将代表学校参加区优秀班主任评选。这是学校对我这些年来班主任工作的肯定，也是对我们班级建设的肯定。一下子，记忆的闸门打开了，眼前涌现的都是这几年在学校工作坊中学习与成长的点点滴滴……

汇聚“工作坊”

这几年，学校工作坊为学校班主任专业发展，提供了鲜活的实践反馈与理论反馈。班主任工作坊针对传统班主任培训在理论和实践上的弊端，即理论基础陈旧与方法刻板等缺陷，创造性地运用新颖恰当的理念与方式促进我的班主任专业发展，为每一位成员提供一个成长的空间与机会。开放性的专业活动、积极轻松的交流氛围，使我充分地反思自我，身心在不同的时空发生联结，照看自我，同时也达到自助者助人的积极效果。在工作坊成立之前，我担任班主任已经近10年，虽有一定班主任工作经验，但是教育智慧与实践智慧却堪忧，通过班主任工作坊营造的机会，我充分地与其他班主任老师进行交流和联系，与外部环境进行物质与能量交换，使班主任工作朝着拓展与创新方向发展，激发了我的班主任教育与实践智慧，使我摆脱没有幸福感甚至已经倦怠的班主任工作状态。尤其是在班级工作领导力方面得到能力的提升，具体表现在每一次班主任工作都能规划好再执行，班级工作决策力有突破；能引领班级发展，班级学生凝聚力强，所带的班级多次被评为优秀班集体；善于开发和利用教育资源。

班级工作决策

奖章发放是我在低年级班主任工作中，在建班育人过程中的举措之一。为了帮助学生有效管理和使用奖章，并能发挥奖章的正向教育功能，我采取了一系列家班协同的教育举措。但是奖章初发行，看似很受欢迎，问题却多多。奖励物品由我采购，工作量大，奖品有文具、零食等，文具几乎没人买，都说太贵了，买不起。

我把目前班级中的现状告诉了工作坊中的伙伴们，韩老师认为这种情况其实很正常，低年级的学生没有存钱的意识，普遍认为存钱太麻烦，喜欢即时消费。赵老师建议我对学生、家长进行一次奖章使用情况的小调研，了解班级学生奖章的管理和消费情况。

在这次工作坊活动后，我立马开始了调查。通过调查发现：绝大部分学生是“日光族”，奖章到手后就会“潇洒”消费，喜欢买零食，但也有极少部分学生会把购买的零食带回去与家人分享；面对价格较贵的商品，学生因普遍存在“存章难”的问题望而却步，而个别学生根本不懂管理奖章，经常会弄丢。让我感到欣慰的是，班级奖章收集的运行得到了全体家长的一致认可和支持，但是许多家长没有意识到让孩子学会管理、学会花“钱”是他们成长的需要。

接下去该怎么做呢？见我愁眉苦脸，我们工作坊又开展即兴的活动了。沈老师查阅了一番资料，告诉我，班主任决策力指的是班主任在把握好班级发展方向之后，对班级各项工作进行科学与合理安排，作出切合班级实际决策的能力。她也指出，我虽然发放了奖章，但是并未对这一件事进行合理的预设和安排。徐老师分析目前状况的利弊，使我认识到奖章的作用不可小觑，它是一把双刃剑，用得不好会伤人，用得好将会助益学生成长。这次的交谈，我最大的收获就是意识到在社会金融环境如此复杂的今天，我应该培养青少年正确的金钱观，提高他们的理财能力，帮助他们合理使用可支配的收入，这样不仅能培养他们适应未来社会的能力，更对他们自我成长与发展具有非常积极的现实意义。综合考虑各位成员的意见，我采取决策，决定根据学生的年龄特点及其对奖章和钱的认识水平，坚持不断完善和加强学生理财教育，不任其自由，帮助他们树立正确的理财观念，掌握基本的理财技能和方法，从而树立正确的消费观与价值观。

也正是因为奖章使用情况的小调研，使我了解了班级学生奖章的管理和消费情况，发现学生普遍存章难、不懂管理奖章。这启发我，班主任只有深入班级，大量翔实地掌握学生的一手情况，才能增强各项工作决策的科学性、预见性和可操作性。从那之后，我都会通过访谈、调查等方式，先了解清楚情况，再具体规划和落实开展班主任工作，提高了工作的效率，班级建设有模有样，学生乐在其中。

班级发展引领

“班主任在班级管理中每天都需要进行决策，一个决策的英明与否，对班级学生的能力提升、班级荣誉感的增强、班级管理的有序，都有着关键性的影响。”自从上次工作坊活动之后，沈老师继续“沉迷”于班级工作决策力的学习中，时不时地与我分享所得。可以说，工作坊浓厚的学术研究氛围，为我的班级建设扫清了障碍。

随着理财活动的不断深入，班级学生的“贫富差距”越来越明显。部分“赚钱小蜗牛”，敲章的机会较少，渐渐地就失去了收集奖章的信心，这很大程度上阻碍了他们的进步。该怎样为每一位学生的成长铺设好进步的“桥梁”

呢，让这群“小蜗牛”也能赶上班级前进的步伐呢？我想起来沈老师的“叮嘱”：班主任的决策影响着班级管理的有序，对班级发展引领有着重大推动作用。这一周，大家为了参加区级和校级教研，换课调课，都凑不到一块儿，但我还是成功拉上了颇有活力的赵老师和徐老师，一同研究，出点子。经过头脑风暴，我决定发动“班级大富翁”与“赚钱小蜗牛”组成手拉手小组，徐老师制定了具体要求：只要手拉手小组一方学习有进步，双方都会有相应的奖励，从而获得双赢。为了趁热打铁，我还增补制定了“手拉手优惠套餐”。这一决策实行后，班级建设又向前迈进了。小杨帮助“贫困生”小佳换到了彩纸；小芦在班长的帮助下，能接受他人的批评，一般情况下，能控制自己的情绪了，还换到了绘画涂鸦本；小田、小乐和小妍三人集资换到了一本《昆虫记》轮流看。同学间互帮互助共同学习，友谊的花儿遍地开，班级互助蔚然成风。

随着决策的开展，班级学生间存在“贫富差距”，且日趋明显，是工作坊伙伴们的教育智慧，启发我紧密结合实际创造性地开展理财、结对互助，有效地解决了问题，在执行决策时不出偏差。

教育资源开发

看着韩老师最近和家长们关于班级竞选聊得热火朝天，真不得不佩服她的魅力，吸引学生，也受家长喜爱，家长热衷于与学校配合，与班级共育。“你也可以试试呀。”在小伙伴们的鼓励下，我对家长们抛出了橄榄枝，很快得到了家长们的响应。家长们循循善诱地引导孩子们要学会控制自己的购买欲，坚持理性消费，养成攒钱的好习惯。于是，我又在班中开展了“谁是班级大富翁”的比赛，鼓励家长帮助孩子制定短期的理财小目标，杜绝即时消费。班级里，每周五兑换奖品时不再排长队了，小零食“销路大减”，原本“门可罗雀”的学习类用品出现“断货现象”。班级群上，更多的家长开始自发组织讨论自己的理财育儿经，整个班级刮起了一阵理财风。

借着这股东风，我还鼓励家长一起参与赚钱的活动，如：为班级出谋划策，参与班级活动，家长志愿者为孩子设置家庭小岗位等，均可让孩子赚上一笔客观的收入。一系列的活动都出自工作坊活动的讨论结果，目的就是让学生感知到协作互助的意义，让家长感受到孩子的成长与变化，同时也让更多家长转变了观念，变“旁观者”为“参谋者”，努力实现家班共育。曾经无数个夜晚，独自一人为班级建设而发愁，如今，学生、家长、任课老师、坊内成员，都会倾囊相助，每每想到这里，心中不禁感动。

感激“工作坊”

在工作坊一次次的学习中，我明确了班级不仅仅由班主任构成，一般情况下包括搭班老师、任课老师、学生及家长。因此，决策不能仅由班主任进行，班级决策的每一个个体都有责任和义务建设班级。在工作坊的学习活动中，我体会到了教育和实践的智慧，我感受到班级工作领导力提升带给我的快乐和能量。这给我之后的工作带来很大的启发，也减轻了工作压力，提高了工作效率。在班级家委会的协助下，我充分挖掘家长资源，让学生学习理财。在教育过程中，我不再孤军奋战，营造出班级、家庭共育的教育模式。班级在家校双方团结互助、友好合作下，营造出自由表达、开放民主的氛围，孩子们快乐健康地成长着，在一次次活动中，总能涌现出优秀个人，获得优秀集体称号。

我会将工作坊中班级工作领导力方面的所得发挥，继续做好班级决策，遵循客观规律，从班级与班级学生发展全局出发，分析各种利弊，通过民主与科学决策，对班级未来发展、班级文化建设、把学生培养成什么样的人等方面进行合理规划，进而推动班级又好又快发展。

○ 案例52：

工作坊助我为班级建设出计谋

陈　玥

一个班级的建设离不开班主任对班级的有效管理，尤其在低年级时是进行班级建设的最佳时期。班主任的管理措施会直接影响班级的班风、学生发展的方向、学生能力的培养等等，同时也直接体现了班主任的管理能力。

作为一名新班主任，对于班级的建设还有许多疑问和迷茫，但班主任工作坊给了我很多帮助，通过前几次班主任工作坊的案例交流，我学习到了许多班级管理的经验和方法。

班级公约你我他

接任班主任的第一个学期，我分别从班级公约、奖励制度、集体活动、班干部培养这四个方面进行了设想—执行—调整。

俗话说“国有国法，家有家规”，一个班级也应有它的公约，只有设立良好的班级公约，才能更好地管理班级。通过观察，我发现几乎每位班主任都会制定属于自己班级的公约，针对不同的管理风格、班级风貌，每个班级的班级公约都很有个性。在经历了学生第一年的班级生活后，我认为班级中还存在着一些问题和需要完善的地方，因此我制定了以下属于我班的班级公约：

表1　班级公约

班　级　公　约
1. 每天7点40分前到校并开窗通风，7点45分准时开始早读。
2. 以小组为单位，每天中午及放学两次评比当天卫生情况。
3. 讲台上的餐巾纸和湿巾纸抽到最后一张的同学负责更换新的。
4. 爱惜书本，有序摆放共享读书角的书，人人有责。
5. 随手关灯关风扇，节约用电。
6. 不争吵不打架，如有违反视情况扣除学币。
7. 不拿别人的东西，如有急用一定要经过别人的同意。
8. 懂得说“谢谢你”“对不起”“没关系”。
9. 不打小报告，有困难先学会自己解决，解决不了再找老师。
10. 时刻注意自己的形象，牢记每一个人都代表着班级面貌。

这十条班级公约尽管还不够全面，却是我认为在我们班级中很重要的几点要求。例如第一条，规定时间到校是为了能够统一时间早读，而不是稀稀拉拉一边早读一边有同学到校，这样的早读效果就打折扣了，同时也是为了增加学生的集体感。第三条换取餐巾纸和湿巾纸，这看似是一件非常简单的事情，但可能这是学生在家不会去做的事情。而这条班级公约正是想让学生能意识到，班级事无巨细都依靠每一个人的力量，自己是班级的一分子，有义务管理班级。除此之外，让学生从小事做起，逐渐形成自己的事情自己做的意识。第六条不争吵不打架，是因为校园安全问题一直是一件非常严肃的事情，学校里难免会发生因为打架受伤而产生不愉快的现象，因此我想让这样的现象降到最少，保证学生在校的安全。班级公约的实施，也让我在不知不觉中提高了班级决策能力。

学币发放遵规章

在之前一次的班主任工作坊案例交流分享会上，我听到了张老师的“一起来理财”的班级故事，让我感觉很值得学习，也引发了我对班级奖励制度的思考。由于小学阶段学生的年龄特点，奖励制度往往是学生们十分感兴趣的内容。而对于二年级的学生来说，小贴纸已经不适用于他们，因此我选择用学币作为班级的奖励工具，并且我通过网上购买到了1分、2分和5分三种学币以及语数英三科的学科学币，获得学币的具体内容可见下表。

表2　学币获得规章

内　　容	学　　币
当日午餐光盘	1分
保持桌椅及地面整洁	1分
班级获得流动红旗	2分
阅读完一本课外读物	5分
助人为乐	5分

学币制度的施行不仅仅是为了奖励学生，而且是想通过奖励鞭策学生各方面进步。

“光盘行动”是我校的一项长期活动，但我发现如今学生挑食现象很严重，有的只吃肉不吃蔬菜，有的只吃米饭不吃菜，还有的几乎不碰饭菜。作为教师，我们不能够逼迫学生强行吃完，但是为了学生的健康和这些被浪费的粮食着想，我想到可以结合奖励让学生养成不挑食、不浪费的好习惯。虽然只有1分的学币，但只要光盘就能得到，学生们非常兴奋，自从实行学币制度，几乎每天全班都能光盘。而对于部分胃口比较小的女生，我也适当放宽要求，只要能吃掉三分之二也奖励1分学币。“光盘行动”在我班进行得热火朝天！

低年级学生生活自理能力较差，家长平时包办得比较多，因此在校我们可以看到很多学生的桌面和桌肚都是乱糟糟的，地上也有很多纸屑，学生们常常“视而不见”，班级卫生问题迫在眉睫。于是，我利用学币奖励激起学生打扫卫生的热情，培养学生热爱劳动的品质。通过一段时间的实施，我发现学生们逐渐有了关注自己周围卫生情况的意识，并且能够时刻整理好自己的书本和学习用品。

除此之外，流动红旗的争取是为了增加学生们的集体荣誉感；阅读课外读物是为了让学生们能充分利用课余时间；助人为乐是为了让学生们传承我校的扁担精神；学科奖励是为了让学生能够在课前、课中和课后都认真学习……学币制度还将不断完善，这样一举N得的奖励机制，不试试看吗？

活动比赛靠大家

一个班级除了是在校学习的单位之外，还是所有活动比赛的单位。我认为学生是活动的主体，教师是活动的组织者，家长则是活动的加油站。刚开始做班主任的时候，我常常都是亲力亲为，但是一个人的力量毕竟是有限的，我突然发现有的活动同年级的班主任会发动家长志愿者一起来帮忙，不仅使得活动效率提高，并且完成质量也很不错。

因此，上学期校运动会开幕式，每班需要表演节目，我就发动了家长们一起寻找表演资源，果然“人多力量大”，不一会儿工夫，家长们纷纷共享起他们找到的内容，经过讨论、投票最终确定了表演节目。彩排节目成了最重要的环节，于是我发布任务，让参加表演的同学利用周末时间先在家对着视频自行练习。令我没想到的是，仅仅一个周末的时间，学生们的完成度达到了80%，有的学生甚至完全记住了动作，不得不令担忧的我感叹，有的时候不要太低估孩子的潜力，孩子在某方面的接受能力可能很强大。最后的表演虽不够出挑，但动作整齐，符合主题，我为我的学生们感到自豪。台上两分钟，台下两周功，并且一场成功的活动表演离不开学生、教师、家长的紧密配合。

一个人的力量是很渺小的，但一群人的力量就会有无限可能。班主任可以充分借助家长资源去更好地完成一些班级工作或者学校活动，例如迎新班级布置、诗朗诵彩排、运动项目练习、校活动志愿者，等等。家长在班级中发挥着必不可少的作用，班主任应充分协调家校共育工作，做一个良好的枢纽站，这也是班主任沟通能力的体现。

干部成长有目标

班干部是班级的中坚力量，不同的岗位有不同的要求，而往往我们在选班干部的时候会忽视掉职位和学生能力的匹配，一味地选择成绩较好或性格不错的学生担任班干部，没有真正站在班级的角度去选择合适的人选。记得杨老师曾分享过有关他们班的班干部选举案例，让我印象深刻，因此本次选举班干部我也决定实行竞选，提前发布职位及要求，让学生选择自己能够胜任的岗位并发言竞选。

表3 班干部竞选要求

职 位	要 求
班 长	班级的形象代表，能够以身作则，起到班级的带头作用，协助老师完成各项活动，参与班级各项工作，乐于助人，吃苦耐劳。
副班长	协助班长完成班级的各项工作，工作积极主动，认真细致，起到带头作用。
学习委员	负责早晨的总收作业工作，管理好早读、午休、自习课等，乐于帮助在学习上有困难的同学。
卫生委员	组织好班级的卫生清洁工作，做好经常性的卫生督促和检查，做好三操的检查工作。
生活委员	帮助解决同学的困难，协调同学间的关系，管理好班级图书角和植物等。
体育委员	能够胜任班级的领队，带领同学做好三操，负责运动会工作。
小组长	负责每天早上收齐该组同学的三科作业，协助班长管理好该组同学，负责该组的卫生。

同学们通过竞选确定了新一轮班干部对象，但这只是第一步。接下来，我定期对所有班干部进行考核，由师评、生评和自评三部分组成（师评20分，随机三名学生20×3=60分，自评20分，满分100分），如果考核成绩较低，会有两周的观察期，如果观察期后考核成绩仍然较低，将暂时停职。考核的目的是为了让班干部们时刻牢记自己的职责，能各司其职，做好班级工作，同时也是对班干部成长的一种鞭策。

表4 班干部考核表（师评）

师 评	1分	2分	3分	4分	5分
工作态度					
工作完成度					
工作效率					
个人形象					

班干部选举这项活动培养了我的班级组织管理能力，这也是优秀班主任核心能力中的重要能力，只有具备了足够的组织管理能力，才能更好地进行班级建设。

工作坊助我成长

对于低年级学生来说，其人格品质才刚刚开始形成，而班级生活占据了学生大部分时间，因此，班主任是学生成长之路上非常重要的角色，给学生树立正确的三观、创造正能量的学习环境、营造轻松愉悦的成长氛围是我们的责任。通过班主任工作坊的各种学习，我设立班级公约，力争从各方面注重学生的成长；建立学币奖励制度，激励学生学习的同时培养他们其他方面的发展；积极参与各项活动和比赛，不仅锻炼了学生的能力，更是搭建了家校共育的良好平台；培养班干部团队，为班级打造一支得力能干的中坚力量，帮助老师一起管理班级。通过一学期的班级建设，我班逐渐形成了具有特色的班级风貌，学生能从身边的小事做起，争取德、智、体、美、劳全面发展。

班主任工作十分烦琐，需要敏锐细致的观察力、超乎寻常的耐心、母亲般温柔的爱心、智慧公平的协调能力和把控班级的管理能力，班主任工作是一门艺术。

作为班主任，应把对这份职责的热忱转化为摸索行之有效的班级管理方法的动力，并且不断总结反思，直到内化为自己的经验，相信通过班主任工作坊不断学习交流，一定能让我的教育工作之路得到更多收获。

○ 案例53：

班干部培养

——我与孩子们共成长

徐闪闪

时间在繁忙和有序的生活中悄然而过，转眼间，我加入晨曦工作坊已有一段时间，回顾在工作坊学习的这段时间，我感受到这个集体给我带来的不仅是欢乐，更多的是收获，让原本对工作、对学生的各种行为充满抱怨和不解的我，在这个团队中成长了很多。这都是因为坊里成员那乐于创新、勇于开拓的精神给予我很大的动力。我们坊主要是针对培养小干部的能力，从而带动整个班集体的发展为研究方向，恰好在如何创建优秀班集体的过程中，我有许多困惑。在坊中经过一次又一次研习，使我知道了，要想创建文明和谐、积极向上的班集体，就得从选拔培养班级小干部入手，充分发扬公平、公正、民主，让全体学生干部积极参与班级管理。班干部就是班级的骨干，是班主任做好班级各项工作的得力助手。因此，班主任先要选出一支班干部队伍，然后要抓住每一个机会来帮助班干部提升班级管理能力，还要培养他们为班级的服务意识。针对他们的具体情况进行细心培养和精心塑造，引导他们改掉自身的不足，提高其管理班级的素质和能力。

“雷老虎”

她是传说中的“雷老虎”——一个有着矮小的身材、举止稳妥大方、做事特别“厉害”的女生，之前沈老师在一年级的时候，就很放心地把大事小事都交给她做，收本子发本子、整队……这一系列的事情都交给她做，她每次完成得都很出色，一年级小朋友漏交本子是常事，但是她总能用聪明的头脑想出好的办法来快速查找出没交本子的小朋友，那时，我就觉得她特别能干。什么事交给她，她都能搞定，是一个做事特别靠谱的孩子。的确，她是一个乖巧、懂事的女孩，不张扬且善解人意。班级的孩子们都非常喜欢她，每年一度的班干部改选，她每次的竞选演讲稿都能带给我们惊喜，可以看出她每一次都特别用心，就这样连续几年，她一直以拥有绝对优势的得票数，压倒所有的竞选对手，摘得班长的桂冠，至本学期已连任五次。

在同学们眼中，雷雷那叫一个“厉害”。“雷老虎”在整个学校的名气都响当当的，大部分小朋友都知道五年级有个厉害无比、铁面无私的大人物。她可是无人不知、无人不晓。提到雷雷，我们班的那些个调皮捣乱的同学可是谈虎色变。每节课预备铃响起，除了语数英，因为语数英的老师都布置了预备铃的任务，如碰到其他的课，同学们还是像刚刚下课一样，叽叽喳喳，班里那可是乱成一锅粥，也不能怪他们呀，就要上课了嘛，可不能“浪费”了这最后两分钟的宝贵时间，有话尽情“畅谈”，有事尽快“解决”。别的班干部见这种情况，没办法管住就跟着一起讲，一起吵。但是，雷雷见到此番情景，她一脸严肃，眉头紧锁，心想：“我们班什么时候变成这样了，这纪律是有多差，这样怎么能上好课，学到知识！”她毫不犹豫地站起来，嗖地来到讲台前，桌子一拍，大声喝道：“请保持安静！端正地在座位上坐好！静等老师来上课！”那气势叫一个威严，把下面的同学一下子震慑住了，顿时教室里鸦雀无声，小朋友们神速地准备好要上课的书本，整齐地摆放在桌面上，耐心地等待老师来上课。

她不仅成绩优异，各方面的能力强，而且待人对事公平公正，不偏袒、不歧视任何一个小朋友，下面我来说说，这么出色的她有时也会让我头疼。

我 的 失 态

都说班主任要严格要求班干部，培养他们做“榜样”的班干部，不做“特权”的班干部，就像我们雷雷同学，在班内威信很高，同学们都有些怕她；责任心较强，具有较强的组织能力，但她有些时候自以为是，不是很注意细节，遇事容易自作主张。

那是一个星期四的早晨，我与往常一样到校，急急忙忙地吃完早饭，先到班里看看学生的早读情况，他们有没有认认真真地做好早读，因为那天正好是学校收饭费的日子，我特意早到了几分钟。可是我还没到教室门口，在楼梯口就听见了班里吵闹的讲话声，于是我加快脚步冲进了班级，我看见讲台上放着一沓沓整理好的钱，有100元、50元、20元……有几个学生离开位置在互相打闹，还有几个在讲台前看似排着队等着交钱的学生，其实也是趁机打闹，看着班里坐在下面的学生都在无所事事、谈笑风生，我忍不住地大声怒道：“你们都在干吗？现在不是应该在早读吗？”孩子们被我怒吼的声音吓到了，都低着头不敢说话，我接着又说，“是谁让你帮我收钱的？下面这么乱，你没看见吗？”我看得出雷雷一脸尴尬，以往自信满满的她一下子变得支支吾吾，小声地说：“小P主动要把钱交给我，让我收钱，我帮你收钱之前我们有在早读，语文和英语都读好了，就想着有时间帮你收一下钱……”另一名班干部小H自告奋勇地站起来理直气壮地帮她跟我解释：“徐老师，你不要生气，我们都读好了，早点收好了钱，你好早点交财务那。”我当时真的非常生气，什么解释的话也不想听，一向明事理的她，怎么今天发生了这样的事，下面那么吵，她怎么没有像以前那样站出来先管理好班级，安静地帮我收钱。就这样，我越想越气，她肯定被我生气的样子吓到了，默默地不作声地低着头走回自己的座位。我能够感受到她怕了，因为我很少发那么大的火，之后回到办公室，我的心情久久不能平静，她那难过的带着点委屈的小眼神一直在我脑海里闪现。

我们的改变——共成长

这件事一直在我心里过不去，在我们坊开展活动的时候，我把我的困惑跟组员讲了，他们帮我一起想办法解决这个看似不大却让人头疼的问题。如果不处理好这件事，接下来的班干部活动就没法顺利进行，没有得力的班干部团体，班级各方面就得不到好的发展。坊主告诉我要管理好自己的情绪，不能过于冲动，我想确实是冲动，就是没有控制好，非常后悔当时所说的一些话，也感觉到自己处理问题的方式极端和态度恶劣。现在想想，我当时的做法确实不当，组员们纷纷给我建议，说这样失态的我，既给小朋友留下了不好的印象，还影响了雷雷在小朋友心目中的威望，这让她以后怎么管理班级。

后来，我找来雷雷谈心，告诉她，在老师心里，她是一位非常优秀的班干部，心地善良，懂得替别人着想，也经常关心帮助其他小朋友。但是，有的事情还是要先征得老师的同意，比如收钱这件事，帮老师分担本是件好事，但是作为一名班长，前提先要协助其他班干部一起管理好班级，方可有序地开展可行的活动。以后还要知道有些事不能替代老师。她不好意思地低下了头，有点委屈但似乎真的明白了，自己有些事情确实处理得不好。最后我告诉她：老师相信，你真心实意地为班级服务，时时刻刻为身边的同学着想，肯定会影响带动更多的同学。你能做好班长的工作，而且可以做得越来越好，会是一位更出色的班长！

之后遇到事情，我往往会通过以身作则、民主等方式来引领她，让她知道作为一名班干部不仅要严格要求自己，而且要和同学们建立真诚平等的关系，要有服务同学、服务班级的意识和行动，在同学中能起到积极的模范带头作用，提醒她现在拥有的权力是同学们赋予的，不能自以为是、滥用职权，要真正意义上实现班级管理的民主化。

她确实变了，做什么事都是那么谦虚而谨慎，她的心中装进了老师和同学，更装进了我们整个班级。现在班里的大事小事，我都会尝试放手让她带领班干部一起干，她会把各项任务分配下去，其他的班干部配合实施。一段时间下来，班干部的班级管理能力得到了提升，当然班干部也要接受全体同学的监督，这样他们才能严于律己。

就这样整个班集体也变了，变得更和谐、更平等了，这样温暖愉悦的班级氛围增强了同学们的集体荣誉感和班级的凝聚力。在多次活动中，可以看出我们班的班干部工作确实做得好，比如接力赛、拔河等等，因为我们班的团结一致，多项比赛都取得了第一名，每个班干部对班级都很有责任心，热爱班集体，集体荣誉感强，从而感染着其他的小朋友也更加热爱我们的集体，珍惜集体荣誉。学生有了集体荣誉感，就会积极发挥主动性和创造精神，表现出一种主人翁的强烈责任感，不断进取，产生积极向上的强烈愿望。我们班真正做到了心往一处想、劲往一处使，最终形成了一股合力，从而使班集体更具凝聚力和竞争力。

我也变了，从师范刚毕业时的稚嫩变得稍微带点理性成熟了，一步步走来，深感肩上的责任之重，每遇一个新的班集体，我都会想方设法地去挖掘他们的创造力，激发他们的创新精神。随着年级的升高，这个年纪的他们有了自己独特的见解和观点，一定要利用好这个契机来挖掘他们的潜在能力，经历了一批批学生的成长，在他们身上，我也更加坚定了自己的信心。这么多年，回忆起自己第一次站上讲台，第一次与家长沟通，第一次跟学生起争执……太多的第一次，那时委屈的我，最后一样要强忍着接受并适应着每一种带着苦涩的新鲜感。我曾认为做一个让学生敬畏的老师太简单了，只要板着脸，照着套路就足以应付；我也曾因管理不好班级而感到苦恼，那时的我手足无措。现在有了工作坊，一下子觉得自己有了依靠，我们在这里可以分享困难，一起想办法解决困难，就如这次工作坊伙伴们告诉我，只有改变自己、改变孩子，才能改变整个班级，我愿意蹲下身子走到孩子们中间，了解他们，接受他们，相信他们，只有这样他们才会“亲其师，信其道”。

“太阳花”优秀班集体

有时真的只是身边的一件很小的事，也只是简单的几句话，却体现了一名班主任处理事情的艺术性。遇到这样的事情，我应该用一种委婉、人性化的语言指出她的不足，并指点她在班干部工作中应该注意的方式方法，但那却成了该同学认识自我不足、激发她搞好班干部工作的一个契机。每个班干部都是可塑的，他们的潜力和素质需要我们班主任用责任和信心来培养，不要随便放弃培养他们素质、能力的细节和机会。班主任要抓住每一个影响班干部思想、提高班干部素质的契机，使自己成为他们成长、进步的催化剂。班干部毕竟是学生，班主任应该给他们改正不足的机会，从而使他们成为更优秀的自己。班主任要及时看到班干部的长处和不足，他们有了成绩不能吝啬鼓励的话语，犯错时，适当做出批评的同时要耐心真诚地想办法帮助他们，切不可姑息袒护，也不能放任不管。只有这样做，才能使班级形成人人平等、没有“特权学生”的良好氛围。

成长是一个过程，是一份快乐。我很庆幸加入了我们的工作坊，感恩坊员给出的合理建议，让我遇见更好的自己，正是有了你们的敢于创新、勇于开拓，才培养出了我们的“太阳花”优秀班集体。我们班的每个小朋友的脸庞就像那一朵朵充满魔力的太阳花，是那样干净、明亮、积极、阳光……当他们面对挫折困难时，也能像太阳花那样笑对阳光，迎难而上，时时刻刻充满着正能量。

后　记

本校的专著《人人都能成为优秀班主任》终于出版了，令人欣慰。本专著是2018年度上海市教育科学研究项目《基于工作坊的优秀班主任核心能力培养的群体案例研究》（立项编号C18082）的研究成果。这是学校近年来学校德育与班主任工作发展的真实记录，生动地反映了我校班主任成长发展的历程。在三年的研究中，我们课题组坚持从实践出发，注重理论指导下的自觉实践，通过不断反思以指导再实践；坚持以科学的态度开展研究，注重提炼和总结教育与教学经验，在再实践中验证；坚持教育创新、深化实践、提升认识，提炼自己的成果，形成适合自己学校的班主任队伍建设的特色。当今教育发展越来越显示了德育的重要性，也日显我们课题指向班主任工作专业能力发展对现实教育的价值以及对学生终身发展的意义。

研究的过程是艰辛的，收获是催人奋进的，我们在教育科研引领下推进学校德育工作的改革与发展。本专著凝聚了长江路小学领导、教师和专家的智慧和辛勤劳动，也见证了我们创建新优质学校、提升学校内涵发展过程中的艰辛探索与不懈努力。学校领导、教师和专家一起学习、一起实践、一起研究，这段研究的经历令人难以忘怀。

我们以行动研究和理论研究并举，以“人人都能成为优秀班主任”这个理念为逻辑出发点，着力厘清优秀班主任核心能力的概念与内涵，正确把握优秀班主任核心能力与优秀班主任、一般班主任的关系，形成了原创性的“优秀班主任核心能力”发展模式以及操作体系，建构了“两方面五要项”内容维度与“四阶梯三关注”的孵化研习形式维度，并建构起工作坊发展的“双向建构”实践形态，系统地形成了基于工作坊的优秀班主任核心能力培养的操作体系。本专著力求理论与实践融为一体，体现实用性、可读性。

三年来，学校教师在班主任工作的教育园地里辛勤耕耘，在本书中充溢着班主任们强烈的教育改革意识、活跃的教育创新思维、生动的教育实践探索、富有活力的教育生命成长。当我们喜悦地迎接这成果之时，我们感谢在这三年中给予我们支持和帮助的领导和专家。

本课题由校长唐慧莉担任组长，学校全体班主任与干部参加，上海三知教育信息咨询中心主任王钰城担任研究指导。本书实践部分由学校教师（见署名）撰写，理论部分由王鋐、王钰城、韩雯珏、张微撰写。由于本书涉及德育、班主任队伍、教育生态学、教育文化学等诸多方面的理论与实践问题，限于作者的认识水平和实践经验，所阐述的观点如有不妥之处，敬望读者不吝指教，在此表示感谢。

主编

2021年12月

图书在版编目（CIP）数据

人人都能成为优秀班主任 / 张微主编. —上海：文汇出版社，2022.6

ISBN 978－7－5496－3789－8

Ⅰ.①人… Ⅱ.①张… Ⅲ.①小学－班主任工作－文集 Ⅳ.①G625.1-53

中国版本图书馆CIP数据核字（2022）第101762号

人人都能成为优秀班主任

主　　编 / 张　微

责任编辑 / 熊　勇
封面装帧 / 吴嘉祺
封面绘图 / 依　珊

出版发行 / 文匯出版社
上海市威海路755号
（邮政编码200041）
经　　销 / 全国新华书店
排　　版 / 南京展望文化发展有限公司
印刷装订 / 上海天地海设计印刷有限公司
版　　次 / 2022年6月第1版
印　　次 / 2022年6月第1次印刷
开　　本 / 720×1000　1/16
字　　数 / 380千
印　　张 / 23.5

ISBN 978－7－5496－3789－8
定　　价 / 48.00元